Internet Crisis for Government

杜骏飞等◎著

政府网络危机

中国发展出版社

图书在版编目（CIP）数据

政府网络危机/杜骏飞等著. — 北京：中国发展出版社，2011. 3

ISBN 978-7-80234-398-6

Ⅰ. ①政… Ⅱ. ①杜… Ⅲ. ①国家行政机关—行政管理—公共关系学—研究 Ⅳ. ①D035. 1

中国版本图书馆 CIP 数据核字（2011）第 023958 号

书　　名：政府网络危机
著作责任者：杜骏飞等
出 版 发 行：中国发展出版社
（北京市西城区百万庄大街 16 号 8 层 100037）
标 准 书 号：ISBN 978-7-80234-398-6
经　销　者：各地新华书店
印　刷　者：北京科信印刷有限公司
开　　本：670×980mm　1/16
印　　张：21. 75
字　　数：290 千字
版　　次：2011 年 3 月第 1 版
印　　次：2011 年 3 月第 1 次印刷
印　　数：1—6000 册
定　　价：40. 00 元

联 系 电 话：（010）68990630　68990692
购 书 热 线：（010）68990682　68990686
网　　址：http：//www. develpress. com. cn
电 子 邮 件：bianjibu16@ vip. sohu. com

目　录

绪　论

一、研究的缘起

乌尔里希·贝克在《风险社会》一书中指出：在现代化进程中，生产力的指数式增长，使危险和潜在威胁的释放达到了一个我们前所未知的程度①。互联网的迅猛发展所释放出来的能量，正加剧了“财富—分配”社会问题和“风险—分配”社会因素相结合的这一过程。

处于转型阶段的中国正面临着众多突如其来的社会矛盾与摩擦。在此过程中，政府和公众都在从未接触过的领域和议题中逐渐经受锻炼。尤其是在改革开放的三十年以后，社会组织不断分化，“大国家—小社会”的社会结构不断调整，国内民间群体已经蓬勃成长为一支不可忽视的力量。互联网的发展，为公众介入公共决策打开了一条参与之道。对于长期奉行全能主义的政府而言，这种迅速的转变是始料不及的。互联网成为公众意见喷涌的渠道，政府受到了前所未有的冲击。

近年来，公众在互联网上向政府“发难”的事件愈发增多。从2003年非典型肺炎事件到2010年的上海胶东路火灾，公众对互联网的利用已不再停留在简单的信息传递，网络恶搞、人肉搜索、虚拟集会……，网民通过更复杂的互动形式把分散的公众意见凝聚成一股强大的舆论压力。面对这种“危机”状况，政府要在遵循传统与实施变革两者之间探索可行的对策。

---

① （德）乌尔里希·贝克著，何博闻译：《风险社会》，译林出版社2004年版，第15页。

需要指出的是，这里“危机”是一个中性的概念。危机带来摩擦和不稳定状态的同时，也带来了暴露深层社会问题的机会。倘若危机处理得当，将有效修复社会深层问题，并提升政府执政能力。众多的危机事件已经证明，危机的出现并不可怕，真正可怕的是缺乏一套完善的危机应对体系。

本研究收集并分析近年来的国内政府危机事件，侧重研究政府网络危机的主体类型、网络事件的性质及其影响、网络群体性事件的目的类型，其目的在于讨论危机的科学应对，寻求有效的政府和公众的沟通方式。

二、研究视角与方法

近十多年来，互联网的介入让政府危机事件的发展出现了有别以往的进程。因此，研究当前的政府危机事件不能脱离网络技术发展的宏观背景。本研究最重要的视角是聚焦于互联网（以及其他新媒体）与政府危机事件的重合领域，以求探寻在互联网这一开放的、去中心化的平台上，政府、公众、媒体、专家和非政府组织应对危机的行动规律。

本研究基于课题组前期个案研究的成果，对近十年来的政府危机事件进行分析。着眼点并非简单地概括和复述事件，而是不断追问“为什么”和“怎么样”。选择个案研究法并非偶然，这种方法在研究具有探索性的问题上具有明显的优势。与回答“什么事”、“什么人”、“在哪里”之类的问题不同，回答“怎么样”和“为什么”之类的问题更具有解释性，“这是因为，这类问题需要按时间顺序追溯相关联的各种事件，并找出它们之间的联系，而不仅仅是研究它们出现的频率和范围”①。而个案研究法正是适应解决探索性问题的一种研究方法。同时，与其他相类似的研究方法相比，个案研究法在研究当今发生的社会问题上表现出特有的优势：“案例研究法适合用于研究发生在当代

---

①（美）罗伯特·K. 殷著，周海涛主译：《案例研究：设计与方法》第三版，重庆大学出版社2004年版。

但无法对相关因素进行控制的事件。案例研究采用的方法与历史分析法大致相同，但它比历史学家多了两种资料来源：直接观察时间过程；对事件的参与者进行访谈。虽然案例研究与历史分析有相同之处，但案例研究的长处在于，它与传统的历史研究法相比，获得资料来源渠道更多、更广泛——文件档案、物证、访谈、观察等。”①在研究前期，课题组一方面通过“个案追踪”的方法归纳危机事件的发展进程；另一方面，通过“个案追因”的方法来探讨推动事件发展的因果关系。“个案追踪法就是在一个较长时间内连续跟踪研究单个的人或事，收集各种资料，揭示其发展变化的情况和趋势的研究方法。……追因法则是先见结果，然后根据发现的结果去追究其发生的原因。”② 在每种类型的危机个案中，本研究均运用了这两种个案研究方法，以求多角度地挖掘危机事件背后的成因和发展规律。本研究设定的“追踪型个案分析”框架主要包括对事件进程中诱发阶段、发展阶段、激化阶段、转折阶段、消解阶段的分析以及对外部环境形象因子的评估。而“追因型个案分析”框架则包括总体动因（主体及环境因素）评估和总体后果（危害程度）评估两部分。

我们在前期研究中所使用的案例库成果主要包括以下典型案例：

民生类政府危机个案研究

追踪个案：厦门 PX 事件（2007 年 3 月）

追因个案之一：高考加分俱乐部事件（2009 年 4 月）

追因个案之二：北京站出票视频事件（2009 年 1 月）

追因个案之三：娄烦矿难事件（2008 年 8 月）

追因个案之四：三鹿奶粉致肾结石事件（2008 年 3 月）

追因个案之五：重庆钉子户事件（2007 年 2 月）

追因个案之六：“非典”事件（2003 年 1 月）

追因个案之七：《深圳，你被谁抛弃》网文事件（2002 年 11 月）

自然灾害类政府危机个案研究

追踪个案之一：汶川地震（2008 年 5 月）

---

① （美）罗伯特·K. 殷著，周海涛主译：《案例研究：设计与方法》第三版，重庆大学出版社 2004 年版。

② 秦州：《网络新闻编辑学》，复旦大学出版社 2007 年版，第 14～15 页。

国际性事件类政府危机个案研究

追踪个案：网友抵制家乐福事件（2008 年 4 月）

追因个案之一：南海事件（2009 年 3 月）

追因个案之二：日本毒饺子事件（2008 年 1 月）

追因个案之三：松花江水污染事件（2005 年 11 月）

追因个案之四：中韩端午节申遗之争（2004 年 5 月）

追因个案之五：中美撞机事件黑客大战（2001 年 4 月）

课题组在后期研究中所使用的案例主要包括以下发生于 2010 年的典型网络案例：腾讯—360 争霸案、上海胶州路火灾案、“我爸是李刚”案、郭德纲弟子打人案、系列杀童案。

其中，“民生类政府危机个案研究”主要系指发生在衣、食、住、行等日常生活领域的政府和公众之间的矛盾和摩擦。“自然灾害类政府危机个案研究”主要系指自然灾害事件所激活的政府危机。“法制类政府危机个案研究”主要系指在司法领域尤其是在司法审判过程中引起社会广泛争议，乃至导致政府形象受损的事件。“官员腐败类政府危机个案研究”在司法类案例单独辟为专类，主要系指官员腐败所引发的政府危机案例。“群体事件类政府危机个案研究”主要系指两种或两种以上群体相互对抗时产生的冲突。“国际性事件类政府危机个案研究”主要系指由国家外交事件引起的社会争议事件。

在本课题研究中，尽管研究的经验性材料来自案例研究，但考虑到研究的理论需要，本研究还综合运用了内容分析、访谈、焦点小组等其他研究方法，旨在全方位、多角度地还原事件全貌，并克服单纯运用个案研究法而带来的理论深度的不足。

三、关键概念：危机、公共危机、政府危机

有关“危机”的定义，国内外均存在多种表述。例如，C·F. 赫尔曼对危机的定义是：危机是威胁到决策集团优先目标的一种形势，在这种形势中，

决策集团作出反应的时间非常有限，且形势常常向令决策集团惊奇的方向发展[①]。这个定义强调构成危机状态具有一些共同的特点：即过程的不确定性、时间的紧急突发性、后果的威胁性、影响的社会性以及决策的非程序性。罗森塔尔也提出类似的定义：危机是指“对一个社会系统的基本价值和行为准则构架产生严重威胁，并在时间压力和不确定性极高的情况下必须对其做出关键决策的事件”[②]。巴顿指出，危机是一个会引起潜在负面影响的具有不确定性的事件，这种事件及其后果可能对组织、员工、产品、服务、资产和声誉造成巨大的损害[③]。

李云宏和吕洪兵将危机界定为：“在任何组织系统及其子系统中，因其外部环境和内部条件的突变，对组织系统的总体目标和利益构成威胁而导致的一种紧张状态”[④]。薛澜等人在《危机管理》一书中对“危机”的概念界定如下：“危机通常是在决策者的核心价值观念受到严重威胁或挑战，有关信息很不充分，事态发展具有高度不确定性和需要迅速做出决策反应等不利情境的汇聚。”[⑤] 刘刚认为危机是“一种对组织基本目标的实现构成威胁、要求组织必须在极短的时间内作出关键性决策和进行紧急回应的突发性事件”[⑥]。

虽然这些定义的表述各不想同，但它们在提及“危机”的内核时却趋于一致，均有以下几项要点：时间的紧迫性；信息的匮乏性；过程的不确定性；后果的威胁性。

虽然危机具有威胁性（例如，危机可能带来危害，给现有体制带来冲击等），但是并不能就此忽略危机的正面作用。“危机会带来各种损失，但危机也是机会和转机，如果决策者直面危机，危机可以促进制度的革新和环境的

---

① C·F. Hermann, *International Crises: Insights From Behavioral Research* (New York: Free Press), 1972, 13. 转引自：陶学荣、朱旺力：“当代中国政府危机管理的困境与构建”，《江西社会科学》，2005年第1期。

② Rosenthal Uriel, Charles Michael T. ed, Coping With Crises : the Management of Disasters, Riots and Terrorism (Springfield : Charles C. Thomas), 1989. 转引自：杨安华：“近年来我国公共危机管理研究综述”，《江海学刊》，2005年第1期。

③ （美）罗伯特·希斯著，王成等译：《危机管理》，中信出版社2004年版，第13页。

④ 李云宏、吕洪兵：“浅析危机管理”，《冶金经济与管理》，2000年第5期。

⑤ 薛澜、张强、钟开斌：《危机管理》，清华大学出版社2003年版，第26页。

⑥ 刘刚：《危机管理》，中国经济出版社2004年版，第3页。

变革。”[①]

近年来，“公共危机”、“政府危机”、“突发性公共事件”概念也被频繁提及，它们之间的联系和区别也成为学界讨论的焦点之一。

李燕凌等人认为，“公共危机是指对社会公众具有巨大现实或潜在危险（危害或风险）的事件”。[②]

张成福指出，公共危机是来自社会运行过程内部的不确定性及由此导致的各种危机，或者说它是这样一种紧急事件或者紧急状态，它的出现和爆发严重影响社会的正常运作，对生命、财产及环境造成危险和损害，超出了政府和社会常态的管理能力，要求政府和社会采取特殊的措施加以应对[③]。

李泽洲认为：“突发性公共事件”就是在某种状况下，由于缺乏准确预测或者有效预防而发生的，危害公共利益与公共安全的意外事件。在事件爆发后，往往会形成一种危机状态，表现为危害日益增多，影响面越来越广，公众要求尽快予以解决和恢复。一些规模较小、范围不大和处置措施得当的事件较易解决，而另一些持续影响力大、波及范围广的事件，如果缺乏有效的解决途径，极有可能会构成更深层次的危机[④]。

针对目前多个专业术语并存的情况，张小明认为：“公共危机”是与“一般危机”相对应的专业术语，强调的是其影响范围广大，或者对一个社会系统的基本价值观和行为准则架构产生严重威胁，需要以政府部门为主体的公共部门在时间压力和不确定性极高的情况下作出关键性决策。这样的“公共危机”的界定正是当代中国以政府部门为主体的公共部门所需要急迫加以解决的现实问题。而“政府危机”这一专业术语，从简化的意义上来说，可以看作是与“企业危机”相对应的。这是以危机发生领域为依据所做出的简要

---

① 张成福：“公共危机管理：全面整合的模式与中国的战略选择”，《中国行政管理》，2003 年第 7 期。

② 李燕凌、陈冬林、周长青：“农村公共危机的经济学研究及管理机制建设”，《江西农业大学学报》（社会科学版），2004 年第 1 期。

③ 斯亚平：《公共危机管理体系研究》，知识产权出版社 2007 年版，第 3 页。

④ 李泽洲：“建构危机时期的政府治理机制——谈政府如何应对突发性公共事件及其危机”，《中国行政管理》，2003 年第 6 期。

划分[①]。因此，张小明更倾向于用“公共危机”而非“政府危机”这样的专业术语，立意强调的是危机的影响以及对社会整体价值观的威胁程度，而不是强调危机发生领域的区分。

本研究在综合以往的研究成果，决定在政府网络危机课题研究中使用“政府危机”这一概念。原因是：其一，上述的概念界定均离不开政府这一行为主体。在排除危机的过程中，政府是落实行动的主体。基于政府与公众达成的契约，政府按照法定程序代替公众行使权力。政府公共服务职能决定了其在危机事件中居于不可取代的位置。其二，处在社会变迁的阶段之中，中国政府面临着艰难的转型过程。在这期间，不少危机的爆发皆与政府作为关系密切。一些陈旧的管理理念依然困扰着中国政府，这种状况与蓬勃发展的公民社会极不适应。在某些情况下，这种滞后性甚至造成了政府和公众之间的冲突。政府在公共事务中应该如何作为，这是当下迫切需要回答的问题。当然，公众、专家，媒体以及非政府组织也是危机事件中不可或缺的主体，本研究也对他们的行为和关系进行专门分析。

---

① 张小明：“从 SARS 事件看公共部门危机管理机制设计”，《北京科技大学学报》(社会科学版)，2003 年第 3 期。

第一章
政府网络危机的主体行为

一、政府危机中的政府行为

1. 引论

（1）政府

政府是一个国家的必要组成部分，政府的产生由来已久，它是人类文明和进步的必然结果。社会一旦组成，政府就必然产生，它对于保持和维护社会秩序是必需的。除非产生一些统治者——所有成员都必须服从他们的命令和决定，否则人们将依然留在自然状态之中，人世间没有任何裁判者去确定他们的权利，以及纠正他们的错误①。现在社会已步入信息社会、网景社会，社会组织越来越精确、复杂，一方面，社会拥有更多的信息自由和信息资源，另一方面，政府的作用和地位也越来越凸显。

依据学界的广泛研究和讨论，政府的概念有广义与狭义之分。广义的政府（Government）是指掌握社会公共权力的各种国家政权机关的总和，包括立法机关、行政机关和司法机关；狭义的政府（Administration）仅指国家政权机关中的行政机关②。本研究关乎于政府行为分析，该行为的主体涉及各种国家政权机关，因此本研究关注的政府是广义上的政府，当然可能会偏重于政府中的行政机关。

从行为目标看，政府行为一般以为公共利益服务为目标；从行为领域看，政府行为主要发生在公共领域；从行为方式看，政府行为一般以强制手段为

① 边沁著，沈书平等译：《政府片论》，商务印书馆 1995 年版，第 127 页。

② 商文斌："对政府行为规范化问题的几点思考"，《咸宁师专学报》，1994 年第 3 期，第 6 页。

后盾，具有凌驾于其他一切社会组织之上的权威性和强制力；从组织体系看，政府机构具有整体性，它由执行不同职能的机关，按照一定的原则和程序结成严密的系统，彼此之间各有分工，各司其职，各负其责。

（2）网络舆论

近年来，网络媒体以迅雷不及掩耳之势迅速发展，已渗入到社会和人们日常生活的每一个角落。网络舆论成长为一股新兴的声势浩大的舆论力量，长久以来受到压抑的普通民众有了一个表达意见和发表评论的相对自由和独立的媒介平台。网络舆论是“公众（网民）以网络为平台，通过网络语言或其他方式，对某些公共事务或焦点问题所表现出的意见的总和”①。网络舆论的形式主要包括网络中的媒体言论、论坛（BBS）及新闻跟帖②。网络舆论具有匿名、交互、传播快速等特点。

最近几年，网络舆论对政府工作和政府行为的监督，对传统的政府执政方式产生了重要影响，由网络舆论而引发的政府形象危机此起彼伏。网络舆论与政府行为之间存在着密切的关系，两者之间是相互影响的，而这种相互影响，又对政府形象产生了重要作用。

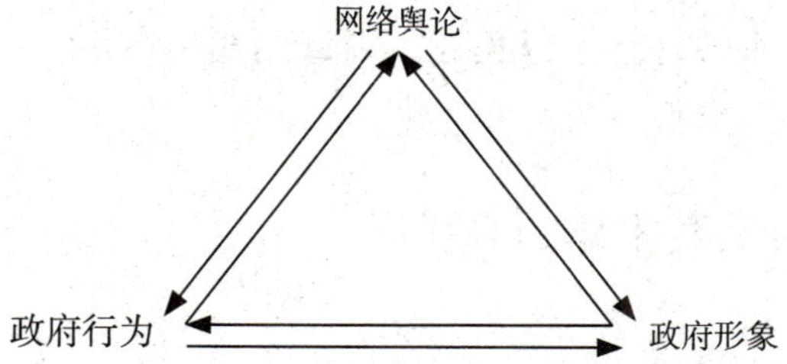

图 1.1　网络舆论、政府行为和政府形象关系示意图

（3）政府行为

关于政府行为，从政府职能角度入手，是指政府及其工作人员为履行其职能所进行的与政府工作相关的活动。从普遍意义上理解，指的是“国家行政机关及其行政人员，实施行政管理活动的总称，包括决策行为、计划行为、

① 金兼斌：“网络舆论的演变机制”，《传媒》，2008 年第 4 期，第 23 页。

② 陈明、杨国炜、陈樵哥：“中国网络舆论现状及舆论引导”，《瞭望新闻周刊》，2004 年第 35 期，第 58 页。

领导行为、执行行为、监督行为等”（这里的国家行政机关同样可以理解为国家政权机关）。因此，政府行为是指政府及其工作人员在特定时期内，在特定执政理念的指导下，依照有关的制度所进行的社会管理和公共服务的活动①。任何一个行为都有其行为和活动主体，政府行为的主体当然是政府，而政府中最重要的又是政府机构和政府人员，政府机构的设置和政府工作人员的整体素质是影响政府行为的两个重要因素。

政府行为中，最为典型的一个概念是“治理”（governance）。对于这一概念的界定众说纷纭，如“在管理国家经济和社会发展中权力的行使方式”，如“个人和机构，公共或私营，在管理公共事务上多种方式的总和”，如“确定如何行使权力，如何给予公民话语权，以及如何在公共利益上作出决策的惯例、制度和程序”，等等。显然，因为存在着地区、历史、文化、意识形态的差异，“治理”永远不可能被定义成一个具有普遍有效性的通用方式。大体说来，政府行为意义上的治理是一个内容丰富、需要因地制宜作具体阐释的概念。

政府行为是政府执政能力的重要评估依据，也是政府形象中重要的影响因子。政府既是政府行为的主体，也是政府危机的主体，由网络舆论引发的政府形象危机产生前、危机中、危机后的政府行为都值得密切关注和研究。本书将对政府的一系列行为予以关注，以试图找出在面对由网络舆论引发的政府危机时政府行为的得当和失当之处。

2. 政府行为及其主体的分析

（1）政府行为的模式

①政府行为模式。

政府行为一般可以找到其固定模式，从政府行为模式的历史发展及其未来趋势来看，人类社会已经在自身的行政实践过程当中创设了两种典型形态：产生于农业经济时代的统治行政和适应工业经济时代需要而建构起来的管理行政。伴随着知识经济时代的到来，一种崭新的政府行为模式已初露端倪，

① 李培广：“服务型政府视野下的政府行为模式选择”，《中国市场》，2004 年第 48 期，第 93 页。

这便是服务行政[①]。因此，政府的行为模式可以分为“管制型政府行为模式”、“管理型政府行为模式”和“服务型政府行为模式”三种。

根据政府在履行政府职能时，对宏观调控手段、法律手段和行政手段的侧重程度，可以分为三种政府行为模式：引导型政府行为模式、法律型政府行为模式、集权型政府行为模式。如图 1. 2 所示，“引导型政府行为模式”中政府主要依靠宏观调控来管理社会和经济，辅以法律手段，很少用行政手段。这种模式适合于一般状况下的市场经济的管理和协调，在特殊时期如经济危机时期则在辅以其他手段如法律和行政手段使经济走向正常。“法律型政府”主要依靠法律手段来管理社会和经济，是典型的法治型政府，宏观调控和经济手段都运用较少，这种模式在特殊时期如战争时会失去其效用。“集权型政府”主要是运用行政手段来治理社会和经济，辅以法律手段，很少运用宏观调控。这种高度集权模式在封建时期或是君主专制时期曾普遍适用，现代时期已经失去其存在的空间，除非是在战时暂时启用。

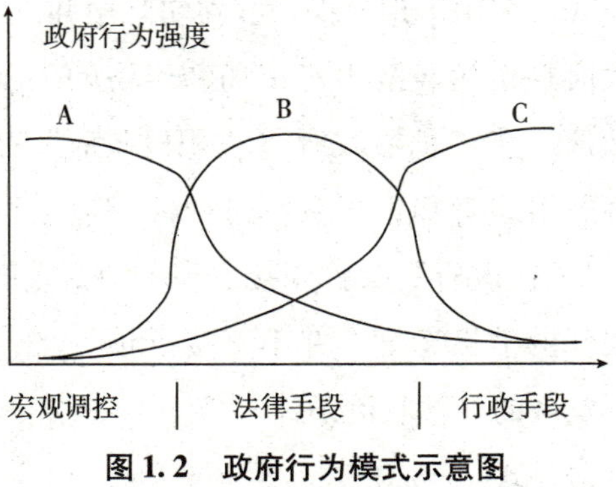

图 1. 2　政府行为模式示意图

注：A 引导型政府行为模式，B 法律性政府行为模式，C 集权型政府行为模式。

资料来源：张则景，沈西林：“政府职能与政府行为模式”，《昆明理工大学学报》，1997 年第 2 期，第 99～100 页。

在市场经济发展历程中，西方经济学家们阐述了三种基本的政府行为模式。亚当·斯密首先提出“弱政府行为模式”，这种模式主要盛行于 20 世纪以前的西方主要资本主义国家。该行为模式强调“看不见的手”的作用，任由市场经济自由发展和成长，反对政府对经济进行干预。这种模式契合了资本主义

---

① 柏维春、芦刚：“从管理行政走向服务行政——新一轮开放背景下中国政府行为模式变革的应取路向”，《东北师大学报 》（哲学社会科学版），2003 年第 6 期，第 36 页。

自由经济时代的需要，但最终导致了20世纪初全球经济危机和大萧条，因此该行为模式被西方各主要资本主义国家废弃。随后凯恩斯提出“强政府行为模式”，强调政府对市场经济的强有力的干预。凯恩斯的理论认为，国家是社会的合法代表，政府是民选的结果，因而能够体现人民的意志，代表全社会的利益；同时，个人效用函数的总和就是社会效用函数，政府的活动就是向社会提供公共物品，增进社会福利，因而政府官员都是公道正义的“道德人”，他们的动机和行为与社会公共利益必然是一致的，政府行为目标就是社会福利函数的最大化①。20世纪50年代至70年代，是凯恩斯主义辉煌的年代，强政府行为模式引导着资本主义经济走出困境，但自70年代以来，资本主义国家经济形势重新恶化，经济停滞，通货膨胀、财政赤字居高不下，强政府行为模式无疑应对此负相当责任，最终还是因为违背了公平和自由而被遗弃。随后，布坎南及缪勒创立公共选择理论，把“经济人”范式引入政府行为理论，提倡“中政府行为模式”。这种模式追求平衡，坚持政府对经济的干预和市场的自由调控相结合，但是该模式也多用于理论探讨，在实际中并没有得到广泛运用。

国内学者根据政府在市场经济中对市场和经济的干预程度，将政府行为模式划分为“积极政府”和“消极政府”。“积极政府”是政府直接干预经济领域，成为社会经济的组织者和策划者。这种模式包括直接宏观干预和直接微观干预两种类型。“消极政府”又称间接宏观干预型政府，其基本特征是政府对经济采取自由放任的消极态度，并不直接干预经济，政府只作间接的宏观调控以及提供经济发展的外部政治条件②。

②中国政府的行为模式。

中国社会发展的历史大概可以分为这样几个阶段：封建专制时期、封建专制主义向现代主义过渡的民国时期和社会主义社会时期。长达几千年的封建专制社会时期，奉行的是封建君主专制政体，实行的是“家国同构”的社会政治制度，国家和君主权利具有无限的权威和独裁性，社会只是国家的依附。历史的发展已经表明，这是一种落后的政治和社会形态，最终被历史所淘汰。中国的民主社会时期在本质上来说也是一种封建体制的延续，并没有

① 凯恩斯：《就业利息和货币通论》，商务印书馆1996年版，第112页。

② 孟迎晖：“转型期政府行为模式探讨”，《理论界》，1995年第4期，第45页。

达到真正的民主政权。

新中国成立后，中国先后经历了计划经济时期和市场经济时期。计划经济时期照搬苏联模式，错误地理解和执行马克思、恩格斯的有关国家和社会理论，仍然强调的是政府的集权和垄断，此时仍是一种“强政府行为模式”。改革开放的实行和市场经济的发展，国家权力开始有意弱化，社会及社会各界组织的权力开始回归。国家权力开始对市场经济进行适度干预和宏观调控。新时期以来，我国开始提倡和实施“服务型政府”，强调政府只是更好地为社会服务。

由于受几千年封建专制统治而遗留下来的一些根深蒂固的制度和思想影响，中国目前的政府行为模式中还是有很多专制制度所遗留下来的陋习和缺陷。结合前面所提到的一些政府行为模式理论和中国的实际情况，中国目前正处于由管理型政府行为模式向服务型政府行为模式过渡的阶段。然而在面对实际问题和具体情况时，单单运用一种模式来分析和探讨都是不够的，因此，在分析具体问题时，要结合各种模式来分析，本书对政府行为的分析也将结合多种模式来探讨。

（2）政府行为的主体及其角色定位

前面已经提到过，政府行为主体中，最重要的主体是政府机构和政府公职人员。国家机构是统治阶级为实现其阶级统治而建立起来的国家机关体系的总称，一般包括国家元首、立法机关、行政机关、审判机关、检察机关、地方行政机关，以及作为阶级专政特殊工具的军队、警察、监狱和官吏①。在这其中，比较重要的又是行政机关，分为中央行政机关和地方行政机关。本研究所讨论的政府行为，大多是与政府行政机关相关。机构主体是具体的人，所以在分析政府行为主体时，应该更多地关注人的因素。政府行为的主体结构，既包括公职人员的编制规模、地位级别、专业分布、行为规范及内部的协调、组合，同时更为重要的是，公职人员的政治素质、思想素质、心理素质、专业水平、道德情操和敬业精神②。许多由于政府公职人员行为不当而引发的政府形象危机，多与其公职人员个人素质相关。

自新中国成立以来，我国政府一直将自己的角色定位为人民公仆，把其

---

① 黄宗良、林勋健主编：《政治学原理》，中共中央党校出版社 1994 年版，第 50 页。

② 刘小燕：“政府形象传播系统结构解析”，《新闻大学》，2005 年春季刊，第 52 页。

职能定位为为人民服务。马克思在阐述无产阶级政权之初就把无产阶级政权中的公职人员定位于公仆，这一思想是确立理想政府行为主体角色定位的基本依据。作为公仆的政府行为主体应该把追求公共利益作为自己的首要目标，这与西方资本主义社会中追求个人利益最大化的政府是有根本区别的。公仆的权利来源于人民，当然要接受人民的监督，政府不拥有公众授予的权利以外的任何其他权利，政府行为主体需要将自己全面置于公共生活之中，接受公共监督①。政府在行为过程中，应该时刻以公仆的角色和身份来要求和规范自己的行为方式，以使政府行为合理合法。

（3）政府行为与政府形象

政府行为与政府形象有密切关系，在很大程度上，政府的行为即代表着政府形象。政府形象的形成是以其行政行为为基础的，公众主要通过对政府行为的了解和认识来评判其政府的形象。

政府形象包括两部分，即政府本身和公众对政府的认识和评价。政府形象也有广义和狭义之分，广义的政府形象即国家形象，国家形象是国家力量和民族精神的表征，是主权国家重要的无形资产，是综合国力的集中体现②。在国际社会中，当政府代表国家时，政府形象即国家形象。在很多具有国际影响的事件中，政府的行为会影响到国家形象，国际舆论会以一国政府的行为作为考察对象，形成其眼中的他国国家形象。狭义的政府形象是指政府的行政行为表现、性状特征、精神风貌等在社会公众眼里的抽象反映，以及政府在公共行政中体现出的整体素质、综合能力、施政理念和施政业绩等，给国内外公众留下的一种综合印象或看法③。

政府的形象传播也包含几方面含义：一是政府自身形象的传播，即政府的行为通过自然的途径被公众知晓，如社会公众通过亲身观察或体验来了解政府形象。这时候政府自身就是媒介，向公众传递信息；二是政府借助媒体传播其形象，如媒体对政府形象的宣传和报道，或是政府通过自己的媒介对自身进行宣传（如政府网站），以及政府通过新闻发言人、公关团队等专门机

① 赵宇峰：“政府行为失效及其治理研究”，吉林大学博士学位论文，2006 年。
② 管文虎主编：《国家形象论》，电子科技大学出版社 2000 年版，第 56 页。
③ 刘小燕：“政府形象传播的本质内涵”，《国际新闻界》，2003 年第 6 期，第 49 ~ 50 页。

构进行形象塑造和传播；三是社会公众利用自己的资源和媒介对政府形象进行传播，如公众利用手机、网络等媒体对政府形象进行传播。这几种传播形式，对政府形象既有正面传播也有负面传播。正面传播无疑为政府增光添彩，而负面传播则容易使政府陷入危机之中。特别是在网络媒体高度发达和自由的背景下，网络媒体成为一股重要的舆论力量，其影响力和重要性不亚于传统媒体，并在很多传统媒体失声的领域发出了强烈的不容忽视的声音。在政府的日常行为中，常常由于政府行为不当而在网络上引起的强烈争议不断，最终形成了强大的舆论声势，使政府陷入被动和危机之中①。

3. 政府行为失范与政府危机

政府行为失范亦即政府行为失当，它属于失范理论的范畴，而失范理论的历史由来已久。朱力在总结国内外的研究后指出，失范概念的内涵分微观和宏观两个层面。宏观层面的失范属于社会规范、制度体系的稳定性与社会秩序问题，即指社会规范系统的瓦解状态——社会解组。微观层面的失范主要是指社会团体或社会成员的失范行为，它与越轨行为是同义语，指社会团体或个体偏离或违反现行社会规范的行为。社会失范是指社会规范体系本身的瓦解、混乱；行为失范是指社会的主体，即社会成员作为社会中的行动者自身的行为与规范发生的冲突。前者是规范本身的失范，后者则是规范对象与执行者的失范。单独讲“失范”，主要还是从宏观角度把它理解成一种社会状态混乱的比较多，若要用它行为层面的含义，一般就直接用“失范行为”这个概念了②。本研究所注重的正是失范的行为层面，重点在于行为失范，而失范的行为主体就是政府。

根据上面的定义，政府行为失范，即政府及其工作人员作为政府行为中的行动者，自身的行为与规范发生的冲突。这里的规范由道德和法律共同构成，与规范发生冲突即与公认的道德和法律发生冲突。因此，凡是政府自身的行为与公认的道德和法律发生冲突的，都可被纳入政府行为失范的范畴。

---

① 课题组对与网络舆论相关的政府危机案例进行了详细梳理，划分为民生类、法制类、自然灾害类、官员腐败类、群体性事件和国际性事件六种类型。其共通之处就在于，政府行为不当致使网络舆论升级，对政府形成强大的舆论压力。

② 朱力：“失范范畴的理论演化”，《南京大学学报》，2007 年第 4 期，第 141 页。

（1）政府行为失范的原因

①政府权力的垄断性和二重性。

政府所拥有的权利的至高无上和垄断是导致政府行为失范的根源之一。世界上绝大多数国家的政府都是集政治、经济、文化等权力于一身，并且有各种强制力来保证政府权力的实施，其权威性几乎没有力量能与之抗衡，这种权力的过分集中和垄断当然容易导致行为失当现象的出现。政府处于垄断地位，权力没有得到限制，既可以利用政府权力满足“公共需要”，但也可能借“公共”之名满足自己这个集团的需要，而损害公平与效率，损害公众的利益。

中国长期的高度集权和专制的历史传统，以及一直以来封建官本位的思想，对政府权力的高度集中和垄断有深远影响。两千多年的封建专制统治和家长制的影响根深蒂固，封建家长制的管理方法和官贵民轻的思想在现代社会仍有立足之地，这在某种程度上成为政府行为失范思想基础。

人类社会经过长期的探索和发展，从奴隶社会的专制政体到封建社会的专制政权，从古希腊的城邦民主制到资产阶级三权分立政权的确立，从苏维埃新型民主政权的产生和实践再到现在中国等社会主义国家民主政权的发展和进步，历史的经验表明现代政府的权力越来越具有双重倾向，政府行政权力既具有增进社会公共利益的倾向，又具有为某一集团或个人谋取私利的倾向，为公与为私并存。政府行政权力的二重性决定了政府行政权力在被使用的过程中必然会产生两种相反的行为，即得当行为和失当行为，也可称为正面行为和负面行为，两种相反的行为会导致相反效果的产生，即正面效应和负面效应。美国经济学家诺斯认为，政府（国家）有两个基本目的：一是在要素和产品市场上界定所有权结构，使统治者的租金（收入）最大化；二是在第一个目的框架中降低交易费用以使社会产出最大，从而增加国家的税收①。当政府权力的使用偏向于为某一集团或个人谋取私利时，政府的行为就会偏离正确的轨道，出现政府行为失当现象。

②市场经济和社会发展的必然。

马克思曾指出，商品经济的市场调节方式内在地导致了生产的社会化与

---

① 涂晓芳：“政府利益对政府行为的影响”，《中国行政管理》，2002 年第 10 期。

资本主义私人占有之间的矛盾，以及企业生产的有计划性与整个社会的无政府状态之间的矛盾。而克服这两对矛盾的出路在产权上，生产资料社会化，由全社会共同占有生产资料；经济运行方式上，不让“著名的价值插手其间”，以没有商品货币关系的计划生产取代市场。建立在此基础之上的政府，则以社会代表的身份组织统一的社会生产，国家有充分的能力通过统一核算与干预完成基本经济过程。然而在现实中，并不能按照马克思的设想来正确地实行。在高度集权的社会主义计划经济时代，对马克思这一设想的错误理解和运用导致了经济发展的滞后。在市场经济时代，市场对资源的调控并不是万能的，仍需要政府对市场进行组织和调控。然而在这个过程中，我国还处于转型时期，对计划体制下那套超强政府行为模式的改革还不够彻底，有些陋习和缺点还是被延续使用，政府行为在市场经济中产生明显失当的现象。

卢梭在论述人类不平等的起源和基础时说道：谁第一个把一块土地圈起来并说：这是我的，而且找到一些头脑十分简单的人居然相信了他的话，谁就是文明社会的真正奠基者[①]。政府在市场经济的大潮前也难免会迷失方向，这也是人类社会发展的必然规律。“公益永远是公正的，而且永远以公共利益为归依；但是并不能由此推论说，人民的考虑也永远有着同样的正确性。人们总是愿意自己幸福，但是人们并不总是能看清楚幸福。人民是决不会被腐蚀的，但人民却往往会受欺骗，而且唯有这个时候，人民才好像会愿意要不好的东西。”[②]

③政府工作人员的利益动因个人化倾向。

“一切人类生存的第一个前提也就是一切历史的第一个前提，这个前提就是人们为了能够创造历史，必须能够生活。但是为了生活，首先就需要衣、食、住以及其他东西。因此第一个历史活动就是满足这些需要的资料即生产物质生活本身。”[③] 马克思、恩格斯的这段话揭示了人类一切行为的根本动源是人的利益。卢梭曾有论述，由自然状态进入社会状态，人类便产生了一场最堪注目的变化；他们的行动也就被赋予了前所未有的道德性。唯有当义务

---

① 出自《论人类不平等的起源和基础》，转引自张秀章、解灵芝选编：《卢梭忏悔录》，吉林人民出版社2003年版，第137页。

② 张秀章、解灵芝选编：《卢梭忏悔录》，吉林人民出版社2003年版，第137页。

③ 《马克思恩格斯选集》第1卷，人民出版社1972年版，第32页。

的呼声代替了生理的冲动，权利代替了嗜欲的时候，此前只知道关怀一己的人类才发现自己不得不按照另外的原则行事，并且在听从自己的欲望之前，先要请教自己的理性①。然而，人之所以为人，在很多时候是无法克服一些原始的冲动与嗜欲的，在这个时候人就难免会失去理性。

政府工作人员首先作为普通的人，会具有同普通人一样的一些非理性行为；其次，更为重要的是，政府工作人员作为人民民主权力的代表执行者，手中掌握着普通公民所没有的权力。政府工作人员利用手中的权力追求个人利益，奉行“以官为主、以民为仆”的封建官僚思想，利用各种机会为自己谋取私利。公共选择学派认为，政府也是经济人，存在自利性，也会追逐自身利益的最大化。他们认为，政府一旦形成，其内部的官僚集团便会有自身的利益，这可能导致政府的变异，如大量滋生寻租与腐败现象等等②。

导致政府行为失范的原因还有很多，以上所分析的是主要原因或较为根本的原因。根据这几个原因，本书对课题前期的个案研究进行再类型化分析，可以得出如下结论。

表 1.1　　政府危机事件和主要原因分析表

主要原因	典型事件
政府权力的垄断性和二重性	北京站出票视频事件、孙志刚案、“躲猫猫”事件、黄静案、罗彩霞案、沈阳刘涌案、谭静案、许霆案、7·18 济南暴雨事件、桑美台风争议、2006 年川渝特大旱灾引发三峡工程争论、2008 南方雪灾、汶川地震、非典事件
市场经济和社会发展的必然	重庆最牛钉子户事件、厦门 PX 事件、三鹿奶粉致肾结石事件、娄烦矿难、《深圳，你被谁抛弃》网文事件
政府工作人员的利益动因个人化倾向	高考加分俱乐部、白展堂事件、出国门事件、邓玉娇事件、黄金高事件、景德镇别墅、山东市长下跪事件、西丰案件、周久耕事件

（2）政府行为失范的表现

政府行为失范的表现有多种多样，赵宇峰在其博士学位论文中总结：在现实中，政府行为失效就政府行为客体而言，即社会层面而言，突出地表现在医疗服务不到位、药品价格飞涨，教育不均衡、教育乱收费现象普遍，环

① 张秀章、解灵芝选编：《卢梭忏悔录》，吉林人民出版社 2003 年版，第 129 页。

② 涂晓芳：“政府利益对政府行为的影响”，《中国行政管理》，2002 年第 10 期，第 16 页。

境污染事件层出，社会保障体系极其不完备，人口过度膨胀，贫富差距不断扩大，制假售假屡禁不止等等；政府行为失效就政府行为主体而言，即政府自身层面而言，主要表现在政府的低效率、政府人的寻租行为、行政权力市场化、机构膨胀与权力异化、政府决策失误与政府行为短期化等等，这些既是政府行为失效在政府自身治理中的表现，同时又是更进一步导致各个层面政府行为失效的直接原因①。

因为本研究所讨论的主题是网络舆论与政府行为和政府危机，因此本研究将着重分析近年来网络关注度较高的政府行为失范现象。具体包括政府公职人员腐败、政府对经济的管理不当、政府执法不当和司法公正问题，以及政府对社会的管理失当。

①政府公职人员腐败。

腐败行为在各个国家政府和中国政府的各个时期都是存在的，而正处于转型期的中国社会，腐败问题更加凸显和引人关注。

表 1.2　　1980～2001 年透明国际关于中国的清廉指数②

年份	1980～1985	1988～1992	1993～1996	1997	1998	1999	2000	2001
清廉指数	5.13	4.73	2.43	4.73	3.5	3.4	3.1	3.5

数据来源：透明国际网站 http：//www. gwdg. de/～uwww。

网络反腐近来年成为一个热门词汇，网络媒体也成为反腐败和监督的重要工具。通过对案例的总结和对现实的分析，近年来因网络而曝光的政府公职人员腐败行为越来越多，对现实的反腐工作也有相当的帮助。调查显示，公众对有效举报方式进行排序，第一有效的为网络曝光（35.8%）、其他依次为传统媒体曝光（31.3%）、向纪委举报（17.2%）、向检察院举报（11.4%）、向上级政府机关举报（3.3%）、向公安部门举报（0.5%）③。

经网络曝光的公务员腐败行为与传统的由国家纪检机关查处、经由传统媒体曝光的公职人员腐败有所不同。前者往往诱发事件小，经广大网民不断人肉搜索后，腐败行为越来越暴露，公众的反腐声势也随之越来越大。周久

① 赵宇峰：“政府行为失效及其治理研究”，吉林大学博士学位论文，2006 年。

② 此表格转引自何增科：“中国转型期腐败和反腐败问题研究”（上篇），《经济社会体制比较》，2003 年第 1 期，第 21 页。

③ 转引自杨涛：“网络反腐：开辟反腐新战场”，《西部论丛》，2009 年第 5 期，第 26 页。

耕的腐败行为最初就是网友从周久耕开会时的一张照片上发现，他所抽的烟每条售价在1500元至1800元之间。这张照片迅速被网友上传至各大论坛，形成了强大的舆论声势，并不断对其进行人肉搜索，最终引起相关部门的注意和调查。“山东市长下跪事件”中的济宁市副市长李信被揭发和查处源于互联网上的一篇“济宁市副市长下跪丑态”的帖子，并且附上了李信下跪的照片。“魑魅魍魉2009”把一篇“我无意中捡到的某市公务员出国考察费用清单”的帖子发到网上，网友反应异常强烈，疯狂地转载这个帖子，并引起了传统媒体的注意，江西新余、浙江温州“出国考察门”事件从此曝光……，这些经网络曝光的政府公职人员腐败事件或许并不构成大案要案，但却反映了新形势下我国政府公职人员中存在的一些错误的思想行为和恶劣作风。

网络的监督作用使得部分政府人员腐败案件得到查处，已经取得的成效为公众继续使用网络媒介作为反腐工具提供了动力。网络反腐主要是广大网民和国家机关利用网络这一媒介工具对各类腐败行为进行揭露、曝光、追踪和评论的反腐活动。有文章指出，对近年来网络反腐的分析表明，网民通过网络进行反腐的途径主要有以下几种：一是通过网络举报腐败行为；二是对腐败行为进行曝光，这是网络反腐的主要途径之一，近年发生的多起网络“反腐”事件就是最好的证明；三是对腐败行为发表评论；四是对腐败案件的查处情况进行跟踪报道①。网络媒体确实给社会公众提供了一条全新的、便利的、可行性较高的反腐途径，公民的网络反腐行动具有匿名性、传播快速性、影响广泛性等特点，但是这种网络反腐也需最终得到国家有关机构的重视和查证，以及立案调查才能取得实际效果。网络反腐过程中出现的一些非理性因素和负面效果也需引起相当的重视。

② 政府对经济管理不当。

西方国家在步入市场经济的阶段曾大行自由主义，处于无政府状态，而我国经济体制的转轨与西方国家步入市场经济的出发点完全不同，因此受到了政府过多的干预。如今，在我国市场经济逐渐走向成熟之时，政府对经济和市场仍有许多不适当的干预，这也是政府行为失范的突出表现之一。

---

① 谭世贵：“网络反腐的机理与规制”，《党政干部文摘》，2009年第7期，第25页。

在培育市场之始，政府起主导作用，体制的转轨是在坚持公有制为主体的前提下，由计划经济向市场经济过渡。转轨的启动力量来自国家，它不可能伴随以彻底的私有化为目的的所有权运动，而这一切将使得政府自觉不自觉地运用行政权力来推行市场经济，从而加重了政府对市场的作用。而一旦行政权力失控或在市场中被视为商品加以交换，腐败将成为一种难以遏制的现象渗入到社会肌体及其结构之中①。政府对市场和经济的过多干预，导致政府职能不明、权力过限，出现权力寻租现象，对国家经济和政治都造成重大损失。政府违反客观规律干预市场模式、地方保护主义的泛滥、一味追求经济发展而牺牲环境、政府部门直接参与赢利性活动等等，都是政府对市场和经济管理不当的表现。

2006 年，厦门市引进了总投资达 108 亿元人民币的大型化工项目海沧 PX，这是中国地方政府干预市场经济的典型方式——通过招商引资大力发展地方项目以促进地方经济发展。该项目引来社会各方的强烈关注，互联网上的讨论沸沸扬扬，后来大批市民甚至上街“散步”，反对 PX 项目。厦门市政府紧急下令缓建 PX 项目，承诺重新进行环境评估，同时筹办了面向市民的公开座谈会。2008 年初，国家环保部正式作出批复，项目目前已确认落户与厦门相隔近百公里的漳州古雷半岛。《深圳，你被谁抛弃》网文事件之所以能在全国范围内引起如此大的轰动，是因为该文很多观点都切中了当前深圳发展的实际情况，深圳作为我国市场经济发展的标杆地，其发展模式和发展特色带有鲜明的中国特色，一些痼疾和发展瓶颈也开始凸显。各类频频发生的矿难事故也有不少是经网络曝光，2008 年 8 月的山西省娄烦县矿难经记者孙春龙在博客刊出举报信，并经过大量转载，最终得以查处。矿难的频繁发生在根源上也是由于各级政府在管理中存在的地方保护主义、权力寻租、直接参与经济活动等不当行为。

恩格斯在论述国家权力对经济的反作用时曾说：“国家权力对于经济发展的反作用可能有三种：它可以沿着同一方向起作用，在这种情况下就会发展得比较快；它可以沿着相反方向起作用，在这种情况下它在每个大民族中经过一定的时期就都要遭到崩溃；或者是它可以阻碍经济发展沿着某些方向走，

① 陈泉生：“论政府在市场经济中的角色”，《云南大学学报》（法学版），1995 年第 3 期，第 18 页。

而推动它沿着另一种方向走，这第三种情况归根到底为前二种情况中的一种。但是很明显，在第二种和第三种情况下，政治权力能给经济发展造成巨大的损失，并能引起大量人力和物力的浪费。”① 中国目前仍处于转型阶段，各级政府，特别是地方政府对市场经济的不适当干预会破坏市场公平等原则，引起经济秩序的紊乱，同时也会助长地方保护主义，使政府角色异化为经济政府。

③政府对社会管理失当。

“现代社会的基本结构框架由政治国家、市场经济和市民社会构筑而成，它们各自有不同的活动主体、不同的组织目标、不同的社会功能、不同的组织结构、不同的激励机制、不同的运作逻辑。”② 政府是这三个构成要素和领域中的核心因素和凝聚力量，政府通过调节三者之间的关系，使社会得以良好和顺利运行。

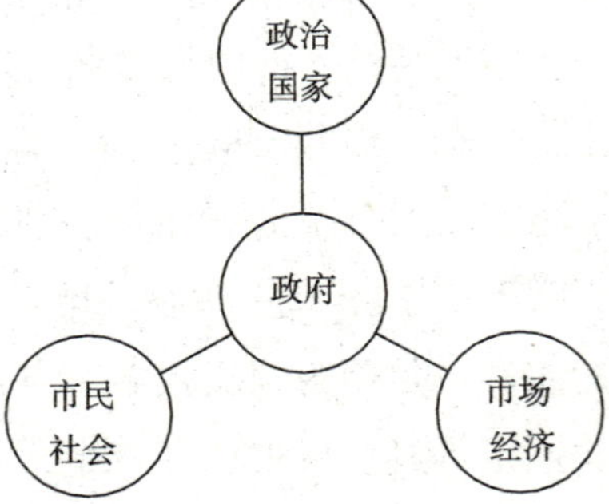

图 1.3 政府的核心作用示意图

在我国，“社会管理主要是政府和社会组织为促进社会系统协调运转，对社会系统的组成部分、社会生活的不同领域以及社会发展的各个环节进行组织、协调、服务、监督和控制的过程”③。十六届三中全会把政府职能定位为“经济调节、市场监管、社会管理和公共服务”四个方面，以此明确社会管理是政府的主要职能之一，政府在防范和治理社会问题，确保社会安全、协调

① 《马克思恩格斯全集》第 34 卷，人民出版社 1971 年版，第 487 页。

② 康晓光：“权力的转移——1978～1998 年中国社会结构的变迁”，《中国社会科学季刊》（香港），2000 年夏季号，第 108 页。

③ 李学举：“加强社会建设和管理 促进社会和谐与发展”，《求是》，2005 年第 7 期，第 79 页。

发展方面具有不可替代的作用。

然而，政府在进行社会管理中不仅会面临许多实际困难，而且自身也会出现一些行为失范。“政府社会管理”课题的研究报告指出，我国目前的社会管理不得不面对一系列棘手难题，突出表现在：社会治安问题、劳动就业问题、公共安全问题、社会公平问题、弱势群体问题、人口和环境问题等等①。除却这些难题，当前形势下还有群体突发性事件层出不穷、医疗和社会保障的不完善、民间和社会组织的边缘性等问题。这些社会问题其实又是与政府的社会管理紧密相连的，政府社会管理的失当或不到位将会加重这些社会问题的严峻性。

政府对社会的管理与公众的生活联系尤为紧密，公众对其也就更加关心和关注，公众利用网络媒体监督政府的社会管理行为已经十分普遍。2003 年的非典事件由最初的政府对疫情的隐瞒和媒体的集体失声，到后来的谣言四起、网络言论不绝，凸显的是我国政府在管理突发公共卫生事件时经验的不足和行为的失当；2008 年的汶川地震和南方雪灾等自然灾害期间网络舆论的异常活跃，凸显的是我国政府在面对自然灾害时行为的缺陷；一系列的出租车罢运事件，凸显我国出租车行业积弊和政府对行业组织的管理和协调的失范。上海市落户难问题一直是网民关注的热点，通过上海市户籍制度改革引发的网络热议也可以看出，推进我国户籍制度改革势在必行，刻不容缓。

正如经济发展处于转型期一样，我国社会的发展同样处于一个转型时期，各种新旧思想、理念、行为方式的交荡，致使社会处于一个矛盾和冲突集中的敏感时期，在这样一个时期，政府更应该科学合理地进行社会管理，规范自身行为。

④政府执法不当和司法公正问题。

社会主义和谐社会的内核是民主法治、公平正义、诚信友爱、充满活力、安定有序、人与自然和谐相处的社会，放在第一位就是民主法治，法治是保证其他目标顺利实现的前提和基础。法律是社会合理分配权力、限制权力的

---

① 陈振明、卢霞、张娜，“我国政府社会管理的现状及问题分析——《‘政府社会管理’课题的研究报告》之三”，《东南学术》，2005 年第 4 期，第 20～21 页。

工具，法律完成这一使命，就是对社会凝聚、生活安全做出的重大贡献[1]。

政府在执法过程中，最重要的是公平公正，国家司法权的行使必须符合法律的公平与正义是司法公正的题中应有之义。培根曾多次告诫，“一次不公正的裁判，其恶果甚至超过十次犯罪”，“司法的重大错误，有时是可以引起政治变乱甚至国家倾覆之危的。”[2] 政府正确的执法和保证司法公正对整个国家和社会都有非常重要的意义，然而现实情况却是我国目前仍存在大量政府执法不当和司法不公正现象。行政执法缺乏有效的监督机制，导致行政执法权力的滥用和问责时的流于形式；行政执法机关职能划分以及权责划分不明，导致执法混乱；政府人员利用行政执法谋取私利；执法过程中有法不依、执法不公等问题都是现实存在的。

政府的执法不当和司法不公正对法治社会造成严重的负面影响，同时也对政府自身形象带来负面效果。近年来，网络媒体对政府执法不当和司法不公正问题尤为关注，网络舆论声势十分强大。2009 年 5 月的杭州飙车案引起了极大的舆论轰动，该事件源于网民、媒体和专家对杭州警方公布的肇事者当时车速为 70 码的一致质疑，网络用语“欺实马”“扒实马”广为流传，隐含对交警部门执法不公正的讽刺。云南玉溪“躲猫猫”事件在网络上和各大媒体中引起广泛质疑，迫于舆论压力，云南省委宣传部宣布成立“‘躲猫猫’事件网民各界人士调查委员会”，但调查并未解开李荞明的死亡真相，反而使越来越多公众失去了对政府和相关部门的信任，并称成立调查团的举动为“作秀”。“华南虎照”事件中，陕西省政府在应对“华南虎照”事件中显现出的消极被动、捉襟见肘最终酿成了严重的信任危机。孙志刚事件引发了强大舆论呼声，矛头直指政府执法不当。

政府的执法行为关乎法律的权威、尊严，以及司法的公平公正，更关乎国家和人民的利益，政府应该大力完善相关法律法规的建设，提高政府执法人员的政治、道德、法律素质，秉持公平公正执法的理念，努力减少执法不当现象的发生。

---

① E·博登海默著，邓正来译：《法理学——法律哲学与法律方法》，中国政法大学出版社 2004 年版，第 409 页。

② 弗朗西斯·培根著，何新译：《培根随笔选》上海人民出版社 1985 年版。

（3）政府形象危机的产生

政府危机是危机中的一种，政府危机有双层含义：一方面，因政府是政治国家、市场经济和市民社会的管理者，所以凡是有关政治国家、市场经济和市民社会的危机，也即有关政治、经济、社会的危机都应该纳入政府危机的范畴，这是广义上的政府危机；另一方面，政府作为一个行为主体，其本身行为的失当会有损正常的政治、经济、社会秩序，导致危机产生，此种危机会使政府形象大大受损，因此在狭义上此危机可纳为政府形象危机。本研究所关注的重点是狭义上的政府危机，即政府形象危机。

前文已经界定过政府形象的概念，程曼丽曾指出，国家形象危机的出现一般有两种情况：一种是与危机事件相伴随的形象危机；一种是传播失当造成的形象危机①。政府形象危机的产生大致也是这两种情形。在本研究所讨论的主题下，本研究所关注的政府形象危机是经由网络媒体传播的由于政府行为失当而产生的危机事件，以及因此而导致的政府形象危机。

①焦点小组访谈法的使用。

在研究政府行为和政府危机时，本研究使用了焦点小组访谈法。鉴于前人的研究经验和成果，以及焦点小组讨论法在探讨问题和分析问题时的优势，本研究试图通过焦点小组中多个参与者的讨论和对问题的回应，帮助研究者解释某一现象及其成因，同时开发出一些新的信息，以便更深入研究问题。

——小组参与者选取及构成。本研究中的焦点小组参与者按行为主体进行分类，分别为政府部门工作人员、媒介工作者、公众、专家和 NGO 人员各两名，由研究小组邀请，成员自愿参加。10 名成员分成两个焦点小组，每组 5 人，分别就汶川地震和杭州飙车事件进行讨论，谈论时间大约两个半小时。

——焦点小组的进行。两个焦点小组均于 2009 年 7 月 19 日 14 点 ~17 点在南京大学费彝民楼进行，每个小组分别进行一次讨论，时间约为两个半小时。每个小组由一名主持人，一名记录员，一名现场协助员和 5 名参与者组成。焦点小组在主持人的启发和引导下，围绕研究的主要问题展开讨论，这些主题包括：汶川地震场：预警、民间自发救灾行动、捐款、灾后心理重建；

---

① 程曼丽："国家形象危机中的传播策略分析"，《国际新闻界》，2006 年第 3 期，第 5 页。

杭州飙车案场：欺实马、仇富、定罪、总结。（笔者注：讨论主题是根据网络舆论热点进行选择的）

②焦点小组访谈资料分析。

本研究将选取汶川地震场进行分析，因为本研究关注的重点在于政府行为分析，因此在汶川地震讨论的四个主题中，又将选择与政府密切相关的语境和灾后心理重建重点进行分析。在对焦点小组讨论资料进行处理和分析时，研究者先采用主要概念或主题突出分类的方法来对资料进行编码，然后将这些涉及的内容整理出来，以“剪贴技术”（Cut-and-Paste technique）呈现资料①。

主题一：预警

汶川地震波及大半个中国及多个亚洲国家和地区，如此大规模的灾害发生之前，公众却没有收到任何预报，这是较不合理的。网络舆论关于地震预警的质疑十分强烈，中国地震局作为和地震关系最密切的政府部门，也一直在受到公众的质疑，直到今天，这种质疑和争论仍在继续。大部分的舆论认为政府部门对汶川地震的预警缺失要负主要责任，多方观点均认为汶川地震前夕是有先兆的，只是地震局没有及时预报和警告民众。在小组访谈中，参与者们一致认为政府在此次预警缺失中要负最主要的责任，并认为地震前肯定是有预兆的。讨论的焦点集中在政府部门该不该及时发布预警和应该以怎样的渠道发布预警。政府部门应该从此次事件中吸取深刻的教训，完善我国的地震预警系统。

Z小姐：关于地震预报，我在当地也接触过一些类似于地质局的人。他们说，12号地震前，其实有预警，就是说他们有预测报道；就是说他们监测到要地震了，有那种迹象了，所以他们就有人通知了家里面的人。

L先生：我代表政府来说，政府对待地震发布是有法律程序的，地震局局长的话方能进入政府议程，民间的小道消息就较难进入政府议程；政府为什么在收到相关信息后不发布，这跟政府作为官僚机构的惰性行为有关系，因为官僚机构相对保守，所以它不愿意做冒险的事；如果是有关地震信息的

---

① 此处资料分析方法的使用参照了熊跃根的研究，详见熊跃根：“成年子女对照顾老人的看法——焦点小组访问的定性资料分析”，《社会学研究》，1998年第5期，总第22卷，第73～74页。

话，政府发布之前，不会让媒体来自己发布可能会有地震的信息。《减灾法》有规定，发布地震信息需要报国务院。

ZX小姐：我看过一篇资料，包括唐山大地震的一些资料，里面有很多内容是关于唐山大地震在发生之前就已经有的一些预警，而且反反复复。它的这个预警，从地质部门得出来的科研性质的信息，到成为一个政府发布的政府的警示公告，这中间的环节和过程是非常漫长的。而且，政府是非常慎重的，因为一旦发布地震预告，那么多人一下都要转移出来，政府最大的担心是这种信息最终没有成真。政府也可以预警，但是他们不敢。

S先生：我觉得政府有一些职能部门（如消防、水电供应部门等），可以在救灾方面做一些准备，如果（准确性）超过了60%，做一些应急性的逃生方案，比如说如何疏散；平时的宣传教育很重要，如日本的小学生对逃生的知识与技能都掌握得比较好，这个应该纳入国民教育。

L小姐：这里涉及政府的权威问题，它是不能够随便说一些暧昧的话的。因为如果政府这样说了，那百姓应该在多大程度上相信这些话呢？

从上述参与者的讨论中可以得出以下结论：政府部门鉴于自身消息发布权威性和发布消息后需承担的责任等方面考虑，不愿轻易发布没有得到十足确定的消息，由此看出政府作出行动时是把政府利益和政府形象的考虑放在首位的，而没有坚持以人为本和从人民群众利益出发，这种行为是失当的，也是不可取的。政府部门可以选择其他的很多途径来发布信息，让公众做好心理准备，但是通过其他途径发布的信息其权威性和可信度又不如政府发布的信息高。在面对大型自然灾害时，政府部门应该加强灾情预警系统的建设，同时更为关键的是，在平时的国民教育中要加强抗灾救灾以及逃生知识的教育和普及，授人以鱼不如授人以渔，只有坚持这两方面相结合才能在灾害来临时把伤害降到最低。

主题二：灾后心理重建

在灾后重建的各项工作中，灾民的心理重建工作显得格外重要，而目前我国在心理救助方面仍十分薄弱，甚至出现了在救助过程中进一步伤害灾民心理的情况。心理重建指对处在心理危机状态下的个人采取明确有效措施，使之最终战胜危机，重新适应生活。其主要目的有二：一是避免自伤或伤及他人；二是恢复心理平衡与动力①。政府部门是灾后心理重建的组织者，我国在灾后物质重建方面积累了相当经验，但在灾后心理重建方面的经验却相对不足，汶川大地震更是凸显了我国对于灾难、危机的心理学研究与国际发达国家的差距。政府部门在进行心理重建工作时出现的经验不足等问题，难免会引起公众的不满和对政府的质疑。

政府部门在进行灾后心理重建工作时，应该致力于从长远考虑，培养专业队伍和建立专业人员储备库，在灾后及时疏导民众的情绪，在平时也要加强公民心理素质健康教育，同时要吸收和组织好民间组织的参与，共同做好心理重建工作。在焦点小组讨论时，参与者也提到了大致相同的观点，其中更有亲自参与心理重建工作的志愿者提出了比较专业的意见。

L小姐：中国在心理援助方面非常没有经验，汶川地震给了中国一个积累相关经验的机会。应该由国家与心理学相关的机构，如中科院心理研究所（联合起来），只有他们才能深刻理解灾后心理援助的紧急性、必要性以及如何操作。汶川地震是较少的大型灾难，心理学、心理咨询等都是舶来的，如何本土化是一个长期实践的过程。政府部门有心做心理援助是好事，但是希望在做相关决策之前可以听取采纳一些相关专家的意见，不要以政府的标准来要求专业人士。与专家的事前沟通应该更细一点，不要在进行过程中造成一些不必要的干扰。做心理援助工作本身也需要心理支持，我们做的时候可能背后的支持这方面稍微欠缺一点。

Z小姐：我认为不一定只有专业的人员才可以做心理援助。可以考虑吸收一些有一定基础的，并且有兴趣有意愿的非专业人士加入。因为外来的心理援助志愿者与当地人也存在因地区差异而带来的心理距离。

ZX小姐：心理援助是非常个性化和私人化的东西，这种大规模、集体性的心理援助只能是表面性的宽慰。如何进行“一对一”的心理援助是个很大的议题。心理重建除了一些个体性的心理辅导外，还需要一些政府的仪式，如地震纪念碑，这种宏大的社会层面的东西，政府可做的方面就比较多。群体性的安抚其实是很有效的，可以让人们释放一些东西。

---

① 易彬樘、贺顺喜、刘国平、龚家荣、杨国平、桂国平：“汶川地震灾后心理重建应把握的几个问题”，《沈阳部队医药》，2009年第1期，第35页。

S先生：可以发动一些亲友之类的熟人群体（加入本地心理重建工作者队伍）。心理重建不是要让人忘记一些东西，而是大家能够继续往前走。

L先生：（心理援助）出工不出力的情况，也有走形式主义的。（政府部门）提供支持就可以了，但是不要过于干预你们（指心理重建工作者，笔者注）的工作。

由以上的讨论可以看出，汶川地震后的心理重建工作在实施过程中遇到了很多困难，其中最大的困难来自于政府部门的干预，政府部门的不适当干预给工作人员开展心理重建工作带来了很大困扰。这一方面是因为我国政府尚缺乏专业的心理重建组织和相关工作经验，另一方面是政府对非政府组织的组织和管理不当造成的。心理重建是一项专业要求较高的工作，政府部门在这项工作中应该扮演的角色是组织者和服务者，而不是干预者和领导者等。我国的心理重建工作还刚刚起步，政府更应该加大在这方面的投入力度，做到合理、规范、科学地组织和开展心理重建工作。

③结论。

通过对焦点小组访谈资料的分析和总结，我们可以看到，我国政府在汶川地震中的部分行为确实存在不当之处，这些政府失范行为导致了公众对政府的不满，网络舆论中关于政府行为失范的讨论也比较激烈，政府的形象面临危机。对汶川地震中政府行为质疑最大的是政府部门没有发布相关预警信息，对于此问题，政府部门和公众的说辞各不相同，不过可以看到的是，政府部门已经做出相关承诺，表示会加强灾害预警系统的建设。

4. 总结

网络媒体已成为我国重要的信息发布、传播渠道，以及重要的舆论监督工具，网络媒体在发布政府相关信息和监督政府行为方面更是具有独特优势。网络媒体对政府的监督力度之大前所未有，政府已经无法回避网络舆论监督。

政府行为失范是每个政府都会存在和需要面对的问题，政府行为的不当不仅会对国家和社会造成损失，同时也会损害政府自身形象，引发政府形象和信任危机。在信息传播渠道如此发达和国家要求信息公开透明的大背景下，政府已不能像过去一样对消息进行封锁，巨大的舆论压力对政府如何正确应对和处理自身危机更是一种考验。

政府行为不当是导致政府形象危机的主要原因之一，因此政府应该从自身出发，及时检讨和改正其失范行为，直面公众的舆论监督和批评。政府应该把网络媒体和网络舆论当作自己行为的一面明镜，吸取其中的合理部分并及时做出改进。

二、政府危机中的媒介行为

危机事件的发展始末，无论是不可避免的自然灾害，还是事出有因的人为祸害，都难以避免媒介的卷入与关联。政府与民众作为危机中的主导或主体，也都需要并不得不依赖媒体作为途径和平台，从而推动事件的正向解决。常态之下，媒介既是整合政府与民众关系的平台、传输和反馈各方意见的话筒，又是上传民意、下达政策的枢纽。在特殊的危难关头，媒介的整合作用更是达到了顶峰，诚如汶川地震发生之后，香港中文大学新闻传播学院马杰伟教授所言，“在媒介事件之中，媒介成为整合大众关系的平台，人数之多往往史无前例，而这种大整合的现象，真正罕有地让各方政治力量争取大众认同，媒介事件在政治、社会、文化上的重要性亦在于此”。[①] 其实早在1992年出版的《媒介事件》中，作者D. Dayan和E. Katz就阐明了这一观点——媒介事件就是历史的现场直播，因为重大事件的发生和进行，聚拢了数以万计甚至上亿的公众，人们或锁定某一电视频道，或抢购某一刚出版的报纸，或不断点击鼠标，刷新网页，目光炯炯，屏气凝神，都是为了关注最新的事态进展。

当前，随着“公民记者”的崛起以及“草根媒体”的普及，民众能够更加方便地获得信息，频频发生的公共危机事件也一而再再而三地被曝光在社会大众的面前。这是一把双刃剑：一方面，无论老媒体或新媒体，都必须要

---

① 马杰伟：“四川地震与媒介事件”，《明报》，2008年5月19日。

建立起一整套的“危机”处理机制，在第一时间来应对公共事件的相关报道；另一方面，也的确存在一些媒体以此作为抢得收视率或发行量的利器，从而主动地去挖掘新闻、炒热话题、制造舆论。新闻媒介究竟是政府的“喉舌”还是百姓的“话筒”，媒体报道究竟是绝对的自由真实，还是以稳定大局的有所控制，记者们究竟是“官本位”理念还是“民为天”立场……，这些对于媒介主体定义和行为属性的讨论，一直以来是学界业界所共同关注的重点。

1. 引论

(1) 概念：角色、功能、公信力

①媒介角色。

角色是指，和人们预期的某种社会地位、身份相一致的一整套权利、义务的规范和行为模式，角色构成了社会群体或组织的基础。以大众传播媒介而言，其角色与大众传媒的定性、地位、权力范围、行为方式、功能、职能、任务等紧密相关。虽然从理想状态来说，大众传媒应该从属于特定的物质体系，具有独立性，免于其他个人或组织的干扰与替代，但事实上，由于权力与资本的介入，绝对独立的媒体在当今的中国可以说是不存在的，因此，也可以说最初对于“媒介功能”的定位过于高估了它的能力和实际操作，转而在研究上采用“媒介角色”一词是考虑到大众媒介现实中的复杂性、丰富性。

回顾过往，对于媒介角色的研究主要有两种路径：“第一是进行概念转换，媒介角色问题被置换成媒介功能、效果和权力等问题，然后分别对这些问题进行阐述；第二是将媒介角色纳入发展社会学的理论框架里进行研究。”①

②媒介功能。

媒介功能研究源自美国传播学经验学派。1948 年，拉斯韦尔（Lasswill）在“传播在社会中的结构与功能”一文中提出，大众传媒具有以下三个功能：监视社会环境、协调社会各部分的关联以适应环境的变化、实现社会遗产的代代相传；1952 年，查尔斯·怀特（Charles Wright）在三功能的基础上补充了大众传媒的娱乐功能。随后，集大成的传播学者施拉姆（Schramm）先后两

---

① 戴元光、尤游：“媒介角色研究的社会学分析”，《上海大学学报》（社会科学版），2007 年第 6 期。

次进行调整，最后于1982年出版的《传播学概论》里提出了四功能说：雷达功能、控制功能、教育功能、娱乐功能①。

之后各国在传播学领域对于媒介功能的研究和讨论都离不开美国传播学经验学派的这些理论基础和框架，对于媒介功能的认知也带有明显的拉斯韦尔式的影子。以我国的媒介功能研究为例，“喉舌论”是我们对大众媒介的定位，而这一论调即在强调媒介与政府直接的紧密关系。然而随着时代变迁和新闻传媒事业的发展，当今的媒体呈现出多元化的特征，而不仅仅是提供信息，具体来说，可以参见复旦大学童兵教授对于媒介功能的归纳，他认为媒介主要具有信息功能、协调和管理功能、教育功能、娱乐功能。

③媒介功能的延伸。

“媒介是人的延伸”，麦克卢汉如是说。他这个媒介的定义包括人体以及人脑的全部延伸。麦克卢汉又指出，“一种媒介有自我转换为另一种媒介的功能。既然一切媒介都是我们肢体和感官的延伸，既然我们在经验中习惯将一种感觉转换为另一种感觉，所以我们在延伸后的感官或技术，将一种形态转换和融合为另一种形态的过程加以重复，就不足为奇了。”②

按照麦克卢汉这一经典说法，当下每一项高科技的发明和应用实际上都是更高层次的“人的延伸”。而高科技所创造的又是全新的媒介，或者是对已有媒介的全新开发和利用，我们也大可将其看成是“媒介功能的延伸”。例如网络BBS的建立，作为一种媒介它是应网民的沟通需求而生，逐渐构成人们可以借此充分沟通和交流的平台，成为另一片介于政府和公民个体之间的公共领域。回归到理论上来说，这也是就媒介的基本功能而言，提供社会公共服务以及就社会普遍关心的话题进行对谈。

在突发性公共事件发生之后，也正是因为一些新兴媒介快速、便利和零门槛的特性，使得民众可以更快地获得信息、参与讨论甚至有实质性的作为。例如，在汶川地震之后，通过互联网在私人博客上刊登震区照片，及时通报灾情，可以说网络是在第一时间传递了信息。而在杭州飙车案中，浙大的学

---

① 戴元光、尤游：“媒介角色研究的社会学分析”，《上海大学学报》（社会科学版），2007年第6期。

② 郝雨、安鑫：“再论‘媒介的延伸’与‘媒介功能的延伸’”，《当代传播》，2009年第2期。

生们也是通过校内网等 SNS 网站与校园 BBS 来呼吁网民的支持，恳请车祸的公开化审理并引起政府足够重视。因此，在这类危机事件的背后，媒介功能的延伸不仅仅体现在信息传递这一狭义的方面，更多的是显现出社会化的意涵，例如公众集结作用等。

④媒体公信力。

种种研究和社会调查显示，传播媒介的公信力是媒体经营者和受众最为关心的一个议题，它在很大程度上决定了该新闻媒体是否具有核心竞争力。尤其是在中国加入 WTO 之后，中国媒体如何在全球媒介市场中占有一席之地，关键在于媒体公信力。

何为媒体公信力，长期以来其实并没有一个明确的定义，研究人员大多是在共识的基础上进行分析，一般来说，媒体公信力是指媒体在长期发展过程中形成的，在社会和受众中的信誉度和影响力，即媒体为公众信任的程度[①]。

衡量媒介公信力，通常需要一系列指标，阿布杜拉、加里森、赛文、多里斯科和凯西曾给出判断公信力的 12 项指标，包括：值得信任性、时效性、偏向性、公正性、完整性、客观性、诚实性、现代性、可信任性、平衡性、准确性和即时性。而哈夫兰（Hovland，C. I）、杰尼斯（Janis，I. L）和凯里（Kelly，H. H）则认为媒介公信力应该从传者角度出发，以专业知识（expertise）和可靠性（trustworthiness）这两个维度为主要考量指标[②]。目前学界比较认可的是由美国学者梅耶所提出的五大指标——公平（fairness）、无偏见（unbiased）、报道完整（telling the whole story）、正确（accuracy）和可靠性（trustworthiness）[③]。

台湾学者罗文辉等在《新闻媒介可信度之研究》中，以 ASNE（1985）所采用的指标为基础，通过焦点团体访问的结果加以修改，最后形成测量报纸和电视公信力的 16 个指标题项。其中，“报道可信度”（credibility）和“社会关切”（social concerns）的题项各 8 个（见表 1.3）。

---

① 朱琳：“浅谈影响媒体公信力的因素”，《中国广播报》，2008 年 6 月 27 日。

② 喻国明、张洪忠、靳一：“媒介公信力：判断维度量表之研究——基于中国首次媒介公信力全国性调查的建模”，《新闻记者》，2007 年第 6 期，第 14 ~ 15 页。

③ 梅耶（Meyer. P）：Defining and Measuring Credibility of Newspaper：Developing and Index [J]，*Journalism Quarterly*，1988，(1)：567 – 574.

表 1.3　　测量报纸和电视公信力的指标项

报道可信度题项	社会关切题项
可靠程度	正确程度
客观程度	公正程度
详细程度	不偏颇的程度
不夸张的程度	值得信赖的程度
关心大众利益	重视国家利益
关心社会福利	重视大众意见
尊重隐私	维护大众知情的权利
推动社会改革	维护社会公义

调查数据的主成分因素分析显示，以上 16 个题项没有像 ASNE 的研究那样形成“报道可信度”（credibility）和“社会关切”（social concerns）两个因素，也就是说可靠程度、正确程度等与关心大众利益、重视国家利益等 16 个题项一起构成了一个因素，共同构成公众判断媒介公信力的指标维度①。

（2）相关研究回顾

①传统传播学关于媒介功能的研究。

1948 年，拉斯韦尔在《社会传播的结构和功能》一书中，首先提出了大众传播的三个基本功能：第一，对环境进行监视；第二，使社会各部分为适应环境而建立相互联系；第三，使社会遗产代代相传。具体来说，“监视环境”指媒介要及时、不断地注视整个社会以及世界的种种变化，客观、准确地向社会公众报道新闻、提供信息；“联系社会”即传播媒介对社会各种因素的协调、整合作用；“传递遗产”即继承社会的知识财富、基本规范、价值观和全部文化传统。

1957 年，社会学家查尔斯·莱特又在《大众传播：功能的探讨》一书中，对拉斯韦尔的三大功能进行了补充，添加了重要的一项——娱乐。

其后，施拉姆进一步完善了前人的研究，对大众传播的社会功能从各个角度进行了分析后总结提出，大众传播具有四大社会功能：第一，社会雷达功能：传播信息，守望或监视环境；第二，协调和管理功能：推动政

① 罗文辉等：“新闻媒介可信度之研究”，中国台北“行政院国家科学委员会专题研究报告”，1993 年 2 月。

策的制定和执行，反映、引导社会舆论，促进社会机制的运转；第三，指导教育功能：教育社会成员，传播文化知识、社会道德规范和价值观念，使之代代相传；第四，娱乐功能：摆脱工作和现实烦扰，附带起学习和社会化的作用①。

对于媒介的功能，文化研究学派则有不同的见解。英国文化研究的代表学者霍尔（Stuart Hall）认为媒介是表意（signification）的工具。媒介通过表意过程建构现实（reality），制定“形势的定义”（definition of situation），为受众提供一个世界的图景。虽然媒介并非直接从权力机构获得指令，或者有意识地对世界进行歪曲的解释去迎合优势定义，但是它们对每个人都同意的东西，即共识的一般边界或框架非常敏感，也只有在这种边界和框架之内它们才能合法地运作下去。所以，媒介一方面用“共识”来引导自己，同时又以一种建构的方式试着塑造共识，它变成一种“赞同的生产（production of consent）辩证过程的一部分”，“这使得媒介总是代表着国家中优势的社会利益”（霍尔，1994）。而阅听人对媒介所提供的情景的定义并非照单全收，他们往往根据自己在社会结构中所处的不同位置来读解媒介所制定的情景定义。霍尔把阅听人的解码分成三种立场：主流霸权式的（dominant hegemonic），协商式的（negotiated）和对抗式的（oppositional）(霍尔，1999)。从媒介产品到阅听人的读解是一个意义生产的过程，制码和解码之间的冲突就是意识形态的冲突，所以媒介就成了意识形态斗争的场域②。

而本研究针对危机中媒介的主体行为分析，也将主要结合施拉姆对于媒介四大社会功能的归纳而展开进一步的阐释和分析。

②媒体公信力。

媒介公信力在西方的研究历史上，主要在两个方向受到重视，一是以传媒为视角的研究，二是以受众为视角的研究。

——以传媒为视角。

美国皮尤中心曾在2005年公布了名为Public More Critical of Press, But

---

① 袁军：《新闻媒介通论》，北京广播学院出版社2000年版，第252页，转引自郝雨、安鑫：“再论‘媒介的延伸’与‘媒介功能的延伸’”，《当代传播》，2009年第2期。

② 杨击：“理解霍尔——从媒介功能和新闻真实性的角度看”，《现代传播》，2001年第3期。

Goodwill Persists 的调查报告显示美国最主要的三大新闻媒介——日报、地方电视台和联邦电视网的社会公信力都呈现出明显的下降趋势。如图 1.4 所示，从 1985 年开始，民众对于媒体“很有信心或有一定信心”的比例是一直下降的，只是在 2001 年因为“9·11”事件有一个小小的回升，由此也可看出危机事件对于媒体公信力的影响。但到了 2003 年，民众的支持率还是从 60% 一直跌落到 36%。

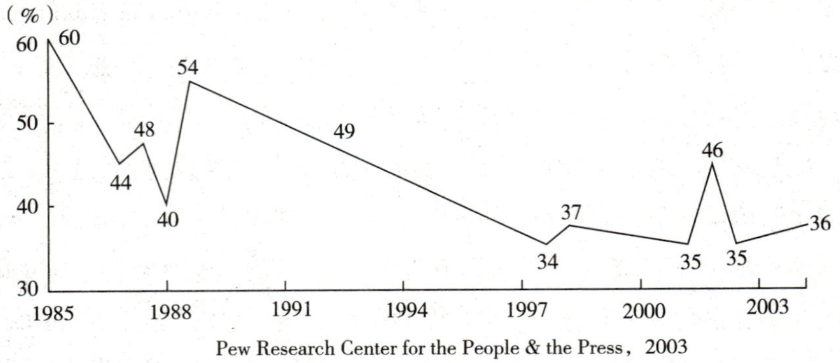

图 1.4 Persists 的调查报告①

若分别从日报、地方电视台和联邦电视网的情况来看，如图 1.5 所示，数据也不容乐观。从 1985 年到 2005 的二十年间，日报的公信力下降到了 30 个百分点（从 84% 下降至 54%），地方电视台则是 23 个百分点（从 85% 下降至 62%），联邦电视网也是 23 个百分点（从 87% 下降至 64%）。

台湾地区对于媒介公信力的研究主要是由罗文辉所提出的 16 个题项指标（参见前文）。而在中国大陆，近期较为权威的媒介公信力调查指标应为喻国明教授提出的 23 项指标体系，他主要基于靳一在 2004 的研究和张洪忠的质化研究，在对比了美国和台湾的判断维度后，提出媒介公信力判断维度的两种取向：专业取向和权力取向。美国的政治结构是一种横向的结构，媒介是独立于政府的，相对拥有较高的独立性和言论自由，并且担负着监督政府行为的重任，所以公众也会对其有着专业规范的要求，诸如客观、公正、

① “Public More Critical of Press，But Goodwill Persists Online Newspaper Readership Countering Print Losses”（June 26，2005），引自：The Pew Research Center for the People & the Press，http：//people－press. org/report/248/public－more－critical－of－press－but－goodwill－persists。

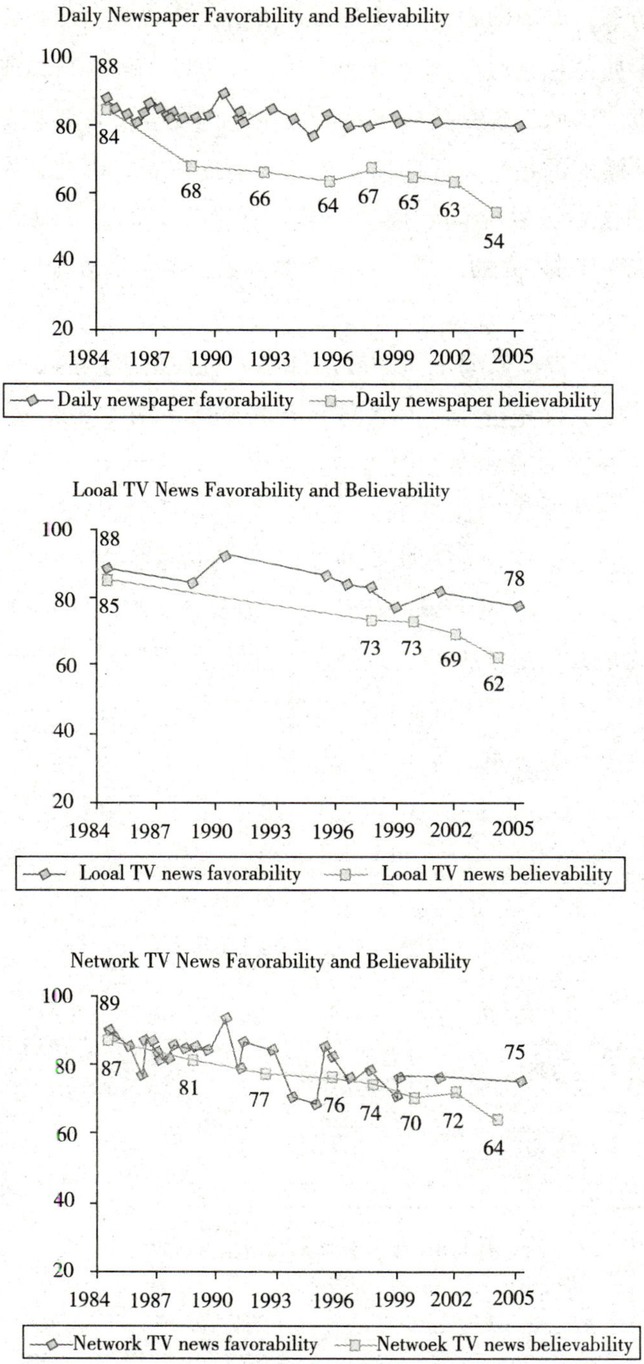

图 1.5　美国三大新闻媒介社会公信力变化趋势图

准确、可靠等等。而中国则是以纵向的政治结构为特色，尽管媒介也已经市场化，但其本质还是难以脱离“党的喉舌”，至少“喉舌”功能是和市场化的牟利性并重，因此，媒介从属于政府，在危机发生的重要和关键时刻，媒介都必须尊从政府的指令，并向民众传达政府的声音，因此，民众对于媒介的期望就有别于西方社会的“瞭望”或“监督”，而更多地会将对政府的“行政力”转移到对媒介的认知上来，换而言之，媒介公信力是与政府的信用直接挂钩的。

为此，喻国明教授依据不同的政治体制，也提出了新的对于媒介公信力的判断维度标准，首先是在价值取向上的差异性（图 1.6）：对于当前处于社会转型期的我国而言，存在权力取向和专业取向两者并存的状况。在市场压力和新传播技术等的驱动下，我国媒介公信力判断维度的取向也在发生着变化——并不是完全的权力取向，而是两种取向都存在。喻国明教授在此基础上，提出了更为完善的公信力判断衡量指标，主要是从权利取向和价值取向两个方面来考虑，在专业取向方面，采用靳一的 18 个题项组成 4 个维度的结构；在权力取向方面依照张洪忠提出的权威性、有用性来设立指标。这样，最终形成的我国媒介公信力判断维度量表共有 6 个维度，23 个题项①。

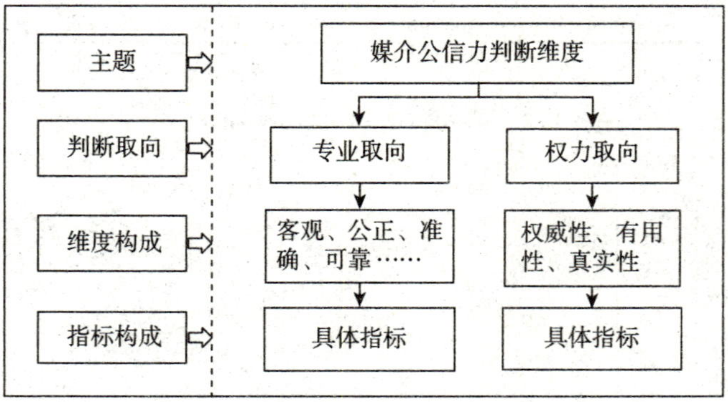

图 1.6 媒介公信力判断维度标准

---

① 喻国明、张洪忠、靳一：“媒介公信力：判断维度量表之研究——基于中国首次媒介公信力全国性调查的建模”，《新闻记者》，2007 年第 6 期。

表 1.4　我国媒介公信力判断维度量表

维度	序号	指标
新闻专业素质	1	真实报道，新闻报道不含虚假、猜测和虚构的成分
	2	新闻报道准确无误
	3	完整报道新闻事件，不回避新闻事件中的任何重要事实
	4	对有争议的新闻事件，平衡报道有争议各方的情况，不偏袒任何一方
	5	客观呈现新闻事件原貌，不加入报道者的偏见
	6	全面报道，不刻意漏报、瞒报重要的新闻事件
社会关怀	7	站在社会大众的立场上，关注最广大民众的利益
	8	关心处于困境的弱势群体，比如农民、下岗职工、残疾人等
	9	敢于针砭时弊，批判性新闻比例高、批判力度大
	10	媒体以平等的姿态面对读者观众，而不是高高在上、傲慢自大
	11	新闻报道实实在在，不唱高调，不打官腔
媒介操守	12	广告比例适当
	13	不发布虚假广告
	14	不刊播广告新闻、有偿新闻、软广告
	15	新闻格调高尚，不随意炒作粗俗不雅的新闻
新闻技巧	16	新闻报道迅速及时，有时效性
	17	能够对复杂的新闻事件提供有深度的分析和解释
	18	能够经常有独家新闻
有用性	19	是值得民众依靠的一个投诉来源
	20	媒体的批判性报道十分有效，能够有力地促使问题得到解决
	21	提供了许多生活中有用的资讯
权威性	22	代表党和政府的声音，具有权威性
	23	媒体的报道有助于国家、社会的发展

——以受众为视角。

第一，受众个体特征的差异与公信力研究。研究表明受众个体特征的差异，诸如年龄、性别、受教育程度等客观条件以及心理因素和政治宗教观念等主观条件将会影响到他们对于媒介信任度的评价。

第二，人际交流与公信力研究。口碑传播是人际交流影响力最明显的体现，这也会使公信力的评判产生相当程度的波动，因为人际交流，可能会对媒体的信任态度强弱产生改变，甚至完全颠覆，由正面评价转成负面评价，或者相反。斯皮罗·考萨的研究表明：对于电视媒体来说，人际传播会对媒介公信力产生负面作用；而对于网络新闻媒介，人际传播却能提升受众对网络媒介的信任度①。通常在大多数人持有主流意见的情况下，少部分人会选择不发表言论，这也印证了“沉默的螺旋”的传播理论。

第三，受众参与程度与公信力研究。

早期的受众参与研究发现，在高度参与的情况下，受众更多地倾向于对新闻信息持否定态度，而当参与程度比较低的时候，受众的否定态度就不会那么明显，而是更多地表现为中立甚至接受②。

然而近期以来，新的研究则发现，事实上，参与度高的受众对与其所持观点有所冲突的新闻信息并不会消极地视而不见。帕蒂和卡西波（Petty & Cacioppo）在1986年时就发现参与程度越高的受众对于新闻信息的内容会思考得越多，他们会觉得这些事件与自己的关系密切，所以更想要探究事实的真相，也更希望媒体的信息“准确无误”③。

本书对于政府危机中新闻媒体公信力的研究将汲取前人的研究经验，从传者和受众两个角度出发，借用以喻国明教授的23项指标中的相关选项，通过深度访谈、焦点小组等研究方法来查看在危机事件的传播过程中，各类媒介的公信力状况。

2. 研究方法

以上梳理了媒介行为面对的几类主要研究方向和重要理论，而本书围绕近几年来的公众事件，以媒介应对这些重大事件的报道情况为主要内容，探

---

① Kiousis · Spiro: Public trust or mistrust? Perceptions of Media Credibility in the Information Age [J], *Mass Communication & Society*, 2001, (4), 381 - 403。

② Albert · C · Gunter: Biased Press or Biased Public? [J], *Public Opinion Quarterly*, 1992, (2), 147 - 167。

③ Albert · C · Gunter: Biased Press or Biased Public? [J], *Public Opinion Quarterly*, 1992, (2), 169。

究媒介在危机报道中，是否充分完成其应有的角色任务，并呈现出何种“危机传播”特色，是否获得与其预期相符的社会公信力。

鉴于先前的个案分析以及书稿的整体理论框架，本研究将主要采用文本分析和个案研究的方法，同时将以焦点小组以及深度访谈作为质化研究的补充，以完整整个研究的框架，辅助描述媒介在这之中的表现和受到的评价。

3. 媒介何为：关于媒介效用的四种判断

近年来，公众事件日渐频繁，且不论“9·11”事件、南亚海啸或SARS，单是2008年以来发生在中国大地上的重大爆炸性新闻，即不胜枚举。盘点2008年中国互联网网络事件，从1月的雪灾、3月的西藏骚乱、5月的汶川大地震、6月的瓮安事件、7月的杨佳袭警、8月的北京奥运会、9月的毒奶粉、11月的陇南事件[①]，无一脱离政府危机，无一脱离媒介作用。而这之中的每一个细枝末节，每一次起承转合，都有着各类媒体发挥其主体作用、行使其第四权力的痕迹与烙印。

通过对25起政府危机事件的研究与分析。我们对媒介在危机事件的行为角色划分为：Ⅰ信息公布渠道、Ⅱ舆论引导指南、Ⅲ公众集结平台、Ⅳ公民监督利器。第一部分，作为信息公布渠道，这是任何媒介的起码功能，但在这里主要强调的是，在特殊的危机状况下，受众只能依靠媒介来获得信息，并且在时间上是有一定紧迫性的，例如在汶川地震之后，灾区人民只能依赖收音机来获得相关信息，而在杭州飙车案中，所有平面媒体和电视媒体都在最先时间集体噤声，民众获得信息的渠道仅有网络平台。此外，这四类角色并非互斥，任何一类危机事件中媒介的角色基本都有多面性，它们既可以是信息发布渠道，又可以指导舆论，既是民众集结的平台，又是民众借以监督政府的工具，在此，仅针对不同案例中最为显著的角色类型来标示并加以进一步的分析阐释。

---

① “2008中国互联网事件大盘点”（2008年12月27日），载中国站长站 http：//www.chinaz.com/News/IT/122KK362008.html。

表 1.5 危机事件中的媒介行为角色

序号	危机事件	媒介行为类型
1	出租车罢运事件	Ⅲ公众集结平台
2	邓玉娇案	Ⅱ舆论引导指南 Ⅳ公民监督利器
3	“躲猫猫”事件	Ⅱ舆论引导指南 Ⅳ公民监督利器
4	“非典”事件	Ⅰ信息公布渠道 Ⅱ舆论引导指南
5	厦门 PX 项目	Ⅲ公众集结平台
6	华南虎照事件	Ⅱ舆论引导指南
7	彭水短信案	Ⅳ公民监督利器
8	黄静案	Ⅱ舆论引导指南 Ⅳ公民监督利器
9	三鹿奶粉事件	Ⅳ公民监督利器
10	上海户籍制度改革事件	Ⅲ公众集结平台
11	沈阳刘涌案	Ⅳ公民监督利器
12	松花江水污染事件	Ⅳ公民监督利器
13	孙志刚事件	Ⅱ舆论引导指南 Ⅳ公民监督利器
14	谭静案	Ⅱ舆论引导指南 Ⅳ公民监督利器
15	许霆案	Ⅳ公民监督利器
16	网友抵制家乐福事件	Ⅲ公众集结平台
17	南海事件	Ⅲ公众集结平台
18	中韩端午节申遗之争	Ⅲ公众集结平台
19	中美撞机继黑客大战事件	Ⅰ信息公布渠道
20	“7·18 济南暴雨”事件	Ⅰ信息公布渠道 Ⅳ公民监督利器
21	2007 年川渝特大旱灾	Ⅳ公民监督利器
22	2006 年桑美台风事件	Ⅳ公民监督利器
23	2008 年南方雪灾	Ⅰ信息公布渠道 Ⅳ公民监督利器
24	汶川地震	Ⅰ信息公布渠道 Ⅲ公众集结平台
25	杭州飙车案	Ⅲ公众集结平台 Ⅳ公民监督利器

具体来说，媒介在媒介事件中所承担的角色主要有以下几种。

(1) 信息公布渠道

早在“非典”期间，杜骏飞即提出“流言止于公开”的口号，认为“信息不公开，其弊猛于虎”①。

然而在此之前，我国的灾难新闻因常被视为负面新闻而受到管制甚至封锁。可以说，在信息公开这一点上，我们并非从一开始就将之列为公理或法则来严格遵守，相反，我们曾经一度进行封闭和严格管制，从来没有做到真正意义上的信息公开，这和政府的执政透明化理念显然是背道而驰的。2006年6月提交全国人大常委会一审的《突发事件应对法草案》第57条规定：“新闻媒体违反规定擅自发布有关突发事件处置工作的情况和事态发展的信息或者报道虚假情况，情节严重或者造成严重后果的，由所在地履行统一领导职责的人民政府处5万元以上10万元以下的罚款。”第45条规定：“履行统一领导职责或者组织处置社会安全事件的人民政府应当按照有关规定统一、准确、及时发布有关突发事件应急处置工作的情况和事态发展的信息，并对新闻媒体的相关报道进行管理。”

自“非典”爆发以后，我国政府相关管理部门及时确立了信息公开制度，并逐渐吸取教训，适应于及时的信息公开，从而也能够从正面回应民众对于灾区的揣测，有效制止流言和谣传，安定民心，维持稳定的社会秩序。

在我国信息公开的道路上，不得不提关于《突发事件应对法草案》两条款的删改，2007年6月24日，提交全国人大常委会二审的《突发事件应对法草案》，相比以前的草案（一审稿）有两处重要的修改：一是删除了57条新闻媒体不得“违规擅自发布”突发事件信息的规定；二是删除了45条中“并对新闻媒体的相关报道进行管理”这句话。对此，中国人民大学新闻学院陈力丹教授提出：“两个条款的删改，可视为政治理念新走向的象征，这个象征传达出在行政机构对信息控制权与信息公开原则的权衡中，最高立法机构最

① 杜骏飞：“流言止于公开”（谈话录），柴子文整理，载《南方周末》，2003年2月15日。更详尽的观点见：杜骏飞：“流言止于传媒的公信——透析‘非典型肺炎’中的传媒危机”，《新闻记者》，2003年第3期；杜骏飞：“流言的流变：SARS舆情调查的传播学分析”，《南京大学学报》，2003年第4期。

终倾向对‘信息公开’原则的捍卫，‘信息公开’原则在国家理念中得到更广泛的承认和最高立法层次的肯定。”①

“非典”之后，我们又经历了禽流感、松花江污染事件、南方雪灾等一连串天灾人祸，一直到汶川地震，无论政府、媒介，都已在危机事件的过程中明确将“信息公开”列为首要宗旨。汶川地震发生后18分钟，新华网开始发布消息。短短几个小时，新浪、腾讯等中国各门户网站，已将海量新闻，包括对地震的防护方法等，以板块组合或活动标签的形式，呈现于首页的显要位置；与此同时，央视不间断24小时直播；国际部分，自5月24日温家宝总理在震中汶川县映秀镇接受中外记者联合采访时表示，面对这样大的震情，欢迎世界各国的记者前来采访，相信大家会用良知、人道主义精神，公正、客观、实事求是地报道震情、灾情和我们中国所做的工作，由此也进一步证实了，我国在处理突发事件和其他问题时，将坚持以人为本的方针永远不会改变，坚持对外开放的方针永远不会改变。温总理的表态既显示了中国政府和社会走向公开透明的改革趋势，也标志着信息公开已经成为中国媒体在今后发展中必奉行的重要原则。我国对国际开放了地震的采访报道权，共有100多家境外媒体的300多记者涌进灾区，对汶川地震作出了更加全面而多视角的报道。

除了雪灾、地震这样的自然灾害，在一些人为灾难所造成的危机事件中，信息公开虽然没有得到淋漓尽致的体现，也显现出了明显的改善和进步。以5·7杭州飙车案为例，在案发之后，警方和相关交管部门随即召开记者招待会，陈述事件的处理近况，虽然其引述自肇事者口供的“70码”引发新一轮的舆论巨波，但至少他们做到了公开处理并与公众面对面地进行交流，为公众提供了一个相对“官方”的信息平台。

在公信力效果评判方面，鉴于媒介担任的是信息发布的角色，对于信息源的准确性以及报道方式上的要求都会影响到它在民众中的信任度。

我们在访谈中发现，不同的危机事件中，公众对于信息公布者的信任程

---

① 陈力丹：“从‘违规擅自发布’受罚到信息公开——关于《突发事件应对法草案》两条款的删改引发的思考”（2007年7月12日），载中国传媒网 http：//academic. mediachina. net/article. php？id =5362。

度也是不一样的。例如在5·7杭州飙车案中，无论是访谈对象还是焦点小组成员都提到说，最先由浙大BBS以及校内网所公布出来的事件始末是最值得相信的，反而随后官方媒体公布的“70码”让人难以接受，被认为是“假数据”。相比较之下，在自然灾害的危机事件报道中，主流媒体的公信力会有所提高，民众多会选择电视、报纸等传统媒体作为获取信息的渠道。

（2）舆论引导指南

新闻媒介的基本功能中就包括舆论引导，它也能够在最大层面上体现一个媒介在受众中的影响力，当然不同的媒介属性决定了特有的引导方式，纸媒以信息传播的全面、深度见长，而电视媒体则以声画同步、形象生动为特色。但同时，它们也存在共性，例如尊重事实的报道伦理、议程设置等。

无论新媒体、传统媒体，在突发性新闻事件中，它们的天职都是推动问题的解决，而这一过程表现在舆论引导上，又多以实现民心安定、社会稳定为主。换而言之，危难当头，一片混乱之际，媒介更应该担负起重大的舆论引导职责，成为纷纷扰扰意见之中的主流和先锋。可以说，在政府危机事件中，媒介的舆论引导责任更呈现出其特殊性，而其舆论引导力的发挥也受到更多因素的制约与干扰。

对于危机事件的定义，南京大学新闻传播学院夏文蓉副教授认为，突发公共事件是指突然发生，造成或者可能造成重大人员伤亡、财产损失、生态环境破坏和严重社会危害，危及公共安全的紧急事件。它的特点首先是其表现难以预测；其次是影响面广，容易引发连锁反应；第三，从社会信息系统来看，突发事件带来了高度不确定性和不可预测性；第四，时间的紧迫性，留给决策者十分短促的时间，要求当事者迅速反应，否则则可能引起社会的瞬时失序，或危机的蔓延，从而带来更大程度的人员伤亡、财产损失、生态环境破坏和其他社会危害①。

在类似于汶川地震、三鹿奶粉等如此重大而急迫的危机事件面前，政府自然是需要担负起主要责任的行为主体。随后，作为政府的喉舌，媒体，尤其是官方媒体，也被推到了事件矛盾的风口浪尖。当原有的一套议程设置体

① 夏文蓉：“突发公共事件中媒体舆论引导力的影响因素解析”，《广播电视大学学报》（哲学社会科学版），2009年第2期。

系被突如其来发生的状况所打断打乱，媒介无法不急不缓、置若罔闻时，它们只能够在第一时间理清头绪，根据情况的变化迅速调整自己的舆论导向和传播议程，从而有条不紊地进行客观报道、正确引导。

① 迅速反应。

随着网络媒体的出现，以及更多的微内容提供者的普及，新闻时效性被提升到了一个前所未有的高度，这对大众媒体尤其是主流的平面媒体提出了更高的反应要求。在我们的焦点小组讨论中，也体现出了这一趋势，参与讨论的记者代表分别来自传统纸媒《扬子晚报》和江苏交广网调频 101.1，他们一致表示，当前抢新闻，最重要就是快，头一天发生的事情，最好第二天就能见报，而在这过程中，他们也十分依赖网络，因为网络具有最大的开放程度，它兼容并蓄，能够反映任何事件的细节，也能够呈现任何观点立场，从而不会有“组织规定”、“部门审核”等等诸如此类的管制瓶颈，也不会受到任何审批制度的滞后性影响，并且网络的传播形式是病毒式的，即使是被网管删除掉的文字，只要有人看到，并第一时间将之复制粘贴保存下来，其第二次发帖反而会吸引更多人的阅读和注意。

②抓准焦点。

对于危机事件的报道，媒体记者应当冷静处理，尤其是在事件发生的重要结点，更要厘清报道的重点和脉络，不能舍本逐末。例如在杭州飙车案的报道中，就有五个重要的结点，分别是——“车案发生”、“70 码”、“政府表态”、“胡斌父母下跪”、“巨额赔偿”，而在这几个阶段，只要媒体能够抓牢新闻的重点，就能争取到高的注意度，树立公信力。

③理性分析。

承接上一点来说，仅仅抓住事件焦点，将之报道传播出来仍是不够的，媒介不仅仅是信息的提供者，还应该是舆论的引导者。当危机事件发生之后，通常民众的第一反应是关注，然而关注之后，是否需要为其提供一个理性思考的脉络呢？媒介就应该承担起这样的责任。

以“躲猫猫”事件为例，事件起先并没有显现出特别的新闻价值，2009年2月13日，《云南信息报》刊登了一则题为“玉溪男子盗林木被拘半月后死亡”的报道。报道称，24 岁的云南省玉溪市北城镇男子李荞明因盗伐林木于1月30日被拘押至晋宁县公安局看守所。2月8日下午，李受伤住院，4天后在医院死亡，死因是“重度颅脑损伤”。晋宁县公安机关12日给出的解释是：李荞明受伤是由于其与同监室的狱友在看守所天井里玩“躲猫猫”游戏时，遭到狱友踢打并不小心撞到墙壁所致。

消息刊出后，天涯社区“天涯杂谈”版块网友“中央陆军123”和“COCO研”在第一时间转载了这条报道，其中，后者帖子“今天你躲猫猫了么？云南男子看守所身亡，民警称其‘躲猫猫撞到墙’”的点击率达到46820，回帖数也达到1042条（截至2009年6月5日22时30分）。“COCO研”的帖子并没有附加相关评论，而是附上了一张具有讽刺意味的漫画（质疑李荞明死因）①。

然而随着事件关注度的上升，媒体开始出声，在新浪网“云南官方邀请网友调查躲猫猫事件”专题中，2月17日和2月18日两天出现了8篇评论报道，评论媒体包括《中国青年报》、《华商报》、《广州日报》、《扬子晚报》、《成都晚报》和《重庆时报》等在国内具有一定影响力的报纸。这一时期，媒体评论主要围绕三方面议题展开，即司法制度、司法公正和司法公开。知名网友“十年砍柴”在《华商报》发表的评论“在看守所玩躲猫猫而死的的结论太荒唐”一文中，笔锋犀利地指出：

> 公众为什么普遍质疑并嘲讽警方这种解释……除了致死的理由太“无厘头”外，原因之一是程序的公正性让人强烈质疑。人是关在公安局看守所里受重伤并死去的，警方是这一事件的利害人，由警方自己调查并向外公布，怎能让人信服？其二，由于各地公安机关的权力过大，且在工作中往往因程序不公开不透明，其公信力大打折扣。②

实际上，媒介在这个阶段就为受众提供了理性思考的方向，引导受众思考司法制度上的缺失以及民众可为的力量。

媒介的社会公信力之于媒介舆论引导的关系，其实是最简单的正相关关系，尤其体现在对于一开始因果未明的突发性事件，媒体越是早早明确自己的舆论立场，越是能够获得民众的信任和支持。

---

① 见本书案例分析部分。

② 十年砍柴：“在看守所玩躲猫猫而死的的结论太荒唐”（2009年2月17日），载自新浪网 http：//news. sina. com. cn/pl/2009－02－17/082217230349. shtml。

（3）公众集结平台

互联网的发展对于传统媒介的最大冲击恐怕在于它将传者“零门槛化”，即人人都可以参与信息的传播过程，人人都可以成为信息的生产者，“公民记者”的概念也随之被普通大众所接受、所熟知、所参与。

“公民记者”除了具有报道大众化、社会化、人性化的特色以外，最重要的是其所采写的新闻是原生态的，是未经删减和修饰的，“公民新闻”也就更具有真实性和鲜活感[①]。也正是这样的特性，使得媒体，尤其是借助公民记者所壮大起来的网络媒体和新媒体（例如手机短信），更容易让受众形成一种感同身受的心理状态，也更容易呼吁起他们的同理心或同情心，从而参与到危机事件的后续行动中来，媒介转而成为公众集结的平台。

在厦门PX危机事件中，一个很关键的结点即在于通过手机短信的呼吁，来获得民众集体的参与。2007年5月，厦门PX事件开始升温，各种消息迅速在互联网以及人际渠道中传播。在厦门著名的网络社区小鱼社区、厦门大学的公共BBS上，关乎PX项目的帖子，总会吸引数以万计的点击率，“保卫厦门”、“还我蓝天”的字眼屡现网文标题[②]。

除了互联网，手机也成为市民获取信息的重要渠道。新华网报道，在厦门市民之间转发着同一条有关反对该项目的短信，新华网曾披露其部分内容：“翔鹭集团合资已在海沧区动工投资（苯）项目，这种剧毒化工品一旦生产，意味着厦门全岛放了一颗原子弹，厦门人民以后的生活将在白血病、畸形儿中度过。我们要生活、我们要健康！国际组织规定这类项目要在距离城市一百公里以外开发，我们厦门距此项目才十六公里啊……”。[③] 一些短信结尾还涉及敏感内容：“为了我们的子孙后代，行动吧！参加万人游行，时间6月1日上午8点起，由所在地向市政府进发！手绑黄丝带！见短信群发给厦门所有朋友！”[④]

---

① 胡烨、杨媛：“‘公民记者’与民众的安全感”，《青年记者》，2009第5期。

② 朱红军：“厦门百亿项目引发剧毒传闻 政府叫停应对危机”，《南方周末》，2007年5月31日。由于目前在厦门小鱼社区、厦门大学BBS，以及国内新闻门户网站上有关PX项目的内容大部分已被删除，笔者只能根据媒体报道来复原当时情况。

③ 朱红军：“厦门百亿项目引发剧毒传闻 政府叫停应对危机”，《南方周末》，2007年5月31日。

④ 短信原文内容已无法向当事人获取。此处转引自：张晓娟：“厦门PX危机中的新媒体力量”，《国际公关》，2007年第5期。

而在杭州飙车案发生之后，无数杭州市民甚至其他城市的网民也是通过互联网这一平台来呼吁交管部门对于车辆超速行驶的重视。杭州飙车案中，公众对于案件的进展起着重大作用。案件发生后，网络群体纷纷到各大论坛社区发帖悼念谭卓，杭州当地一个名为“19 楼”的论坛，一位署名为“拉风的引擎侠”的网友帖发了“富家子弟把马路当 F1 赛道，无辜路人被撞起 5 米高”的帖子，从案发当天到 5 月 10 日短短几天之内回帖数到达 14000 条。在帖子中，发帖者随时更新事件的最新动态，有网友更即时启动人肉搜索，公开肇事者及其家人的详细资料。还有一名为周曙光的湖南宁乡人以“70m”命名其为飙车案设立的独立网站（http：//70km. org）。杭州飙车案被迅速地烙上公共议题的烙印从而登上舆论审判的舞台。

在整个案件进程中，公众作为议程的外部推动者多次掀起舆论浪潮，通过制造“欺实马”，“杜绝飙车上瘾，共建和谐社会”，“70 码的速度顶贴，顶起 5 米高”[①] 等网络标语和设计“70 码”衬衫调动舆论，迫使杭州公安局采取积极行动。而公众在推动案件发展的同时也多次尝试进行角色的变化，但由于本案在量刑的程序上涉及大量的专业汽车和法律知识，公众只能通过与专家和媒体的合作实现角色的转变。在公众的主体动因方面，也在很大程度上受到媒体议程设置的影响[②]。媒介的集结作用显而易见。

同样，在汶川地震发生后，通过网络和手机募集捐款捐物救灾的也不胜枚举。

媒介在危机事件所担任的各角色中，公众集结平台可以说是最得人心，它所反映出的民众对于媒介的信任程度也是最高。正如我们的焦点小组访谈对象所提到的“这些都是好事，都需要大家的支持，只不过有了媒介这个桥梁，我们就更容易聚拢起来了。”

（4）公民监督利器

自古以来，法治社会的基本价值取向是社会在其自治领域内除了受法的统治之外，不受国家权力的非法干涉。法治社会的基础是市民社会相对独立，与国家形成相互依赖、彼此制约的关系。依照哈贝马斯在《公共领域的结构

---

① 引自周曙光以“70m”命名的为飙车案设立的独立网站，http：//70km. org。

② 参考本书案例分析部分。

转型》中所说，公共领域本身，意味着提供一个民主环境，通过话语，而不是别的操纵性工具或所谓“批判的武器”进行运作。公共领域本来是一个自我生产、自我组织的过程，因此，自始至终应保持公众性原则的中立特征；在理想的民主国家，政府只是承担公共领域的担保人角色，以确保个人和团体的自由，但不能插手干预。他强调政治公共领域对实现民主的重要作用，崇尚公民、公众拥有对公共事务自由发表意见、交流看法的空间和权利①。

从法理上来说，虽然我国其他法律文件中还没有明文使用“新闻自由”这个概念。但是，学术界通常认为新闻自由包括公民通过新闻媒体享有的知情权（the right to know）和表达权（the right to express）。这两者在我国法律体系中都是得到尊重和保护的。

舆论监督是大众传播媒介与生俱来的责任和使命，从新闻专业主义角度来看，媒体是“社会之公器”，危机传播中媒体在多大程度上有所作为直接受到其角色定位的制约。社会公器，其所指不仅在于积极监测环境，公开信息，满足公众的知情权；更在于代表公众发言，将危机报道从一般的事实发布层面推进到质疑、问责、探究的深度，真正成为沟通政府决策和民意反映的桥梁②。也就是说媒介除了肩负舆论监督的责任，还应当将其监督功能丰富化，在法治、环境保护、城市建设等领域也起到一定的作用。

在危机事件中，媒介的监督作用很多时候也会和“网络审判”以及“网络暴力”挂钩。例如在周久耕事件中，前后不过一天时间，网友“人肉搜索”却将事件推向了新的高潮。从12月11日，名为“宣传寄生6”的网友在凯迪社区发表题为“遍撒英雄帖，追查南京市江宁区房产局局长周久耕”的帖子，号召众网友一起追查南京市江宁区房产局局长周久耕，到12月23日网友爆料周久耕的妻子和儿子，南京市委及江宁区委已经察觉到事件的严重性，并表示：“已介入调查，只要发现有违纪或腐败行为，将按有关规定进行严肃处理，绝不姑息”。12月14日，题为“看照片南京房产局长抽1500元的烟”的帖子出现在各大论坛，发帖者“保存一百年”上传了一组周久耕开会时的

---

① 王玥：“现代传媒监督政治权力的法理探讨”，武汉大学硕士学位论文，2005年，第11页。

② 高颖、杨亮：“三鹿奶粉事件中我国报纸的媒介角色研究”（2009年7月28日），载中国论文下载中心 http：//www. studa. net/xinwen/090728/1016003. html。

照片，并将其左手边放着的一盒香烟圈点，予以特写，并配备文字说明：“这是什么烟？这是南京卷烟厂出产的顶级的九五至尊南京烟！一条就要1500元啊!”，此帖登上“天涯社区”网站头条，从此它成为全国性新闻话题。一天之内，网友的点击率超过7万，回复近2000条，事情像滚雪球一样迅速扩大。1天后，网友发现周久耕戴的手表是“江诗丹顿”，5天后，网友发现周久耕开的车是凯迪拉克。12月22日，应先生把“天价烟”推荐为“天涯周报”的一周头条①。期间，又有网友曝出其在不同场合戴的浪琴手表和劳力士名表，不仅如此，还有网友和知情人士不断曝出周久耕的弟弟是房地产开发商，他的儿子是建材商，以及周久耕的漂亮妻子曾公开谈丈夫的高档生活品位等消息。周久耕一家成为舆论的焦点。

然而，面对一浪接一浪的舆论质疑，周久耕的沉默并没有换来“时间冲淡一切”的结果。直到12月24日，江宁区房产局副局长才出面接受了媒体采访，虽然他对周久耕当时的言论做了较全面的解释，也试图澄清网上关于其生活作风上的一些误判，但是，面对此时处于主导地位的网络舆论，当事人滞后的言论未免显得有些草率而且过于单薄。

在这一阶段，面对强大的网络问责，周久耕的处事轨迹显然与平民大众背道而驰。第一，他没有在第一时间直面媒体和大众，一味地回避态度将自己推向舆论的高潮。公众言论成为唯一的消息来源，舆论自然会呈现一边倒的趋势。他期望以沉默的方式使舆论渐渐淡去，这是传统社会处理危机的定式，但并不能适用于网络时代。传统社会，危机一旦出现，政府、官员总是采取封锁、回避消息的策略“躲避”外界质疑；一旦问责无果，就意味着危机的消解。然而在互联网发达的信息社会，“地球村”早已不再是一个想象中的虚拟概念，通过网络传播，消息会迅速蔓延。公众一旦对官员发起网络问责，将不再局限于个人或小众范围，它将受到全国乃至被全球的关注。并且，舆论的误判将被无限扩大，当事人未挺身而出澄清的谣言无法证伪，在嘈杂的舆论中传为“事实”，更将周久耕置于道德、正义的对立面。其二，在网络问责的环境下，周久耕不再是单独的个体，他政府官员的身份使他成为政府

① “网络问责周久耕事件调查 一包烟撂倒房产局长”（2009年2月12日），载东楚网 http：//www. hsdcw. com/html/2009 -2 -12/171456. htm。

形象的承载者，他的回避策略无疑将使政府被边缘化。网友向周久耕的惊人言论、奢侈消费、裙带关系等发起责问，归根结底也是起始于他的政府官员身份。江宁区委和南京市委也意识到这一点，先后表态将严查此事，绝不姑息，“舍车保帅”的趋势逐渐呈现。最后，周久耕因严重违纪，被开除党籍、开除公职，并被移送司法机关依法处理。

从周久耕的案例来看，民众完全有可能通过互联网这一媒介，达到监督官员，铲除贪官的目的。除了网络反腐，民众借助媒介行使对于司法的监督也可以在近期的危机事件中看到脉络。

“黄静案”曾一度被称为“中国网络第一案”，其根本原因在于公众借助网络所形成的巨大舆论攻势极大程度影响了案件的司法进程，网络成为民意表达的始发点。由黄静的爱慕者“风中的追赶者”所创建的网上墓园是黄静的家属发布相关信息、进行舆论求助，以及网友声援死者、斥责司法不公的最初阵地，而这股舆论浪潮不久便席卷至网络各端，成为一起集体的网络事件。由于最初的信息几乎全部来源于黄静亲属一方，且公安部门不予立案的决定在一起尚存疑点的案件中所呈现出反常理性，公众的意见几乎一边倒地支持黄静一方，指责司法部门销毁关键证据、发布错误的尸检报告、徇私枉法。虽然其间不乏呼吁公众理性看待案件的声音，但“沉默的螺旋”以其巨大的威力将这些意见逐渐消弭于无形。公众舆论与媒体、专家的多方互动迫使当地警方立案侦查，但因为关键证据的缺乏，这场民意与官方机构的“拉锯战”整整持续了三年，最后仍通过常规的司法途径，以姜俊武的无罪宣判落下帷幕。然而，庭审落幕了，民意却远未终结。“黄静案”至今仍作为一个“正义与民意溃败”的隐喻存在于人们心中，当司法公正再次出现危机，“黄静案”就会被一遍一遍地追忆和提起①。

危机报道中，媒体兼具政府代言人和社会公器的角色，但在当前中国的传播语境下，媒体的角色定位有所失衡，为公众代言的力度仍然不够。这有悖于新闻专业主义精神，且不利于危机报道实践。媒体，尤其是主流媒体，应当强化社会公器角色，从而更好地发挥监督作用，在危机传播中大有作为。

---

① 参考本书案例分析部分。

三、政府危机中的公众行为

1. 概念界定

(1) 公众

19 世纪中后期，随着西方社会城市化和工业化的纵深化发展，传统的社会结构和秩序被打破，大量涌入城市的人群呈现出一种分散的、孤立的和原子化的状态。19 世纪末，西方一批保守的精英主义者提出了“大众社会”的理论，将社会人群分成两大部分，一部分是广泛的大众，一部分是少数的权力精英（power elite）[①]。在这种二分法中，大众被认为是极端的、善变的、焦虑的、趋同的和易控制的。这种理论带有强烈的精英主义色彩，大众在社会的权力游戏中毫无自主性和发言权，并且对各种不公的社会现象保持着集体沉默。

姑且不论大众社会理论在相应的年代有多少的合理成分，随着世界范围内民主制度的不断完善，以及大众传播技术，特别是以互联网为代表的新兴媒体的迅速发展，将社会人群划分为“精英”和“大众”的简单二分法显然已经不再适用。一方面，精英和大众的界限已经不再清晰可辨，另一方面，现代社会的人们具有更高的自觉和自主意识，不再会轻易地被权威所左右，他们具有独立的辨别能力和批判能力，个体间更倾向于相互交流、形成舆论、组织各种高度认同的群体并展开行动。因此，“大众”的概念逐渐被更具现代性的“公众”所取代。

在社会学中，“公众是对舆论有共同兴趣、关心或关注的一个分布较散的人群。”[②] 哈贝马斯认为：公众是一个具有极大包容性的概念，“它的成员是所有私人身份的人们，他们只要拥有财产、受过教育，就能作为读者、听众和观众而通过市场享用那些可以进行讨论的对象。”[③] 不论对“公众”的具体

---

① 葛玮：“公众崛起：社会治理的新环境”，《理论学刊》，2009 年第 6 期，第 74 页。

② 戴维·波普诺：《社会学》，中国人民大学出版社，Prentice Hall 出版公司，第 607 页。转引自葛玮：“公众崛起：社会治理的新环境”，《理论学刊》，2009 年第 6 期，第 75 页。

③ 徐剑梅：“英国政府与媒体在突发事件中的协作”，《中国记者》，2004 年第 10 期。转引自赵路平：“公共危机传播中的政府、媒体、公众关系研究”，复旦大学博士学位论文，2007 年，第 16 页。

定义有何差别，其特性可以概括为以下几点：

首先，具备一定素养。这种素养需要一定的社会因素和培育机制，如社会的民主程度、制度的开放性以及教化程度。在现代意义上，人们的民主素养和文化水平很大程度上决定了公众社会的成熟与否。

其次，关注共同话题。共同话题为时空意义上分散的人群提供了内在聚合力，即一种广泛意义上的群体认同感。在大众传播渗入到每一寸生活空间的现代社会，媒介的“议程设置”使共同话题成为一种泛滥的资源。

第三，能够形成讨论。对共同话题展开讨论从现实意义上整合了社会资本，并形成足以冲击社会权力系统的公众舆论。这是公众时代公民与权力机构进行博弈的最有力武器。特别是在互联网时代，低准入门槛和低精力成本极大地扩大了公众讨论的深度和广度，使舆论的应激性和强度远远超出了传统手段的可控范围。

在探讨政府危机中的公众行为模式时，对“公众”的界定正是通过以上三个特征进行的。需要特别指出的是，鉴于互联网为当前中国公众舆论生态中搭建了根本性的平台，本书所涉及的公众主要是在网络上可见或活跃于网络的公众。

（2）政府的公共性

“所谓公共性即政府产生、存在的目的是为了公共利益、公共目标、公共服务以及创造具有公益精神的意识形态等。政府作为这些目标的实现手段之一从来不会公然宣布自己丧失公共目的而沦为私人机构，政府必须保护国家安全，提供法律手段以惩治违规者，提供社会福利以及保护国民财产等等。”①

学界普遍认为，“公共性”是政府获得合法性基础以及行使权力的根本价值属性。有学者将国内外学者对“公共性”的多学科界定做了以下六种归纳②：作为一种公共精神的“公共性”；作为一种新理念的“公共性”；作为一种分析工具的“公共性”；作为一种公平与正义的“公共性”；作为一种价值基

---

① 祝灵君、聂进：“公共性与自利性：一种政府分析视角的再思考”，《社会科学研究》，2002 年第 2 期，第 7 页。

② 张立荣、明英文：“‘公共性’语境下的政府危机公关创新探讨”，《中国行政管理学会 2008 年哲学年会论文集》，2008 年，第 306～307 页。

础的“公共性”；作为一种理性与法的“公共性”。

从政府的角度而言，以上六种“公共性”的归纳具有不同层面的合法性支持和操作借鉴的价值。首先，作为社会系统的管理型和服务型组织，政府存在的价值基础和理念根基应该围绕“公”与“共”二字展开，即公平、公正和共同利益；其次，政府在行使权力的具体过程中秉持上述理念，做到行政透明和公开，并纳入一种有效的公众沟通和对接机制，将部门的权力转化为真正意义上的“公权”；第三，政府一切行政活动的终极目标指向应该是社会公共利益的稳定维持与最大化。

同任何形式的行为主体一样，政府也不可避免地具有自利性，这种自利性表现在个人、团体和阶级等几个不同层面①。除了面对重大突发性事件时政府的系统性行动失灵外，政府官员、具体部门和阶级利益与公共利益的冲突也是爆发政府危机的重要原因，而这种冲突给政府带来的形象上的和合法性上的危机往往是更为致命的。可以说，政府自利性和公益性矛盾的累积以及升级乃是政府危机频次上升与危害加深的根源所在。因此在本书中，公共性与自利性是分析政府危机与公众行为的重要概念框架。

2. 分析工具和框架

（1）政府危机中公众行为模式的内部变量

①相对剥夺感。

“相对剥夺感”指的是社会本身的价值能力小于个人的期望值。“当一个社会人们的价值期望没有发生变化，而社会提供某种资源的能力降低了，就会形成递减型相对剥夺感；当一个社会中的资源提供能力没有变化，而人们的期望价值提高了，则会导致欲望型相对剥夺感；当一个社会的价值能力和人们的价值期望均在提高，而社会价值能力由于某种原因有所跌落时，从而导致价值期望和价值能力之间的落差扩大，则形成发展型相对剥夺感。”②

相对剥夺感的两个关键变量是社会的价值能力以及个人的期望值，两者

---

① 祝灵君、聂进：“公共性与自利性：一种政府分析视角的再思考”，《社会科学研究》，2002 年第 2 期，第 8 ~ 9 页。

② 赵鼎新：《社会与政治运动讲义》，社会科学文献出版社 2006 年版，第 78 ~ 81 页。

的变动均可能引起相对剥夺感程度的变化，从而导致个人情绪的波动。自然灾害和突发性事件造成的生命和财产损失、公共政策引起的利益失衡以及其他具有一定社会资源的组织的决策变动都可能引起不同范围人群的相对剥夺感。作为公共资源的直接拥有者以及社会系统的管理者，政府部门往往是相对剥夺感感知人群的最直接矛头指向。而这一人群的利益受损程度、人群规模大小以及政府的责任程度将是影响政府危机深度和广度的关键性因素。

在政府危机性事件中，相对剥夺感的感知群体既可能是直接的利益受损者，如个人财产的损失、生命的威胁、健康的流失以及精神上的痛苦等；也可能是更广泛意义上的间接利益受害群体，如制度僵化与民主预期之间的断裂给公众带来的失望和愤怒情绪，以及对公共政策的潜在威胁感知等。在本书中，相对剥夺感是在直接和间接两种意义上同时存在的，并将成为分析公众在政府危机中行为模式的重要工具。

②累积效应。

累积效应指的是公众对政府部门行政能力和行为的一种总体印象和感知。这种感知来源于政府长期以来的日常行政行为以及公共事件处理的方式和绩效，公众据此形成一种累积性的评价。这种累积下来的心理值会构建出一种集体记忆，影响政府危机事件发生时公众的情绪指向，从而影响危机事件的发展趋向。

③临时性群体内聚力。

“所谓群体内聚力，是指群体对其成员的吸引力，以及成员之间的相互吸引，主要表现为成员对群体的向心力和归属感的多向作用的过程。”[①] 苏联心理学家彼得·罗夫斯基认为[②]，群体内聚力的发展具有三种层次：一是表现为成员们情绪接触的发展，二是群体进一步团结，表现为和共同活动过程有关的基本价值体系一致，三是群体的整合，也就是群体的内聚力，表现为全体成员开始分担群体活动的共同目的。群体从产生到形成共同体要经过一个长期的过程，其中最重要的内容就是内聚力的发展。

在政府危机性事件中，公众共同关注同一个话题，并通过各种途径参与

---

① 李新实、付锐：“对大学生正式群体内聚力弱化与非正式群体内聚力强化趋势的研究”，《学校党建与思想教育》，1989年第2期，第35页。

② 转引自李新实、付锐：“对大学生正式群体内聚力弱化与非正式群体内聚力强化趋势的研究”，《学校党建与思想教育》，1989年第2期，第35页。

讨论，形成舆论，甚至采取实际行动，从而构成了一系列意见群体和行动群体。与其他群体不同的是，这种群体是临时的、异质的，并且以某个偶然性事件为核心。这些群体能够形成多大的舆论冲击力，以及采取何种方式的实际行动，很大程度上取决于群体的内部聚合力。在现代化的大众传播环境下，这些临时群体的内聚力受到以下几种因素的影响：

第一，共享的情感特征。情感因素是激发临时性群体形成的根本性动因。在政府危机性事件中，相对剥夺感的产生、对政府部门的愤怒与怨恨等共同情感使人们开始参加讨论，并采取各种共同行动。

第二，个人的社会资源及社会地位，包括经济资源、文化资源、政治资源等等。不同社会资源的拥有者在对待同一个问题时很可能在视野、观察角度、思考方式和立场上产生不同，这些都会影响到群体内部聚合力的大小。

第三，互动程度。霍曼斯对小型群体的研究发现①，个体成员之间的互动越多，人们之间越可能共享情感，越可能参加集体行动。

（2）政府危机中公众行为模式的外部环境变量

①制度与政策环境。

一个社会固有的制度框架为人们提供了相应的行为逻辑和行动准则，并维护社会系统的有序运行。诺斯认为，“制度是一系列被制定出来的规则、守法程序和行为的道德伦理规范，制度旨在约束追求主体福利或效用最大化的个人行为”。② 然而，当制度限制了社会的合理发展，使人们普遍产生不公平感和剥夺感，则说明这一制度已经失去了合法性基础。此时，如果相关权力部门进行行之有效的改革，则能够推进社会的良性发展，并为该部门带来良好的评价。相反，如果权力部门为了降低改革成本而继续推行这一制度，则随着其适用性矛盾的不断增长将可能遭受强制性变更，在这种情况下，权力部门的形象和合法性将受到冲击，并可能形成一触即发的危机。

但是，公权组织是各种社会资源的最大拥有者，也是各种制度和政策的最终制定者。在一个社会中，任何一种制度都不是孤立存在的，它还受到其

---

① 转引自高恩新：“过程、行动者与危机管理”，复旦大学博士学位论文，2008 年，第 45 页。

② 道格拉斯·C. 诺斯著，陈郁、罗华平等译：《经济史中的结构与变迁》，上海人民出版社 1994 年版，第 225 页。

他各种制度的制约。也就是说，整个制度系统是相互依存的，具有内在的聚合力。某一制度可能因为其不合理性而遭到攻击，但同时也可能受到另一种制度的保护。因此，在政府危机性事件中，公众的行动既可能以某一明确的制度和政策为目标导向，其行为方式和范围同时又可能受制于整个无形的制度系统。基于此，在分析政府危机事件中的相关制度与政策时，需要从目标和环境两个方面进行探讨。

②政府的应激措施。

不论是突发性重大事故还是由公共行政政策失衡引起的危机性事件，政府始终都处于一个不可替代的事件主导位置。政府拥有丰富而完整的社会资源，具有高效的组织系统以及训练有素的工作人员，因此具有社会秩序的最高行动力。当危机性事件发生时，如果政府能够迅速而有效地采取应激措施，对受损害利益群体给予合理的补偿，并保证这一过程符合公众的心理期待，则危机将沿着“机会”方向发展。大规模的政府危机事件爆发恰恰是由于政府的应激环节滞后或失效而引起的。因此，在分析公众在政府危机中的行为模式时，政府的应激措施将是一个至关重要的变量。

③大众传播生态。

在传统媒体与新兴媒体交相辉映的现代大众传播生态中，现代意义上的公众舆论的形成以及发挥效用的方式很大程度上需要依靠媒体平台。公众的信息来源、意见表达渠道都依赖于媒体，并且受到各种媒体议程设置的影响。在政府危机性事件中，大众传播主要从以下两个方面制约和影响着公众舆论以及群体性事件的发生和发展。

其一是媒体的主流意见。在一起大范围的公共事件中，媒体上往往充斥着各种声音，这些声音所代表的立场以及看待事件的角度各不相同。特别是在互联网高度发达的时代，除了媒体意见、专家意见以及官方意见以外，各种公众群体以及公众舆论领袖的意见也会大量涌现并影响整个公众舆论的走向。

其二是信息传播渠道，指的主要是信息传播平台的辐射范围以及信息传播渠道的顺畅与否，这些则又与事件本身的重要性以及相关部门的管制程度有关。

（3）个案分析框架：因果—进程—模型框架

本书将运用因果—进程—模型的分析框架，即在选取典型案例的基础上，对其进行内部变量和外部变量的具体分析，并在观照危机事件进程的情况下构建公众行动模型。在案例分析过程中，我们还将运用焦点小组访谈法进行观点的启发和论证。

具体分析框架如图 1.7 所示。

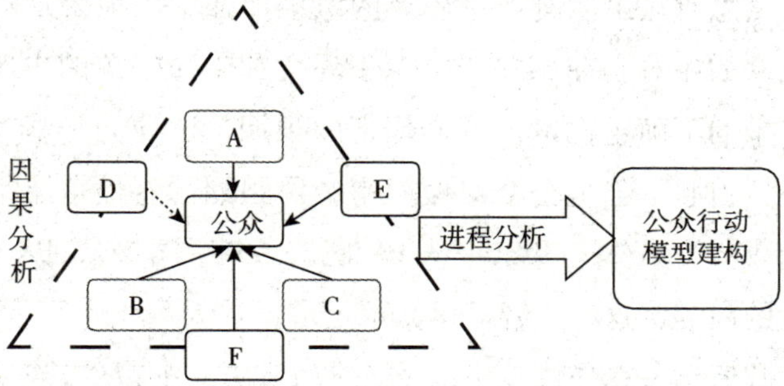

图 1.7　个案分析框架图

3. 典型个案“因果—进程—模型”分析

（1）厦门 PX 事件①

①公众行为的内部变量分析。

PX 是英文 p-Xylene 的简写，中文名是 1,4—二甲苯，别名对二甲苯②，它在化纤、合成树脂、农药、医药、塑料等众多化工生产领域有着广泛的用途。PX 项目具有高度的经济价值，从厦门政府的角度来看，PX 项目的落户能够极大地推动当地经济的发展。但同时作为一种化工材料，PX 亦存在高度的环境隐患，对人体健康也具有潜在威胁。厦门市政府于 2001 年 5 月向有关部门上报 PX 项目建议书，经过专家组的认证与评估，于 2006 年 5 月得到正式的核准批复。在这一过程中，与当地居民利益息息相关的环境评估报告一直处于保密状态，而当地政府的宣传口径也集中在这一项目的商业前景上。也就是说，在有关专家提交两会议案之前，当地居民对 PX 项目仅停留在一无所知或者低利益关涉的认知状态。

---

① 关于厦门 PX 事件概况，请参阅课题组个案研究之民生类政府危机个案追踪。该成果将以《大国网情》为题另行出版，下同。

② 载百度百科 http://baike.baidu.com/view/971780.htm，2009 年 5 月 25 日访问。

变量一：大范围公众群体产生关于生命安全的相对剥夺感。

生命权利是公民最基本的权利，不论在何种情况下，生命安全都是公众最关心的话题。厦门 PX 项目距离居民区仅 1.5 公里，波及的人口超过 10 万，这就决定了遭受相对剥夺感的公众群体之庞大。与此同时，互联网、手机等新媒体上各种信息对化工泄露严重后果的渲染加强了当地公众对自身生命的不安全感。公众的相对剥夺感并非来源于环境和生命资源的事实性损害，而是来源于对未来的不确定性以及遭遇损害的预期。这种关乎基本生命安全的相对剥夺感迅速引起了当地公众对厦门市政府强烈的怨愤情绪，从而形成了一边倒的舆论攻势。虽然有专家否认 PX 能够致畸，并支持 PX 低毒的说法，但在民愤爆发的高潮，这种声音显得微不足道。

变量二：政府形象在环境政策以及日常行政方式上遭受长期负面评价。

对政府过往对待环境与污染治理的政策失衡、政绩工程以及形式主义泛滥的联想加深了公众对政府的不信任。这些在公众心理上长期累积的政府印象在 PX 事件中再一次得到了阐发和深化。有研究者对厦门网的评论进行了统计①，网民对 PX 项目有关政府的对抗式解读主要集中在以下几个方面：将 PX 项目归结为政府的形象工程；将国家级的环境审批定性为“形式主义”；将关于 PX 项目的正面报道定义为政府的欺骗性宣传。可见，心理累积效应加深了公众对政府的负面情绪，也直接影响了舆论的范围和偏向。

变量三：当地利益群体具有高度的内聚力和行动内驱力。

强烈的相对剥夺感和对政府的长期负面评价致使厦门当地的公众产生了相似的情感结构，相近的地理环境和高度的文化认同感则进一步加强了当地公众的群体向心力。通过互联网、手机等新媒体，当地公众相互间传播信息、发表意见，形成一个与 PX 项目策划集团相对抗的团体。在互联网社区中，以厦门地方性社区的网民最为活跃，如厦门小鱼社区、厦门大学 BBS、西祠胡同厦门版、QQ 群“还我厦门碧水蓝天”等②。这部分网民是与 PX 项目最切身相关的利益群体，且身处相似的生活环境，对政府的政策走向也最为关注。在这一事件中，他们要求的不仅仅是政府形式上的重视，而是实实在在的政

---

①② 参见课题组个案研究之民生类政府危机个案追踪：厦门“PX 项目”事件。该成果将以《大国网情》为题另行出版，下同。

策改变。强大的内驱力使当地公众的行动不仅仅停留于讨论层面，而是进一步发展为实际的群体行动。在政府作出正式回应之前，数百万条呼吁“集体散步”的短信在整个厦门范围内广泛流传。

大规模群体的利益剥夺感、长期累积的对政府形象的负面评价以及高度的群体内聚力使公众舆论朝着不可遏止的方向发展，并逐渐形成一触即发的行动力。

②公众行为的外部变量分析。

变量一：公众群体行为迫使政府的应激措施由消极走向积极。

在厦门 PX 事件上升为媒介议程并为公众知晓之后，政府部门并未在第一时间作出直接回应。也就是说，在最初阶段政府采取的是消极的应激措施。但是，对待迅速升温的舆论压力政府并非无所作为，而是试图通过对大众传播环境的间接施压来遏制舆论的蔓延。厦门当地党报机构受到来自体制内的压力，成为官方授意的传声筒。另外，有关机构还通过关闭网站等举措企图切断公众最基本的信息传播管道。

当公众舆论进一步升级，并发展至“集体散步”的临界点时，政府部门采取了更为直接的负面应激措施，即拘捕呼吁集会抗议的“舆论领袖”，并宣布暂缓项目建设计划，扩大环境评估的范围。但是，这些举措并未阻止势态地进一步发展，厦门市政府办公楼前最终发生了大规模集会，这次集会持续了两天，直到政府作出更为明确的表态才得以平息。至此，公众的群体行动发展至最高峰，并迫使政府作出缓建决定，宣布正式听取公众意见。虽然此后政府颁布相关法规对厦门市范围内注册备案的网站进行管制，但对 PX 项目的处理依然不可避免地朝着公众所期望的方向发展。新闻发布会的召开以及公众参与被纳入合法轨道，都表明政府的应激措施已经转向正面，并指向事件的实质性解决。市民座谈会的召开以及项目迁址决策的达成标志着民意在这一事件中的胜利。

变量二：大众传播媒介最大作用在于议程的设置以及交流平台的搭建。

如果不是赵淑芬等院士在两会上提交关于 PX 项目迁址的提案，以及有关媒体的报道，该项目很可能在公众不知情的状态下悄无声息地进行。因此，媒体的最大作用在于一开始提供了至关重要的专家意见。虽然此后当地的党报成为政府为自己辩解甚至压制民意的工具，但在当地公众感知高度相对剥夺感的情况下，这些媒体的举措非但没有奏效，反而成为公众行动进一步激化的导火索。

与传统媒体相比，互联网、手机等新媒体在这一事件中发挥的作用更为关键。公众通过网络社区进行讨论，通过手机鼓励集会，这些都是基于新媒体点对点的互动特征。虽然其间出现了言过其实、夸张的论调，但这些言论充分反映了公众深刻的不安全感，并具有高度的行为策动力。

③公众行动模型建构。

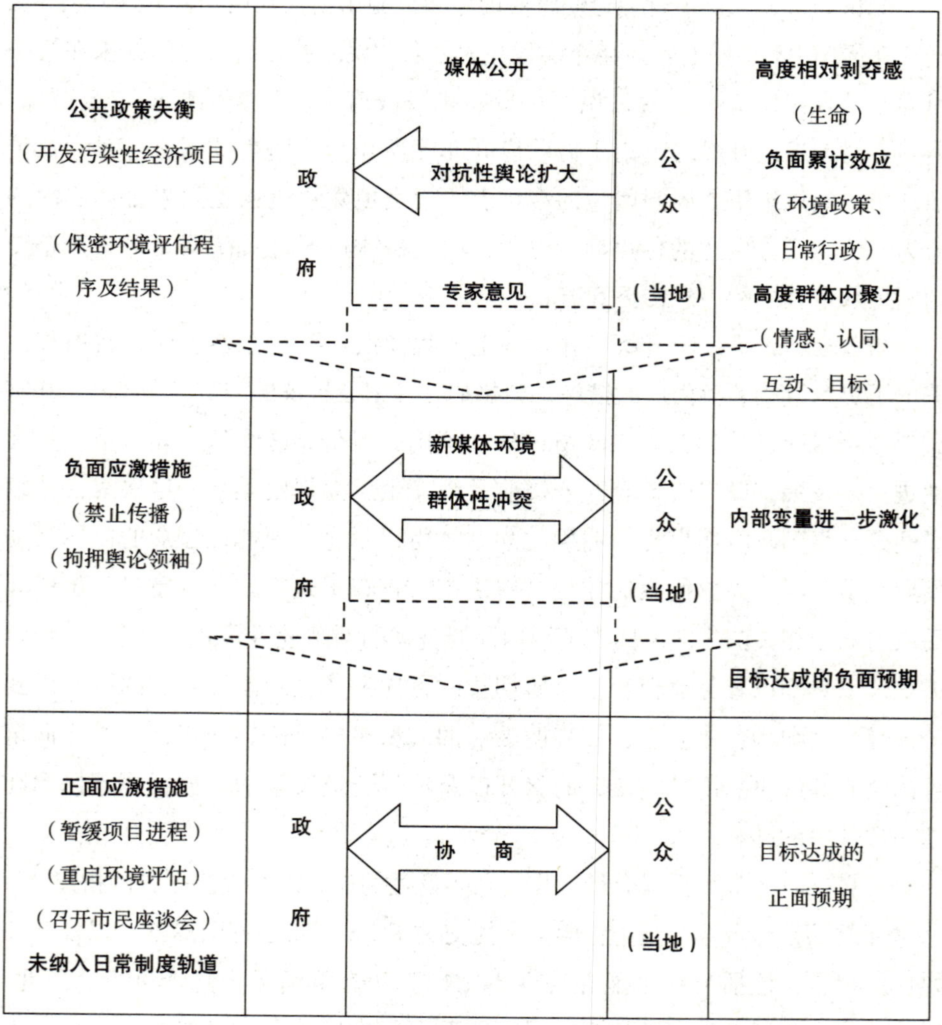

图 1.8　“厦门 PX”事件公众行动模型图

（2）汶川地震[①]

①公众行为的内部变量分析。

在界定社会公共性危机事件的理论中，有一种经典的划分将其归为“天灾”和“人祸”。汶川大地震是我国近年来爆发的伤亡人数最多、损失最为严重的自然灾害，数十万的人员伤亡、数百万人的流离失所和数千万的财产损失使全国人民陷入了长时间的恐慌和悲痛中。亦有不少人认为，这场“天灾”将对中国社会产生旷日持久的影响，这种影响涉及制度层面、心理层面乃至民族整体的精神面貌。

变量一：未受灾公众的相对剥夺感来源于最初的恐慌情绪和之后长时间的移情心理。

在汶川地震中，四川、甘肃等地的受灾群众和未受灾地区的公众所受遭受的损失和心理创伤是远不相同的，前者面临的是生死的考验、家园的毁灭和长时间的生存困境，后者则由最初担心震情蔓延所引起的短暂恐慌过渡到与灾区人民共同的伤痛中来。与受灾群众日常生活不复存在、遭受剧烈的心理伤痛相比，在经历了短暂的恐慌后，未受灾公众的相对剥夺感主要来自强烈的移情作用。在最艰难的救灾阶段，全国人民一起经历了一段河山崩坏、直面死亡的集体创伤，这种情感出自本能，直达内心。

在经历了最初的众志成城之后，由政府所主导的救灾行为中出现了一系列不和谐音符，这些行为引起了相对冷静之后的公众的质疑和不满，如对四川以外受灾地区的忽视、政府官员的“作秀”、媒体工作者的冷漠以及捐款物资的去向等。根本而言，这些都涉及政府在恢复社会秩序时的协调能力。当公众对救灾进程和各种资源配置的预期没有实现，就会感知一轮新的相对剥夺感。

变量二：唐山大地震的集体记忆使政府的诚意和协调能力面临考验。

1976年的唐山大地震是全体中国人心中又一段不可抹去的伤痛。“24万人死亡，16万人重伤，100多万人受伤，15886户家庭解体，3817人成为截瘫患者，25061人肢体残废，遗留下孤寡老人3675位，孤儿4204人，数十万

① 关于汶川地震的个案概况，请参阅课题组个案研究之自然灾害类政府危机个案追踪。该成果将以《大国网情》为题另行出版，下同。

居民转眼变成失去家园的难民”[①]，唐山大地震被列为20世纪“十大自然灾害”之一。然而，在如此惨烈的悲剧中，关于地震震级和伤亡情况的确切数字却直到灾后三年才得以“解密”——这已然成为几十年来公众质疑政府处理突发性自然灾害的诚意和能力的典型事例。

2008年5月12日，当悲剧再次重演，三十多年前的记忆被猝然唤醒。此时，政府面临的不仅是数百万灾民的以生命为代价的等待，还有十几亿人民的目光，这对政府的组织和协调能力无疑是重大的考验。迟缓的行动力、保密化的内部操作、官方授意下集体沉默的媒体、无从核实的死伤数据……三十年前悲剧曾一度瓦解了公众交托于政府的信任，负面的心理累计效应在地动山摇中再次爆发。政府所要做的，不仅是对灾区生命的救援，亦是对负面印象的扭转。

变量三：人道主义是遭受巨大自然灾害的社会最强有力的黏合剂，并将进一步内化为个人的社会责任意识。

与其他利益损害群体以解决事件为导向的临时性内聚力不同，在巨大的自然灾害面前，人们对无数生命骤逝的悲恸、对灾民的处境的同情发自最淳朴的天性。这种最基本的人道主义情感超越了血缘、地域、民族甚至文化的界限，成为聚合整个社会的最可靠的黏合剂。在汶川地震发生后的数个月内，全国公众一直保持着对灾区的深切关注和无条件的精神、物质支持，社会资源达到了高度整合。相比于其他政府危机性事件，汶川地震中普通中国人所表现出的人道主义情怀已经超越了任何直接的利益所带来的群体整合力。这种向心力带来的不仅是公众对地震后续事件的高度聚焦，还有各种自发性的群体行动，如捐款捐物、加入志愿者队伍支援灾区等。日常生活中并未得到彰显的社会责任意识在巨大的灾难面前内化为所有人的行动起点，成为“多难兴邦”中“兴”的原始动力。

②公众行为的外部变量分析。

变量一：中央政府在灾区救援工作中起绝对的主导作用，媒体系统在官方授意成为救灾系统中的子系统。

---

① 载网易新闻专题：“唐山大地震三十周年祭” http：//news.163.com/special/000120B7/tangshan 30.html。

面对突如其来的自然灾害，作为社会系统的服务者和管理者，中央政府在第一时间调动军队、物资等各种公共资源奔赴重灾区，对数十万岌岌可危的生命进行救援。地震发生后仅 1 小时 27 分钟，温家宝总理亲临灾区指挥救灾，胡锦涛主席也于数日后飞往四川进行视察。中央政府在救灾和安置灾民的过程中不遗余力，成为绝对意义上的领导核心；财政、交通、通讯、民政等各个部门迅速全副武装，转化为以危机救援为导向的庞大社会系统中的子系统。

大众传媒在当今社会中所起到的议程设置、鼓动情感的作用已经无需赘言，而无孔不入的媒介生态已俨然使人们生活在一种"媒介现实"中。在汶川地震发生后的第 18 分钟，新华社发布相关报道，此后全国的电视、广播、报纸、杂志以及互联网媒体高速运转：发布灾情信息、展示救灾场面、动员社会资源、调动国民气氛……在很长一段时间内，汶川地震这一媒体事件成为全国人民生活中的核心事件，主导着人们情感和行为方式。在抗震救灾期间，整个媒体系统都处于一种"非常"状态，由社会的监测和守望者转变为整个救灾机器上的一个主要部件。在这种整体氛围中，公众与媒体的传受界限也变得模糊——信息和传播以一种"全民暴动"的形式弥散于各处，整个社会都处于交互性的传播机制中。

变量二：灾后初期灾区处于整体无序状态，灾后重建时期重新驶入日常制度轨道。

由于灾害对生命的损害、对各种物质资源的破坏，以及整个社会系统全力投入救灾工作中，灾区的整个社会生态因此陷入无序状态，法律、道德、规范以及各种机构的日常行动准则被濒临死亡的绝望、无助以及对生存的强烈渴求取而代之。面对家园的一夜倾覆、家人的猝然离去，灾区人民的日常价值顷刻崩坍，行为方式也容易走向极端。精神和物质上受到双重折磨的灾民还要忍受余震的威胁、疫病爆发的恐惧、物资的短缺以及陷入混乱的治安状况，而经济诈骗、人口拐卖、物资哄抢乃至群体性暴力冲突也在灾区不断滋生。在经过 72 小时黄金救援期后，除了继续搜救可能存在的生命奇迹，中央政府的任务就是安置灾民、稳定社会秩序，遏制由灾难所引发的后续性动荡。在这一阶段，大量应激性的政策和规范纷纷出台，无灾地区的临时性救援措施也覆盖全国各地，以高度弹性的制度框架替代在震灾中崩溃的原有的制度体系。但不可否认的是，由于灾害的严重程度和特殊性，这些临时性政策的推广和执行遇到了种种阻力，这也是非常时刻所无法避免的。

在前期的混乱状况基本稳定、进入灾后重建阶段后，全国范围的赈灾活动渐趋平息，灾区的日常事务和制度体系也逐渐步入日常轨道。在大众媒体和公众的信息疲倦期到来之时，灾民利益与重建政策之间的矛盾也逐步暴露出来。房屋的选址、抚恤金的发放、心理重建的开展等政策安排与灾民预期的冲突仅在一小部分媒体中得到了关注和彰显。相比于救灾初期的信息完全开放，重建时期的传播环境亦回复到常态，汶川地震这一媒介事件也逐渐走向消解，成为一种民族灾难的图腾。在这一阶段，公众与政府的关系处于一种合作与矛盾并存的微妙状态，正如我们在进行“汶川地震”焦点小组访谈时，一位志愿者（赴灾区进行心理支援）所提到的：

我们在那边做心理辅导工作，在半年中，至少有1/5的时间要用来与政府沟通，处理一些行政工作。在绵竹有11个志愿者团队，有企业家派过去的志愿者团队，大学生志愿者团队，他们算是零散的民间团队，虽然他们不是政府派过去的，但也组合成整体的力量。但是你如果想要在那边有序顺利地开展工作，你必须和政府部门有一个很好的沟通和联系。如果你想去当地某处开展工作，却没有政府帮你牵线搭桥，是无法实际开展的。比如说我们做心理援助，对象有当地的普通群众，还有一些军队、学校、敬老院、当地的志愿者等，做援助前一定要和政府沟通好，比如问他们你们觉得哪个部门更需要（心理援助）。因为我们是团市委派过去的，所以我们的所有工作都必须向团市委报告。因为我们下到每个站点，都是由当地的团委来安排食宿以及具体工作。负责点的团委书记问我们需要哪些帮助。团市委的志愿者工作做得很好，在去年受到过嘉奖。因为绵竹的志愿者工作做得好，他们在平时就会对志愿者有一定干预，比如说‘五·一二’在汉旺进行祭奠，有些志愿者就被规定一定要去。

③公众行动的模型建构。

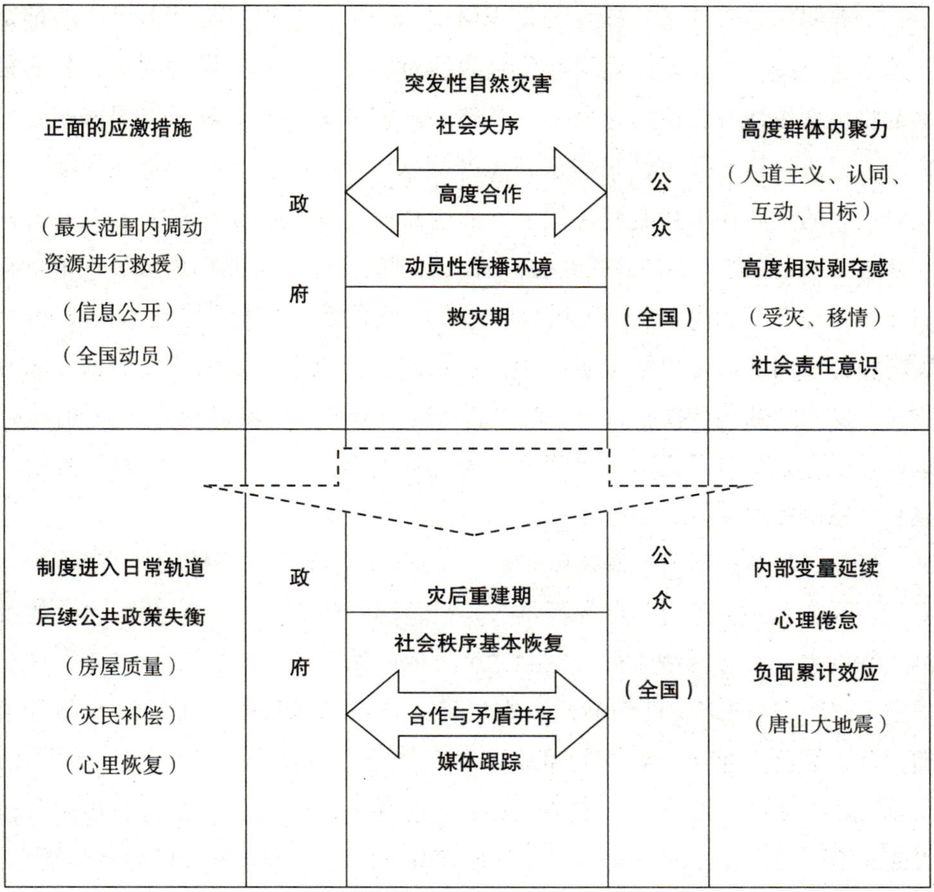

图 1.9　“汶川地震”公众行动模型图

（3）“躲猫猫”事件[①]

①公众行为的内部变量分析。

“躲猫猫”事件源于云南省玉溪当地公安机关对于李荞明死因的荒唐解释。当云南当地媒体《云南信息报》做了相关报道后，文章立即在互联网各大社区和论坛得到转载。网友普遍对警方提供的死因进行了质疑和嘲讽，“躲猫猫”也一夜间成为红遍整个网络的流行语。

变量一：公众的相对剥夺感来源于法制预期的失落。

与厦门 PX 事件等公众作为直接利益受损群体不同，在“躲猫猫”事件

① 关于“躲猫猫”事件概况，请参阅本课题个案研究之法制类政府危机个案追踪。

中，李荞明的亲属并未活跃在公众视野中，相反，热烈参与网上讨论的都是与此事无直接利害关系的网民。除了表达对李荞明及其家属的同情，公众更多地将负面情绪宣泄在当地警方以及整个国家司法体系。对任何国家的公民来说，司法机构的合法性来源于其惩奸除恶、维护社会正义的集体形象。公众对法制的预期在于其能够保护个人的生命财产安全以及在程序上做到公开和公正。“躲猫猫”事件被曝光后，公众发现警方不仅可能在执法过程中玩忽职守，甚至有可能成为利用公权力草菅人命的罪魁。司法的神圣外衣被扯碎，展露在公众面前的是黑幕重重的影像。在这种情况下，公众产生的剥夺感并非一种实质性的利益损害，而是对法制系统乃至整个国家机构公共性的失落。也就是说，公众对司法机关保障公共安全的期望走向了反面，一种切身的利益剥夺感由此产生。

变量二：司法不公事件频频曝光造成公众对国家司法系统的长期不信任。

在“躲猫猫”事件被曝光后不久，很多网友将它与不久前发生的“俯卧撑”案联系起来，网络流行语也由“今天你做俯卧撑了吗”改为“今天你躲猫猫了吗”。这两个案件的共同点在于警方对被害者死因的解释过于不合情理，且案情疑点重重，警方的草率定案不能服众。除了“俯卧撑”案之外，2003年的“孙志刚案”也是公众的集体记忆中不可磨灭的执法机关滥用公权力的典型。涉及人命的公共性事件总是具有不同寻常的心理震撼力和传播力，而类似案件的一再发生则在公众心中造成了不可扭转的负面累计效应。在一项针对天涯社区的统计中①，网友对“躲猫猫”致死这一说法的普遍反映是质疑、指责、嘲讽和抨击。其中，有不少网民的评论脱离了事件本身，而是上升到了对国家司法制度和公权力滥用的批判。由此可见，“躲猫猫”事件是公众长期积压的对国家司法制度不信任的一个突破口，公众舆论的形成和发展也源于这种累积效应。

变量三：公众内聚力表现在最初的意见一致，组成网民调查团后民意出现分化。

“躲猫猫”事件被曝光后，公众的讨论主要集中在互联网上，且意见达成

① 参见课题组个案研究之法制类政府危机个案追踪：“躲猫猫”事件。该成果将以《大国网情》为题另行出版，下同。

了基本的一致，即认为云南省当地警方公布的死因是一种敷衍塞责、愚弄大众的说法。虽然网民的讨论达到了较高的热度，但这种讨论的深度依然没有突破以往同类公共性事件的范畴。在有关部门做出主动的回应之前，公众处于一种较为分散但意见基本一致的状态。事件的转机发生在云南省委宣传部邀请网民组成"'躲猫猫'事件网民各界人士调查委员会"，并前往当地进行实地调查之后。云南省委的积极举措引起了网民的更高一层的热议，虽然仍有相当一部分公众认为此乃政府作秀之举，并断言案件的真相依然无法被查明，但认为政府开始注重民意的意见也开始抬头。可见，政府试图以"民意"来平复"民意"的举措使公众的舆论偏向发生了分化，临时群体的内聚力也开始分散。事实证明网民调查团未能深入到事实的核心区域，所谓网民自己查得的"真相"不了了之，此后不少网民也开始质疑"调查团"成员的真实身份。在这种情况下，质疑"调查团"成员为政府"托儿"的意见群体、认为政府举动体现民主进步的意见群体以及"调查团"成员群体开始逐渐走向分裂，一边倒的舆论偏向不复存在。

②公众行为的外部变量分析。

变量一：政府的积极应激措施消解了部分舆论压力，但先天性的制度缺陷引发公众新一轮质疑。

云南省委宣传部副部长伍皓具有相当的新闻背景，深谙新闻规律和公关之道。由他主导组建的"'躲猫猫'事件网民各界人士调查委员会"虽然最终未能为案件带来实质性的解决，但仍被不少网民视为政府重视民意、民主进步之举。这一举措成功地将公众的视线从司法、执法部门的渎职和失信引向了政府和民意的互动。有学者指出，"政府治理危机与其说是政府对各种危及公共存在的事务处理不当或反应失灵，不如说是没有充分将公民参与设计为公共事务处理的内嵌机制，从而造成的政府作为个人利益的集合趋于解体，其表达机制就是社会资本离散和由此导致的政府不情愿的失信与合法性的流失"①。而云南省委宣传部的做法正是临时创建了这样一套"内嵌机制"，从而在一定程度上整合了离散的社会资本。

① 褚松燕："公民有序参与——政府治理危机的化解之道"，《河南社会科学》，2004 年第 6 期，第 20 页。

但是，这一举措并不能说取得了完全意义上的成功，因为公众对政府“作秀”的质疑依然不绝于耳，这主要是由于“网民调查团”与现有的制度框架相互抵触。这种制度性矛盾体现在两个方面，一是网民调查团的实质性权力受到固有司法体制的限制，即云南晋宁当地公安部门和司法部门以司法独立为名拒绝展示核心材料和证据；二是临时性的公众权力组织与独立的民意组织的制度性缺失之间的矛盾。正如很多专家所指出的，完善民主代议和直选制度才能从根本上克服政府的信任危机。这两方面的制度性缺陷使云南省委的“奇招”充满机会主义色彩，公众对“网民调查团”成员身份的质疑正是源于民意代表机制的长期不健全。

变量二：互联网沟通官方、媒体、专家和公众的多方意见，“网民调查团”成为官民的直接信息对接机制。

“躲猫猫”事件上升为公共性舆论事件开端于传统媒体的报道，后经由网民在互联网上发帖并引起了热烈的讨论，这是近几年来政府危机爆发的一贯路径。与其他案例不同的是，政府并没有保持沉默或者封锁公众讨论平台，而是通过互联网主动与网民进行沟通。这种信息沟通主要集中在两个关键点，一是政府表明解决事件决心和态度，一是表达对民意的重视。“网民调查团”则成为官民互动的直接机制，在“躲猫猫”事件中成为最富争议的结点。遗憾的是，这种互动机制仅停留在表面的形式，展现的更多的是一种开放的姿态。事件的司法解决依靠的仍然是传统的官方途径，公众的权力并未推进实质意义上的司法变革。

在云南省委组建“网民调查团”之后，媒体和专家立即给予了爆炸性的关注和讨论。相比于网民最直接和情绪化的意见表达，媒体和专家更多地侧重于制度性和结构性的反思。民意沟通机制的完善和永久化、刑讯制度和羁押制度的改革是媒体和专家反思的重点，也弥补了公众舆论深度不足的缺陷。在政府危机事件中，这种公众、媒体和专家互为补充的模式也是推进政府改革的健康途径。

③公众行动模型建构。

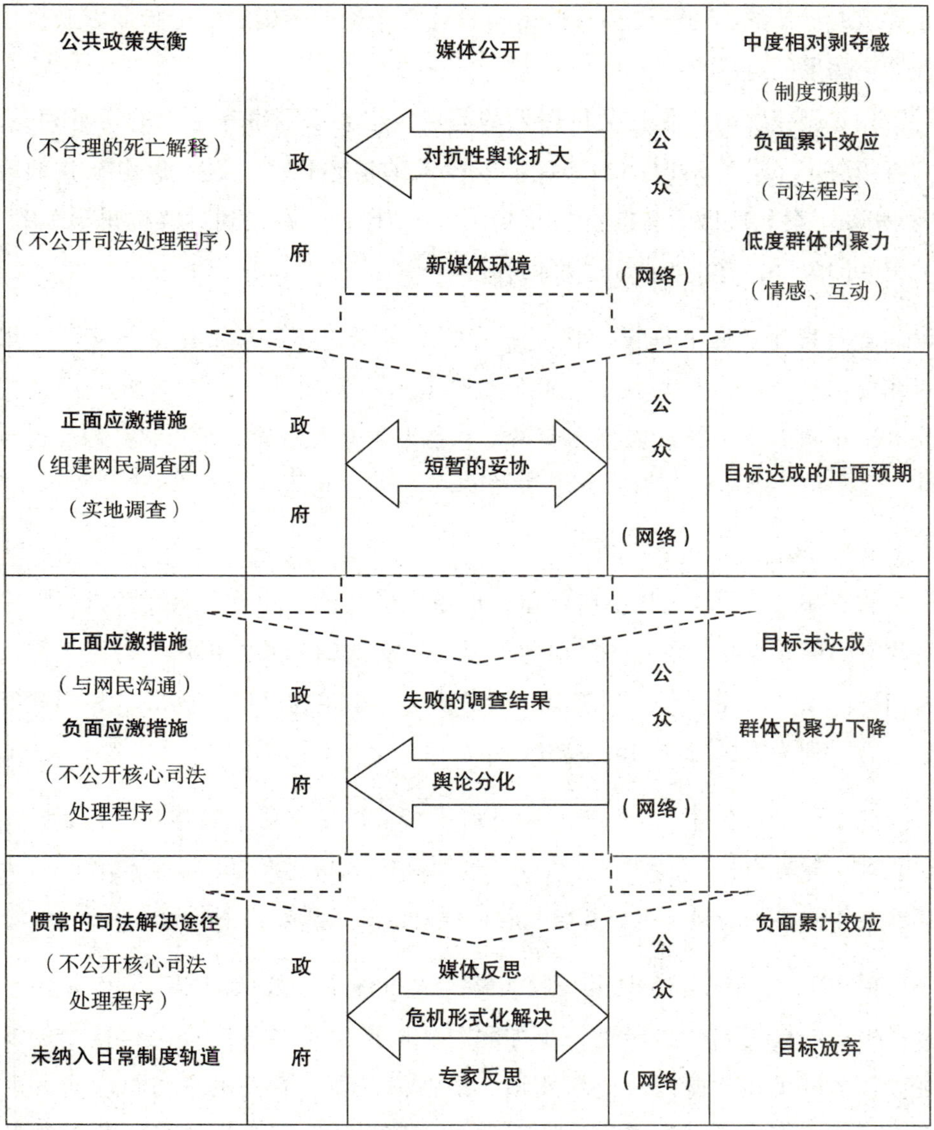

图 1.10　“躲猫猫”事件公众行动模型图

4. 强度与走向：两种相关性假设

（1）公众主体内部变量与危机强度正相关

从以上三个案例中我们不难发现，不论是由突发性自然灾害还是日常公共政策失衡引起的政府危机事件，相对剥夺感的强度、相关群体的内聚力大小和政府形象的心理累计都直接影响着公众舆论的范围、舆论指向以及群体性冲突爆发的可能性。

相对剥夺感的产生是危机爆发的起点，这关系到每一个人的切身利益，它直接决定了公众对时间的关注以及投入的情感程度。这一点也在我们就“杭州飙车案”所做的焦点小组访谈中得到了印证，在谈到对“杭州飙车案”的第一印象是，有小组成员这样回答：

当时我听到这个事情，我第一反应是完了，以后我不能上马路了，因为我走在斑马线上被人撞了，好像这个是有可能发生的。后来就一直会关注这个事情。我觉得，因为这个事情对绝大多数人来说，都是相关的。因为你总要上街，总要过马路，总要看着车来车往。就是行人在车辆面前他是一个弱者。

政府在过往行政过程中所塑造的形象也极大地影响着公众在危机事件中对政府的信任程度，政府的公信力便是在一次次的公共性事件中得到巩固或者消解。在“杭州飙车案”焦点小组访谈中，小组成员将“仇富”和“政府公信力”列为官民对立的最重要因素：

这下子，又是富人，又是对政府的不相信，我们现在就是一个仇富，一个是对政府的不相信，完全就是……这两个问题特别严重，政府说什么话大家都不相信，永远都有少数知晓真相的群众在那里质疑这个问题。

在2010年11月15日上海胶州路大火事件中，公众的相对剥夺感由于自身生命安全受到威胁而进一步加深，从而产生了对房屋和工程安全的质疑。很多网民在微博以及论坛发帖、跟帖称，现场看到的消防员救火并非十分尽力。而由于对政府的长期不信任，公众的质疑声逐渐扩大到对消防设施审批过程的质问，更有网友观察到“消防队员手带劳力士手表”的细节，进而联想到政府部门是否存在“官商勾结”的问题。也是出于对政府行为的不信任，直到有关领导参与哀悼活动时，仍有舆论表示政府此类行为是“政治作秀”。

相对剥夺感和累积效应与群体内聚力相关，而影响群体内聚力的其他因素包括公众对事件解决途径的预期以及群体间给予地域和文化的认同。当群体处于高度内聚状态，一旦政府无视、延缓或者阻碍危机事件的正面解决，便很容易发生大规模的冲突性事件。正如“厦门 PX”事件中所显示的，集会与游行是愤怒的群众与政府进行对抗的重要方式。相反，当群体处于低度内聚状态时，公众对事件关注的持久度以及舆论的冲击力便很容易被各种外界因素所消解。

（2）以政府为主导的外部变量影响危机走向

不论是固有的制度和政策环境、应激措施，还是大众传播生态，都与政府有着密不可分的联系，因为现阶段我国的媒体依然没有取得真正意义上的独立，成为不受外力制约的“第四权力”。在政府危机事件中，政府是否及时向公众展现开放的姿态，以实际行动传达出解决问题的诚意，会直接影响公众的反应。

在“厦门 PX”事件中，厦门当地政府牵制当地媒体、封锁网站、拘捕舆论领袖，其结果是危机的进一步升级，且濒临官民对抗性冲突的边缘；“杭州飙车案”中，杭州当地媒体在政府的压力下集体失语，公安机关则不负责任地抛出“70 码”的荒唐言论，其结果是网民更激进的口诛笔伐，以及专家、异地媒体和公众的联合进攻；而在“躲猫猫事件中”，云南当地政府邀请网民亲自调查“李荞明之死”，虽然“作秀”与“找托儿”之声依然不绝于耳，但毕竟阻止了舆论强化。

在最近的 360 和腾讯之争中，政府最终发声，也使一场一触即发的网络舆论大战渐渐走向平息。而上海胶州路大火于 2010 年 11 月 15 日发生之后，对于上海市消防局陈飞回避云梯投入使用的问题这一表现，就有网民表示了不满和质疑。对上海更高层领导“无人道歉、无人辞职”的批评声自 17 日起开始在网络间兴起，众多网络意见领袖（包括杨海鹏、笑蜀、连岳等）发表或转发相关言论，指责上海市领导面对此项火灾缺乏处理诚意，理应承担责任。

简言之，以“公共性”构建其合法性的现代化政府，若失掉了坦诚面对公众的勇气和服务公众的态度，便失却了名正言顺的资本。

5. 治理公众危机的两个定律

（1）第一时间正面应激

正如上文所提到的，与其他任何社会组织一样，为了保证系统的稳定性、后续性发展，政府也有其自利性。在政府危机性事件中，很多时候政府对公众的反应不予回应，或者封堵舆论传播路径，甚至以不断堆砌的谎言来维护自身岌岌可危的形象，这正是政府自利性的体现。然而，在社会日益开放，公民的民主和契约意识不断提高的今天，以往“大国家—小社会”的政治格局正在逐步改变，国家与公民社会的双向制衡也在网络世界中找到了突破口。虽然政府依然具有无可比拟的制约力，但也不得不为这种制约找到一种更为公允和人性化的方式。

在政府性危机事件爆发后，政府如果堂而皇之地采取蔑视民意的态度，其结果将是政府自利性在公众视野中的无限放大。在“杭州飙车案”焦点小组访谈中，一位成员这样描述“富人”和“70 码”的关系：

> 现在这个问题一个是它有富人在里面，还有一个是公安局在里面，都起了作用。如果仅仅就是富人，撞了，它不会后面有（这么大的反响），它后面也会有，但不会这么大，因为它后面公安局出来说话了，说“70 码”，这个是公安局说的，对吧，公安局表了个态，把这个事情搞得火上浇油。实际上大家一下子就觉得公安局偏袒，公安局肯定是跟他有关系，肯定是跟他穿一条裤子的。

可见，负面的应激措施换来的是公众对政府公共性的根本性质疑。在“杭州飙车案”中，杭州警方这种企图大事化小、息事宁人的态度反而使自己陷入一种完全被动的境地。长期以来，我国政府在日常行政工作中所采取的都是单向管理模式，即政府处于一种凌驾于公众之上、享有绝对权威的地位。这种管理模式是政府在处理公共危机事件中仍无法摆脱官僚主义和威权主义的思维惯性，从而导致由公众主导的危机能量不断爆发。

因此，在处理危机性事件中，政府必须在第一时间理清公众舆论的指向，并开诚布公地对民意做出回应。这种回应并非冠冕堂皇地寻找借口、推卸责任，而是公开公众所关心的核心细节，并及时遏制政府及其官员的失范和越轨行为。有学者认为：“（网民）参与网络热点的讨论主要是为了满足成就感和‘被重视’的感觉，因此某种意义上我国的网民多数是通情达理的，一旦自己的诉求和想法被官方或者主流所认可，自身的成就感得到满足，就会‘功成名就’地退出。”① 这种说法固然不错，但政府在平复民意的过程中过分低估公众的判断力，恐怕只会适得其反，弄巧成拙。

简言之：危机事件爆发后，政府应第一时间采取正面应激措施。

（2）体制性预防治本

正所谓“无风不起浪”，政府危机性事件近年来之所以频频发生，除了互联网技术所带来的信息爆炸，其根源还在于固有体制的缺陷。正因为体制框架顽疾丛生，才会在典型事件发生后招致民怨沸腾。“厦门 PX”事件体现了政府以环境为代价追求经济目标的长期性政策失衡，“汶川地震”暴露了灾害预警、房屋质量、慈善管理等一系列制度问题，而“躲猫猫事件”则是司法系统公权力滥用的一个缩影。“李刚案”所引发的舆论也从侧面体现了公众对官员的权力滥用和裙带关系的痛恨。而在腾讯与奇虎 360 之争中，也有相当一部分的网民和用户表现出了对相关制度的质疑，以及对相关部门监管不力的不满。慈溪论坛上的网友邵岙湖发帖“360 和腾讯的吵架都是监管部门的渎职”，指出腾讯威胁用户，监管部门却保持沉默，是他们的渎职。网友 system 发帖“腾讯与 360 热战如火 监管部门围观”，指出“无论是工信部、还是国家产品质量监督部门，都还在沉默当中”，是监管的缺失才导致这场“战争”“白热化”。②

网络已然成为各种社会矛盾和体制漏洞的预警器，当某种社会弊病累积到一定程度，网民便会以激进的方式发出抗议。虽然网民群体的非理性饱受诟病，但非理性的表征下包含着理性内核，即社会公正受到制度挑战。民意无法通过正常渠道得到宣泄，其结果就是网络上爆炸般的能量爆发。然而，一位小组成员这样说到：

---

① 喻国明、李彪：“舆情热点中政府危机干预的特点及借鉴意义”，《新闻与写作》，2009 年第 6 期，第 58 页。

② 南京大学—谷尼网络舆情监测与分析实验室：《腾讯—360 事件网络舆情分析报告》，载中国报告大厅 http：//www. chinabgao. com/infos/42273. html。

网络它毕竟是一种自发性的，可以监督，可以不监督，但你要制度、法律去监督，所以还是要强化制度，网络只是作为辅助性监督手段，如果有是最好，充分发挥是最好，如果没有的话，还是要回归到制度层面上去。

网络舆论的促发需要一系列外在因素的配合，如媒体的曝光、传播时机的配合等等，带有很强的偶发性特征。公众舆论虽然可以在一定程度上使事件得到一个交代，却无法代替事件的真正解决，更无法阻止同类事件的再度发生。有序而健康发展的社会，必然要依靠审时度势的制度改革。正如图1.11所显示的，只有将危机所暴露的制度缺陷再度纳入制度轨道，才能预防同类危机的发生，并避免政府形象负面累计值的不断增加。

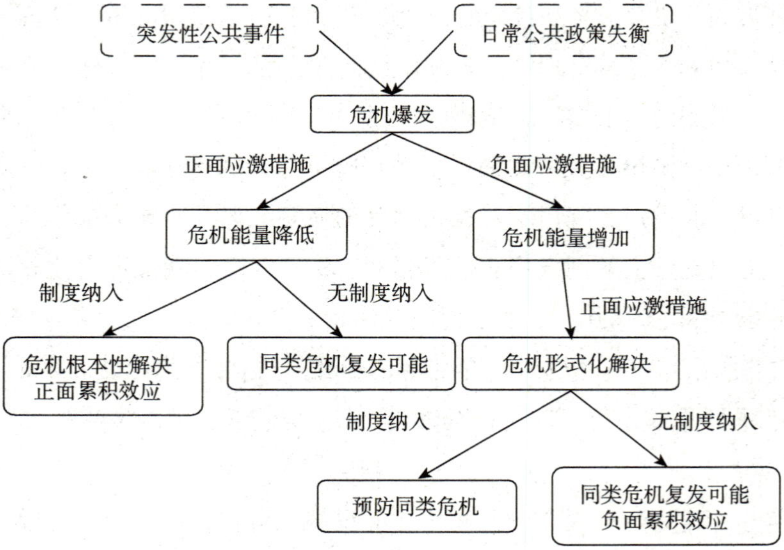

图1.11　政府危机进程模型图

简言之：弥补危机所暴露的体制性缺陷是预防同类危机再次发生的根本途径。

四、政府危机中的 NGO 行为

1. 概念界定与理论溯源

（1）NGO：概念与政治指向

NGO 是非政府组织 Non－Governmental Organization 的英文首字母缩写。作为限定性定语的“非政府”是一个太过宽泛、庞杂的界定，这种“剩余式的分类并不能为我们提供一个清楚的关于 NGO 是什么的界定”。[①] 对于非政府组织的定义目前世界上没有一个被普遍认可的界定，就连国际上具有公认的权威性的《国际组织年鉴》也没有为非政府组织下一个明确的定义。由国际社团联合会编著的《国际组织年鉴》主要引用了联合国的两个文件中关于非政府组织的规定性说明：联合国经社理事会 1950 年第 288（X）号决议指出：“任何国际组织，凡不是经由政府间协议而创立的，都被认为是为此种安排而成立的非政府组织。”1968 年第 1296（XLIV）号决议将这类组织的范围进一步扩大为包括那些“接受由政府当局指定的成员的组织，如果这种成员资格不干预该组织观点的自由表达的话”。[②] 以上这两个决议中的定义常常被人们作为权威界定而引用较多的。这个定义界定的范围比较宽泛，也存在一定的模糊性。NGO 一直处于不断推陈出新的发展中，可被称为“非政府组织”的组织数量增长极快，并且国际非政府组织（INGO）与某个国家内部的非政府组织之间也存在较大的差异，因此这个定义已经无法较为准确地概括当下的

① Reinalda, Bob. “Private in Form, Public in Purpose: *NGOs in international Relations Theory*, in Bas Arts, Math Noortmann and Bob Reinalda eds, Non－State Actors in International Relations. Burlington (England): Ashgate Publishing Company, 2001, p. 12. Reinalda 在文章中所说的“剩余式分类”是指“非政府”这一限定词只是划定了 NGOs 意味着“政府”之外的剩余部分。

② Union of International Associations, Year Book of International Organizations1992/1992, 28th edition, 1646.

非政府组织。

“在不同国家，不同的时期，对非政府组织的称谓也不相同。如：在美国，人们更多时候是将非政府组织称作‘第三部门’（The Third Sector）；在英国它的普遍称谓是‘志愿组织’（Voluntary Sector）；在法国和比利时，人们习惯于将之称为‘社会经济’（Economic Social）。”[①] 在非政府组织发展得比较早，且体制较为成熟的西方发达国家，对于 NGO 的理解和侧重点也是不同的。

当下，由于可能被归类为“非政府”组织的多样性，对非政府组织的概念鉴定存有多方面的困难，学术界对于 NGO 的定义也存在着分歧与争论，并没有一个明确的定义可以得到广泛的认可。

对于“非政府”这种否定式的界定，不同学者有着不同指向的理解。有学者将非政府组织作为一种与政府的“公”相对应的“私”的象征，“如果按照对社会进行‘公域’和‘私域’划分的两分法，政府代表了‘公域’的话，非政府组织就必然是代表着‘私域’。因而众多的学术著作也都把所有的‘非政府’组织统统称作‘私人行为体’（private actors）、‘私人组织’（private organizations）或‘私人部门’（private sector）。”[②] 尽管“非政府”这一限定没有涉及是否以营利为目的的内涵，也有学者认为“非政府”组织应该是非营利的，将 NGO 与“NPO”（non-profit organization）非营利组织相提并论。NGO 与 NPO 是不同的，但是讨论 NGO 是否营利却是必要的，这涉及是否应将追求私人利益的公司和各种市场力量纳入 NGO 的范畴。本书倾向于认为“非营利”应是非政府组织的必要条件，这与非政府组织的组织目标有关。鲍勃·瑞纳而达在其研究中将非政府组织界定为追求公共目标的私人形式的组织，即“私人的形式，公共的目标。”[③] 公共的目标应该是服务于社会公益的，这与公司等市场力量在本质上是不同的，因此，“非营利”是非政府组织

---

① 徐莹：《当代国际政治中的非政府组织》，当代世界出版社 2006 年版。

② 刘贞晔：《国际政治领域中的非政府组织：一种互动关系的分析》，天津人民出版社 2005 年版，第 54 页。

③ Reinalda, Bob, “Private in Form, Public in Purpose: *NGOs in international Relations Theory*, in Bas Arts, Math Noortmann and Bob Reinalda eds, Non - State Actors in International Relations. Burlington (England): Ashgate Publishing Company, 2001.

的一个必要条件。在一些定义中，政党之类的谋求政治权力的社会组织也被看做是非政府组织的一种，本书倾向于将政党之类的谋求政治权力的组织排除在 NGO 之外，因为一旦政党在政治斗争中取得胜利，他们就将成为政府的组建者，与政府之间的关系太过微妙亲密。特别是在一党执政的国家中，政府与政党的界限就更为模糊不清。尽管非政府组织是独立于政府之外的自我管理的组织，不应受到政府的支配与控制，但组织的合法性却是与政府相关的。以中国为例，中国政府的民政部门负责管理在中国社会活动的各类社会组织，相当部分的组织成立之后都会在民政部门登记，但同时也存在没有登记过的民间组织，那后者是否合法？是否可以纳入非政府组织的范畴呢？本书认为只要其他方面的条件符合非政府组织的特征，依照法律建立，不从事违法犯罪的活动，即使没有在民政部门登记，那么该组织也是合法的，也属于非政府组织的范畴。在非政府的组织的定义中，有一个初步达成共识的部分就是参与非政府组织的成员应是自愿的，因此志愿性也成为 NGO 的一个关键特征。

综上，本书归纳认为非政府组织应该是：依法建立的，不受政府支配的、非营利性的、成员自愿加入的，服务于共同的公益目标的独立的公民组织。本书下面对非政府组织的分析也将以这一定义为基准展开。

（2）国际 NGO（INGO）与中国 NGO

目前世界上比较活跃的，具有较大影响力且发挥了较大作用的非政府组织一般属于国际非政府组织，这些组织并不局限于一个国家，其成员也通常具有多国背景，其活动在世界各国展开。联合国经社理事会和国际社团联合会对于“国际性”含义的界定有广义与狭义之分：“狭义的界定是指在三个以上国家活动、拥有三个以上国家成员、在三个以上国家筹资的非政府组织；广义的是指除了狭义上的国际非政府组织之外，还包括了具有国际倾向（或国际性）的所有非政府组织。”① 所谓的国际倾向可以理解为成员构成是多国的，也可以认为该组织的目标是国际性的，或者是该组织的活动是跨国界的。

---

① 前引 80 页②刘贞晔书，第 54 页。

NGO 活跃于国际已经有两百年的历史（Charnovitz，1997），据有关专家考证，最早的（陈述 NGO 的合法性）的论述是教皇利奥三世与 1891 年发布的有关资本和劳力的《关于资本和劳力的通谕》（Rerum Novarum），它对海外劳动组织发展自由制度产生了重要的影响（Pope Leo，1891）①。“非政府组织”（non-governmental organization）的提法最早出现在 1920 年，Sophy Sanger 当年在讨论 1906 年这类组织未能参与第一次多变劳工谈判中用到了这一术语（Sophy Sanger，1920）②。这一时期 NGO 兴起的原因与当时西方社会工业化与城市化进程的推进有关。20 世纪中期，第二次世界大战以后是各类国际非政府组织迅速发展的一个时期，许多目前在国际上很有影响的国际组织就建立于这一时期，如“无国界医生”。据一份 1995 年联合国关于全球管理的报告统计，有接近 29000 个国际 NGO③。许多有影响力的国际非政府组织都发源于西方发达国家，近代以来，西方发达国家的非政府组织的发展与研究都要比发展中国家领先许多。但是，因为许多国际非政府组织的公益性目标是指向世界上的不发达地区与欠发达地区，因此组织的活动在不断向这些地区扩展。我国在 1978 年之前对世界关闭了国门，但是随着我国改革开放力度的加深，自上世纪末以来，一方面，各类有影响的国际非政府组织开始进入中国开展活动；另一方面，中国国内也开始兴起各类非政府组织，并逐渐在社会生活的各个领域发挥作用。

历史上，我国在两汉时期出现了民间私社，有学者认为这表明了我国古代真正的民间社团已经形成④。因为非政府组织本质上属于公民组织，所以两汉时期的民间私社最多可看做中国社会 NGO 的一个雏形。20 年代初至 1949 年新中国建立前的近代，我国的 NGO 可以归纳为：行业协会、互助与慈善组织、学术性组织、政治性组织、文艺性组织、“会党”或反政府的秘密结

---

①② （美）丽莎·乔丹、（荷兰）彼得·范·图埃尔主编，康晓光等译，《非政府组织问责：政治、原则与创新》，中国人民大学出版社 2008 年版。

③ 维基百科：非政府组织。

④ 王世刚：《中国社团史》，安徽人民出版社 1994 年版，第 32 页，载维基百科 http：//zh. wikipedia. org/wiki/%E9%9D%9E%E6%94%BF%E5%BA%9C%E7%BB%84%E7%BB%87。

社[①]。1949 到 1978 年之间，中国共产党对民间结社进行了彻底清理和整顿[②]。这一时期，非政府组织在中国社会销声匿迹。改革开放以后，中国社会敞开国门，开始与国际接轨，非政府组织也因此得以进入中国社会。

1995 年“世界妇女 NGO 论坛”在怀柔召开，“NGO”这个词汇才开始传入中国，1998 年国家民政部正式成立了民间组织管理局，将社会团体、民办非企业单位和基金会的登记管理统一归口到民政系统的民间组织管理部门，并先后于 1998 年 10 月和 2004 年 3 月，由国务院颁布了《社会团体登记条例》、《民办非企业单位登记管理暂行条例》和《基金会管理条例》三个行政法规[③]。根据国家民政部的有关资料，截至 2008 年底，全国共有社会组织 41.4 万个，其中社会团体 23 万个，民办非企业单位 18.2 万个，基金会 1597 个。来自中国民政部门的数据有其可靠性，但是实际上存在的中国 NGO 的数量要超过这个数字，因为这里的“社会组织”只能反映“那些最终进入民政部门所设定的注册门槛，获得登记许可的 NGO，其中相当多数本身就是有着深厚的党政背景甚或是由党政系统成立的所谓 NGO。”[④] 而实际上，在中国社会还存在很多没有在民政部门登记过的组织，他们从事的工作与那些登记过的组织并无本质差别。并且，有研究者指出，“大量被阻止于民间组织合法框架之外的，则是以各种形式存在并获得现实的社会合法性、往往是比较活跃并且有着民众和社会基础的 NGO。”[⑤] 由此看来，自 90 年代末 NGO 这一概念传入中国之后，中国的非政府组织发展还是比较快的，起码在组织的数量上是极为可观的。中国 NGO 主要集中在环保领域、妇女领域、扶贫领域，如北京的“自然之友”、“地球村”、“绿家园志愿者”，天津的“绿色之友”、江苏徐州的“绿色之家”、云南昆明的“健康与发展研究会”等。

对于中国 NGO 的现状，清华大学非政府组织研究所的王名学者认为，非

---

① 王名：“中国的非政府公共部门”（上），《中国行政管理》，2001 年第 5 期。

② 高猛、赵平安：《政府与 NGO 合作关系的逻辑与生成——建构主义的视角》，河南省哲学社会科学规划项目《河南省非政府公共组织状况及其管理研究》（2007FZZ002）与河南省社科联调研课题《民间组织在社会转型和社会发展中的作用研究》的阶段性研究成果（SKL—2008—279），2009 年 5 月。

③ 参见中国社会组织网 http：//www. chinanpo. gov. cn/web/index. do。

④ 贾西津：《第三次改革——中国非营利部门战略研究》，清华大学出版社 2005 年版，第 5 页。

⑤ 前引④贾西津书，第 6 页。

政府组织在中国“作为一个独立的第三部门体系尚未完成。”①

（3）NGO 的分类

NGO 的分类受到其定义的多样性的影响，依据不同的划分标准，有多种分类情况。结合上面已经得出的对 NGO 的定义，下面分别对国际 NGO 和中国的 NGO 进行分类。

对于国际 NGO，本书引用国际社团联合会的分类法。作为从 1950 年就开始对国际组织进行数据统计的权威机构，国际社团联合会主要是把组织形式作为其分类的标准。从总体而言，国际非政府组织被分成三大类：常规型、跨国型和特殊型。

对于中国的非政府组织的分类，需要结合中国社会的具体情况。清华大学 NGO 研究所长期以来深入实地进行的访谈与调研，其掌握的情况相对来说更符合中国社会的实际情况。该研究所的王名学者认为，除了在民政部门登记注册的民间组织之外，还存在如下十种类型，包括：工商注册的非营利组织、城市社区基层组织、单位挂靠社团、农村社区发展组织、农民经济合作组织、农村社区的其他公益或互助组织、海外在华资助组织、海外在华项目组织、海外在华商会与行业协会和宗教社团②。

表 1.6　NGO 组织类型及次级

类型	次级
常规型	国际非政府组织联盟
	普遍性国际非政府组织
	洲际性国际非政府组织
	地区性国际非政府组织
跨国型	附属的委员会性质组织
	基金会类特殊形态的组织
	国际倾向国内组织
特殊型	活动不积极和逐渐消失的组织
	纯宗教组织等

资料来源：http：//www. uia. org/organizations/orgtypes/orgtyped. php#tyrea。

（4）中国 NGO 研究的理论回顾

“NGO”这一词汇正式传入中国是上个世纪 90 年代末期的事，但是不过

①② 前引 83④贾西津书，第 7 ~8 页。

短短十多年的时间，中国的 NGO 在数量上已经相当可观了。根据国家民政部的统计数据显示，截至 2008 年底，全国共有社会组织 41.4 万个，其中社会团体 23 万个，民办非企业单位 18.2 万个，基金会 1597 个。这还不包括因为种种原因而未在民政部门登记的存在于民间的数量庞大的各类具备 NGO 特质的民间组织。中国学术界对于 NGO 的研究也是最近几年兴起的，伴随着各类 NGO 的建立以及其对中国公民现实生活的参与，涌现出一批研究 NGO 的相关论文与书籍。中国学术界对于 NGO 的研究对象主要是中国国内的 NGO，当然也有部分对国际非政府组织的研究，后者并不把中国 NGO 的特性作为考量因素。总体来说，中国的 NGO 研究尚处于起步阶段，并不能与国际学术界，特别是欧美发达国家的相关研究处于同一水平线，研究路径与方法也主要是遵循国际学术界在该领域的研究惯例：如讨论非政府组织对公民社会的意义、将非政府组织纳入“善治”范围（世界银行，2006）等等。

成立于 1998 年的清华大学 NGO 研究所是国内专门进行 NGO 研究的学术机构，该机构长期以来致力于中国 NGO 的实践与理论研究，收集了大量中国 NGO 组织的一手资料，为中国非政府组织的研究提供了大量的一手资料和理论资源。类似的机构还包括中山大学广东发展研究院公民社会网络（ICS，其前身是 2003 年 8 月由中山大学和香港中文大学联合成立的华南民间组织研究中心）等。

因为非政府组织的研究是针对社会实体组织进行的研究，所以深入实地进行调查研究所得的实证型资料对于相关研究与学术讨论是十分必要的。近年来由于重大的社会危机事件的爆发，非政府组织在现实社会中作用越来越突出，同时也暴露出一定的问题，一些相关经验小结虽不算是学术研究，但也为学术研究提供了珍贵的资料。

一直以来，中国关于 NGO 的研究主要在放在行政管理或公共管理这类政治学研究的范畴内进行探讨，在讨论行为主体的相互关系时，研究者都倾向于以政府组织为轴心，探讨非政府组织与政府之间不同维度的关系。不同的研究者分别提出了 NGO 对政府的制约、监督，与政府的合作，以及对政府职能的补充等观点，对于 NGO 与政府之间的互动关系作了比较全面的分析，但是较少涉及 NGO 与其他平行社会组织之间的关系，如 NGO 与媒介的互动等等。在非政府组织与媒介的关系方面，英国的研究者 David Deacon 做过详细而全面的研究，分析论证了不仅是非政府组织受到资本主义媒介价值的影响，非政府组织本身对媒介也存在着潜在影响的问题。本书认为，对于非政府组织的研究，应该以非政府组织为核心，将其放入更为宏大的社会背景中，在更为宽阔的学术视野中对其进行探讨。作为与非政府组织平行的组织，媒介也应当成为讨论非政府组织的重要参照系。

关于非政府组织的立法问题也是学术界一个讨论的热点，这里不再赘述。

2. NGO 与政府危机

（1）NGO 与政府关系：抗争性合作

非政府组织与政府之间是十分复杂的关系。从理想化的角度来说，NGO 与政府之间，首先应该是相互独立的关系。当然，相互独立并不是两者之间仅有的关系，却是两者之间其他类型关系的基础与根本。非政府组织与政府之间的对抗、依赖与合作关系都是以非政府组织的独立性作为前提的。

政府作为社会系统的管理组织，非政府组织在登记、监管等方面都要受到政府政策的影响。同时，非政府组织想要在具体的主权国家内部更好地实现自身的意愿和组织的目标时，不得不借助国家的力量，而主权国家的力量主要是由该国政府发挥的。非政府组织既没有“国家行为体那样的政治权力和权威，也没有跨国公司那样的物质力量，其所拥有的影响力更多源自其所具有的道义权威，即作为民间力量反映了某一部分民众在某些问题领域的意愿。”① 学者威廉斯认为“非政府组织与国家之间更愿意合作，主要是由于政府具有高权威性（就决策而言）和低合法性（就愿意遵守政府决定的人们的数量来说），而非政府组织则具有高合法性和低权威性，双方的合作无疑既会增强政府的合法性又会增强组织的权威性。”② 非政府组织与政府的合作一方面有利于实现组织自身的目标，同时在影响政府决策方面也更具有优势。有研究表明，“在非政府组织与国家行为体的合作中，处于积极主动地位的非政

---

① 前引 80 页②刘贞晔书，第 168 页。

② Peter Willetts, *Pressure Group in the Global System: The Transnational Relation of Issue-Oriented Non-Governmental Organizations.* London: Frances Printer, 1982, 21 – 24。

府组织对国家政策和行为的影响可能更为明显，而处于被动地位时则可能更容易成为国家的一种工具。”① 从中国社会的实际情况来看，非政府组织选择与政府之间建立合作的关系更是十分必要的。中国作为“大政府—小社会”的社会结构的代表，任何组织或团体开展工作都应该与政府处理好关系。即便是国际非政府组织来到中国，与政府打交道也是其首要工作，是其在中国社会开展工作的前提。

目前，我国政府与 NGO 的合作类型主要有三种：政府支持 NGO 运作；政府委托 NGO 经营；以及政府购买与 NGO 生产。其中，第一种方式是目前我国政府与 NGO 进行合作的主要方式②。在政府支持 NGO 运作的关系模式中，包括政府为 NGO 提供一定人力、财物、政策、合法性等支持。其中需要提出来进行讨论的是政府对非政府组织的财政资助。这种来自政府的资助是会更好地推进各级政府与 NGO 在更多的公共服务领域上开展有效的合作；还是会导致政府对 NGO 的间接控制与影响值得讨论。这里可供引用的案例是来自英国各级政府在 1998 年签署的 COMPACT，即政府与志愿及社区组织合作框架协议。COMPACT 共包括有五个方面的规则：资金与政府采购规则，咨询和政策评估规则，志愿规则，黑人与少数民族志愿和社区部门规则，社区规则。其中的资金与政府采购规则必须遵循 7 项原则：结果引导、简单均衡、一致协调、及时、透明有责信、决策与对话和互谅③。该协议曾由清华大学非政府组织研究所于 2006 年在中国上海、云南、宁波和江西的四个社区试点实行。

非政府组织曾被视作公民社会的核心，作为公民个人权利的集合体出现，是自治型的组织，并未受到政府权力的管制，并且具有监督政府行为的责任。当政府行为与公民利益相悖时，非政府组织具有对政府表示抗议和批评的权力。

---

① 前引 80 页②刘贞晔书，第 168 页。

② 高猛、赵平安：《政府与 NGO 合作关系的逻辑与生成——建构主义的视角》，河南省哲学社会科学规划项目《河南省非政府公共组织状况及其管理研究》（2007FZZ002）与河南省社科联调研课题《民间组织在社会转型和社会发展中的作用研究》的阶段性研究成果（SKL—2008—279），2009 年 5 月。

③ 贾西津：“伙伴关系——英国政府与社会关系的启示”，载中国改革论坛 http：//www. chinareform. org. cn /cirdbbs/dispbbs. asp？ boardID = 4&ID = 68035。

非政府组织与政府之间的抗争性合作关系也是在非政府组织在政府危机中发挥作用的基点。

（2）NGO 在政府危机中的“可为”和“难为”

在整个社会系统中，“政府部门具有双重身份”①，一是作为与经济利益组织和非政府组织等地位平行的一般性社会组织，一是作为整个社会系统的管理组织（也即作为公共权力的行使者与公共事务的管理者）。政府的危机主要是指政府作为“社会系统的管理组织”时，主动制造出的或是被动承受的社会危机。这里将政府危机主要定义为“对作为社会系统管理组织的政府的行动准则、形象和合法性造成社会性潜在负面影响的重大事件。”②

在政府危机中，政府作为危机制造者或承受者，其形象和合法性遭受质疑或损害，政府作为危机事件中的负面主体，本身即处于受质疑或谴责的位置，单靠自身力量不足以化解危机。另外，政府危机是在社会系统中爆发的，涉及来自社会公民个体以及不同团体或组织的多元利益，因此，与其他组织保持互动与合作关系是政府处理危机的必然选择。最后，在现代社会利益需求多元化的背景下，必须承认政府对于部分公共事务存在“不可治理性”，“政府失灵”的情况是有可能发生的。

①非政府组织介入政府危机的可行性分析。

首先，NGO 是缓解政府危机的理想第三方。政府危机一个重要的特征即是政府与社会公众之间对立冲突的激化与加强。政府作为冲突的一方，其信誉或合法性受到来自公众的质疑与否定，如果在危机中依靠自我辩解，往往收效甚微，极端的情况下也可能导致危机向进一步恶化的方向发展。非政府组织是一个理想的第三方：一方面，NGO 是公民组织（虽然是分化成各个小群体的公民），独立于政府之外，比较容易获得公众的信任与好感，适宜在政府危机中扮演“中立的第三方”的角色；另一方面，NGO 从根本上是代表公众的利益，对民间的声音有着更深刻的了解。NGO 的出场提供了公众与政府进行对话的可能，而与公众的沟通是解决政府危机的首要之义。例如在中国比较成熟的环保 NGO，成为环保总局最得力的编外力量。在保护都江堰反对

① 王敬颖：“我国政府危机管理中的公民参与研究”，中国海洋大学硕士论文，2007 年。

② 参见课题组个案研究之法制类政府危机个案追踪：“躲猫猫”事件。

紫坪铺水库、反对北京动物园搬迁等一系列事件中，NGO 在从下而上的社会动员、媒体造势等方面有着独特的优势，而这些正好是政府部门触角伸不到或者不方便参与的领域。到了怒江事件，双方的分工合作已达成某种默契。

其次，危机涉及领域的专业性。政府危机涉及的领域是十分广泛的，既包括不为人力所控制的各类自然灾害，也包括涉及政治、经济、文化等不同的领域的人祸。政府作为公共管理组织，不一定具备解决该危机所需要的一些专业技术，专业技术的缺乏往往导致政府对于一些重大事件的不当处理，使政府在危机中处于更加不利的地位。NGO 在这方面可以弥补政府的不足，非政府组织建立之初即有特定的公益目标，这些目标通常是有着极为明确细致的专业指向的，组织中的成员也是基于对该专业的兴趣喜好加入组织，并且其中不乏该领域的专业人士。许多专业性较强的 NGO 对于准入会员也是有专业要求的。由于长期在组织目标所指向的专业领域中工作，该组织积累了更多专业方面的技术与经验，在危机爆发的时刻，专业性 NGO 在政府危机的出场，往往能够比政府更迅速有效地提供解决危机的方法。例如在汶川震后救灾中，环境 NGO 为抗击灾难提供了多种形式的支持。他们不仅向灾区提供物质保障，而且举办各种各样的文化娱乐活动抚慰灾民的心灵。例如，山水自然保护中心营建“社区帐篷文化中心”为灾民文化交流生活搭建平台。上海绿洲生态保护交流中心还诚邀数名青年外出就业，为他们创造就业机会。各种形式的支持为成功抗灾提供了重要的保障。这些提供危机事件专业性的处理方法的 NGO 是政府的得力助手。

第三，对民间资源的发动与利用。政府危机在很多情况下并不是由政府制造的，而是政府在处理重大社会危机事件中无能或失职造成的。如重大的自然灾害，其发生并不受人力控制，很多情况下是不可预见的，但是灾害一旦发生，政府如果处理不当的话，则有可能使之转化成为政府危机。政府在处理公共事务时需要对社会资源进行配置，尤其是在重大的自然灾害事故中，资源的调动和配置是极为紧要的。有研究者指出，“社会资源的有效配置是由不完善的市场和不完善的政府共同完成的，而市场和政府之间存在的难以弥合的空隙需要‘第三种力量’来填补——这就是非政府组织。”① NGO 在发动民间资源上比政府更具有优势。由于长期深入民间开展活动，且大多是服务于公众的活动，NGO 有较好的群众基础，与普通民众更具亲近性。在南京大学社会学系与南京市舆情调查分析中心在 2003 年 5 月做的调查中发现，当国家和社会遇到困难与危机时，有 85.3% 的民众比较愿意或愿意站出来为社会分忧解难，做一些力所能及的事，只有 6.4% 的人不太愿意或不愿意②。而非政府组织在集合这些有意愿的民间资源方面是可以有所作为的，政府可以依靠 NGO 来获取这些资源，帮助其解决社会性问题，缓解合法性危机。例如在汶川地震之后，很多 NGO 联合在一起，出现了一个 5·12 民间救助服务中心，这个机构可以分享信息，让各个救灾组织互通有无，了解灾情和彼此的救助情况，避免大量资源的浪费。

②中国 NGO 介入的“难为”及原因分析。

上文已经提到，截至 2008 年底，全国登记在册的社会组织共有 41.4 万个，但是依然有声音质疑在目前的中国是否存在真正的非政府组织。质疑的声音并不是指向民政部门的统计数据，而是对中国非政府组织是否具有不受政府控制的独立性，以及是否发挥了非政府组织的功能表示怀疑。在中国，正规的 NGO 需要在民政部门登记注册方可，而民政部门的准入机制被认为实际上就是将非政府组织纳入了政府代表的主流社会的管理体系。非政府组织因此丧失了独立性，也就难以作为不同于政府的利益群体的代表出现，也就不具备真正的非政府组织的意义了③。在民政部门的统计数据之外，还有大量被拒之于民间组织合法框架之外的组织，这些组织以各种形式存在于中国社会中，比较活跃且发挥了很多实际的作用。这类组织在现实社会中是实际存在的，也的确能够在所在的领域做一些实际的工作，但是由于其没有在民政部门登记，缺乏准入程序上的合法性，游离于政府行政体系之外，也就难以

---

① 高猛、赵平安：《政府与 NGO 合作关系的逻辑与生成——建构主义的视角》，河南省哲学社会科学规划项目《河南省非政府公共组织状况及其管理研究》（2007FZZ002）与河南省社科联调研课题《民间组织在社会转型和社会发展中的作用研究》的阶段性研究成果（SKL—2008—279），2009 年 5 月。

② 南京大学社会学系与南京市舆情调查分析中心：“全国五大城市非典舆情权威调查”，《周末》，2003 年 6 月 2 日。

③ 焦点小组访谈意见。

受到政府的各项支持与重视。清华大学非政府组织研究所王名学者对目前中国社会 NGO 现状的概括或许可以反映一些情况："中国的 NGO 虽然数量巨大，但是还不能构成一个整体的第三部门，它们就像一盘散沙，支离破碎地撒落在转型时期的中国社会中。更为重要的是，这是一个几乎没有浮出水面的部分，没有人知道它的真实面貌。"①

如上所述，我国非政府组织的现状导致了其在参与政府危机的处理中存在的一系列障碍。包括以下几方面。

首先，缺乏来自政府的重视。一般来说，在民政部门登记注册的非政府组织与政府的关系更为密切，来自政府政策的保障有利于组织日常活动的开展，并且获得来自政府的各类合法资助。这种政策的合法性也导致了非政府组织自身独立性的模糊，来自社会各界的质疑使其不便以中立的第三方身份出现在政府危机中。那些在民间比较活跃的组织虽然与普通民众更为亲近，但是游离于政府管理体制的尴尬身份很难引起政府的关注，也就较难参与到政府危机的处理中来。有事实表明，在中国社会更受重视的 NGO 往往与政府有着极深的关系，以红十字会为例，它在世界其他地区都是毫无疑问的非政府组织，但是在中国，它依托于政府的民政部门建立，组织的负责人和工作人员直接来自于政府，其组织也以与政府极其相似的逻辑在运作。

其次，缺乏必要的资源。这里的资源既包括自身的资源也包括社会资源。中国非政府组织自身发展的不完善也限制了其在政府危机中发挥作用的有效度。因为起步较晚，中国许多 NGO 都面临着人力、物质资源缺乏的情况。一些影响较大的 NGO 虽然在物资和人力等资源上有一定的保证，但是也存在组织内部的一些问题，如对组织资金流向的监督问题。汶川地震中，红十字会抽取 10% 的捐款用于机构的维持和工作人员的工资等，该消息引起了公众和媒体的热议。如果非政府组织本身存在许多限制性问题的话，要参与到政府危机中也不利于危机的解决。缺乏社会资源，主要表现在缺少对媒介资源的利用，NGO 在大众媒体上失声，难以作为有效的信息源。绝大多数政府危机中大众媒体是最主要也是最重要的信息沟通渠道。处理政府危机的首要工作即是使政府与公众之间达到效沟通，NGO 是理想的帮助两者进行沟通的第三

---

① 前引 83④贾西津书，第 11 页。

方，但是，迄今为止，非政府组织在大众媒体上发出声音的并不多。在大众媒体上的缄默或许可以看做非政府组织自我保护的需要，在政府危机中，NGO 并不想得罪任何一方，以免对组织自身造成损害。保持沉默是其自我保护的方式，也是其对自身能力与责任不自信的表现。当然，这也与我国大众媒体的选择有关，在政府危机事件中，大众媒体极少主动寻求来自非政府组织的意见作为信息的来源。

第三，缺乏合理的管理体制。一个健全的 NGO 管理体制，有助于 NGO 健全合理的运行，也有利于更多 NGO 的进入与发展。而当前因为没有一套合理的管理体制，使得 NGO 在运转时出现了不少混乱的现象。比如说一些带有公益性质的募捐网站，网上的募款体制基本上是非常松散的，在汶川地震中包括现场成立的 NGO 协调办公室，这些都没有登记注册。这些组织怎么规范，怎么管理，谁来管，怎么管，以什么原则去管，都不明确。没有一个健全的管理机制，容易导致资金流向不明、行动不统一等种种问题，这导致民众失去对 NGO 的信任。

3. 案例分析

以上主要侧重于理论上的讨论与分析，以下将结合案例分析 NGO 在政府危机中的两种情况。其中，前一个案例作为焦点小组讨论的主题案例，在对其分析时将使用到来自焦点小组的讨论资料。

（1）汶川地震：NGO 协助解决政府危机的经验及教训

在汶川地震中表现较为活跃的 NGO 主要是志愿者组织与慈善类组织。这两类组织在汶川地震中救援、安置、重建以及筹集民间捐款等方面发挥了极大的作用，在很大程度上缓解了政府各方面的压力。本次事件可看作是中国 NGO 主动参与并发挥了重要作用的标志，许多平常不为大众所知的 NGO 开始浮出水面，通过在大众媒体上的出现，开始以更为积极主动的姿态参与到国家社会事务中来。同时，也暴露出一些自身的问题。

①志愿者组织。

在汶川地震中，实际承担了志愿者工作的人员因为流动性大、临时组织、数量庞大等问题，难以统计确切的数字，可以肯定的是汶川地震中志愿者的参与人数是中国迄今为止最多的。因为灾区对于志愿者服务是全面放开的，并不存在限制性条件，因此地震中志愿者成分复杂多元，并非全部来自 NGO。有研究者对灾区的志愿者队伍分类如下。

表 1.7　　灾区志愿者类型

组织特征	人员招募	服务特色	例证
官方内部志愿队伍	委托学校、机构内报名和选派志愿者	根据医疗、心理、文化等灾区需求分别组织服务队伍	中国青年志愿者协会安排一些省市组织的队伍
官方社会化志愿队伍	官方发布招募消息、社会志愿者个人参加或自主组队参加	各种救援、安置、医疗、心理服务	广州志愿者服务队（在都江堰灾区、四川省武警医院等服务）
宗教团体志愿者队伍	部分教民组成、部分社会招募	各种服务的参与、有专业服务、也有普通的关怀灾区群众服务	香港基督教团体的志愿者，广州女青年基督教会志愿者
民间组织志愿者队伍	民间组织成员或社会招募	各种服务的参与	爱心社、无国界医生、NGO 中心
企业志愿者队伍	企业管理人员、员工	运送救灾物资、灾区清理废墟、安置灾民	自发帮助拆除地震后危房的企业志愿队
自发、零星志愿者队伍	自由职业者、工人、农民	各种服务的参与	唐山市农民志愿队、兄弟友爱服务队

资料来源：据广东青年干部学院志愿服务专家灾区调查及媒体信息整理。

有官方背景的（官方委派或组织）的志愿者在进行志愿服务时具有专业性、组织性、配置合理等优势，并且由于其与官方的特殊关系，其成员在灾区开展活动时更易得到当地政府的支持，便于工作的开展。当然，其活动的自由度相对较小，必须在政府的调配下进行。

来自专业非政府组织的志愿者在到达灾区后也倾向于首先选择与政府合作来开展活动，此种合作的依赖度相对较低，与政府的合作主要是为了在当地进行服务的过程中避免一些与政府行政上的冲突。活动的具体开展还是由组织内部安排决定，自主性较强。

值得注意的是因突发性地震而临时组成的志愿者组织。这类组织是由公民纯粹出于个人的利他性目的而出现，因为没有受到太多来自组织的约束，行动自由度较高，可以随时随地帮助灾民，在地震后前期发挥了很大的作用。问题主要出现在后期，大量滞留在灾区的零散的、个人志愿者首先在个人的基本生活上遭遇问题。个人志愿者出于利他的目的来到灾区，为灾民提供无偿的服务，在帮助灾民的同时自己也需要消耗一定的生活物资。短期内这并不会造成过大的负担，但随着时间的推移，生活物资需求量增大，生活物资的负担也增加，许多个人志愿者原本都是工人或农民，这种负担对于他们是十分现实的。而政府配置的资源主要是用于保障灾民的基本生活，很难再顾及到个人志愿者的需求。其次，随着救灾工作步入后期，各项救援重建工作都进入正常渠道后，专业性人才成为灾区的首要需求，大量的个人志愿者来自各行各业，并不具备对口的专业性，其人力资源成为一种浪费。这些都是值得政府注意的问题。

可见，汶川地震中的志愿服务包括政府组织、主导，NGO 组织以及公民个人自发组织的情况，但是并不存在政府委托 NGO 进行志愿工作的情况，而这种情形在国外是比较常见的，这与我国政府与非政府组织之间的微妙关系相关。

②慈善组织。

汶川地震后，灾区接受了来自全国乃至全球数百亿的捐款，这些捐款中有一大部分是民众通过 NGO 捐赠的。NGO 在接受的捐赠中抽取一定比例的部分作为机构的维持以及人员的工资等本是非政府组织的一项惯例性做法，但是中国红十字会抽取 10% 的捐款自用的消息在大众媒体上披露后，却引发了社会公众的热议，慈善类 NGO 接受的捐赠款项的使用情况成为公众关注的焦点。

中国大型的慈善组织“大多依托于当地政府的民政部门建立，慈善组织的负责人和工作人员直接来自于政府，其组织也以与政府极其相似的逻辑在运作。”① 红十字会即属于这类组织。如果公民对接受捐款的慈善组织产生信

① 田凯：“组织外形化：非协调约束下的组织运作——一个研究中国慈善组织与政府关系的理论框架”，《社会学研究》，2004 年第 4 期。

任危机，这有可能在一定程度上加剧政府的危机。对于大型慈善组织接受的捐款流向，由审计署进行监督，但是监督的结果是不向公众公布的。这实际上也是将大型的慈善组织纳入政府体制的一种暗示。政府与这类慈善组织的亲密关系实际上也将来自民间的捐赠资源纳入了政府的配置范围，配置不当或物资去向不明等问题引发的危机极有可能是双向的，既直接指向组织，也会在很大程度上演变成政府的危机。

（2）“躲猫猫”事件：NGO 缺位与异化的非典型病症

“躲猫猫”事件引发社会高度关注后，2009 年 2 月 19 日，云南省委宣传部宣布成立“‘躲猫猫’事件网民各界人士调查委员会”，并于20 日前往晋宁县相关部门进行调查。但是，“‘躲猫猫’事件网民各界人士调查委员会”绝对算不上一个严格意义上的非政府组织，这是云南省委宣传部为了应对政府危机而临时组建的一个小团体，其目的在于为公众对“躲猫猫”事件进行监督提供一个渠道，政府对委员会寄予了厚望，希望这个临时性委员会的出台可以缓解公众在网络上对云南省政府的指责与不信任。然而，临时委员会的出台不仅没有弄清李荞明的死亡真相，反而使越来越多的公众失去了对政府和相关部门的信任，政府成立调查团的举动还被称为“作秀”，这在一定程度上加剧了政府危机。

“‘躲猫猫’事件网民各界人士调查委员会”反映了政府危机中第三方出席的重要性。从委员会的成员组成来看，这是一个临时性的公民代表组织，理应可以代表公民与政府进行沟通，疏通在公共事件中公民表达机制的梗阻。云南省委宣传部副部长伍皓称成立该调查团的目的也在于满足公众的知情权：“我们不是想证明什么，而是实现在公民的参与权上迈出新的步伐，而不是邀请他们来通过他们的口表达什么。而是为了打开一扇窗，让真正的网民、公众参与到公共事件知情权当中。”① 调查团无法缓解危机的重要原因之一就是无法真正地代表“第三方”。

该调查团由政府组建，由政府决定调查团的成员，这在一定程度上影响了临时调查团的独立性，也是引发公民不信任的原因之一。虽然成员包括了

① “云南官方称躲猫猫调查团选拔没有猫腻”（2009 年 2 月 23 日），载新浪网 http：//news. sina. com. cn/c/2009 - 02 - 23/010217266119. shtml。

网民代表、市民代表等普通公民，但是这种临时性的组织并不能以真正组织的方式为其成员提供保障与独立性，调查团成员仍然是以公民个人的身份面对政府，缺乏匿名性网络的庇佑，公民代表们是否能够独立自主的行使权利也是值得斟酌的。

在中国现实社会中，并不缺乏以“维权”为名义的组织，如“消协”，公民的维权意识也在不断地增强，但是维护的权利大多指向直接关乎公民个人利益的权利。监督政府是公民的权利之一，但是当前缺乏一个具体的公民组织来实施这种监督。大众媒体曾被赋予监督政府的责任，但媒介组织并不是一个纯粹的公民利益的代表，只有 NGO 才能承担起这个责任。

五、政府危机中的专家行为

专家、学者在近年来的政府危机事件中频频露面。毋庸置疑，“专家”、“学者”是对社会某个特定群体的称谓，本质是文字属性。若要鉴别“专家”抑或“学者”的褒贬，首先要明确的是，“文字不是中性的技术，文字的利弊取决于人利用文字的方式”①，其结构决定着用途。不同的结构会使旧词语产生新的定义，人们往往没有充分意识到创造“专家”“学者”这两个新词义的过程和机制。

1. 研究背景

(1) 公民社会在中国的意义演变

“专家”、“学者”意指内容有其演变的过程，这种变化源于当下中国公民社会的流变趋势。

公民社会是一种发源于西方民主社会的社会形态。加拿大著名政治哲学

---

① （美）尼尔·波斯曼（Neil Postman）著，何道宽译：《技术垄断——文化向技术投降》，北京大学出版社 2007 年版，第 3 页。

家查尔斯·泰勒（Charles Taylor）做了如下界定："公民社会是一个自治的社团网络，它独立于国家之外，在共同关心的事物中将公民联合起来，并通过他们的存在与行动，对公共政策发生影响。"[①] 从定义来看，公民社会涉及介于国家和私人（或家庭）之间的活动；它具有两个基本特征：一是国家、家庭和私人活动相互分离，同时又可以在某种情况下彼此联系、共同作用；二是公民社会独立于国家的社会活动[②]。

橘生淮南则为橘，生于淮北则为枳。中国本土公民社会研究集中于"中国是否确实存在、发展着公民社会"这个问题。正反双方各执己见。反对方认为公民社会这个欧美民主社会的舶来品不能在中国土壤存活，因为公民社会仅和民主制度相连，而在中国党国政治体制中，国家和社会并未分离，这在很大程度上限制了公民社会的形成和发展。支持方认为，中国已经具备产生公民社会的先决条件，极有可能在中国民主化进程中，孕育出具有"中国特色"的、脱胎于权威控制体制的中国式公民社会。中国语境下的公民社会概念，使对抗的"国家—社会"关系呈现出非对抗性的国家和社会相互交织、相互影响关系。折中者认为，中国目前虽然还没有公民社会，但正在出现公民社会的结构，呈现出自上而下推进的发展模式[③]。

公民社会自上而下的结构决定了专家、学者的内涵和特征。中国式公民社会发展过程中浮现出一个不完全自治、又不完全与国家行政机制保持一致的领域，即党政国家之外的公共领域。这个公共领域不完全依赖于国家，因为它发轫于民间土壤，同时它又不完全与国家隔离，在某种程度上又被国家规训。

这一双重属性不可避免地成为矛盾和冲突的始作俑者：一方面，中国仍处于现代化进程和政治体制改革的进程中，包括法律体系在内的国家机制体系尚在建制，有关法律法规等最后的解释权仍归属于从中央到地方的行政部门。民间组织和公民被笼罩在庞大的红色执政网络中，甚至依赖于这个网络

---

① 李静雅："转型期的公民社会与政治参与"（2008 年6 月8 日），载政治学研究与方法 http：//www. politics. fudan. edu. cn/view. php？ id = 1580。

②③（德）托马斯·海贝勒（Thomas Heberer）：自上而下地构建中国公民社会结构。本文由浙江大学公民社会研究中心石文景根据托马斯·海贝勒 2009 年 3 月 1 日于浙江大学劳动保障与公共政策研究中心的演讲整理而成。托马斯·海贝勒系德国著名中国问题研究专家、杜伊斯堡大学社会科学学院副院长、东亚所长。载 NGO 发展交流网 http：//www. ngocn. net。

的给养；另一方面，中国正经历着全球化浪潮的冲击和转型期价值观的时代性剧变。上至国家部门，下至市井百姓，都要进行一次社会准则和规范的大换血。相时而生的网络群体和非政府组织反客为主，成为加速这一“化学反应”的催化剂，为专家、学者提供了绝好的社会行为平台。

（2）五种博弈主体中的知识阶层

2003 年 5 月 7 日，国务院第 7 次常务会议审议通过了《突发公共卫生事件应急条例》；2005 年 1 月 26 日，国务院第 79 次常务会议通过了《国家突发公共事件总体应急预案》，以及 105 个专项和部门应急预案（包括《国家地震应急预案》），各省区市也分别完成了省级总体预案的制定工作。

全国范围内应急预案框架体系初步形成的背后，是一次又一次的政府危机事件。自 2003 年春季“非典”事件以来，从天灾到人祸的种种突发性公共事件拷问着从中央到地方的执政机制。

在这些危机事件中，政府、媒介、公众、非官方组织、专家学者，形成五种相互交织、相互作用、相互影响而又各自独立、相互区隔的博弈主体。同一主体在不同的事件中扮演的角色不同；同一事件中主体内部也会发生离心式博弈。

其中，专家学者群体形成知识阶层，通过传统舆论媒体和网络媒体的传播渠道，证理立言，独撑一面。众多来自高校、科研院所的知识群体或个人，在喧哗的媒介语境中已经成为人所共知的公众人物，对舆论的走向和公共事件的演进产生重要影响。

2. 概念界定

（1）专家

从起源来看，“专家”的概念和专业（profession）、专业主义（professionalism）、专业化（professionalization）一起，难以脱离资本主义工业社会的专业化分工；在日常生活中，专家又具有与医疗、法律和其他社会地位较高职业相关的描述性意义，他们是资本主义企业诞生后被同步创造出来的“工业技术人员、政治经济专家、新文化的组织者、新法律系统的组织者等等”[①]。

在葛兰西“有机知识分子论”[②] 中，他将老师、行政官吏等传统知识分子划分为无机知识分子；而他更关注“统治阶级的管家，实现服从于社会领导和政治行政任务的功能”[③] 的有机知识分子。葛兰西不注重谁为知识分子，更强调知识分子功能，“一切的人都是知识分子，但并非一切的人都在社会中执行知识分子的职能”。[④]只有某些特定的人，才会在社会中履行知识分子职能。而这些特定的人，在美国学者丹尼尔·贝尔看来，就是专家。他认为，后工业社会是一个知识社会，其主要问题是要有足够数量的受过训练的具有专业技能的人才；其主要资源是科学人员，“科学家、专业人员、技术人员和技术官员在社会的政治生活起到主导作用”。[⑤]

丹尼尔·贝尔有技术崇拜倾向，映射出“技术垄断”的时代特征。美国学者波斯曼说，泰勒工厂管理体系开启了技术垄断，“任何技术都能够代替我们思考，这就是技术垄断论的基本原理之一”。[⑥] 专家作为技术的执行人，成为人类技术信仰的肖像符号。知识分子有着不可避免的专家化趋势。在此之前，法国学者福柯就已将知识分子划分为普遍知识分子和专家型知识分子两类。他认为，1968 年以后，普遍知识分子已经转变为专家知识分子[⑦]，“从呼风唤雨的启蒙英雄，转变为专业领域里局部知识的专家”。[⑧]

从概念诞生到社会功能的转变，有关专家及专业的研究也发生了转变。据约翰·费斯克研究，用于专业、专家及有关专业主义实践活动的分析方法主要有两种：一是社会学功能论的视角。从专业与社会核心价值的关系以及专家与非专家间特殊的双向关系来说，专业和专家被区隔成独一无二的研究

---

① （美）爱德华·W. 萨义德著，单德兴译，陆建德校：《知识分子论》，生活·读书·新知三联书店 2007 年版，第 11 ~12 页。

② 朱国华：“知识分子场：布迪厄对知识分子的祛魅”，《江苏社会科学》，2004 年第 1 期。

③④ 安东尼奥·葛兰西著，葆煦译：《狱中札记》，人民出版社 1983 年版，第 193 页。

⑤ （美）丹尼尔·贝尔著，高铦等译：《后工业社会的来临》，商务印书馆 1984 年版，第 91 页。

⑥ 前引⑤，丹尼尔·贝尔书，第 30 页。

⑦ 周宪：“知识分子如何想象自己的身份”，选自陶东风主编《知识分子与社会转型》，河南大学出版社 2004 年版，第 12 页。

⑧ 周宪：“知识分子如何想象自己的身份”，选自陶东风主编《知识分子与社会转型》，河南大学出版社 2004 年版，第 13 页。

对象，进而形成一系列“专业化标准”[①]；二是一种重新解释的替代性研究方法。专业关乎权力，它们作为一种权力与控制的特殊职业；而从业者，也就是专家们，成为权力的行使者和受益者[②]。

（2）学者

相较于专家，学者更宽泛、普适，同时定义也更模糊。在社会语境中，学者的近义词有专家、顾问等，用以称呼思想能够影响社会发展、一定程度上引导社会风潮的人。维基百科对学者的解释，是指在大学或高等学府中以研究为职业、通常拥有高等学位的人员，常常也是教师。著名的物理学家万秒认为学者应该具有以下三个特征[③]：其一，至少在某一个领域有一定造诣，具有相当水平的专业技能或知识，及其独到的见解；其二，有孜孜不倦的治学态度，不断向上；其三，能够在一定程度上引领社会风潮，被一部分人认同。

学者隶属于学术机构，而政治力量的介入，无疑损伤了学术机构以及学者的独立性人格。1980 年，学部委员制度恢复，并于 1993 年将学部委员更名为中国科学院院士，同时建立了工程院院士制度，即所谓的“两院”院士制度[④]。对学术机构而言，公共资源的分配与政府对机构的研究水平评估挂钩，如 211 工程、985 工程等项目，这无疑强化了行政机关对学术机构的影响；与此同时，针对个体的各级各类政府项目空前增加，如研究规划课题、人才培养规划、学术评奖、各种资格认定和职称考试等，它们通过机构的考核和评估环节，全面渗透到学者个人的学术生活中，从而产生了巨大的影响[⑤]。

---

① 这个“专业化标准”包括的特征是：基于理论化的、非常识性知识的专门技巧；这些技巧是通过全面的、往往是深入的教育而获得的；这种教育使得常以“专业”名义的对职业准入的控制成为可能；它也通过伦理符码对从业者的行为进行控制；它更强调与个人利益相对的公共服务。（美）约翰·费斯克著，李彬译：《关键概念：传播与文化研究辞典》，新华出版社年版，第 224 页。

② （美）约翰·费斯克著，李彬译：《关键概念：传播与文化研究辞典》，新华出版社，第 224 ~ 225 页。

③ 百度百科，“学者”词条。

④ 阎光才：“中国学术制度建构的历史与现实境遇”，《北京师范大学学报》（社会科学版），2008 年第 6 期，第 26 页。

⑤ 前引④，阎光才文，第 27 页。

（3）模糊的知识阶层复合体

叶慧钰在《新闻点评的异化——大众传媒和专家学者的相互介入及其方式》[①] 一文中，为避免“知识分子”概念的模糊性选择使用“专家学者”的称谓。她去掉价值判断，称那些出身学术研究机构，拥有专业领域的学术头衔，代表学术界发言的“新闻点评人”为“专家学者”。

杜骏飞在论述当代中国知识阶层的研究论文中，将知识阶层划分成三层七级：

核心层：具有典型的“知识分子”（Intellectual）身份，并以知识（主要是人文社会科学）为职业的阶层，如学者、大学教师、作家、艺术家等。其中，第一核心层是富有公共性和社会名望的少数精英人士，他们是知识阶层的金字塔顶（层一）；其他知识分子则构成了第二核心层（层二）。

中间层：以专业知识服务社会的高级专业人员，如高级别的或资深的新闻工作者、律师、法官、医生、经理、工程师、会计师等。其中：新闻工作者为第一中间层（准核心层，层三），因为就职业理念来说，他们具有相当批判意识和话语权利（具有相当多的“知识分子”属性）；人文社会科学职业属性的高级专业人员为第二中间层（具有一定的“知识分子”属性，层四）；自然科学职业的高级专业人员为第三中间层（层五）。

外围层：第一外围层是具有高等教育背景和相当知识能力的专业人员，如公务员、普通专业技术人员、白领、自由职业者等（层六）；第二外围层是即将跨入职业意义上的知识阶层的学生（大学生和研究生，层七）——严格来说，他们是准知识阶层[②]。

在杜骏飞的知识阶层研究框架中，专家学者构成了“知识阶层”的主体。杜维明也曾指出：“如果知识分子不是从其与意识形态的关系来规定，而是着眼于它的自我认知及其社会功能的一面，那么，学院化的人文学者便理所当然地成为知识分子理想的继承者，不论是俄罗斯的、西欧的、美国的抑或东

---

① 叶慧钰：“新闻点评的异化——大众传媒和专家学者的相互介入及其方式”，2006 年中国传播学论坛论文。

② 杜骏飞：“媒介素养、角色呈现与行动模式——当代中国知识阶层的传播学分析”，南京大学博士学位论文，2007 年 5 月。

亚的都是知识分子的一种形态。”①

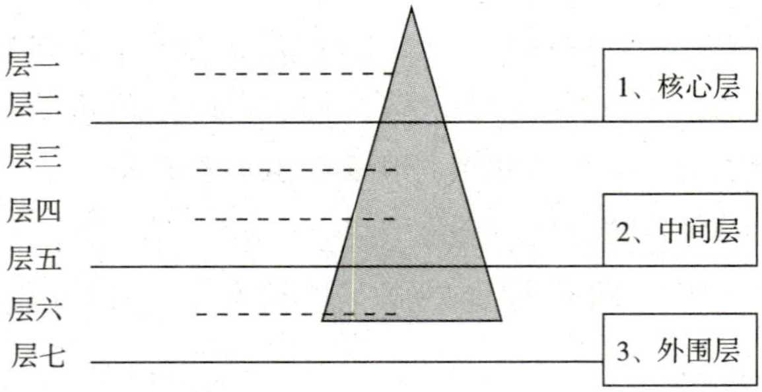

图 1.12 “知识阶层”的内层级

知识社会学家卡尔·曼海姆提出了知识分子“漂流阶层”理论②。他认为，知识分子“分享一个共同的教育遗产，会逐渐消除他们在出身、身份、职业和财产上的差别，并在各人所受教育的基础上把他们结合成一个受过教育的个人的群体”③，其意义之一是推动了阶层间的流动。曼海姆从教育的功能角度探讨了知识分子阶层的非特殊性。这个阶层共享教育的成果，掩盖了不同阶层出身的区隔，成为不依附于任何阶级的利益或意识形态的漂流群体。

曼海姆的观点是基于对社会横截面的剖析，而如果以考古学的视角来看古今中外的知识分子阶层，会发现这个阶层包含的主体也是漂流的。知识分子天然不是专家学者，但专家学者天然是知识分子。例如古代的中国，知识分子是儒家理想的“士”，他们信奉“士不可不弘毅，任重而道远，仁以为己任，不亦重乎，死而后已，不亦远乎”。发展到近现代中国，冠以专家、学者头衔的群体出现了。他们是怀有专门兴趣的专家或专业人士，抑或是意识形态与文化领域的直接生产者的知识分子，他们相对拥有更广泛的兴趣。也就是雷蒙·威廉姆斯界定的知识分子，“用来描述那些从事某种智力工作的人，尤其是从事一般种类的智力工作的人”④。

专家、学者不是漂浮的个体，也不是两个独立的群体，在公众视野中，

① 杜维明：“人文学科与公众知识分子”，载 http://www.xueshubook.com/Article_Show.asp?ArticleID=2509。

② 参照了（德）卡尔·曼海姆著，艾彦译：《意识形态与乌托邦》，华夏出版社 2001 年版。

③ 前引②卡尔·曼海姆书，第 158~159 页。

④ （英）雷蒙·威廉姆斯著，刘建基译：《关键词：文化与社会的词汇》，生活·读书·新知三联书店 2005 年版，第 246 页。

他们更像是界限模糊的知识阶层复合体。

3. 文献回顾

（1）公共化——知识分子语境的新变化

公民社会结构中的专家学者，不是没有争议的、安全的、友善的技术人员，也不该闭塞成为专职的卡桑德拉（Casandra，希腊神话中的女先知，其预言不被人相信）。法国学者德布雷则认为，各种通过媒介来获取名声和资本的方法，是确保知识分子存在的手段。他们成了公众的“思想公司”。知识分子最关心的是如何在媒体上扩大自己的影响力和形象，因而他们的最终目的是自己社会关系的扩大再生产①。

毋庸置疑，公众需要专家在媒体上发表意见，这一点也得到了政治学者萨托利的支持：“由于我们的知识的全面进步，非专家与专家的知识鸿沟越来越大。”② 因而，研究媒体上如何呈现专家意见，不仅有利于媒体更好地报道专家意见，也将有利于受众更好地、更有效地接受和评判专家意见。米尔斯悲观地认为，“独立的知识分子不是怀着沮丧的无力感面对边缘地位，就是选择加入体制、集团或政府的行列。”③ 成群的知识分子和社会公共机构结盟，并从那些结构中得到权力和权威，但是天下没有免费的午餐。“他们已经把自己的道德权威让给了所谓的‘集体激情的组织’（the organization of collective passions）。”④

但是，显然地，“公共知识分子”的头衔比“学院派”气派多了，“学院派”在大众传播语境中多少带有酸腐之味。拉塞尔·雅克比在《最后的知识分子》中大胆想象：美国“非学院的知识分子”（the non-academic intellectual）已经完全消失了，取而代之的是一整群怯懦、满口术语的大学教授，而社会上没有人很重视这些人的意见⑤。这个预言同样适用于中国国情：大学高

① 周宪：“知识分子如何想象自己的身份”，选自《思想文综》第7辑，中国社会科学出版社2001年版，第24页。

② （美）萨托利著，冯克利等译：《民主新论》，东方出版社1993年版，第443页。

③ 前引②萨托利书，第24页。

④ 前引②萨托利书，第13页。

⑤ 参照了（美）拉塞尔·雅各比著，洪洁译：《最后的知识分子》，江苏人民出版社2006年版。

等教育的疯狂扩招和高等院校数量的急剧增多，以及学术晋升的考核机制，使得能够充当知识分子功能的主力军——大学教授生活在象牙塔的“小世界”[①] 里，在这个特殊圈子中形成一个集体默契的机构化失语群体，虽为知识分子，却因为机构属性易陷入僵化为一种体制或机器人、奉一种系统或方法之令行事的漩涡。

渐渐，学院机构性的威胁被新闻业和出版业惊人的商业化消解，很多教授、专家的见解通过大众传播媒体传达到社会各个阶层，上达庙堂，下至江湖，在中国社会形成特殊的声音，并相继涌现出精英媒体知识分子代表——“公共知识分子”和网络平台上崛起的新代表——“知道分子”[②]。可以不认可德布雷从“媒介学”（mediology）角度对法国知识分子从教师、作家到名流的三个发展阶段的分类，但不可否认的是，大众媒体的确打破了传统知识层的封闭玻璃，碎片化了有关该阶层的传统规范和价值标准。然而，中国的舆论控制机制成为诟病中国知识分子表现的有力佐证：尽管中国有越来越多的大胆思想家，但在现有的状态下很少有索尔仁尼琴这样的大家。中国知识分子的公共角色完全不符合萨义德的局外人（outsider）、“业余者”（amateur）和搅扰现状的人（disturber of the status quo）的三个标准，他们更像是这个诚信机制缺席的社会中比一般传媒界多一些公信力的特殊信息源群体，因为他们的学术资格是体制化的“文化资本”[③]，经过文化体制资格授权的文化能力，被赋予了约定俗成的、有合法保障的、经久不变的价值，并在大众媒体的语境中越发斑斓。

在知识分子和大众传播媒体合谋的过程中，虽然从个人空间（private sphere）到公共空间（public sphere）的传播渠道得以畅通，但核心的传播内容并未有相应的改变，即隐性的“专业化”态度。知识分子群体依然处于个人世界与公共世界混合的困境中，一方面，他们追求学术的纯粹，秉承专业

---

① 英国作家戴维·洛奇小说《小世界》反映的是大学教授的生活，他们四处参加学术会议、连篇累牍地出版泡沫专著以牟取名利，而对逼到眼前的关涉到最大多数群体利益的大问题视而不见，保持沉默，“事不关己，高高挂起”，即便他们发出了一些嘀咕，也几乎没有被人听见。

② 这是《新周刊》2005 年策划的封面报道佳选。

③ 这里的文化资本，主要是指存在于知识与文化生产的领域，以教育资格的形式被制度化的，是构成社会符号力的基本条件。

主义精神和学术体系的规范，运用学术话语体系完成意见的表达；另一方面，具备专业色彩的术语进入公共世界，这就是福柯“所谓普遍的知识分子（universal intellectual）……的地位已经被‘特殊的’知识分子（specific intellectual）所取代”。[①] 知识分子“随着地位的晋升，也不再是向广大公众发言的人了；相反的，他们成为他所谓的一种批评话语文化（a culture of critical discourse）的成员”。[②] 这个话语与大众文化属性的媒体却是格格不入的，专家间的共通语言是非专业人士难以理解的，有时即便是新闻从业人员也无法理解某些专业领域所要表达的内容，大众的漠然反应扩大了“专业化”的鸿沟，“专业化”成了知识分子的话语噪音。

此外，大众传播媒体的商业化倾向也侵蚀了知识分子的言论自由，享有把关人（gatekeeper）特殊权力的媒体往往是事先设置好话题再让知识分子就事论事，公共知识分子（a public intellectual）作为某理念、运动或立场的发言人或象征是不存在的，因为总有个人的变化和一己的感性。就算看似更自由的网络媒体，也因后台操作技术而波及甚至控制公共空间的互动。以受众为中心的媒体传播理念亦笼罩了知识分子的话语内容，“当取悦阅听大众或雇主取代了依赖其他知识分子的辩论和判断时——知识分子这一行不是被废掉，就是必然受到约束。”[③]

（2）目的性：“打破神话”还是“创造神话”

①权威神话的构建。

研究“原始世界观”的美国人类学家保尔·雷丁对此有比较清晰的阐述。他将原始住民分为两种基本性格类型：“教士—思想者”类型和“普通信徒”类型。“普通信徒”的身份认定的依据是其行为，他们关注宗教现象的效果；行动对于“教士—思想者”的身份认定来说不是首要的，“教士—思想者”关注的是对宗教现象的分析。两个群体本来存在着对立，但是由于占人口多数的“普通信徒”有一些必要的东西是匮乏的或有缺陷的，这就是对生存斗

① 前引99页①爱德华·W. 萨义德书，第16页。

② 前引99页①爱德华·W. 萨义德书，第15页。这是美国社会学家古德诺（Alvin W. Gouldner）的观点，他认为知识分子取代有产阶级成为新阶级。

③ 前引99页①爱德华·W. 萨义德书，第61页。

争中的不确定性怀着深深的恐惧，因此他们有一种精神上的严重不安，对安全感的渴望由此产生。而能够利用普通人对安全感的渴望并在一定条件下满足他们渴望的少数人集团——其中包括魔术师、教士、科学天才和政治预言家等开始产生①。

沿袭这一思想，专家学者成了权威神话的构建者，成为另一种宗教的传教士。这是因为随着科学技术的不断发展，人们对技术的应用深信不疑，乃至到了盲目崇拜的地步。"针对旧世界的每一种信念、习惯或传统，过去和现在都可以利用技术手段来替代。祷告可以用青霉素替代，认祖归宗可以用迁移搬家替代；阅读可以用看电视替代；受约束的困境可以用立竿见影的满足替代；罪孽感可以用心理治疗替代；政治意识形态可以用受欢迎的魅力替代，科学的民意测验就可以确立这样的魅力。甚至弗洛伊德所谓痛苦的死亡之谜也可以找到技术来替代。死亡之谜可以靠延年益寿来推迟，也许还可以用冷冻技术来求得终极的解决办法。"② 专家、学者成了技术上帝的传教士。

②权力／知识及文化场。

法国著名思想家米歇尔·福柯提出微观权力说：传统的权力观往往关注的是那种以国家机构、法律制度、经济制度等宏大机制为核心、仅仅具有压抑性和否定性的传统司法权力，可是，在现实社会中，也存在那种具有规训性、生产性的微观肯定性权力。福柯所关注的不是权力背后的实体，而是权力所涉及的各种关系，关注权力运作的地方性、去中心性和非主观性的品质。按照福柯的看法，知识并不是绝对纯洁、与权力及利益无染的，而是与它们密切相关的。权力并不仅仅是存在于国家权力机构中的压抑性权力，它也存在于社会的各个角落，整个社会实际上就是一张硕大的权力关系网，其中有无数的微观权力存在。这种微观的权力已经逐渐渗透到社会的有机体中去，构成了社会机体的特征，而知识领域作为社会的组成部分也必然在权力罗网之中③。

---

① （英）齐格蒙·鲍曼著，洪涛译：《立法者与阐释者——论现代性、后现代性与知识分子》，上海人民出版社2000年版。第10～11页、第262～263页。

② 前引96页①尼尔·波斯曼书，第31页。

③ 徐俊："知识、权力与当代知识分子的定位——简析米歇尔·福柯微观视野下的后现代科学知识观"，《南京理工大学学报》（社会科学版），2007第2期，第82页。

按照福柯的看法，所谓权力就是知识各部分本身的差异及其互动而形成的策略关系，“知识是权力的眼睛，凡是知识所及的地方也是权力所及的地方，知识总是以真理的形式为权力作辩护。知识为权力划定范围，权力为知识确定形式。两者互相支撑。知识是无处不在的。权力也是无处不在的。”[①] 所谓知识，即“一系列被剥夺资格的知识，一系列被认为是不充分、不精确、朴素的知识，冷僻的知识，局部性的知识，如病人的知识、护士的知识、医生的知识，等等。”[②] 权力与知识的关系犹如同一物体的两面，不可分离，即福柯简称的“权力/知识”。

在知识的架构下，知识分子群体形成了文化场。布尔迪厄著名的场域论也纳入了知识分子群体内部构成的关系，文化生产的场域是一个知识分子场域，在这个拥有独立价值体系和控制原则的社会建构空间中，作为场域行动者的知识分子相互间为争夺文化资源的配置竞争。布尔迪厄认为知识分子在文化生产场中的位置、相互间的结构与关系取代了他们的个体自由意志，成为决定他们行为的主要因素。

③祛魅与打破。

无论是公共化的知识分子，还是掌握有权力的知识分子，都暗含了知识（包括文化、精神）对社会发展起推动作用的假设前提。而在反智主义（anti-intellectualism）[③] 和政治无意识观念（notion of the political unconscious）看来，种族和国家会集体地具有某种观念和倾向。知识分子和所有人一样，都毫无例外地属于某个民族、宗教或族裔社群，不管他们怎样高声抗议，都无法超越个人与家庭、社群、（当然也包括）民族的有机联系。历史变迁中，一度被奉为神圣的传统和价值现在看来既虚假又伪善。

在《立法者与解释者》一书中，鲍曼在现代性和后现代性的文化背景下，对知识分子的角色和地位变迁问题进行了探讨，作出了知识分子正日益由现

---

① 张国清：“他者的权利问题——知识—权力理论的哲学批判”，《南京社会科学》，2001 第 10 期。

② 刘魁：“真理、文化权威与知识生产的时代性——兼评福柯对真理话语的微观权力分析”，《南京政治学院学报》，2005 第 3 期。

③ 反智主义可分为两大类：一是对于智性（intellect）、知识的反对或怀疑，认为智性或知识对于人生有害而无益。另一种则是对于知识分子的怀疑和鄙视。本书的反智主义主要指的是前者。

代的“立法者”转变为后现代的“解释者”这一论断。其潜在的假设是，权力来源于对不确定性资源的控制，控制了不确定性资源就意味着拥有权力。鲍曼认为，在启蒙年代，知识与权力的共存——现代性最显著的一个特征，得以形成。而且，这一并存现象的发生是两种因素共同作用的产物：其一是具有资源与意志的新型国家权力的出现，它必然会根据预想的秩序模型来塑造和管理整个社会体系；其二是相对自治、自我管理话语的确立，上述那种秩序模型的实践，又形成了这一话语①。

法国哲学家利奥塔依据“与先前的‘近代’相关的‘解放与启蒙的宏大叙事’（grand narratives of emancipation and enlightenment）被具有地方特色的情景（local situations）和语言游戏（languages games）所取代：后现代的知识分子现在看重的是能力（competence），而不是像真理或自由这类的普遍价值”② 而做出了“知识分子之死”的宣判。

（3）类型的假定

专家学者研究需要依托于所生存的社会结构。

杜骏飞在专家社会行为分析中，在社会学视野“专家—传媒—民间”这一框架下研究他们干预社会的能力和模式，认为“在当下中国的体制束缚下，由于新媒介的高度发达及公民新闻的广泛兴起，潜在的公民势力透过‘专家—传媒—民间’的行为框架达成整合，有能力形成广泛的媒介社会运动，并从话语权利上引起可能成功的政治角逐与阶层博弈。”他在“专家—传媒—民间”框架下将行动角色设计成四种类型：①专家辅助类型：专家学理讨论，启迪民智与社会；②专家主导类型：专家主导事件进程，干预公共政策，有效干涉社会事件；③专家—媒体主导类型：媒体与知识界结盟，有效干涉社会事件与公共政策；④专家—民间主导类型：专家与民间结盟，有效干涉社会事件与公共政策。四种类型的共同特征是社会力量通过媒体整合、有限干预公共政策、有效干涉社会事件③。

---

① 郁建立：“从立法者到阐释者”，《读书》2001 第 9 期，第 25 ~ 30 页。

② 前引 99 页①爱德华 · W. 萨义德书，第 22 页。

③ 杜骏飞：“媒介素养、角色呈现与行动模式——当代中国知识阶层的传播学分析”，南京大学博士学位论文，2007 年 5 月。

曹飞认为，当前媒体上的专家言论存在五个方面的问题：专家的姓名不详、面目模糊；媒体对专家这一称呼的使用缺乏统一标准，各种专家在媒体上泛滥成灾；专家的言论往往立场不明，角色不清；专家水平良莠不齐；有的记者和编辑对专家言论理解不够全面客观，甚至断章取义，在新闻报道中误解和歪曲专家的本义。据此，他认为，专家在媒体上的言论和意见要自行承担起相应的社会责任①。

张楠对媒体上的"专家热"进行了一番"冷思考"：社会空间尚不成熟，专家的社会责任感还有待考验，这使得专家在大众传媒中"独树一帜"、建言立论还存在一些隐忧；专家的个体性和社会的丰富性存在着矛盾，大众传媒中的专家言论难以有较好的普遍适应性；传媒中专家意见的多样性或许能更好地实现传播效果，媒体应让专家意见体现一种多元性和平衡性②。

叶蕾对媒体竞逐专家资源的原因进行了考察：一方面，报道的质量取决于新闻来源的质量，专家是"最佳"消息来源；另一方面，受众需要媒介提供未知领域的信息，这些信息必须是准确可靠的，必须是符合受众期望的，而专家往往能给受众带来智慧和深刻的见解，对全局性问题具有敏锐的洞察力③。

孔祥武通过研究《中国青年报》三个年份的专家意见报道发现，新闻报道中的专家多来自社会科学学科，尤以经济学、法律、社会学等专业为多；高校是专家首要来源，而北京则是专家的大本营；从报道中专家出现频次、专家形象的个体化以及专家直接引语的引用，推论专家意见越来越受重视；专家越来越敢于在媒体上发表自己与众不同的观点，越来越敢于直言；他指出专家匿名性现象普遍，可能存在着专家符号化的势头，不利于展示专家的信誉和专家权威性，难以收到较好的专家效果④。

叶慧钰通过深度访谈和个案分析表明，大众传媒和专家学者的关系中隐含了各种力量的抗衡，从而产生了不同的互动模式：①大众传媒操控专家学

① 曹飞："专家言论与媒体的社会责任"，《山东视听》，2005年第9期。

② 张楠："我看媒体中的'专家热'现象"，《新闻记者》，2005年第8期。

③ 叶蕾："媒体竞相追逐专家资源的背后"，《传媒观察》，2005年第10期。

④ 孔祥武："新闻报道中的专家图像——对《中国青年报》专家意见报道的内容分析"，《新闻与传播研究》，2006年第4期，第69～77页。

者（大众传媒的原始操控手段运用“媒体攀力”、双方达成合谋的开始大众传媒培养“新闻发言人”、双方保持隐秘的合谋关系专家学者成为“媒介符号”）；②专家学者诱导大众传媒专家学者诱导的初级阶段主动上门要求发表观点（大众传媒陷入被动的合谋专家学者成利益代言人、双方保持隐秘的合谋关系专家学者成记者“帮手”）；③公关活动介入新闻生产；④大众传媒和专家学者互不介入。双方在这些模式中扮演不同的角色，共同造就呈现在受众面前的新闻产品[①]。

4. 政府危机中专家学者的社会行为模式分析

以上都是围绕专家学者展开的不同层面的研究，但专家学者具有较强的主体性和独立性。本书所关注的，是政府危机事件中专家学者的社会行为分析。

本书在社会行为研究的框架下，运用跨个案分析法[②]，梳理近几年政府危机事件，解析专家学者在危机传播中的角色扮演类型，以及对危机事件进程产生的不同效用。

专家学者在社会阶层中处于特殊地位，他们既是公众中的“舆论领袖”，同时又可以借助媒体平台，参与媒介议程设置（agenda setting），在议程建构中与大众传媒和公众发生互动关系。尤其是重大危机事件中，议题众多，甚至相关部分议题还在发生中，就将产生后续议题。专家学者的言论，则会通过强调和排除的相互关系，突出一些议题、忽略另一些议题，进而对危机进程产生影响。

通过对25起政府危机事件的研究与分析，我们将专家学者在危机事件的行为划分为六种：议程发起型，议程导向型，议程介入型，议程附和型，议程交锋型，议程失语型。如表1.8所示。他们对议程的影响大致呈依次弱减的序列，尤其是议程交锋型，往往因为学者专家话语的针锋相对，大大降低了其社会功能与作用。

---

① 叶慧钰：“新闻点评的异化——大众传媒和专家学者的相互介入及其方式”，2006中国传播学论坛论文。

② 跨个案分析，是对于一个个案进行分析——可以是变量导向分析也可以是个案导向分析。（美）艾尔·巴比著，邱泽奇译：《社会研究方法》，华夏出版社2008年版，第363页。

表 1.8　政府危机案例一览表

序号	危机事件	专家学者行为类型
1	出租车罢运事件	Ⅱ议程导向型
2	邓玉娇案	Ⅴ议程交锋型
3	“躲猫猫”事件	Ⅱ议程导向型
4	“非典”事件	Ⅱ议程导向型
5	厦门 PX 项目	Ⅰ议程发起型
6	华南虎照事件	Ⅲ议程介入型
7	彭水短信案	Ⅲ议程介入型
8	黄静案	Ⅴ议程交锋型
9	三鹿奶粉事件	Ⅲ议程介入型
10	上海户籍制度改革事件	Ⅴ议程交锋型
11	沈阳刘涌案	Ⅴ议程交锋型
12	松花江水污染事件	Ⅳ议程附和型
13	孙志刚事件	Ⅱ议程导向型
14	谭静案	Ⅲ议程介入型
15	许霆案	Ⅲ议程介入型
16	网友抵制家乐福事件	Ⅵ议程失语型
17	南海事件	Ⅳ议程附和型
18	中韩端午节申遗之争	Ⅴ议程交锋型
19	中美撞机继黑客大战事件	Ⅳ议程附和型
20	“7·18 济南暴雨”事件	Ⅱ议程导向型
21	2007 年川渝特大旱灾	Ⅴ议程交锋型
22	2006 年桑美台风事件	Ⅵ议程失语型
23	2008 年南方雪灾	Ⅵ议程失语型
24	汶川地震	Ⅵ议程失语型
25	杭州飙车案	Ⅲ议程介入型

（1）议程发起型行为模式

议程发起型行为模式中，专家学者未雨绸缪，预警到危机事件的发生，提出专业意见。

开此类先河的为“黄宗羲定律”。清华大学秦晖教授曾在《中国经济时报》上撰文，结合当时农村发展现状，对改革实践中可能出现的问题提出建设性预警。其针砭时弊的“定律”在“两会”期间被温家宝总理“旧话”重提，引燃新一轮的农村税费改革。

在研究案例中，厦门 PX 事件是一起典型由专家主导发起的公共事件。

PX是一种用来制造塑料制品的化学元素，它具有致癌性。此前，“台湾”的PX工厂被迫关闭并移至泰国，但泰国政府出台了更严格的环境准入政策，导致该工厂“班师”厦门，即海沧PX化工项目。该项目总投资达108亿元人民币，投产后每年的工业产值可达800亿元人民币。在市政府规划中，PX工厂将建立在厦门北部的一个居民小区——海沧台商投资区，其5公里半径范围内的海沧区人口超过10万，10公里半径范围内，覆盖了大部分九龙江河口区，整个厦门西海域及厦门本岛的1/5。

该项目自省政府正式上报建议书到国务院核准仅用了一年有余的时间。根据国家有关规定，在上报国家核准的重大固定资产投资项目主要流程中，“专家参与论证”贯穿流程的整个环节，如图1.13所示。

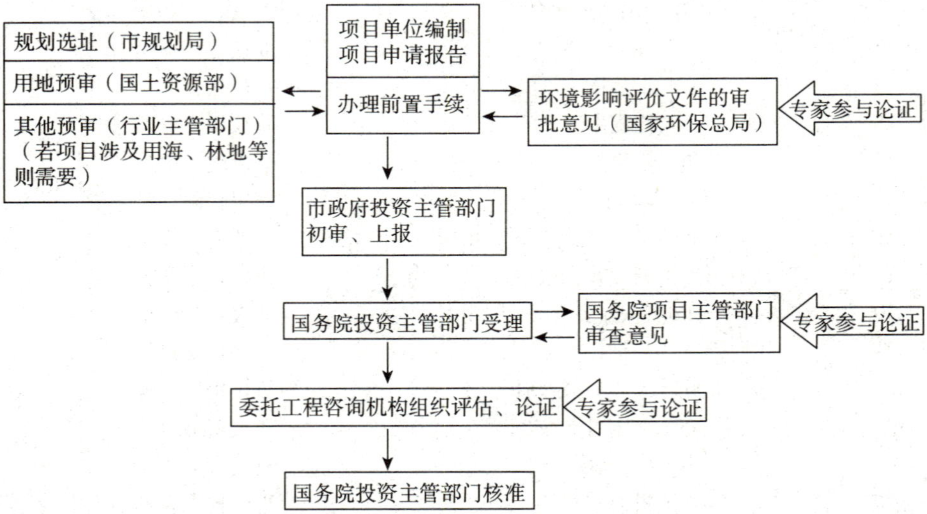

图1.13 上报国家核准的重大固定资产投资项目主要流程

资料来源：《中国新闻周刊》，2007年6月11日。

PX项目的委托评估工作，只涉及个别参与论证的、没有公开姓名的专家，大多数专家和公众对此项目均毫不知情。因而与绝大多数政府危机个案相似，厦门PX事件起因于公众知情权的缺失。一方面，化工项目专业性很强，一般市民很难洞察其中奥妙；另一方面，政府没有向公众公开相关信息——根据《环境评价法》，本该向社会公布、供公众查询的“环评报告”，成了机密材料[①]。

因此，揭开这层迷雾的任务落到专家学者肩上。2006 年 11 月，厦门大学公共知识分子、中科院院士赵玉芬等人展开对厦门 PX 项目的调查评估工作。其后至 2007 年年初，专家通过写信与座谈的方式与政府沟通。此时公众对此仍知之甚少，事件仍局限于政府与专家之间。若非 2007 年赵玉芬等向 2007 年两会联名提交“关于厦门海沧 PX 项目迁址建议的议案”的提案，厦门 PX 项目极有可能在公众不知情的情况下继续顺利兴建。议案指出，离居民区仅 1.5 公里的 PX 项目存在泄漏或爆炸隐患，必须紧急叫停项目并迁址。这是厦门 PX 事件从“政府—专家”转变为“政府—公众”的契机。

（2）议程导向型行为模式

议程导向型的专家学者行为，是指危机事件中，专家学者提出不同于公共舆论和官方话语的“他者”声音。他们将问题提升到制度性建设层面，转移舆论焦点、缓和危机。

① 孙志刚事件。

2003 年 3 月，大学生孙志刚被广州警方错误收容并被收容所被收治人员殴打致死。此事经《南方都市报》报道后，立即引起轩然大波。尔后，网络舆论浪潮涌起，广大网民要求严惩凶手并对警方执法提出质疑，同时，诸多媒体持续跟进。在民众、媒体和专家的舆论呼吁下，2003 年 6 月，11 名有关案犯分别判死缓、无期或有期徒刑，23 名违反党纪、政纪的有关责任人员，也受到严肃处分。同年 8 月，自 1982 年起施行的《城市流浪乞讨人员收容遣送办法》被正式废止。

专家学者也是此次事件中较为活跃的群体。4 月 25 日《南方都市报》首度披露案件后，中山大学教授艾晓明即对此案激愤谴责；5 月 16 日，许志永、俞江和、滕彪三位法学博士，以普通公民的身份上书全国人大常务委员会法制工作委员会，要求对《城市流浪乞讨人员收容遣送办法》进行违宪审查；5 月 23 日，贺卫方、盛洪、沈岿、萧瀚、何海波 5 位著名法学家同样以中国公民的名义，再次联名上书全国人大常委会，就孙志刚案及收容遣送制度实施

---

① 黄瀚：“百名政协委员难阻厦门百亿化工项目”，《瞭望东方周刊》，2007 年。

状况提请启动特别调查程序，要求成立专门调查组；法学家萧瀚就此案连续发表十四篇评论；6月6日，著名学者贺卫方应人民网“强国论坛”邀请，就孙志刚事件与网友对话……。专家学者的评论质疑以及建言上书，并没有纠结于政府部门执法不当和失职一事，而是自然地将矛盾焦点转移至收容遣送制度的存废问题上，对于收容遣送制度的终结具有直接的推动意义。

②“躲猫猫”事件。

“躲猫猫”事件发端于传统媒体的一篇普通社会新闻报道，并由网络力量的推动发展成一起公共性事件。这起事件的两个症结是：“李荞明死因之谜”，对司法部门执法公信力的质疑；“网民调查团”与政府“作秀”嫌疑。从公众舆论偏向而言，“死因”引发的危机能量更大；但就社会层面而言，“网民调查团”则将此事推到了风口浪尖。大致有“这已是莫大的进步”[①] 和一个失败的“标本”[②] 两种声音。

“网民调查团”成立前，专家学者视野中的“躲猫猫”事件并没有超过普通的司法案件[③]。他们就司法监督制度、看守所制度、对人代会监督制等提出提议[④]；调查团成立后进入激化阶段，司法公正和信息公开的矛盾转变为官方民主诚意。专家学者冷思考，直指民主改革的内核。如华中科技大学法学院教授俞江深刻地揭示了事件背后官方机构对公权力的滥用：“一些国家机关和官吏的权力未受到内在的限制，并能通过权力交易而实现其利益，其结果是从基础上腐蚀和破坏国家秩序。”

此外，2003年非典事件中，医学专家的议程导向行为；出租车罢运事件中，专家学者触及深层次的出租车行业体制改革，他们的普遍意见是，现有出租车行业管理模式不合理是问题的关键，垄断经营是罪魁祸首；2007年“7·18济南暴雨”事件中，民间法律公益团体“公盟”的滕彪等三名律师接

---

① 曹旭刚：“躲猫猫调查中网民的力量只在网络”（2009年2月22日），载新浪网 http://news.sina.com.cn/pl/2009-02-22/082717263913.shtml。

② 王石川、李军：“躲猫猫事件缺了谁的身影”（2009年2月23日），载新浪网 http://news.sina.com.cn/pl/2009-02-23/023417266620.shtml。

③ 从2月20日到2月26日，新浪“云南官方邀网友调查躲猫猫事件”专题中出现的媒体评论多达22条，并出现了8条专家评论（此前专家评论几乎为零）。

④ 俞江：“躲猫猫事件与公权力的盗用”（2009年3月2日），载新浪网 http://news.sina.com.cn/pl/2009-03-02/071417315729.shtml。

受两名死者家属对“公盟”提出的法律援助请求。

（3）议程介入型行为模式

议程介入型行为模式中，专家学者后期介入，与媒体合谋，凝聚成“政府—公众”外的第三股力量，形成较大舆论影响力。

①华南虎照事件。

2007年10月12日，陕西省林业厅召开新闻发布会，宣布在陕西省镇坪县发现野生华南虎，同时公布了镇坪县文采村村民周正龙10月3日拍摄的两张华南虎照片，并向其颁发奖金2万元。这一事件引发了社会舆论中“打虎派”和“挺虎派”两股阵营的唇枪舌剑。华南虎专家和中科院专家等对此事持怀疑态度。

在“打虎”行动中，专家学者的声音和网民的声音结合在一起，形成了精英与草根联手“打虎”的局面。一批中科院专家以自己的真名实姓并附上个人信息，公开在网上表示支持“打虎”行动。如10月19日，中国科学院植物研究所研究员傅德志在博客中，用植物学知识分析指出周正龙的华南虎照片造假，并向国家领导人和最高学术机构递交了一份关于“伪虎门”事件的报告。也有学者通过法律途径来寻求解决之道。例如，法律学者郝劲松在向国家林业局发出行政复议申请后，又向法院起诉陕西林业厅，要求公开相关信息。资深技术专家混迹于“‘打虎’大本营”——华人最大发烧友摄影网“色影无忌”，提出专业性的技术质疑。12月3日，网易公布了包括野生动物学家胡慧建、神探李昌钰等在内的六方鉴定报告，认为周正龙虎照中的“华南虎影像是不真实的”……一名版画研究专家提出“老虎卧瀑布”年画一说。这个证据最终成为虎照事件的转折点，“挺虎派”自此一蹶不振。

②彭水短信案。

2006年8月，彭水县普通职员秦中飞写了一条名为“沁园春·彭水”的短信，内容涉及对彭水县政府官员和政府作为的讽刺，并用手机和QQ向多位朋友发送。随后，秦中飞被彭水县公安局以涉嫌“诽谤罪”刑事拘留，并被关押29天。9月一重庆市民在个人博客上公布了这桩公案，此事迅速传开，全国舆论哗然。此“现代文字狱”引起网民对地方政府面对诤言处理方式的大讨论。10月，彭水县公安局宣布无罪开释秦中飞，对其道歉，并主动进行国家赔偿。

在秦中飞被以“诽谤罪”关押之始，很多法律专家担负“意见领袖”和呼唤理性的角色，通过媒介发表意见，对事情进行梳理和解释，列举出多个法律程序上的错误，指出这是一件错案、冤案、荒唐案，得到广泛认同。

此外，在三鹿事件中，专家学者的意见具有相当的权威性，对疾病的诊断最具话语权。2008 年初，各地陆续发现婴儿肾结石病例，患病原因很快被医学专家归结为问题奶粉；谭静案中，专家学者的立场是处在公众和警方的折中点，他们弱化公众舆论和警方的矛盾，在质疑警方立场和推动案件发展的同时也安抚公众的“仇韩”情绪①，为事件提供理性的视角，一定程度上避免了大规模网络“骂战”；许霆案中，众多法学专家的意见对广州中院的重审判决起了决定性的作用。如中国政法大学何兵教授的“许霆 ATM 机案：民意为何逐天涯”、知名宪政学者秋风的“不合理的法制冤屈了许霆”等文章均表达了量刑过重的意思；北京大学法学院教授贺卫方认为“法律解释法院做得不足”；北京大学法学院教授张谷、华南理工大学法学院教授关永宏认为“盗窃罪成立，但应该考虑例外”②。

（4）议程附和型行为模式

议程附和型的专家学者行为，是指在危机事件中，专家学者虽然发出自己的声音，但是与官方语调保持基本一致，附庸于政府。

①南海事件。

2009 年 2 月菲律宾议会通过了 2009 年度“菲律宾群岛领海基线议案”，将现中国拥有的两组岛屿归于菲境内，加之美国、日本插手，南海局势骤然升级。

中国国内专家学者对此事的看法与外交部保持基本一致的口径，即外交跟军事威慑交替使用。如，外交学院亚太研究中心主任苏浩对《大公报》表示，中国最大的渔政船开赴南海，既表明了维护海洋权益的决心，同时也以

---

① 姜伯静：“别让谭静案成又一轮网络怒骂的火种”（2008 年 4 月 15 日），载浙江在线新闻网 http：//ent. zjol. com. cn/05ent/system/2008/04/15/009421111. shtml。

② “ATM 出错恶意取款获无期 专家指银行滥用公众权力”（2007 年 12 月 24 日）载网易 http：//gd. news. 163. com：80/07/1224/08/40FCCG4E0036000Q_ 2. html。

一种理智柔和的方式，向外界展示中国完全具备维护自身权益的能力。暨南大学东南亚研究所研究员庄礼伟从这次“南巡”看出，我国在重申主权的原则基础上，仍在寻求“坚持以和平方式而不是战争手段解决国际争端”。上海学者、著名海军战略问题专家倪乐雄提出，南海争端警示中国有必要拥有航空母舰。

②松花江水污染事件。

2005 年 11 月 13 日，中国石油天然气股份有限公司吉林石化分公司双苯厂硝基苯精馏塔发生爆炸，造成 8 人死亡，60 人受伤，直接经济损失 6908 万元；此事同时还波及了邻国俄罗斯，最后两国决策联手治理松花江水污染。

专家学者这一群体在松花江水污染事件中充当了极其重要的角色。他们以专业的角度考察事态的发展，向国际社会以及国内民众通报地方政府行政作为是否有效；同时在治理过程中也发挥了极大的作用。专家小组由中央政府成立，一定程度上代表着政府形象。他们负责任的态度在一定程度上提升了政府形象。

（5）议程交锋型

专家学者是一个特殊的社会群体，这个群体中也会出现截然不同的观点和立场，有时会出现鲜明的官方话语或民间话语的对立。

①2006 年川渝特大旱灾引发的三峡工程争论。

2006 年 7 月入夏以来，重庆发生了百年一遇的特大旱灾。一条题为“三峡水库蓄水导致川渝大旱、重庆高温”的消息在互联网上被广泛转载[①]，将旱灾与刚刚完成的三峡水库蓄水联系了起来。传言版本从“四川旱灾重庆超高温主要是三峡大坝惹的祸?”逐渐演变成“三峡大坝‘木桶效应’将使重庆年年高温旱灾!”等等。

地方政府专家在回应民间学者提出的“木桶效应”时，将旱灾归结为全球气候变化的一个局部反映和水库的“湖泊效应”[②]。中央气象和水利专家对

---

① 张庆长：“重庆遭灾怪三峡?”，《大科技》（科学之谜），2007 年第 12 期，第 29 页。

② 重庆气象台台长刘德接受《东方早报》记者电话采访，表示“此次降水虽然不能缓解旱情，但降温作用明显”，并认为“三峡蓄水后，水库的‘湖泊效应’会使周边局部地区温度下降，雨量增多”。

"木桶效应"予以驳斥，认为其无科学依据。如中国水利院陈志恺院士明确指出这种说法严重错误，"四川盆地的大旱是受大气候影响，罪魁祸首应是温室效应而与水利工程无关。相反，水利可以缓和异常气候带来的不利影响。"[①]

气象学中有太多未知的因素存在，关于三峡大坝蓄水与周边地区气候变化的关系的争论已然成为多方话语争锋的"罗生门"；三峡大坝蓄水只有几年时间，很多问题的解释需要等待气象学的继续发展以及更多当地气象资料的积累[②]。

②邓玉娇案。

2009年5月10日，湖北巴东县野三关政府3名工作人员在该镇雄风宾馆梦幻城消费时，要求女服务员邓玉娇提供特殊服务，并对其使用侮辱性语言和行为。双方争执中，邓玉娇将一人刺伤一人（邓贵大）刺死。案发后，邓玉娇向公安部门自首。

邓玉娇案的议题发生了几次变化：从最初单纯对官员腐败问题的批评，到声讨信息公开问题，再到对司法公正的质疑。法律专家的意见对舆论走向有很大影响，大致有两种取向：一方从法律程序和职业伦理角度为政府说话[③]；另一方从人道主义精神出发，分析邓玉娇案件中个别律师的表现、政府作为、法律条文、案件性质[④]。专家学者意见的分裂引发网络舆论更理性的讨论。法律的公正和独立以理性和事实为根基，不为势力操控，也不为舆论压力影响。作为法律公正的代言人，专家学者与作为信息发布者的政府，站到了司法天平的两端，进行着司法独立与信息权力的博弈。

③黄静案。

2003年2月24日，湖南湘潭市女教师黄静被发现全身赤裸死于学校教职工宿舍内。公安部门经过三次鉴定后确认黄系病死，并作出不予立案的决定。

---

① 四川在线："水利权威称四川大旱与三峡大坝无关"，载北方网 http://news.enorth.com.cn/system/2007/05/22/001673589.shtml。

② 张庆长："重庆遭灾怪三峡?"《大科技》（科学之谜），2007年第12期，第30页。

③ 高一飞："邓玉娇案律师违反职业道德和执业纪律"，载铁血社区 http://bbs.tiexue.net/post_3592837_1.html；高一飞："邓玉娇案的定性符合法理和情理"，载新浪 http://news.sina.com.cn/pl/2009-06-03/152817943554.shtml。

④ 萧翰："警惕法学界的法盲专家"，萧翰："'邓玉娇事件'评论十九则"，载萧翰新浪博客 http://blog.sina.com.cn/u/1247423510。

但黄静母亲认为女儿死于其男友姜俊武的性侵犯，并求助于网络、媒体和非官方司法鉴定机构开始了维权之路。2006 年 7 月 10 日，法院判决姜俊武无罪①，但承担民事赔偿。

“黄静案”被称为“中国网络第一大案”，因为其立案、司法鉴定和庭审等司法过程，无一不受到社会舆论的巨大影响。

“黄静案”中，专家的意见存在着巨大的分裂，这种分裂主要表现在以下两个结点上：案件的侦查、审判本身以及司法与媒体、民意的关系。“黄静案”争执点在于官方和民间司法鉴定机构给出的截然相反的尸检报告。前三次官方司法机构所做的尸体鉴定认为黄静系病死，而南京医科大学和中山大学所代表的非官方机构所给出的鉴定报告却认为黄静系非正常死亡。这种不一致既暗示了民意与官方的对立，又进一步加深了公众对司法部门执法不公的质疑；对于“特殊性行为”与“强暴”之间的界定，司法专家们同样给出了截然相反的解释。中山大学教授艾晓明将“黄静案”纳入了“约会暴力”的范畴，并多次撰文为死者家属的维权行动大声疾呼②。

除了对案件审判本身的思索与探讨，专家们对“司法应在何种程度上保持独立”这一问题的争论也走向两级。华南理工大学法学院院长葛洪义教授指出“若不是这场声势浩大的全民声讨，这个案件不会如此旷日持久，不会如此反反复复”③，“媒体和公众不能代替法庭，超越法律”④。西南政法大学教授高一飞进行反驳：“法院必须被尊重，但尊重的方式应当是遵守法庭秩序，服从法院判决。”⑤ 他认为公众和媒体以适当手段参与调查案件、自由评论案件对司法权威提升有重要意义。

④沈阳刘涌案。

2002 年 4 月，刘涌被辽宁省铁岭市中级人民法院以组织、领导黑社会性质组织罪、故意伤害罪、非法经营罪、故意毁坏财物罪、行贿罪、妨碍公务

---

① 事件始末引自“‘黄静裸死案’昨日宣判‘网络罪人’一审判无罪”（2006 年 7 月 11 日），载新浪网 http：//news. sina. com. cn/o/2006 - 07 - 11/14279431579s. shtml。

② 艾晓明：“约会强奸与黄静之死”（2004 年 12 月 7 日），载新华网 http：//www. hn. xinhuanet. com/misc/2004 - 12/07/content_ 3349511. htm。

③④ 葛洪义：“法庭必须被尊重”，《广州日报》，2006 年 7 月 16 日。

⑤ 高一飞：“评黄静案中的媒体与司法”，《中国社会导刊》，2006 年第 17 期，第 30 页。

罪、非法持有枪支罪等多项罪名一审判处死刑。2003 年 8 月，刘涌被辽宁省高级人民法院改判死刑，缓期两年执行。

21 日，上海《外滩画报》刊登一篇李曙明的署名文章——“对沈阳黑帮头目刘涌改判死缓的质疑”，文章对司法公正提出了质疑。28 日，《北京青年报》刊登“调查刘涌因何改判死缓”一文，刊出由中国 14 位一流法学家做出的“沈阳刘涌涉黑案专家论证意见书”，表明当时法学界权威且主流的意见。随后，参与起草“意见书”的陈兴良教授表示，从法律的角度来说，这种改判是出于保护人权的目的，是“无可挑剔的”。

专家在此次事件中，处在与媒体相对立的位置，与已经形成的舆论产生了严重分歧。舆论最初的质疑集中在案件的改判结果；当专家发表相左意见的时候，舆论寻找到了具体的质疑对象，并且指向了司法独立、司法制度和行政体系。

⑤上海户籍制度改革事件。

上海户籍制度改革事件中，专家学者表现非常活跃。此前，北京大学首都发展研究院常务副院长杨开忠教授就曾建议，北京、上海等地应该出台“购房落户”政策，以拉动房地产市场的消费需求①。其后，专家学者既有认同该观点的，如中国社会科学院城市发展与环境研究中心原主任牛凤瑞在接受媒体采访时就明确表示“购房落户势在必行”②；也有对此持批判态度的，如著名经济学家易宪容在接受媒体采访时明确表示：“这样的做法根本不可取，首先它就是对外地人一种歧视！”③

（6）议程失语型

议程失语，顾名思义，就是专家学者在危机事件中不作为；或者人微言轻，几乎没有影响。

在中国奥运火炬手金晶遭袭、引发网友抵制家乐福事件中，鲜有专家学

① “评论：买房落户，救市还是救开发商”（2009 年 2 月 9 日），载搜房网 http：//www. soufun. com/news/2009－02－09/2385565. htm。

② 陈静思、朱楠：“上海专家：社科院建议上海购房落户不现实”，载 http：//finance. qq. com，转自《东方早报》。

③ “在京购房落户论遭反对 易宪容认为将抬高房价”（2009 年 2 月 10 日），载新浪房产 http：//bj. house. sina. com. cn。

者发表独到意见。即便有专家观点，也是凭借媒体平台发表新闻评论式意见，多淹没于群情激奋的网络舆论中；在2006年桑美台风事件中，矛盾聚焦于中央媒体和地方政府以及灾难的真实情况，专家学者并未发表意见。

有时，专家学者会在事后进行总结、反思，这在突发性公共事件中尤为典型，如2008年南方雪灾和汶川地震。有人将此归结为现代性投射的阴影，专家学者在共同价值向普世价值的转变中，迷失了自己。如许纪霖先生反思其20年学术生涯时说，知识分子的忧患意识与社会政治秩序危机和心灵秩序危机紧密相连，儒家传统的断裂和赖以安身立命的价值体系的崩溃使得知识分子面临寻找终极价值的问题①。

值得强调的是，在中国历史演进的过程中，专家学者们并未停滞不前，而是一直努力走出传统价值体系，运用他们的知识，表达更多元、更片段的叙事。例如汶川地震后，从政治公民性到法律制度完善，从地震后经济恢复到对国家应急措施展开讨论，专家学者们事无巨细地呈现出地震后复杂多变的社会命题，多重声音出现在一元的普世价值框架中，塑造了专家学者群体的同质化模式。

5. 结语

诚如海贝勒根据东欧后社会主义国家和前苏联国家的历史经验，提出发展公民社会的四个先决条件：企业文化、公民文化、话语文化和日常文化。其中，话语文化的构成具有知识分子话语、接受和包容不同看法和多元观点、接受批评声音、开明自由四个特征②。根据海贝勒的观点，如图1.14所示，中国话语文化的构成。

底部是四个对决策具有影响的群体，他们组成了政治话语。公共知识分子对中国的政治、社会发展提供许多有别于政党的见解和看法；智囊团则负责向政府或者政党提供决策建议；网络草根对公共决策和国家领导产生影响；最后是网络社会运动，参与者虽然只在网络空间中交流，在现实世界中并不

---

① 参见贺照田主编《颠踬的行走：二十世纪中国知识与知识分子》收录的许纪霖“思考的反观：二十年学术研究得失谈——〈中国知识分子十讲〉序”一文，吉林人民出版社2004年版，第168页。

② 前引97页②托马斯·海贝勒文。

碰面，但他们有着共同的社会主张。来自这四个群体的改革意见若是“政治正确”，就能够被党政国家所接纳。这四个群体构成中，公共知识分子与智囊团群体可以集合成专家学者的社会阶层，他们是中国公民社会结构中，话语文化的中流砥柱。

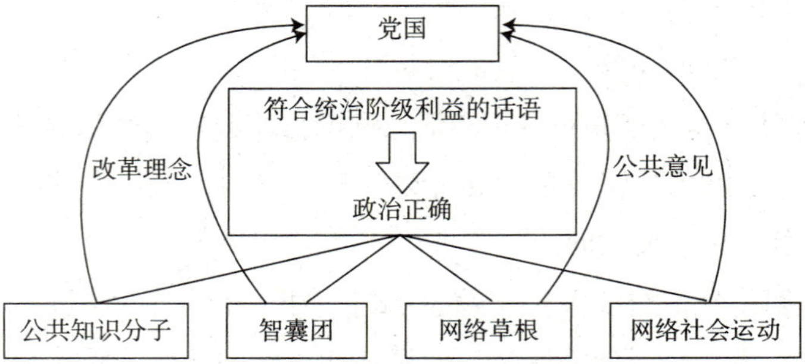

图 1.14　中国公民社会的话语构成

注：该结构图是笔者根据海贝勒英文原图翻译而来。

网络社会中，危机事件已经升级为危机传播，瞬息万变。作为一种信号，危机与公众认知的关系如同平静湖面投入的一颗石子，石子质量越大，形成的涟漪水波越深，波及的范围越大。涟漪水波的深度与广度，不仅取决于危机事件本身的危害程度、方式、性质等；而且也受到在涟漪波及的过程中，公众获得相关信息以及如何知觉和解释这些信息的影响①。这些涟漪形成一个个“危机场”，如同像物理学意义上的“力场”。一个“危机场”既是一个独立的小世界，有着自身的结构构成与运行法则；同时又为其在整个世界所处位置所限，受到其他因素的牵制与推动。

在政府、公民两种力量的博弈外，还存在着在场的“他者”——危机事件涉及领域的权威人士、公众舆论中的意见领袖。这些专家学者有特殊的社会阶层地位，充当了“舆论领袖”；他们虽无媒体之名，却有媒介议程设置（agenda setting）之实——他们的话语和言论经由大众传媒的传播，往往能够改变危机事件中某些议题的倾向和力度（显著性和重要性），进而影响人们对

---

① 美国著名心理学家 P. Slovic（1987）提出了有关风险认知的“涟漪效应”。转引自朱国玮、黄培、汪浩：“‘SARS’与‘禽流感’期间媒体传播比较研究——基于上海地区实证分析”，《改革与发展》，2004 第 5 期，第 62 ~ 65 页。

这些问题的关注和认知。调查显示，公众在危机中最信任的表达者是专家学者、直接“受害人”和了解内幕的亲朋好友或同事，可信度最低的是危机应对的主体①。专家学者对危机涟漪的效用不可低估。

六、危机事件中的主体互动规律研究

本章的前五节分别从不同主体出发，分析了他们的行动模式。这一节将聚焦不同主体在危机事件中的互动关系。作为公共危机事件中不可缺少的参与者，国家、媒体、专家、非政府组织和公众之间存在着何种联系？他们之间有着怎样的互动过程？这是本节需要解答的问题。

1. 涉及主体互动的研究回顾

（1）关于主体互动的应用研究

目前，国内对危机事件中的主体互动的研究主要集中在应用层面。面对日益增多的公共危机事件，学界开始探索不同主体之间的有效合作方式，用以应对或削弱危机事件的破坏性。不少学者就如何改善当前危机事件应对方案提出了相应的主体互动模型。这些模型具有较强的适用性，关注点集中在特定若干主体之间的互动情况，或者互动过程中的某一个侧面（例如，信息交流方式、统筹管理方式和监督管理方式等）。

李志宏、何济乐、吴鹏飞提出了基于信息流强弱的突发性公共危机信息传播模式。在这种模式里，信息流动在不同阶段以及不同主体之间的强度存在着差异。“前兆阶段从突发性公共危机信源产生的少量信息会在很短的时间内寻找各种传播途径进行扩散，进入爆发阶段，前期的信息将被局部地区的少数个人所获得，并在有限的范围内传播。由于突发性公共危机的危害性大、

---

① 胡百精：《中国危机管理报告·2006》，中国人民大学出版社2007年版，第15页。

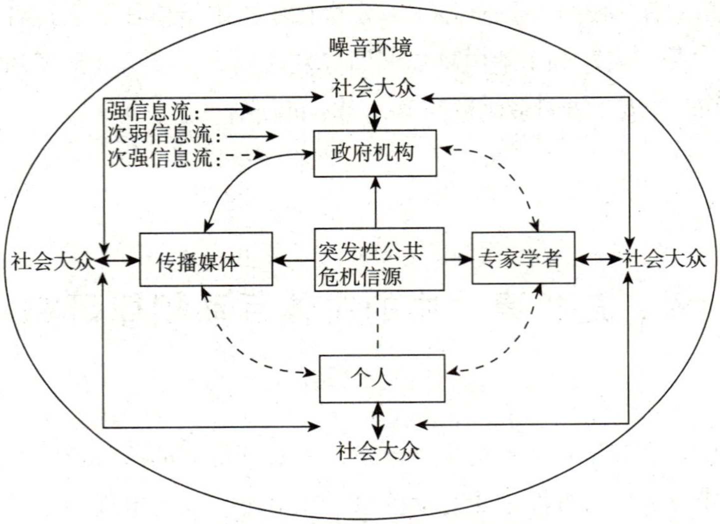

图 1.15 基于信息流强弱的突发性公共危机信息传播模式

资料来源：李志宏、何济乐、吴鹏飞："突发性公共危机信息传播模式的时段性特征及管理对策"，《图书情报工作》，2007 年第 10 期。

影响面广，政府机构、专家学者和官方媒体等媒介对事件的态度非常谨慎，信息处理效率受到影响，传递容易滞后。突发性公共危机爆发后，公众由于恐惧心理而寻求信息，在信息需求没有得到满足的情况下，各种非权威传播媒体将发布大量从信源获得的信息。此时，政府一方面邀请专家学者对危机事件进行调查，另一方面也设法控制和鉴别传媒发布的信息，因此在蔓延阶段的信息流强度最大。危机事件得到控制后，流言慢慢消失，缓解阶段和终止阶段的信息流较弱和较稳定，这个过程持续的时间取决于政府、专家学者等权威媒介对信息的反应和处理能力①。这个传播模式无疑揭示了危机事件中不同阶段的信息传播的某些特征，但是它对造成信息流强弱变化的因素所提甚少。在该模式中，"噪音环境"的源头仅指四个方面——①从众心理，容易人云亦云；②对突发性公共危机的恐惧心理；③传播媒介对信息编码和解码的能力弱（如缺乏危机信息判断的专业知识、信息表达能力差等）；④非正规的信息发布网络（如手机短信、网上论坛）的介入等方面。这些因素均属个人微观层面。实际上，对危机过程产生影响的因素还可能来自政治、经济、文

① 李志宏、何济乐、吴鹏飞："突发性公共危机信息传播模式的时段性特征及管理对策"，《图书情报工作》，2007 年第 10 期。

化、社会结构等多个宏观方面，因此，这个模式对“噪音环境”的分析仍不十分完善。

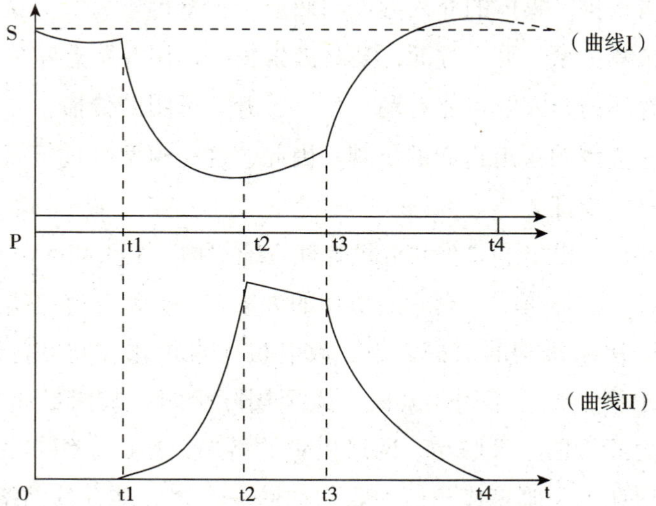

图 1.16 信息在危机事件中的变化规律

注：图中曲线 I 为政府在公众心目中的地位、形象的变化，曲线 II 为社会恐慌度的变化。0 ~ t1 阶段是危机的潜在期，t1 ~ t2 是危机的突发期，t2 ~ t3 阶段是危机延续期，t3 ~ t4 阶段是危机的解决期，t4 之后是危机处理的总结评估阶段。

资料来源：林龙：“政府、公众、媒体关系与新时期政府危机管理——由非典型性肺炎事件引发的思考”，《政治学研究》，2003 年第 3 期。

与前一模式相似，林龙也着重分析了信息在危机事件中的变化规律。他认为是信息将政府、公众、媒体三者连接成为一个系统，构建成为一个动态环境。但他更强调分析影响信息传播的因素。他用曲线描述了在危机事件各个阶段，公众对突发事件的恐慌程度和政府或组织在公众心中的地位、形象之间的关系。其中，社会恐慌度可用函数 Y = F〔f（x，y，z）〕+Q 表示。“x 表示事件本身的危害程度，y 表示政府措施和社会管理的能力不包括对媒体的措施，z 表示媒体介入的程度，它受着政府和事件本身以及公众影响。Q 是不可估计因素影响。Y 与 f 两者是正相关；f 与 x 正相关；f 与 y 负相关，随着政府有效措施的出台及其强大的管理能力，社会的恐慌度值就小。f 与 z 也是负相关，媒体客观、及时、全面的报道将有利于社会的稳定。在危机前期，由于事件的突发性，社会恐慌先于政府措施。f 值主要受 x、z 共同作用，y 值也间接受到影响。而危机后期政府措施 y 在很大程度上决定 f 的值，从而影响到 f 的值。”① 可以看到，这种分析虽然揭示了一些因素对公众反应的影响情况，但是仍显得过于简单。一方面，各个影响因素之间存在着互相影响的关系，正如作者所提，媒体的介入程度与政府和公众因素有关。这使得变量之间存在相互依赖关系。另一方面，某些因素发挥作用并不意味着出现正面效果。例如，媒体的介入既可能有利于信息公开、透明的传播，也可能造成不公正，甚至一边倒的报道局面的出现。因此，这一模型有过于简单之嫌，还需要研究者进一步打磨。

刘霞、向良云提出了“公共危机管理系统架构”（PCMSS），旨在为遭遇危机事件的各方主体提供一套有效协作的方案。“在政府为主体、且中央政府为最高统一决断机构的前提之下，政府机构常规化、制度化地、主动地协同非政府组织、企业集团、公民个人及国际组织，共同形成公共危机常态管理与应急管理的上下联动、网络应对的格局，形成组织权力平时分解、决断权力战时统一、临境应急协力联动这样一个统分结合的网络治理结构，以更加卓有成效地应对各种公共危机。”② 显然，这一系统架构是在理想状态下的主体互动模式，各方主体可以对等地进行互动。如何实现这一理想方案呢？作者提出需要在实践上对权力的配置、组织的变革、组织文化的创新等进行系统变革。遗憾的是，作者并没有进一步对这个长期的、复杂的工程展开分析。正如前文所述，影响主体互动的因素是源自多方面的，无论是在短期还是长期做出努力改善这种协作关系，都需要面对这些微观和宏观因素。就这一点而言，“公共危机管理系统架构”仍缺乏对相关制约条件的深入探寻。

另外，曹现强、赵宁从法律角度指出“危机管理的核心问题是各参与主体的权力——责任机制的构建与调适。为了有效地进行危机救治，必须对各参与主体进行合理的权力和责任划分。在政府内部，进行纵向的各级政府权责划分和横向的部门间权责划分；在政府外部，要对非营利组织、营利组织、公众和国际组织等其他危机管理主体进行权力的授予和制约。同时要用法律

---

① 林龙：“政府、公众、媒体关系与新时期政府危机管理——由非典型性肺炎事件引发的思考”，《政治学研究》，2003 年第 3 期。

② 刘霞、向良云：“我国公共危机治理网络结构：双重整合机制的构建”，《东南学术》，2006 年第 3 期。

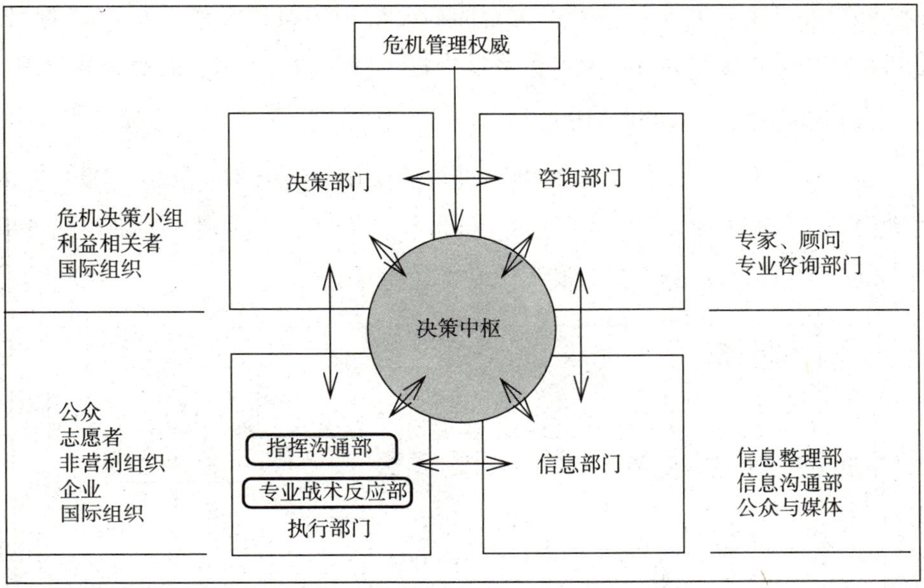

图 1.17　公共危机管理系统架构

资料来源：刘霞、向良云："公共危机治理：一种不同的概念框架"，《公共管理科学》，2007 年第 5 期。

来保障危机状态下相应权责机制的正常运行。"① 落实这种权责划分的有效方法在于用法律来规范相应的权利运行，把危机管理纳入法制轨道。如何划分和限制主体之间的权力，这实质上牵涉到"国家—社会"的结构问题。在"强国家—弱社会"的结构下，要求政府向外部组织授权的做法面临着极大阻力。虽然作者指出了国内目前存在的不少问题，并指出通过完善法律系统的方法来解决，但是对于来自社会结构方面的制约因素的讨论仍不充分。

与上述分析相一致，针对 2010 年 8 月上旬郭德纲弟子打记者事件之后的团团"迷雾"，杜骏飞指出，"打人事件本身，是一个普通的社会治安纠纷；郭德纲祸从口出，是一个艺人的文化道德修养问题；后续的双方角力，是北京台动用公权力为自己张本的'维权'事件；此后，网民的民意沸腾，是大众文化反抗精英文化、草根势力反抗庙堂势力的象征事件；最后，新闻界的舆论一律和

---

① 曹现强、赵宁："危机管理中多元参与主体的权责机制分析"，《中国行政管理》，2004 年第 7 期。

权力部门的过度管制，是一个不完善的社会治理的典型案例。”① 可以看出，危机事件中的主体是在一个复杂的系统中进行着互动，不能将之简单化处理。

（2）关于主体互动理论研究

与上述针对具体事件（或案例）进行的应用性研究不同，不少关于主体互动的理论研究并不专门针对公共危机事件，不过，这些理论为研究此类事件提供了不可缺少的分析视野和理论基础。

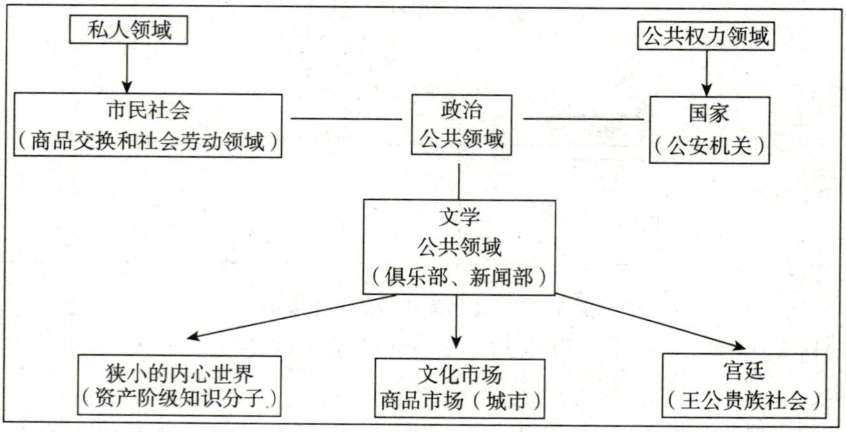

图 1.18 公共领域基本轮廓的社会结构图

资料来源：张晓溪：“公共领域的异化：哈贝马斯视域中的‘公共性’危机”，《学术交流》，2006 年第 12 期。

哈贝马斯把主体放置在不同场域（公共权力领域、公共领域和私人领域）之中进行研究。“依哈贝马斯看来，交往主体不仅包括线性的主体（如单个的个体，不具备关系网络的‘场域’特征）更重要的还包括场域主体（如前述私人领域、公共领域等）。”② 哈贝马斯所关注的“场域”实质上是强调主体之间的交往关系，他把这种交往关系网络看作“公共性”得以表征的场所。虽然哈贝马斯的关注点不在主体之间的互动规律，但是这种着重场域的视角却十分值得借鉴，它使主体行为获得更为丰富的社会内涵。

孙立平探讨了改革前后中国国家、民间统治精英及民众间互动关系的演

① 杜骏飞：“德云疑案谈话录”，载杜骏飞博客 http：//blog. sina. com. cn/s/blog_ 475b3b600100lbua. html。

② 张晓溪：“公共领域的异化：哈贝马斯视域中的‘公共性’危机”，《学术交流》，2006 年第 12 期。

变。他提出，国家、民间统治精英、民众三个因子所形成的较为稳定的互动关系是社会结构的基本框架之一。在这个三层结构的框架内，国家特指国家机构，有着自己的独立利益，并作为一个自主的行动者存在；民间统治精英则是社会精英中的一个独特类型，身处国家机构之外，而又行使统治职能（这里所说的统治不仅仅是政治统治，还包括领导、管理、协调、仲裁、整合、组织）；民众是处于最低层次的一个结构因子，是国家和民间统治精英抽取资源的共同对象。“在国家、民间统治精英、民众三个结构因子之间，从理论上说，可以形成三对关系。在相当一部分社会中，其中有两对是直接关系，即国家与民间统治精英、民间统治精英与民众，而国家与民众的关系，往往是间接的。但在中国目前的情况下，由于局部改革条件下某些旧的体制的延续，也由于民间统治精英还没有在社会生活中正常发挥作用，国家与民众的关系还带有很强的直接性。”①

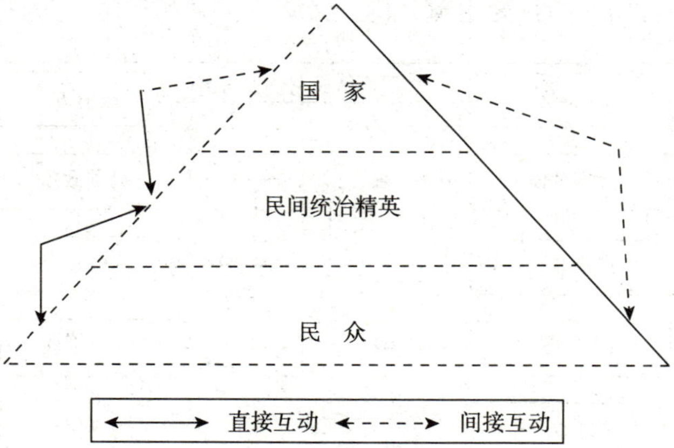

图 1.19 “国家—民间统治精英—民众”三层结构中的互动关系

资料来源：孙立平：《现代化与社会转型》，北京大学出版社 2005 年版，第 123 页。

上述两项研究的立足点均在社会宏观层面，实际上，中观以及微观层面的互动研究也是学界关注的对象。高恩新在研究当代中国农村重大群体性事件的发生机制时提出了民众与政府互动过程中存在的“加速模型”。他认为，社会冲突总要表现为互动的过程，“在冲突所在的权力—社会结构稳定的情况

① 孙立平：《现代化与社会转型》，北京大学出版社 2005 年版，第 148 页。

下，利益对抗的双方是否走向冲突、冲突的程度如何是彼此之间衡量自身力量、评估对方力量、组织整合与行动选择、对对方行动做出反应的互动过程。参与冲突双方之间的认知、选择、行动不但决定了自己的行动策略，也制约着对方的行动策略。从这个意义上说，任何社会冲突的对抗者之间都存在着‘加速作用’，即一方的行动会刺激另一方采取‘对等’行动，彼此互相强化。”① 当代中国农村的突发冲突事件，起因多源自政府公共政策的失衡，这种失衡引发了民众怨恨情绪以及个体维权行动，而政府对个体民众的利益诉求没有及时回应，引发了个体行动者之间的联合，从而导致集体行动。在这个过程中，集体行动的不断升级促使政府在特有的国家—社会关系中无法采取妥协、谈判的策略，而政府强制性危机管理行动刺激了民众组织联合、加速了集体行动升级过程。暴力冲突的关键原因在于对抗性结构中双方力量对比的不均衡。高恩新的研究既在宏观背景中建立了中观层面的研究视角——国家和社会中行动者的行为逻辑分析，又结合了微观视角——案例验证。

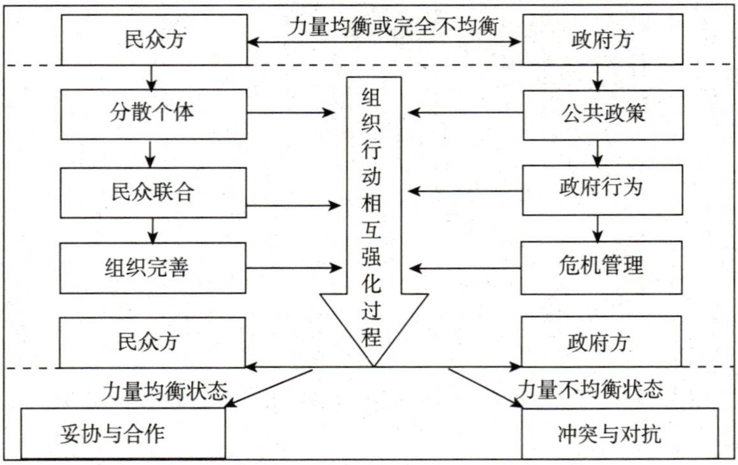

图 1.20 中国农村重大群体性事件的加速模型

资料来源：高恩新：“过程、行动者与危机管理——当代中国农村重大群体性事件的发生机制研究”，复旦大学博士学位论文，2008 年。

有关主体互动规律的研究文献十分丰富，难以面面俱到，本书只能摘录

① 高恩新：“过程、行动者与危机管理——当代中国农村重大群体性事件的发生机制研究”，复旦大学博士学位论文，2008 年。

若干有代表性的研究进行回顾，希望能从这几个侧面展现当下的研究成果和热点。

（3）关于危机事件主体互动研究的方法回顾

目前对于危机事件主体互动的研究方法主要采用个案分析法。可以看到，每逢国内外出现重大公共危机事件必定会引起学界的极大关注。例如，2003年出现的严重急性呼吸道综合症（SARS）个案就成为研究者频繁使用的分析对象。类似地，本书第一部分所做的案例分析也采用了同样的研究方法。使用个案研究的方法分析危机事件中的主体互动具有其优势之处。罗伯特·K.殷曾指出，案例分析最适宜使用的情况是："研究的问题类型是'怎么样'和'为什么'，研究对象是目前正在发生的事件，研究者对于当前正在发生的事件不能控制或极少能控制。"① 无疑，对于公共危机事件来说，上述的几个条件都能满足。首先，不少研究者（包括本书作者）的研究目的在于梳理和厘清危机事件发生的原因以及危机事件有着怎样的发展过程。（为了强调这种分析，本书的个案分析分别遵循了追因分析和追踪分析两种规范来进行。）其次，虽然研究者分析的案例大部分都已尘埃落定，但是它们具有同样的时代背景和环境，并且一些同类型的案例不断出现在生活当中。最后，对于危机事件，研究者无法也无从进行控制。当然，个案分析法也常遭到一些批评。例如，它常被批评缺乏严密性，同时也可能出现材料冗长，不忍卒读的情况。应该说，完成一个高质量的个案分析对研究者是一项严峻的考验。

孙立平提倡使用"过程—事件"分析研究策略。他在研究中国农村中乡镇、村庄和农民三者之间复杂而微妙的互动关系时使用了这一研究策略和叙事方式。"'过程—事件'分析研究的最基本之点，是力图将所要研究的对象由静态的结构转向由若干事件所构成的动态过程。……这里的关键，是将研究的对象作为或者是当作一个事件性过程来描述和理解。"② 可以看到，一方面"过程—事件"分析带有个案分析法的特征，它的立足点始终是事件。另一方面，"过程"强调了一种动态的视角，即要揭示出社会现象中最重要的解

---

① （美）罗伯特·K. 殷著、周海涛主译：《案例研究：设计与方法》第三版，重庆大学出版社2004年版，第11页。

② 孙立平：《现代化与社会转型》，北京大学出版社2005年版，第349页。

释变数。这意味着，研究者必须洞察社会结构性因素对过程的影响，并揭示出这种机制的作用。这种研究策略把单独的事件和延续的社会机制联系在一起，因此可以将其看作一种深化的个案研究方法。本书在进行分析时，也部分地借鉴了这种研究策略。

南京大学—谷尼网络舆情监测与分析实验室对腾讯和360的“恶战”进行舆情分析时采用的研究方法，值得关注，“在梳理事件过程中，以搜索事件首发信息源为起点，以发布时间为删选标准，继而整合主流媒体及门户网站的同质新闻作统计分析，务求完整、客观再现事件的过程。传播路径分析系以谷尼舆情监测系统监测到的与事件相关的新闻、论坛、博客的内容为基础，参考转载率数据和媒体权重数据，描绘出事件发展的传播影响顺序，分析得出事件传播路径，以展示网络舆论的形成脉络。舆情分析系以谷尼舆情监测系统监测到的相关意见，通过文本倾向技术分析来明确传播者所蕴涵的态度、观点、立场，同时，辅以各类论坛搜索引擎作加权分析以形成统计结论。”①

2. 本书的分析思路

基于前人研究成果的启发，本书在探讨危机事件中的主体互动规律时主要遵循以下思路：

首先，本文提出理想状态下应对危机事件的主体互动规律。在这种理想过程之中，各方主体能够进行较为充分的信息交流和互动，通过一系列环节减低危机的破坏性，并且把类似危机的预防和应对纳入现有的体制内。

其次，针对目前所收集到的个案（参考本书的第一部分），本书采用基于“起因—结果”的分类方式对这些案例进行类型化。

最后，对每一个“起因—结果”的分类进行过程分析，揭示出某个危机类型中，欠缺了哪些理想状态下的必要构成。

3. 理想状态下的互动模型

（1）循环的互动过程

图1.21揭示的是成功应对危机事件的主体互动模型。在这个模型中，公

---

① 杜骏飞等：“必须保卫社会——腾讯—360争霸案分析”，《新闻记者》2010年第12期。

众自发地发表言论和在人际范围内聚集力量；政府颁布法律法规确定现有体制中的参与渠道；作为中间层的专家、媒体、NGO一方面整合民间力量，另一方面传播来自政府的信息。各方主体经过参与协商、政策评估与调整的过程，最终把应对危机的策略纳入现有的体制之内，并把这种体制内的应对方式作为下一次危机事件的应对前提。可以看到，这是一种循环模式，不同主体之间的互动推动着危机事件应对的各项环节。应当指出的是，理想的互动模型并不是指主体之间完全不存在矛盾冲突。实际上，危机事件中必要的矛盾冲突会成为互动过程的推动力。理想的应对方式并非掩饰或回避这些矛盾，而是通过适当的渠道表达或发泄这些矛盾，并把解决之道纳入现有体系之内。

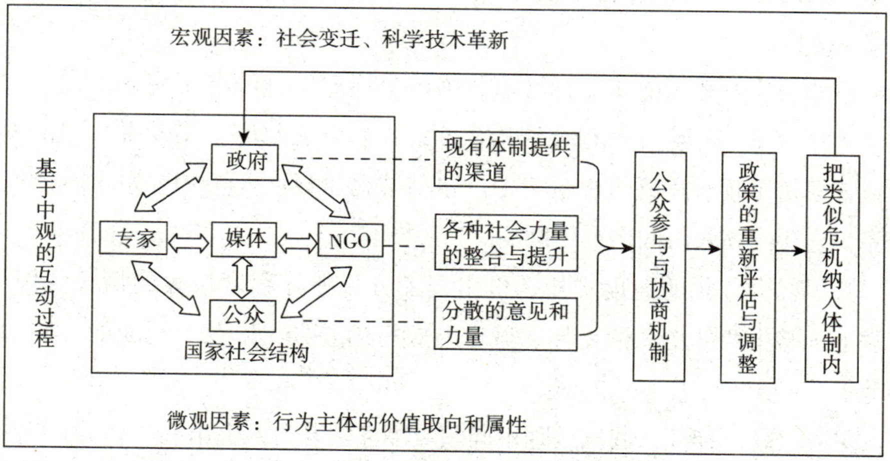

图1.21 应对危机的理想主体互动过程模型

针对2010年下半年的腾讯360之争，杜骏飞在“九评腾讯”一文中提出，“社会也必定有能力损害它（腾讯）”、“捍卫公共生活，是任何现代国家的义务……国家必须介入社会反抗技术霸权的抗争，否则，网络公共生活的失范将危及国家网络政治”、“……希望IT巨头们提振民族经济，我们也希望它们能为社会重建理想的网络秩序”①，观点的初衷就在于应对社会事件时，上述三方理应形成良性的循环互动。

① 杜骏飞：“九评腾讯”，载杜骏飞博客 http：//blog.sina.com.cn/s/blog_475b3b600100n0am.html，2010年11月4日。

（2）影响互动过程的宏观和微观因素

此外，这还是一种基于中观视角的模型，它同时受到宏观因素以及微观因素的制约。宏观因素包括社会变迁、社会结构以及科学技术革新等方面；微观因素包括各种行为主体的价值取向和素质。

①社会变迁。

社会变迁包含多个方面的变革。自改革开放以来，我国一直处于社会转型期。“改革以来，中国的社会变迁意义最大、最引人关注之处就是结构的剧烈、持续、深刻的分化。结构分化是指在发展过程中结构要素产生新的差异的过程，它有两种基本形式：意识社会异质性增加，即结构要素（如位置、群体、阶层、组织）的类别增多；另一种是社会不平等对称度的变化，即结构要素之间差距的拉大。”①

虽然与改革开放前相比，目前我国的中层组织已经有了明显的发展，但是“大国家—小社会”的社会结构依然存在。全能政府、父爱主义的治理理念一直根植于政府官员的观念之中。这种结构难以在几十年中发生本质性的转变，它还会在长时间内产生影响。

我国社会分化的速度加快，也出现了分化差异程度拉大的情况。例如，沿海地区与中西部地区的差异、城市与农村的差异，以及不同职业之间的差异等等。

另外，转型期间，我国处理不同领域事务的着力点也出现了差异。“改革开放的20多年，最大的成就毫无疑问是经济的发展。然而，在关注经济发展的同时，政治领域的改革与社会领域的改革进展缓慢。尤其是社会问题，经常被放在次重要或不重要的位置上。像公共卫生或大众的基本权益、流动人口带来的社会问题等，在2003年之前就没有受到过真正的重视。”②

②科学技术革新。

互联网的诞生无疑给当今社会带来巨大影响。互联网系统的开放性、信息的广容性、传播方式的交互性，使人们体验到一种前所未有的传播方式。

---

① 孙立平：《现代化与社会转型》，北京大学出版社2005年版，第159页。

② 胡翼青：“流言传播背后的结构性因素——以‘叫魂’和‘非典’为例”，《新闻与传播研究》，2008年第3期。

在公共事务领域，互联网日益成为联系政府、公众以及其他主体的有效桥梁。更重要的是，在目前国内公众参与公共决策机制不完善的情况下，互联网成为公众互相传递信息、发表意见的平台。在互联网上，公众意见能迅速形成一股强大的舆论压力，对政府起到监督作用。当然，互联网的发展带来机遇的同时也带来困境。如何在公共决策过程中有效利用互联网这一工具，仍然是各方主体正在探索的问题。

③主体的价值取向和属性。

主体各自的特征和属性也影响和制约着他们在互动过程中的行为。

政府公开信息出现滞后，与目前政府体制有密切关系。中央政府与地方政府的关系直接影响到信息公开的时效性。“政府系统内部信息传递渠道的单一并且主要呈垂直即上下级纵向互动沟通方式，这种模式下，上级政府或中央政府对危机信息的知悉，主要来自于下级政府或地方政府的报告。而在某些时候，下级政府或地方政府出于地方利益与保护自己官位、权力等自利性考虑，往往在向上级传送政务信息时，只报喜不报忧，邀功讳过。”①

4. 基于“起因—结果”的个案类型化

面对之前收集到的数量庞大的案例，如何系统地划分案例类型直接影响到我们对互动过程的研究。对于事件而言，起因和结果通常较为明显，但在这两者之间的“黑箱”（即过程）则通常难以捉摸。“黑箱”正是本书试图揭示的部分。受到某种力量驱动的互动主体之间，到底经历了怎样的过程，从而导致某种结果？这是本书不断追问的问题。在回答这个问题之前，首先需要建立起基于起因和结果的分类体系。本书从这两个维度出发，把案例划分成六种类型。

表 1.9　　“政府—公众”危机的不同类型（短期视角）

		危机结果	
		体制化程度高	体制化程度低
危机起因	利益冲突程度低	（A）自然灾害、流行疾病	（B）部分责任事故和刑事案件
	利益冲突程度高	（C）厦门 PX 事件	（D）矿难

① 刘琍：“论信息化时代的公共危机管理”，《四川大学学报》（哲学社会科学版），2004 年第 4 期。

表 1.10 “政府—公众”危机的不同类型（长期视角）

		危机结果	
		体制化程度高	体制化程度低
危机起因	利益冲突程度低	（A） （E）	（B） （F）
	利益冲突程度高	（C）	（D）

本书对危机起因的划分以政府利益和公众利益的冲突程度为依据，将其分为“利益冲突程度低”和“利益冲突程度高”两种类型。“利益冲突程度低”是指事件中的主体具有相同或相似的利益要求，这种情况通常出现在自然灾害、疫情和刑事案件等事件中。这些事件的发生是难以预测的，没有国家或政府需要对此负责。同时，由于政府和公众都需要克服危机以保护自身利益，因此各方主体较容易凝聚起来共同抗击危机。“利益冲突程度高”是指卷入危机事件中的主体有着不同甚至互相矛盾的利益诉求，这种情况通常出现在环境保护、集体贪污腐败和部分安全责任事故等事件中。由于利益诉求不一致，不同主体难以形成共同行动的动力，冲突难以避免。当然，利益冲突是一个渐变的过程，中间存在多个过渡的级别，因此难以找到一条明确的分界线。另外，利益冲突程度低的事件可能会在某些因素的刺激下转向相关的、潜在的、利益冲突程度高的事件。

在危机结果维度，本书把危机事件划分为“体制化程度高”和“体制化程度低”两种类型。“体制化程度高”是指政府能有效把危机冲突纳入体制内，这种情况通常伴随着相关法律法规的颁布或者尝试性措施的出台。“体制化程度低”是指政府不能成功地把危机纳入现有体制内，这既可能是在政府的高压政策下危机事件不了了之，也可能爆发更大规模的、更有破坏性的冲突。本书之所以把体制化程度作为一个考量指标，是因为正如赵鼎新所指出的那样，一个国家内社会运动的发展规律，从根本上取决于该国将一般社会运动纳入体制轨道的能力。“如果一个国家将社会运动纳入体制的能力很强，该国发生极端事件的可能性就会很小。反之，社会运动的参与者就有可能铤而走险，把整个社会搅得天翻地覆。从西方的经验来看，一个国家将社会运动纳入体制的能力主要取决于这个国家的性质以及与之相应的国家与社会之间的关系。”①

根据上述的分类维度，本书把众多个案以短期视角和长期视角进行划分。短期视角的划分包括了四种类型：（A）利益冲突程度低—体制化程度高、（B）利益冲突程度低—体制化程度低、（C）利益冲突程度高—体制化程度高、（D）利益冲突程度高—体制化程度低。同时，应当注意到某些相似的事件在不同的历史阶段会表现出不一致的特征，这就需要从一个更长的时间段进行考察。从长期的视角看，某些危机可能会从上述的一种短期类型转变为另一种类型，其中最典型的两种转变为：从（B）转变为（C），以及从（B）转变为（D）。

下面就对这几种类型的危机事件进行主体互动过程分析。

5. 不同类型的危机事件主体互动过程分析

（1）类型A：利益冲突程度低—体制化程度高

①过程描述。

在各种危机事件中，这一类事件中的主体有较强的合作意愿，是较容易化解的一类危机事件。这类事件以突发性灾害事件为主，由于压力来自外部（而非内部利益冲突），通常各方主体均倾向于通力协作以解决问题。因此，在这类事件中，各方主体较有可能完成理想主体互动过程模型中的若干阶段，并形成良性循环。

首先，在类似自然灾害等事件中，由于各方主体均不需要为事件的发生承担责任，良好的信息流通较容易实现。

第二，面对需要共同应对的危机，公众一方有强烈的参与欲望，在人际范围内积聚力量，并积极寻求渠道发表意见；政府一方也想方设法调动社会各界力量，因此，尽可能打开现有各种政策渠道。处于中间层的专家、媒介、NGO一方面对来自公众的、自下而上的资源进行整合和优化，另一方面对来自政府的、自上而下的信息进行传播，形成一个承上启下的关键平台。公众和政

① 赵鼎新：《社会与政治运动讲义》，社会科学文献出版社2006年版，第6页。

府之间通过中间层的主体进行间接互动，因而有效避免了双方直接产生摩擦。

第三，当政府的现有政策不能有效应对危机时，由于利益分歧较小，各方主体都较容易通过协商来寻求新的解决方法。协商的结果将成为政府制定新的法律政策的重要参考。

最后，从长远利益出发，为了最大限度地降低类似灾害发生带来的影响，政府应不断修改并完善法律政策，提高自身的执政能力来应对类似事件。而其他主体也在危机中接受锻炼，逐步分化出更多的中间层组织，更多样化的公众发言渠道得以建立。总之，各方主体朝着更有秩序、更有效的危机应对过程发展。

②案例分析。

上述的过程描述仅仅是一个轮廓式的勾勒。在现实的案例中，存在着诸多影响因素，制约着过程的发展。这一类型中较为典型的危机事件是“非典”事件、汶川地震和《深圳，你被谁抛弃》网文事件。下文将以“非典”事件为例进行分析。

“非典”事件的前期是危机最严重的阶段，由于政府处理方式的不当和谣言的传播，使这起公共卫生事件激发起连锁反应，向其他领域蔓延。“非典”作为突如其来爆发的疾病，符合主体之间利益冲突程度低的特征，具有可以通过各方主体的有效协作来应对危机的可能。但是，政府处置方式的不当引发了前期的危机。

“非典”事件前期，政府的沉默使媒体活动受到了很大限制。正如在前文“非典”案例中指出的那样，一方面，政府的不表态使媒体无从获得可靠的信息；另一方面，在政府压力下，媒体对事件欲报不能。由上而下的信息通道受阻，而公众对于信息的渴求却日益上升。

事实上，即使在这种最容易化解的危机之中，也蕴含着能激发起危机事件向其他领域转移的某些因素。流言正是其中之一。信息不对称的格局造成了大量消息通过非正式渠道进行传播，谣言开始大规模传播。流言具有极大的不确定性，很容易引导危机向另一个方向发展。事实上，“非典”已从公共卫生领域向其他领域蔓延。例如，在广州出现了大批市民抢购、囤积粮食、药品，影响了正常的市场供给状况。而更危险的是，公众对政府的信任大减，甚至质疑政府的行政能力。

“非典”事件后期，国务院明确了严格执行疫情公布的机制，并处分了一批失职政府官员。在中央政府的表态后，自上而下的信息通道得以逐步修复，危机应对才开始步入正常轨道。随后，政府除了每天公布疫情外，还增加新闻发布会召开的次数，政府与社会各界互动逐渐变得更有序、更有组织。

“非典”事件带来了显著的政策调整。公众对信息公开的大讨论和政府在此次事件中受到的教训使信息公开走入立法议程。2003 年 4 月，《政府信息公开条例》被提交至国务院法制办，正式进入立法程序。2007 年 4 月，《中华人民共和国政府信息公开条例》正式颁布，条例规定了信息公开的四种方式：政府公报、政府网站、新闻发布会、传统媒体。在此后南方雪灾和汶川地震中，《政府信息公开条例》成为社会各界衡量政府行为的重要依据。尤其是在汶川地震中，该条例成为衡量政府作为的基本准则之一。该条例在汶川地震中接受了检验，同时开始了在各方主体的互动过程中不断被完善的过程。

（2）类型 B：利益冲突程度低—体制化程度低

①过程描述。

与第一类的危机相似，这类事件中的主体有着较为一致的利益诉求，较容易凝聚在一起应对危机，但是在应对危机过程中并没有进行较充分的协商，也没有达成相关政策的重新评估和调整。因此，这类危机虽然有着良性的起因，却没有得到令各方参与主体满意的处理。这类危机的典型是对一些案件（尤其是刑事案件）的审理和判决引发的争议，例如黄静案、杭州飙车案等。通常，体制化程度低意味着危机没有得到根治，只是暂时缓和，当类似危机再度发生时，有可能爆发更严重的冲突。所以，这种类型的危机是可以向更高一级危机事件转化的。

首先，在这类事件中，由于各方主体均不需要为事件的发生承担责任，各方都有较强的意愿应对危机。

第二，但是在各方主体互动的过程中，不但没有达成共识，反而形成明显的对抗阵型，双方产生激烈的碰撞。这一阶段通常会出现议程的变动（事件本身被淡化，而与事件相关的结构性问题开始上升）和不同阵型的形成。

第三，僵持的局面通常随着政府最终敲定的决绝方案而逐渐平息。由于各方意见分歧巨大，最终没有出现政策的重新评估和调整。危机随着时间逐步平息，但没有消亡，仅仅处于潜伏状态。一旦出现类似事件，又会被重新激发。

②案例分析。

在这一类型的危机中，最大的疑问在于，既然政府和公众之间不存在高度利益冲突，为何还会出现危机，并且难以把危机纳入体制内的解决之道呢？下面就以黄静案和杭州飙车案进行分析。

首先，无论是黄静案还是杭州飙车案，由于它们破坏社会稳定的性质，各方主体对此均力图查明真相并主张严肃处理。事实上，凶杀案和交通事故每天都在发生，而这两起事件之所以能掀起轩然大波，与案件所带有的某些特征密切相关。可以发现类似案例都带有某些反映当前社会矛盾的因素，而这些因素越多，其受关注程度越高。例如，黄静案中，黄静家属的平民身份和姜俊武一家的公务员身份形成鲜明对比；杭州飙车案中，胡斌是“富家子”和“纨绔子弟”，谭卓是“无辜行人”和“有为青年”。这些特征都为公众议程的转变埋下了伏笔。

第二，案件进入公众视野后往往会经历议程转变的过程。黄静案和杭州飙车案都是通过媒体报道走入公众视野，但事件焦点并不是始终不变。当事件引起公众注意时，公众最容易对案件进行情绪化解读。这种解读实质上弱化了案件的主要环节，而对案件的次要因素进行放大。媒体中的一些“标签式”的报道用语在一定程度上加剧了公众的这种解读方式。例如，杭州飙车案中，“富二代”、“为富不仁”等词语频现媒体报道之中。媒体的话语本质上不能脱离当前社会的话语体系，这些用语迅速与大众的认知图景结合在一起，并且在相互作用之中不断放大。在类似案件中，很容易就能找到公众宣泄“仇富”情绪的言论。

第三，政府对案件的处理存在失误，这使被激发的公众情绪指向政府。例如，黄静案中，公安部门经过三次鉴定后确认黄系病死，并作出不予立案的决定。此举引起了公众的强烈不满，网民几乎一边倒地指责司法部门故意销毁关键证据、发布错误的尸检报告、徇私枉法。杭州飙车案中，杭州市把肇事车辆的速度认定为70码，结果遭到了强烈的抨击。公众把矛头从嫌疑人转向政府。在强大的舆论压力之下，政府重新对事件进行调查评估。不过，政府公信力一旦下滑就难以再次取信于民。尽管警方开始立案侦查黄静案，公安局也把肇事车辆的速度调整到84.1km/h至101.2km/h的范围，但公众始终对此抱有相当大的抵触情绪，政府形象并没有得到扭转。

第四，这类案件难以通过协商纳入体制的一个重要原因在于专家群体出现了分化，并形成支撑与反对政府的两大阵型。对于黄静的死因，专家对官方和民间司法鉴定机构给出的尸检报告有不同的看法；对于杭州飙车案的判决，专家对车速的认定和嫌疑人的判决（被判处危害公共安全抑或交通肇事罪）也存在十分大的分歧。这主要由两个原因造成，一是在证据的认定上，我国没有独立的第三方机构提供认定。其后果是，支持和反对的双方各执一词，势成僵局。另一方面，我国在法律上的确存在真空地带，例如对危害公共安全和交通肇事罪尚无明确的界定。

第五，这类事件的结局多是不了了之。政府作出了最终的处理方案，而公众、专家、媒体、NGO 对事件的关注日益下降。最终事件会被暂时搁置，等待类似事件发生时再度被激发。

（3）类型 C：利益冲突程度高—体制化程度高

①过程描述。

与前面两种危机事件不同，在这一类事件中，政府和公众之间存在着显著的利益冲突。这种矛盾使政府和公众处于极度紧张的关系之中。出于维护自身利益的需要，双方通常难以作出让步，因此协商过程尤为艰难。但是，中间层主体的有效行动最终促成政府和公众之间的交流与合作。同时，导致政府政策的重新评估和调整的一个重要因素在于，社会大多数成员对某些问题已经形成共识（例如环境保护），能对政府形成强大的舆论压力。

首先，由于政府与公众之间的利益冲突显著，这类危机的揭露往往是通过中间层主体，或者公众通过人际方式或互联网来完成的。中间层主体常常成为政府和公众争夺的对象。通常，国内媒体和 NGO 由于受到国家的强大约束，会在事件发生前期出现沉默。尤其是地方政府对地方媒体施加高压，高度控制媒体议程和媒体立场。

第二，由于存在利益的竞争，政府往往收紧公众参与渠道，公众则寻求其他渠道自发形成讨论，并形成舆论压力。

第三，中间层主体成为影响事件发展的关键因素。专家和部分 NGO 一方面把专业知识向公众普及，另一方面尝试与政府对话。媒体（通常是异地媒体，或中央级媒体）的加入为公众表达提供了平台。促成国家现有体制的某种变化是相当困难的，因为体制的变化意味着某些既得利益群体面临着利益损失。在这种情况下，单靠公众分散的力量是难以实现这一目标的，需要中间层主体在专业领域发挥作用，促成政府和公众的对话。

第四，在中间层主体和公众的努力之下，政府放宽自上而下的参与渠道，政府和公众的协商得以实现。

②案例分析。

厦门 PX 事件是此类危机中的典型。此项目投产后每年可带来达 800 亿元人民币的工业产值，但项目 5 公里半径范围内的海沧区人口超过 10 万，而 10 公里半径范围内，覆盖了大部分九龙江河口区，整个厦门西海域及厦门本岛的 1/5。项目的最大受益者是当地政府（带来丰厚税收和政绩），而厦门市民则面临着生活环境恶化的危险。

首先，厦门 PX 项目最早可以追溯到 2001 年，而事件走入公众视野是在 2007 年“两会”期间。在此之前，PX 项目在厦门媒体上出现不多，但都是以正面形象出现的。厦门市民接受的信息是，PX 项目是一项先进的化工项目，能为本地带来丰厚的收益。最先揭露 PX 项目危害的是专家。2007 年 3 月，中科院院士赵玉芬等 105 名全国政协委员联名提交的“关于厦门海沧 PX 项目迁址建议的议案”，成为全国政协头号议案。从递交议案到 2007 年 6 月之前，厦门所有媒体对此项目只字不提。而对比鲜明的是，异地媒体的报道和来自互联网、手机短信的消息掀起了公众的大规模讨论。

第二，专家和部分媒体向公众普及了专业知识。由于化工项目属于专业领域，普通公众对此知之甚少。赵玉芬等专家高频率在媒体曝光，起到不断向公众解释的作用。另外，一些当地媒体工作者，通过互联网用大众化的语言解释 PX 项目的危害，以及相关法律政策。

第三，厦门政府保持沉默的同时，关闭了集中讨论 PX 事件的“厦门小鱼论坛”，并收缴了披露 PX 信息的杂志。政府的这一举动，不但切断了自下而上的参与通道，而且试图对中间层组织施加影响，阻碍舆论的形成。事实上，起缓冲作用的中间层组织受限制的直接后果是政府与公众产生剧烈的摩擦。在现有制度中寻找不到渠道表达意愿的公众，开始酝酿通过其他方式组织抗议活动。此后，尽管政府已经宣布缓建 PX 项目，但是厦门市民还是如期进行了集体“散步”。

第四，面对专家与公众联手对抗政府的局面，厦门政府迫于压力决定面向公众征集意见。政府与公众对话，是厦门 PX 危机事件的重要转折。厦门政府宣布召开市民座谈会，并对 PX 项目重新进行环保评估。这意味着，面对巨大的舆论压力，政府重新开放参与渠道，并且对现有政策进行重新评估。市民座谈会并非正式的听证会，只能作为一次民意的听取，但是这次市民座谈会在候选人选择、发言制度上表现出高度的程序化和空前的透明。虽然市民座谈会没有通过政策纳入为处理类似事件的一个必要环节，但是它做出了一个重要的示范，它把原来写在法律条文上空泛的话语①落实为实际行动。从这个意义上讲，市民座谈会“无名”却“有实”。

（4）类型 D：利益冲突程度高—体制化程度低

①过程描述。

这是一类最为危险的冲突。政府利益与公众利益发生明显的碰撞，双方关系高度紧张，但是双方却无法寻找到合适的协商渠道，更无望通过改进现有体系来克服矛盾。与上一类型相似，冲突双发都试图争取中间层主体的协助。但是在这类危机事件中，诸多因素导致了协商不能进行，进而使政府没有对现有政策进行修改或者所作的修改并没有触及症结所在。在这类事件中，中央政府可能通过惩处个别官员或地方政府来暂时平息民怨，但很少涉及现有体系的变更。而公众可能暂时妥协，但当事件再次发生时会再次与政府产生冲突。

首先，由于政府与公众之间的利益冲突显著，这类危机的揭露往往也是通过中间层主体，或者公众通过人际方式或互联网来完成的。中间层主体常常成为政府和公众争夺的对象。公众向专家、媒体或 NGO 寻求帮助，而政府往往对中间层主体和公众施加压力，尽可能封锁消息。

第二，由于存在利益的竞争，政府往往收紧公众参与渠道，公众则寻求其他渠道自发形成讨论，并形成舆论压力。某些中间层主体即使在政府的压力之下仍会为公众发出声音，但如果中间层发挥的作用极其微弱，那么政府

① 2006 年国家环保总局制定的《环境影响评价公众参与暂行办法》第 7 条和第 17 条，规定了环境影响报告书中需要附具对公众意见采纳或者不采纳的说明。

和公众产生的碰撞将会非常激烈。

第三，事态发展越来越严重时，为了防止事件进一步恶化带来更严重的损失，政府不得不采取措施，可能给予利益受损者一定数量的补偿，以及惩处相关责任人。但是，政府的应对只是出于暂时缓解紧张的局面，并没有进一步重新评估和调整政策。

第四，事态的缓和不等于矛盾从此平息。由于没有从制度层面进行调整，类似的事故会再度发生，政府和公众的紧张关系也会被激发。当事件不断重复发生以后，公众就会对类似危机形成一种普遍观念和情绪，甚至会对政府形成刻板印象。如果形势不能扭转，公众对政府的信心将不断衰减。在某些类似导火索事件的启动下，政府和公众之间将会爆发更大的冲突。

②案例分析。

在我国，高利益冲突型危机事件的典型是矿难事故。“中国的煤炭产量占全世界煤炭产量的30%左右，但死亡人数却占80%以上，是世界上主要产煤国家死亡总人数的4倍。2004年中国煤矿百万吨死亡率为3.08，为历史最好水平，却仍旧是美国的100倍、南非的30倍、印度的10倍。”[①] 与偶发的刑事案件和企业责任事故不同，十分相似的矿难事故一次又一次上演，矿工的生命健康受到严重威胁，却仍然长期忍受艰苦的工作环境和非常低的工资待遇。

首先，矿难的发生不仅是局限于特定群体与群体（矿工与私营煤矿主）之间利益冲突，还涉及深层次的利益矛盾。一方面，地方政府官员与私营煤矿主相互勾结，形成权与利相结合的整体。另一方面，目前中央对地方的评价体系中过度强调经济发展的比重，这在客观上纵容了某些地方政府为了追求地方财政收入，给私营煤矿过度开掘开绿灯。在追求利益最大化的过程中，私营煤矿主不惜一切手段榨取矿工的劳动成果，甚至置矿工的生命于险境而不顾。

第二，矿工群体是弱势群体，他们缺乏与私营煤矿主和地方官员对抗的资本。可以看到，在许多重特大矿难事件中，消息的公开基本上均依赖新闻媒体的报道。矿工群体希望得到来自媒体的协助，而私营煤矿主和地方官员

① 梁海慧：“中国煤矿企业安全管理问题研究”，辽宁大学博士学位论文，2006年。

则因保护已有利益而极力为媒体的报道设置阻碍。例如，从本书案例部分对娄烦矿难的分析中就不难发现，事故发生后，地方政府瞒报、谎报的做法司空见惯，并且对媒体和互联网也进行了消息封锁。若不是部分记者勇于揭黑，透露内幕信息，事实将从此被掩盖。目前国家虽然有《刑法修正案》、《生产安全事故报告和调查处理条例》和《政府信息公开条例》等规定，但是强大的地方力量使这些法律法规的执行受阻。

第三，在信息发达的今天，少量内幕消息的流出都会引起公众的关注。中央政府开始注意到当地的异常情况，成立专项小组到达当地进行调查，从而使违规的地方官员和相关责任人受到处罚，受害者得到赔偿。

第四，中央政府的介入使问题得到较好的解决，但是这些解读方法仅限于表层，没有深入到体制内的关键之处。因此，事件的一时平息并不能从根源上杜绝类似危机的发生。更重要的是，同类型的危机经常发生，容易在公众当中积聚不满情绪，甚至会对政府乃至国家产生某种抱怨或怨恨，形成恶性循环。

因此，“利益冲突程度高—体制化程度低”这一种危机类型是相当危险的，由于没有适当的沟通渠道和对应的解决方法，因此极容易在一些诱因的刺激下爆发更为激烈的冲突。

（5）危机从一种类型向另一种类型的转变

即使是相类似事件，在不同的历史和社会环境中也会变现出差异。上文所分析的类型 B 中，就显示良性起因的危机事件如果没有得到根治，极有可能向更高一级危机事件转化的。利益冲突程度没有明显的界限，另外，即使是利益冲突程度低的事件，其背后都能找到与目前体制相关联的因素（例如，黄静案和杭州飙车案中，公众对事件的解读都指向了贫富分化严重和司法过程的缺陷等问题）。当利益冲突程度低的事件不断发生，事件本身和背后的体制因素的联系不断增强。在积累效应的作用下，危机类型 B 可向危机类型 C 或 D 发展。

危机类型 B 向类型 C 发展的典型是孙志刚事件。《城市流浪乞讨人员收容遣送办法》早在 1982 年生效，按此办法收容的人员数量不在少数。但是在孙志刚事件发生之前，社会上对收容条例的讨论十分零散，并不足以凝聚成强大的舆论力量。直到一名公民的死，把人权问题、宪政问题提到国家议事日程之上。《收容遣送办法》中的人身自由问题已经凸显，成为国家和公众交锋的焦点所在。可以看到，孙志刚事件之前，收容事件的发展遵循着类型 B 方式，而到孙志刚事件，危机则按类型 C 的方式发展。由于类型 B 中政府与公众的利益冲突程度不高，因此事态容易缓和，公众对体制变革的要求不高，而政府更加缺乏变革的动力，这种状态的打破通常以发生重大事件为契机。孙志刚事件中，年轻公民逝去的生命成为唤醒社会对收容体制反思的推动力。

危机类型 B 向类型 D 发展的典型是贪污腐败事件。关于官员腐败而引起的危机事件，本书案例部分有专门的分析，在此不再展开。对于腐败事件，开始的状态是某些官员利用职务之便徇私舞弊。由于体制存在漏洞，虽然查处了部分违法之徒，但是仍存在滋生腐败的空间。当腐败不限于单个官员，而涉及稳定的利益链条，甚至出现官官相护、官商勾结等大范围的权与利的统一体时，腐败事件就遵循类型 D 的发展过程。

6. 结语：互动与跨越

目前，国内对危机应对的研究仍处于探索阶段，过去的不少观点都把应对危机的主体局限在政府一方，不过，可以发现现在越来越多的研究着眼于多方主体的互动关系。本书也仅仅是尝试性地提出一种分析框架，试图理清多方主体之间纷繁复杂的关系。应该指出，类型与类型之间并没有明确的界限。某些危机事件可能介于两种类型之间，兼具有两种类型的过程特征，这是完全有可能的。本书的着力点在于揭示过程中的关键环节，应该说，某些关键环节在特定宏观和微观因素的激发下，可能出现在不同的类型之中。主体之间的互动关系是灵活变动的，不应被狭隘地框定在某种僵硬的框架内。

最后，不得不再次强调的是，危机是一个中性的概念，它的出现并非总是带来负面的影响。面对日益增多的危机事件，政府、公众、专家、媒体、NGO 共同面对着挑战，但也同时面临着机遇。正如上文所分析的，一些利益冲突程度较低的危机由于多种因素的存在转变为政府和公众之间的剧烈摩擦，但摩擦却是暴露出体制问题的一次难得且宝贵的机遇。因此，应对危机的积极做法并不是遮蔽和隐瞒，而是实事求是地追问危机产生的原因和发展过程，挖掘危机背后的深层矛盾。

第二章

网络事件的性质及影响

一、网络审判与政府形象危机

1. 理解网络审判

（1）“媒介审判”概念回溯

“媒介审判”（Media Judgment，又名“媒体审判”、“新闻审判”、“舆论审判”等）的概念，国内的诸多学者对其进行过研究。魏永征在其著作中提出：“媒介审判是一种新闻报道干预、影响审判独立和公正的现象，其具有超越司法程序抢先对案情作出判断，对涉案人员作出定性、定罪、定量刑以及胜诉或败诉等结论的特征。”①也有学者在此基础上进行了补充：“所谓‘媒体审判’，是指新闻传媒通过新闻报道，聚合社会舆论，从而对原被告执行的一种审判活动。”②

也有学者认为：“媒体审判是指新闻机构在诉讼过程中，为影响司法审判结果而发表的消息和评论。媒体审判发生在诉讼过程中，具有给案件定性、给被告人定罪的特点。”③ 此概念中，行为客体只有被告，手段中也没有提及社会舆论在其中所发挥的功能，并且可以看出，文章作者认为媒体审判具有“惩恶性”。

在以上学者的研究中，虽然表述不尽相同，但有一点是相同的：行为主体为新闻传媒，客体为原告以及被告，目的是对客体进行审判活动，手段是

---

① 魏永征：《新闻传播学教程》，中国人民大学出版社2002年版，第113～114页。

② 文建、黄顺铭：“庭审采访与司法独立”，《当代传播》，2004年第1期。

③ 徐迅：“媒体报道案件的自律规则”，《新闻记者》，2004年第1期。

通过新闻报道聚合社会舆论。本书认为，审判活动只是主体真实目的的外在，其内核是大众道德标准的“善与恶”在司法层面的舆论诉求，是大众舆论的一种表现形式。

（2）“媒介审判”再认识

①“媒介审判”源起。

“媒介审判”是一个来自西方、特别是普通法国家的概念，指一种不依据法律程序对被告或犯罪嫌疑人实施的、非法的、道义上的裁判，也叫“报刊裁判”（trial by newspaper）。在普通法国家，历史上实行陪审团制度，陪审团由普通公民组成。如果大众传媒在开庭审判前就对案件或涉案的当事人做过多的报道和渲染，就会影响陪审团的公正投票，从而间接影响判决的公允①。

1954 年，美国外科医生谢帕德（Saln Sheppard）被指控谋杀妻子。由于当时在事发现场没有留下任何线索，使得案情无法开展。但是，民众和媒体的合理想象认定谢帕德医生是杀死其妻子的凶手。媒体为了炒作的需要，不断制造新闻，以此来刺激受众情绪，致使法院最终裁定谢帕德医生有罪。被告不断上诉，屡次被法院驳回。直到 1965 年，美国最高法院接受谢帕德医生的请求，重新审判，并判其无罪②。

普通法国家中陪审团制度的存在，在一定程度上促发了“媒介审判”行为的发生。陪审团成员个体对于普通社会公众的身份有着强烈的认同感，这与法官的司法认同感相对，从而保证其法系的公正性。也正因为如此，作为社会公众的陪审团成员，其判断也更加容易受到大众媒介的影响，进而影响判决结果。

②“媒介审判”与“舆论监督”。

国内的“媒介审判”由“舆论监督”引发而来。目前我国的监督力量主要有六类：党内监督、立法监督、司法监督、行政监督、民主监督和舆论监督③。有学者认为：“‘舆论监督’不像党内监督、立法监督、行政监督那样

---

① 张健：“‘媒介审判’的个案分析——以心理学解析为视角”，复旦大学硕士论文，2008 年。

② 吉尔摩、巴龙、西蒙著，梁宁译：《美国大众传播法：判例评析》（上册），清华大学出版社 2002 年版，第 354 页。

③ 张晓婷：《我国当前舆论监督与司法公正冲突的现状分析》，兰州大学硕士论文，2008 年。

待定化、具体化，但又无处不在，无时不在；它和民主监督一样是软监督，但监督效果却胜过民主监督，是现代民主政治国家都很重视运用的一种监督。”① 但是我国的媒体长期担负着“喉舌”的宣传重任，受行政力量影响较大。陈力丹教授指出：“媒介监督在我国某种程度上是党政权利的延伸或对这种权利的补充。虽然批评者是媒介，但通常被视为某一级政府或党组织的意见，权威性很大。”② 由此可见，我国的舆论监督既有权威性，也有其出于行政力考虑的妥协性。但随着媒体的不断发展和政府信息公开建设的深入，媒体的行政色彩正在不断淡化，因此当舆论监督涉及司法内容时，媒介审判的现象就可能出现。

陈力丹指出：“反映舆论是大众传播媒介的功能之一，人们生活在信息和意见的海洋里，媒介成为人们的“导航圈”。在这个意义上，没有现代大众传播媒介，就谈不上现代舆论及其不息的流动。由于大众媒介是自为的传播机构，它们在与自在的舆论的互动中，多数情况下占据着主导地位。”③ 通过这段论述我们可以看出，舆论监督作为舆论的一种表现形式，虽然在一定程度上反映了舆论，但媒体的在其中的主导性反而在一定程度上弱化了公众舆论的原发性，并对那部分并没有参与舆论或者尚未形成意见的公众起到了一定程度的引导作用。

③网络审判。

随着互联网使用的不断普及，以往需要通过传统媒体反映的舆论可以借由网络进行发表，这大大拓宽了舆论的范畴，同时也对媒体通过制造和引导舆论来进行监督的方式产生了影响。从历年《中国互联网络发展状况统计报告》中的数据走向可以看出，互联网的主要使用人群由原先的精英阶层向草根阶层不断过渡，可以说网络舆论在一定程度上代表使用互联网的公众的意见。从近年来发生的众多网络事件可以看出，网络舆论对于事件的推进起了至关重要的作用。

对于网络舆论的定义，邹军认为：“广义上的舆论，简单地说，就是通过

---

① 王强华、魏永征：《舆论监督与新闻纠纷》，复旦大学出版社 2000 年版，第 34 页。

② 展江主编：《舆论监督紫皮书》，南方日报出版社 2004 年版，第 76～83 页。

③ 陈力丹：《舆论学——舆论导向研究》，中国广播电视出版社 1999 年版，第 59 页。

互联网表达的社会舆论。它包含了所有的社会舆论模式，有公众舆论，有媒体舆论，还有各种利益集团制造的舆论假象，也有草根阶层的真实民意。而狭义的网络舆论，则仅仅是指网民作为舆论主体，在网上发表的舆论。”① 本书探讨的是此概念中狭义的网络舆论。

根据上文分析的“媒介审判是舆论的一种表现形式”这一逻辑可以得出：网络审判是网络舆论的一种表现形式。网络媒体与传统大众媒体的区别使网络审判与传统概念的媒介审判必定存在差别，但因为两者具有互动与交叉关系，也必定在内容上有所重合。本书认为，所谓“网络审判”是指：公众通过网络，发表自己的观点或以点击、转载等形式表达对于事件报道、他人观点的关注来形成舆论，从而试图干预、影响司法独立和公正的行为。

网络审判与媒介审判的特点及其与政府形象危机的关系，下文将进行详细的论述与研究。

2. 网络审判的个案研究

对于单一事件而言，由于网络传播的迅速性，媒体与公众在信息的获取、使用以及发布的便利性上已经趋于一致，因此很难将其归类为网络审判或媒介审判，因此在进行案例分析时，本书只能对其中的媒介审判与网络审判部分进行区分，分析得出其中的主导力量。以下，本书就“杭州飙车案”，进行个案研究②。

（1）网络审判的进程分析

我们将事件的发展分成原发期、发展期、激化期、消解期、长尾期五个部分。将点击量与信息数目的整体视为用户的关注度，形成纵坐标；时间为横坐标，建立二元图像。原发期的图像处于一个低数值的慢速增长；发展期的图像，纵坐标处于一个快速增长状态；激化期的纵坐标达到顶峰均值附近；消解期的图像处于一个数量逐步降低阶段；长尾期纵坐标数值处于一个较低区域，往横轴正方向前进，最终趋向于零。基于以上描述，我们可以借助百

---

① 邹军：“试论网络舆论的概念澄清和研究取向”，《新闻大学》，2008 年第 5 期。

② 有关“杭州飙车案”事件的概况，请参阅课题组个案研究之法制类政府危机个案追因。该成果将以《大国网情》为题另行出版，下同。

度指数提供的用户关注度与媒体关注度，来考察网络舆论与媒体反映的舆论在网络审判事件中的变化，并对阶段进行划分。

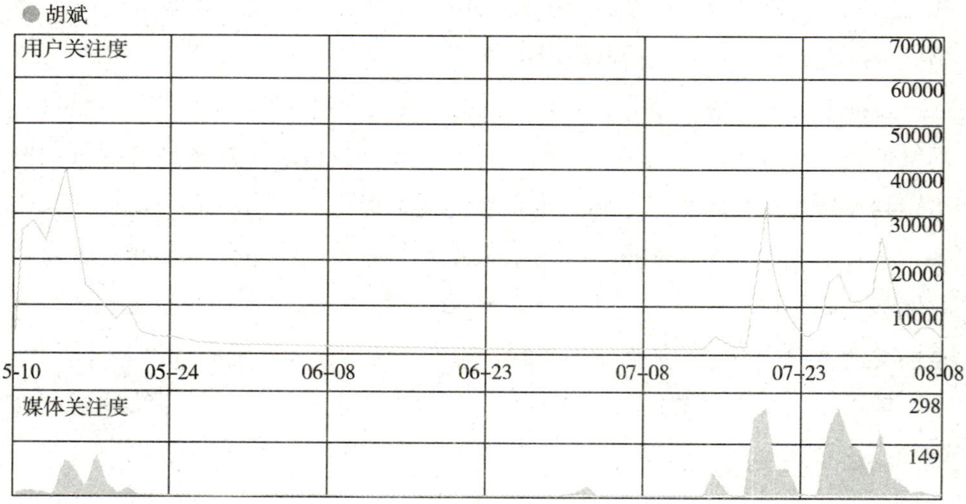

图 2.1　“杭州飙车案”的用户关注度与媒体关注度

资料来源：百度指数 http：//index. baidu. com，关键词“胡斌”，统计时间 5 月 10 日至 8 月 8 日。

①原发期（5 月 7 日 ~5 月 10 日）。

车祸发生在 2009 年的 5 月 7 日晚，最先对事件进行曝光的是杭州当地一个名为“19 楼”的网络论坛。该贴在发出不久后，便被管理员进行了删帖处理。因此在这个阶段，网络公众的言论并没有形成声势，而且舆论内容也没有审判化的倾向。但是事情已经经过互联网进行了首次传播，并且在全国的其他论坛进行了转载。5 月 8 日，杭州市政府对事件进行了回应，宣布肇事者胡斌当时的车速为“70 公里每小时”。正是“70 码”的调查结果，激起了网民的质疑。8 日晚，经由网络组织数千人自发聚集到事发现场，悼念谭卓，也正是这一行为极大扩大了事件的影响。

在警方公布“70 码”之前，网络民众对于案件的认知是停留在“富家子”层面的，是对于被撞大学生谭卓的同情；而当“70 码”调查结果公布之后，网民视其为一个草草了事的行为，这就使舆论的内容发生了改变，网络舆论由此转向了对于警方的质疑，当质疑的对象为执法机关时，网络审判就有了发生的可能性。

在原发期阶段，网络上转载最多的帖子名为“杭州富家子弟把马路当 F1

赛道，无辜路人被撞起5米高”。从题目看来，“富家子”与“5米高”为两个关键词。从民众认知角度来看，“富家子”是一个标签化的形象，带有不负责任、游手好闲、家产万贯等涵义，这将胡斌从交通责任的强势群体，变成了舆论的弱势群体。而“5米高”则为民众对于“70码”一说的质疑提供了实证材料。

②发展期（5月11日）。

在原发期，杭州政府对于事件报道进行了新闻管制，在5月11日，各大媒体才开始了大量的报道。在最初报道中，媒体均对“杭州富家子弟把马路当F1赛道，无辜路人被撞起5米高”有所提及，并在后续的报道题目中延续了这一说法，将事件命名为“富家子飙车撞死人案”，后简化成“杭州飙车案”。由此看来，媒体对于事件命名的延续性，说明了在报道中的议题设置顺应了网络舆论，而并没有起到媒体的议程设置作用与引导舆论功能。因此，此次事件的主导方是网民，而非媒体。这是与以往“媒介审判”案例的不同之处，也是“网络审判”的一个特点。

事件在发展期处于一个快速增长的态势，是因为网络舆论与其他传统媒体舆论形成了一个合流，共同“审判”胡斌与杭州警方。此时，如果媒体的观点并不顺应网民意愿，那网民的舆论内容也会偏向对于媒体的“审判”，从而减弱对于事件本身的关注程度。

由此看来，“网络审判”的快速发展，与媒体的报道力度、立场有着密切的关系，这从用户关注度与媒体关注度的对应图像即可发现。同时，杭州政府先期对于新闻的管制，也压抑了媒体报道的欲望，在管制放开后，出现了一个媒体报道的“井喷”，而媒体观点也因为政府的管制而表现出了不利于政府的情绪，从而管制本身导致了媒体报道力度增强，立场偏民众的情况。对于“飙车案”而言，就呈现了大规模的“审判”与“不信任”言论。

③激化期（5月12日~5月14日）。

随着媒体的报道，网络舆论被扩大，“审判”的声浪也逐步攀高。在政府声音的真空期，事件在单方观点的推动下，迅速进入了激化阶段。此阶段中，网民所关注的话题有两个：一是车速的认定，二是胡斌的量刑。这两个话题都体现了网民试图干预、影响司法独立和公正的行为，至此，网络审判正式成形。同时，话题从最初的对“富二代”和杭州警方的声讨，也产生了扩充，有更多的内容提供给不同层次的网民去进行讨论，这也导致了网民关注度的进一步提高。

当话题所能产生的内容无法再增加时，也就意味着网民关注度达到了一个接近饱和的状态，到达峰值。从图像分析的角度来看，峰值是一个具有一定支撑力与张力的临界点，只有当外力出现时才可能出现突破或者消解。外力就是新的话题。新的话题只可能由舆论或者政府产生，舆论的新话题给增长提供了能量，而政府的话题只有处理得有说服力，才能成为增长的负能量。如果在这一阶段政府没有对事件与舆论做出回应，那么舆论的能量将会长时间处于高位运行状态，对政府形象造成严重的影响，导致网络审判的加剧，甚至突破临界点，激发更大面积的公众舆论。

④消解期（5月15日~5月20日）。

5月14日，事故鉴定报告发布，称车速在84.1km/h~101.2km/h范围；5月15日，杭州警方公开道歉。这个结果基本符合了公众的预期，给舆论的增长提供了负能量，因此事件的公众关注度迅速下降。

但从图像可以看出，媒体的关注度在这一阶段并没有降低，维持了激化期的水平。由此再次印证了媒体在此次事件中的非主导地位，晚于网络舆论的开始，晚于网络舆论的出现。

⑤长尾期（5月21日~8月8日）。

5月20日，杭州警方宣布案件进入审查与起诉阶段，并随着民事赔偿的公布，网络舆论能量进一步消解，网络审判至此结束，事件进入长尾期。

7月20日，杭州西湖区法院宣布了审判结果，审判结果并不存在法理争议，也基本符合民众期望，但事件并未就此了结。在判决宣布的当天，就有网民提出了“替身论”，并且媒体也迅速对此作出反应，加入到质疑胡斌身份的阵营中去。从图像可以看出，网络公众的关注度基本达到了激化阶段的水平，而媒体的关注度则大大超过了之前的水平。虽然最终的结果证明“替身论”是一次网络流言事件，但关注度提高的成因是值得我们思考的。

首先，事件在前阶段的舆论积累，已经让公众对当地政府产生了严重的不信任情绪。网络审判虽然随着事件的暂告一段落而消失，但不信任情绪的能量并没有得到消解，只是缺少释放渠道而转为蛰伏状态。当“替身论”出现后，这种情绪又得到了释放机会，因此网络公众的关注度骤然升高。

其次，媒体对于“替身说”的报道，内容基本都引用了网络的转帖，仅在标题做了疑问句式的处理，而对其真实性的调查并没有放入其议题设置中，这实为媒体的失职。当所谓的胡斌替身张礼礤被“人肉搜索”出来后，网民对其照片进行了比对分析，这些分析也被媒体纷纷转载。在发达的数码技术面前，修改照片已经是普遍的技能，媒体并没有对照片的真实性进行调查，这是媒体的二次失职。“替身说”的受害者——北京的刘先生没有得到任何方面的道歉，此乃媒体的第三次失职。媒体在流言阶段表现出的高关注度一是对于政府有着不信任内部认同，二是试图借由事件的前期热度来达到新闻关注的利益诉求。正是这种传播，加剧了流言的传播范围与力度。

（2）网络审判的主客体动因分析

①公众——网络群体。

不可否认的是：在杭州飙车案中，公众对于案件的进展起着重大推动作用。案件发生后，网络群体纷纷到各大论坛社区发帖悼念谭卓，杭州当地一个名为“19 楼”的论坛，一位署名为“拉风的引擎侠”的网友帖发了“富家子弟把马路当 F1 赛道，无辜路人被撞起 5 米高”的帖子，从案发当天到 5 月 10 日短短几天之内回帖数到达 14000 条。在帖子中，发帖者随时更新事件的最新动态，更有网友及时启动人肉搜索，公开肇事者及其家人的详细资料。还有一名为周曙光的湖南宁乡人为飙车案设立独立网站（http：//70km. org），并以“70m”命名。杭州飙车案被迅速烙上公共议题的烙印从而登上舆论审判的舞台。

在整起案件的进程中，公众作为议程的外部推动者多次掀起舆论浪潮，通过制造“欺实马”，“杜绝飙车上瘾，共建和谐社会”，“70 码的速度顶贴，顶起 5 米高”[①] 等网络恶搞和设计“70 码”衬衫调动舆论，迫使杭州公安局采取积极行动。而公众在推动案件发展的同时也多次尝试进行角色的理性变化，但由于本案在量刑的程序上涉及大量专业的汽车和法律知识，公众只能通过与专家和媒体的合作实现转变。

然而到了事件长尾期中的流言阶段，网民从前阶段的理性化趋向一下又

① 载周曙光以“70m”命名的为飙车案设立的独立网站 http：//70km. org。

转变为了非理性的状态。网络舆论对于“替身说”的高度肯定，就是一种非理性的行为，此种非理性行为的背后，是感性认识的主导地位，即对政府的极端不信任。虽然民众的此种非理性具有事件的偶然性，但却也意味着，在任何网络审判的事件中，即使已经进入长尾期，只要政府的任何程序或者结果的公正性受到质疑，此种不理智就具有非常大的爆发可能性。

②政府——杭州市政府、杭州市公安局。

杭州飙车案事发第二天5月8日凌晨，在网络上曝光当天，杭州市市长蔡奇迅速下了“对肇事者要依法严处。痛下决心，彻底解决违法超速行驶问题。”① 的批示，而杭州警方在同一天下午，却没有经过科学测量就直接引述肇事者“70码”的供词，做法有欠严谨，更有包庇肇事者的嫌疑，这种做法理所当然地引发了一轮舆论热议，在公众对政府“说一套做一套”的做法表示强烈不满和质疑的同时，网络上出现了“欺实马”和“钱能解决一切”等网络话语。到了5月15日，在杭州市公安局召开新闻发布会就“70码”说法致歉的同时，浙江省委常委、杭州市委书记王国平迫于舆论压力在杭州网与浙江在线联合举行的“民主促民生”网络访谈中代表杭州市政府发表“依法从严从快查处此事，并且严防此类悲剧在杭州重演”的宣言，并表示已经明确要求执法部门立即开始专项整治行动，“坚决查处飙车、超速等严重交通违法行为，对擅自改装、变动机动车发动机、排气管等装置的行为，严惩不贷，发现一起，查处一起。”②

当案件进入宣布刑事判决阶段的时候，政府为了避免民众负面舆论的再度高涨，对于宣判结果进行了充分且详细的说明，这也是从前一阶段吸取经验后的行为。但“替身说”的出现超过了政府所设想的种种情况，以至于对这样的网络流言显得无从应对。胡斌案的审判长潘波对于流言做出了这样的回应：“我可以负责任地告诉你，就是胡斌本人，不会错的。公检法都在场，

---

① “市领导要求对肇事者依法严处 并要求痛下决心彻底解决违法超速行驶问题”（2009年5月10日），载都市快报电子版 http://hzdaily.hangzhou.com.cn/dskb/html/2009-05/10/content_667286.htm。

② “杭州市委书记王国平说依法从严从快查处飙车案件”（2009年5月15日），载人民网 http://society.people.com.cn/GB/41158/9307873.html。

怎么可能弄错？更不可能让他逃走。如果是这样，简直是司法部门的一个笑话。”①

官方对于流言的回应虽然态度强硬，但是比起网友做的照片比对，显然更加缺少说服力。可见公检法在司法流程上，并没有相对应的环节来验证受审者的身份，因此只能作出如上的回答。因此在官方证明缺位的情况下，网络舆论能量再次急速攀升，又有网络审判之势。

随着被人肉的“北京刘先生”和胡斌狱中的采访被媒体传播，这次网络流言才趋于平息，而政府也从舆论压力下得到了解放。

③专家和媒体。

专家和媒体在杭州飙车案中的前长尾阶段与公众站在同一阵线，实现公众、专家和媒体的大联盟，对案件进行大篇幅的报道和论述，通过媒体扩大舆论，公众推动并引导舆论和专家对专业汽车和法律知识的普及，全方位地对杭州市政府施加压力。尤其是媒体在本案中所起的作用更是至关重要，作为事件放大器，媒体通过特定的话语体系建构案件的特殊性和新闻性，放大案件的矛盾点，利用公众同情弱势者和仇富的心理，激发舆论讨伐，同时警方所公布消息的虚假性通过专家的论证得以证实，迅速形成媒体、专家、公众对抗杭州市政府、杭州市公安局的局面。

在流言阶段，公众、专家和媒体的联盟解散，变成了公众与媒体的联盟。网络公众制造流言，媒体扩散流言。媒体对于网络审判事件中尚不确切言论的谨慎程度远远低于“汶川地震”、“非典”时期的水平。可能的原因本书认为有三：一是媒体对于政府在法治事件处理方面的不信任；二是媒体利用民众对政府的不信任心理达到自身利益需求；三是对媒体从业人员的科普教育水平远高于普法教育水平。总之，无论媒体的行为是由哪个原因造成的，都说明媒体在现阶段存在着巨大的问题。

④肇事方——胡斌。

在中国社会的大背景下，作为一场 80 后对 80 后的无硝烟战争，作为案

---

① “网友搜到胡斌‘替身’审判长称无稽之谈”，载网易新闻 http：//news. 163. com/09/0728/16/5FAQR97L000120GR. html。

件肇事者的胡斌，从被媒体标上了“富家子”的标签起[①]，就注定被推到舆论审判的风口浪尖，注定一败涂地。通过媒体刻意的描写，胡斌“双手不停地盖着脸，不停地挤着前额，揉着眼睛，偶尔通过手指缝看着外面的动静”的举动被解读成漠视生命的“富二代”形象，这些都是媒体为了给受众制造“富二代”“为富不仁”的印象，加强媒体对公众舆论的有效调动和控制，并为以后可能发生的媒体与政府的博弈预备筹码。

⑤受害方——谭卓。

在杭州飙车案中，谭卓被标上了“浙大毕业生”、“有为青年”等标签，谭卓作为一个“有为青年”的表象符号与作为“纨绔子弟”表象符号的胡斌形成了鲜明的二元对立，媒体通过对矛盾点的放大，充分调动了公众的情绪。在媒体的议程中，谭卓成为一个被利用的符号，最初的目的是放大消息的新闻价值，到后来“谭卓”却被直接异化成公众、媒体和专家三方联盟与政府进行博弈的筹码。

（3）事件的结果分析

本案网络审判事件的结果分析，包含两个方面，一是网络审判对干预、影响司法独立和公正的结果评估；二是网络审判对政府形象影响程度的评估。

①网络审判对干预、影响司法独立和公正的结果评估。

首先，网络审判造成的压力，迫使政府表态，从而导致行政力量介入调查，影响了司法独立。

第二，网络审判对于“70码”调查结果的质疑，导致杭州警方重新进行了事故鉴定并道歉，影响了法定程序的独立。

第三，网络审判中对于胡斌进行“人肉搜索”并公布的行为，僭越了普通公民职能与法律规范，影响了司法程序对于犯罪嫌疑人的隐私保护。

第四，网络审判对于胡斌“危害公共安全罪”的认定，试图影响审判结果，影响了司法独立。

②网络审判对政府形象影响程度的评估。

网络媒介只有新浪网新闻中心（news. sina. com）设有杭州飙车案的专题

---

① “标签化的‘富二代’”（2009年5月30日），载长江网 http：//news. cjn. cn/cjsp/fb/200905/t938602. htm。

报道。到6月7日为止，上面共有146篇文章，当中有64条新闻消息，35条视频报道，47篇评论，分别占全部文章的44%、24%、32%；而在47篇评论中有24篇是对肇事方的道德审判，有9篇是提倡舆论和司法的分离，有14篇是对事件本身性质、如何立案和量刑的研究，分别占全部评论的51%、19%、30%。

另外，以“杭州飙车案”为关键词，分别在腾讯新闻（news. qq. com）搜索出419篇文章，搜狐新闻（news. sohu. com）搜索出22（除去重复的8篇）篇文章，南方网（news. southcn. com）搜索出16篇文章，新华网（www. xinhuanet. com）搜索出4篇文章，环球网（www. huanqiu. com）搜索出8篇文章。总共469篇文章，当中有89篇与本案有直接关联，占搜索出文章的20%。在89篇文章中，有50条新闻消息，39篇评论，各占56%和44%。39篇评论中有23篇是对肇事方的道德审判，有6篇是提倡舆论和司法的分离，有10篇是对事件本身性质、如何立案和量刑的研究，分别占全部评论的59%、15%、26%。

可以看出，媒体在以发布消息为主要任务的同时，还着重于对事件的评论报道，而媒体的议程主要是对肇事方的道德审判，提倡舆论和司法的分离和对事件本身性质、如何立案和量刑的研究三类。

网民与媒体的舆论重点都放在了事件的司法内核层面，而司法体制是政府执政力的重要组成部分之一，是一个政府、社会得以公平、公正地运行的基础保障。因此网络审判对于这种基础的质疑，会大大削弱政府的执政能力，从而对政府形象造成严重的影响。在本次事件中，由于网络审判深入到了诸多司法环节，媒介审判的内容几乎占到媒体信息的一半，因此事件对于政府形象造成了相当严重的影响。

（4）特点小结

网络审判由网络舆论发展而来，民众对于弱势群体的同情加上“仇权”、“仇富”的心理导致网络舆论能量的增加，官方对于事件的草率处理或者较慢反应促使了网络审判的形成。媒体借由网民实行“媒介审判”，扩大了网络审判的能量与范围，导致事件进入激化阶段。政府对于事件的妥善处理，是舆论能量产生消解的转折点。在长尾期此种能量处于蛰伏状态，随时会因为民众的不信任情绪找到释放点而再次爆发。

3. 网络审判的要素研究

网络审判作为网络舆论的一种表现形式，具有舆论的一般特征与构成要素。陈力丹教授把舆论分成八个要素："舆论的主体、舆论的客体、舆论自身、舆论的数量、舆论的强烈程度、舆论的持续性、舆论的功能表现、舆论的质量。其中前七个，构成了舆论的必要要素。"① 本书对于网络审判案例的探讨与研究，也将基于这八个要素展开。

表 2.1 网络审判的要素

事件	躲猫猫事件	华南虎事件	罗彩霞事件	杭州飙车案	周久耕事件	彭水短信案	邓玉娇案	出国门事件
主体	网络公众	网络公众、专家	网络公众、专家	网络公众、专家	网络公众	网络公众、专家	网络公众、专家	网络公众
客体	地方政府、看守所民警	陕西省林业局、周正龙	教育部门、公安部门、王佳俊及其家人	胡斌	周久耕	秦中飞	邓玉娇	考察团成员
舆论自身	批评性 肯定性	批评性 肯定性	批评性	批评性	批评性	支持性	支持性	批评性
数量	2	2	1	1	1	1	1	1
强烈程度	言语	行为	言语	行为	行为	言语	言语	言语
持续性	1 个月	8 个月	3 个月	2 个月	3 个月	2 个月	1 个月	1 周
功能与表现（符合—中度符合—不符合）	行政介入，公布调查结果，做出相应处罚。结果中度符合网络舆论期望	行政介入，公布调查结果，做出相应处罚。结果基本符合网络舆论期望	行政介入，公布调查结果，做出相应处罚。结果基本符合网络舆论期望	行政介入，公布调查结果，做出相应处罚。结果基本符合网络舆论期望	行政介入，公布调查结果，做出相应处罚。结果符合网络舆论期望	行政介入，公布调查结果，做出相应处罚。结果基本符合网络舆论期望	行政介入，公布调查结果，做出相应处罚。结果不完全符合网络舆论期望	行政介入调查，公布调查结果，做出相应处罚。结果基本符合网络舆论期望
质量（理性—一般—不理性）	一般	理性	较为理性	较为理性	一般	较为理性	较为理性	一般

① 陈力丹：《舆论学——舆论导向研究》，中国广播电视出版社 1999 年版，第 10～25 页。

（1）专家参与度高

由案例可见，网络审判的主体中，专家参与的比例占到了一半以上，本书分析原因为：

首先，专家与民众一样，在参与话题讨论、形成舆论的过程中，网络的便利性让其以一个较低的热情度就能够获得较高的参与度，并且这种意见表达方式有更加强烈的满足感。这种满足感来自从媒体议程设置中解放的快感和匿名性带来的安全感。

其次，司法性质是网络审判话题的固有属性，在需要专业背景知识的才能得以开展的讨论中，法学专家作为个体参加能满足其实现社会责任感的自我认同与他人认同的心理需求。

第三，专家通过网络发表意见可以有效地排除其通过传统媒体发表意见所带来的官方背景，这刺激了专家参与的发生。

从专家的舆论立场来看，他们普遍处于网民的一方，而网民对专家意见的态度缺少理性的思考。当专家意见与网民意见一致时，民众出现了空前的支持，舆论不停高涨；当专家意见与网民意见不一致时，网民将立场的不同归因为阶层属性或者政治原因，缺少从法理角度进行思考的意识。

（2）媒介舆论内容的偏向化

网络审判本身就带有舆论内容极端化的属性，但这种极端化属性在媒体进行报道前，只是被网络民众所固有。媒体在介入事件报道时，虽然有职责对于网民舆论进行反映，但其立场不应跨越媒介审判，但从舆论内容的分析我们可以看到，网络舆论与媒体舆论呈现了高度的一致性。例如："邓玉娇挥刀触动腐败制度"，"公安局长女儿冒名顶替上大学"，"天价烟局长"等类似词句在媒体的报道中频繁出现，这种带有明显感情色彩的标签化词句的被使用，实际上是媒体对于网络审判的一种"暗合"。

在以往的媒介审判案例中，往往是由媒体先于民众发表意见。比如"刘涌案"事件中，首先是上海《外滩画报》刊登了署名李曙明的文章"对沈阳黑帮头目刘涌改判死缓的质疑"，才在民众中掀起了审判的浪潮，并且在舆论审判的进程中，各方意见也没有超出文章所预设的议题。可以说是媒介审判带动了网络审判的发生。但随着互联网的快速发展，网络使用人数与网络平台的不断增多，网络舆论已经有了自身快速形成与发展的基础，个人的信息也享有巨大的传播效果。在这种情况下，网络审判先于媒介审判成为可能。另一方面，互联网的每个个体，都有可能是事件的参与者或者知情人，因此网络作为一个整体，比任何媒体都有更为广泛的信息来源，这也是网络审判总是先于媒介审判的原因。在网络舆论与媒体舆论有着几乎对等的话语权之情况下，对于先入为主的网络舆论，媒体也只能采取跟随的方式。

（3）行政力的介入

通过案例梳理我们可以看到，在列举的 8 个案例进程中总是伴随着行政力的介入。行政力的介入是政府对于舆论的一个回应，但行政力介入事件调查本身就是一个干扰司法独立的行为，而行政力介入也是中国目前体制下的特有行为。

司法独立的大背景是行政、立法、司法的三权分立，而既然行政力介入成为可能，那行政必然处于一个更高的地位。因此，网络审判所带来的对于司法的质疑，才会直指政府形象与执政力。民众已经把行政力介入视为一个事件受到重视的标志，这也不利于司法的相关部门形成独立的新闻发言人制度。

另一方面，在网络审判中民众所格外关注的“权力腐败”等话题，其形成原因之一也是行政一权独大。激起网络舆论的公共事件一再侵蚀政府的形象，削弱政府的执政能力。当公共事件发生时，政府需要可靠的行政力介入来缓解舆论压力，但当政府形象一再受到巨大冲击后，这种行政力的介入也将最终失去其效果。

可以说，在“我爸是李刚”案中，正是基于上述判断，河北省省长陈全国在舆论能量增长期，明确表态绝不会因为肇事者李启铭的父亲的官员身份而对司法裁决的结果有所影响。后来，李刚又被爆“有五套豪宅”，网民关注的“权力腐败”得到了很好的体现。

（4）超越事件的审判范围

我们从事件中可以发现，网络审判已经跳脱了讨论案件相关的法理、司法程序的范畴，转变为弱势群体对强势群体的一种抗争。这种抗争因为由司法话题而起，所以抗争结果总是带有司法结论，这在网民看来即是强势群体的“有罪”。这种“有罪”对于参与“审判”的网民而言，有着更为满足的心理体验。因此，一旦出现对于强势群体中个体的网络审判，网民就会把审判范围超越事件本身，来追求这种心理满足。同时，这也就对政府形象造成了严重影响。

同样是在“我爸是李刚”案中，“对‘官二代’的声讨一浪高过一浪，从‘炫富’到‘炫父’，网上对此事件的口诛笔伐，对‘权’与‘罚’的探讨甚至变成了攻击和谩骂，成了话语暴力……”，“不得不承认，遇官则疑已经成为一种普遍现象和公众心理。只要你是官员，或者有着官员的身份，无论你从事什么，说了什么话，都会被‘有色’透视，被网络放大成为一种公众情绪。”①

（5）舆论类型的多样化

在以往“媒介审判”的现象中，舆论主要以文字作为载体进行传播，停留在语言舆论层面，而藉由互联网展开的网络审判不仅丰富了语言舆论的内容，也产生了更多的行为舆论。网络恶搞、网络流言都伴随着网络审判而发生，虽然这些舆论形式在一定程度上减弱了话题的严肃性和理智性，但其网络化的语言方式具有更好的传播效果，从而可以使事件得到更为广泛的关注。

（6）网络审判的现实化

网络审判中网民的情绪处于一个相对极端的状态，并且网民作为年轻群体，具有更强的行动欲望，因此，在网络审判中，言语层面的舆论，很容易向着现实层面延伸。在“杭州飙车案”中，在事件发生后的第二天，浙江大学的学生就经由网络自发地组织了集会，悼念受害者谭卓。基于网络审判现实化的趋向，我们也可以发现，“人肉搜索”会对网络审判中的当事人造成更加巨大的现实压力。网民个体发表的意见具有一定的自在逻辑，但通过互联网聚微后，只有核心的、简短的含义得到了传播，即当事人的“有罪”或“无罪”。一旦当事人被人肉搜索出来后，即使法院未对案件作宣判，其已经成为了网络公众意念中的“罪人”。对于被网民“定罪”的当事人，极有可能受到来自缺乏理智的部分现实民众的人身威胁。

---

① 《重庆晚报》，2010年10月25日，http：//news.163.com/10/1025/05/6JQLKEU300014AED.html。

4. 对策分析

（1）主流媒体的快速反应机制

从事件的总结中可以看出，当网络审判形成后媒体再进行的报道，只有契合网络舆论才能获得较高程度的认可。主流媒体如果能够加快对于民众意见的反应速度，使媒体成为事件的原发地，将能够很好地掌控舆论，通过议程设置，从源头上引导网络舆论，逐渐养成受众良好的媒介素养。

（2）规范网络行为的制度

网络审判中的过激语言不利于理性舆论的形成，也污染了互联网环境。国内诸多网站和论坛为了制造人气，而对于纯粹谩骂和人身攻击的帖子视而不见。对于过激的行为舆论，政府首先应当理性对待，除了制订相关法律进行规范，更应该从事件源头加强问责。比如最近新出台的《关于实行党政领导干部问责的暂行规定》，就是一个良性的信号。本书同时还认为，在现有舆论监督体制仍不完善的阶段，人肉搜索等行为具有其存在的合理性，盲目地加以禁止会导致更加严重的网络审判问题。

（3）行政力量的执行效率

行政力量的介入能在一定程度上消解网络舆论所带来的巨大压力，但是如果行政上处理不当，会进一步激化舆论；而如果处理结果过于契合舆论也可能撼动司法权威。这就要求行政人员对于事件在快速反应的基础上依法秉公办事，做到信息公开，对于媒体和民众的提问耐心解答，并具有一定程度的抗压能力。政府也应当制订相应预案，在事件发生后，有一套应对机制来对资源进行合理分配，从而快速顺利地解决问题。

（4）新闻发言人制度

各地方政府已经有了属于政府的新闻发言人制度，但各职能部门的新闻发言人制度尚未明确形成。如前文分析，一旦网络审判形成，将舆论客体控制在尽量小的范围有助于减少事件对于政府形象的影响，这就需要各职能部门的新闻发言人在最短时间内进行信息发布。同时这种快速、独立的信息发布，也有助于政府良好形象的形成。

（5）网络舆论的专家参与

我们已经发现舆论主体在有专家参与的情况下，网络舆论能够呈现比较理想的理性状态。但就目前而言，专家群体缺少投入网络舆论的主动性。专家群体虽然是区别于民众与政府的第三方，但如果专家参与舆论的主动性受到质疑，那么其话语在民众中的信度就会大大降低；而专家对于网络舆论本身的批判性认识也成为其加入讨论的一个阻碍。因此政府一方面要以一个开放的心态鼓励专家参与网络讨论，另一方面也要大力提升公众的媒介素养，净化互联网环境，为理性的讨论创造良好环境。

（6）司法制度

网络审判的形成既有媒介原因，也有其深刻的社会背景。网络审判的现象既说明我国在司法建设的公开、公正、公平方面仍有许多不足，也说明司法制度对强势群体的违法现象没有足够约束力、对弱势群体的利益没有足够保障力。当弱势群体的利益或诉求无法通过法律途径得到快速有效的解决，很自然就会通过网络寻求解决方法。同时，弱势群体对于法律有累积形成的刻板印象，这也就很容易形成认同共鸣，从而加速了事件在网络上的传播。

二、“人肉搜索”与社会治理

从2001年至今，人肉搜索已经经历了从纯娱乐、恶搞，到道德、正义的维护者，再到网络反腐三个阶段，并逐渐深化，被网民赋予了道德使命感和社会责任感。本节将主要从人肉搜索的第三阶段，即人肉搜索对政府官员和政府形象的影响方面，来展开探讨和研究。

网民自发的“人肉”行动并非毫无瑕疵，在正义的交响乐奏响的同时，也不时有一些不和谐音符传入公众的耳朵：侵权、网络暴力、信息滥用、传媒炒作抑或是传播假事件，诸如此类。古代“侠客”除暴安良、惩强扶弱，得到了老百姓的拥戴，却并没有得到官方的认可与支持。这与互联网时代人肉搜索的行为主体不谋而合：道德的捍卫者受到法律的审判，正义的维护者被视为网络暴民加以“管制”。

1. 互联网时代的侠客情结

（1）中国古代的侠客文化

①侠客文化释义。

侠客是中国古代社会一个特殊的具有传奇色彩的群体，从春秋战国时期首次登上历史的舞台，到秦汉时期达到鼎盛。“司马迁的《史记》首次为侠客立传，此后《汉书》也专门设有游侠篇，至于后世，在诗词曲赋中，侠客更是屡屡成为被歌咏颂扬的对象……有关侠客的故事不绝于书，一直受到作者读者的热心追捧，由此形成一种特殊的文化，即侠客文化”①。本书认为，这里所定义的“侠客文化”有三层含义：第一，侠客文化是一种文本样式，古人对侠客所作的诗词歌赋本身，具有相当文学研究价值的文化文本。第二，侠客是受人崇尚、尊重的一种人格、职业形式，即使不然，他也具有相当的社会影响力与号召力。第三，侠客文化更包含精神层面的意义，即自古以来的“侠客情结”，其目的就是除暴安良、惩恶扬善，最终树立起代表正义的英雄形象。“从侠客身上折射出来的是中华法文化中的道德与法的纠葛，私力与公力的冲突”②。

②古代侠客群体的结构分析。

古代侠客虽然一直处于法与理的纠葛之中，然而，它的社会影响力不容小觑。《史记》专门为侠客立传，《汉书》专设游侠篇，以及历朝历代以“侠”为基础的诗词曲赋，足以证明古代侠客的流行程度和社会影响力。除此之外，诸多文献对“侠”的评价甚高。“其言必信，其行必果，已诺必成”，司马迁对“侠”作出如此评价；唐人李德裕言：“夫侠者……必以节义为本，义非侠不立，侠非义不成”③。“侠”集信、节、义、德于一身，获得了相当

① 崔玉霞：“古代侠客文化与现代网络游戏”，《江西社会科学》，2005年第1期，第175~176页。

② 蔡莉敏、陈晨：“骑士、侠客与法文化”，《法律科学—西北政法学院学报》，2004年第4期，第3页。

③ 崔玉霞：“古代侠客文化与现代网络游戏”，《江西社会科学》，2005年第1期，第175~176页。

高的社会评价。然而，“侠客”群体的成员结构与他的高社会评价并不呈正相关；相反，侠客情结为平民百姓、社会底层人民所独有的，与上流社会的达官贵人、士大夫贵族有明显的区隔。综上可知，一方面，古代侠客是出身社会底层的平民百姓群体，其行事方式具有相当的社会影响力与号召力，备受百姓追捧；另一方面，他们除暴安良行为合理而不合法，逾越法律底线，影响士大夫阶层利益。对古代封建集权国家来说，侠客群体对统治者形成了严重的威胁与恐慌，为体制所不容。

（2）大众文化塑造的侠客形象

事实上，大多时候人们谈论的侠客都是经过媒介传播的“英雄侠”，即大众文化所塑造的英雄侠客形象。它是经媒介过滤、筛选、把关后的结果，并非历史的、真实的“侠客”，本书也不例外。原因在于本书研究的人肉搜索行为主体，即发出人肉搜索令的网民，是在大众文化的包围下成长起来的，尤其是武侠小说对这一代影响深远，其行为受到大众文化塑造的侠客形象影响远超过史书中记载的侠客行为，因此，研究大众传媒塑造的侠客形象对公众的影响更确切可行。本书认为，除以上提到的侠客所具有的特征外，大众文化塑造的侠客文化主要有以下四个个特征：第一，侠客都是自由人，以道德准则为生活、生存的信条，不受法律管制和约束。大众文化所塑造的侠客形象，皆独自一人闯荡江湖。无后顾之忧，无父母妻儿牵挂，是一个纯粹的自由人。了无牵挂是他不受法律约束的最大资本；换言之，在他们的意识形态里，社会本该以道德维系，而非强权。他们唯一信奉的就是江湖道义，因此行侠仗义、惩恶扬善、除暴安良乃生活之本。第二，侠客有过人的技能，总能在危急时刻险境还生。武侠小说中此特征表现为超群的功夫，而在互联网社会中表现为过人的信息掌握能力，进而成为意见领袖。第三，戏剧性的人生经历。英雄背后总是坎坷、离奇的身世或经历。而在网友发起的人肉搜索行动中，也不乏将人物、细节戏剧化、妖魔化者。第四，讲究民族大义而淡泊功名。大众文化中的“大侠”总是隐居在某个“山野”中，一旦遇到国家、民族危机，“大侠”纷纷“弃暗投明”，为保卫国家子民而战。

大众文化尤其是武侠小说中塑造的“侠客”形象，对生活在现实中的公众的影响是潜移默化的，并在网络社区中得以表现和发挥。在人肉搜索兴起和发展过程当中，网民的“侠客情结”展露无遗，成就了一批“网络侠客”。然而在信息社会中的“网络侠客”与传统意义上的“侠客”相比仍有不同之处。

（3）“网络侠客”：人肉搜索的起源与发展

①人肉搜索释义。

央视《新闻会客厅》在一期关于人肉搜索主题的节目中，作了如下解释：“‘人肉搜索’，是指在互联网上集合众多网民的力量搜索信息的方式，针对某个个人的信息搜索也称‘网上通缉’；它区别于谷歌、百度等传统互联网机器搜索，变单一的查询过程为‘人找人、人问人，一人提问、八方回应’的协作、分享信息的过程；从诞生之日起，‘人肉搜索’就与个人隐私等问题相关联，游走在法律与道德边缘。”①

根据“维基百科”的解释，“人肉搜索，是一种以互联网为媒介，部分基于用人工方式对搜索引擎所提供信息逐个甄别真伪，部分又基于通过匿名知情人公开资料的方式搜集信息，以查找人物或者事件真相的群众运动。‘人肉’一词表明人工的介入在搜索过程中所扮演的重要角色，以区别于基于算法的传统机器搜索。”②

“百度知道”对于人肉搜索如此释义：“顾名思义，人肉搜索就是利用现代信息科技，变传统的网络信息搜索为人找人、人问人、人碰人、人挤人、人挨人的关系型网络社区活动，变枯燥乏味的查询过程为“一人提问、八方回应，一石激起千层浪，一声呼唤惊醒万颗真心”的人性化搜索体验。”③

虽然对于人肉搜索的解释不尽相同，但是从中我们仍可以得出一些共同点。首先，人肉搜索依托现代信息科技互联网络平台，是第四媒体中的特有行为。其次，人肉搜索参与者众，是一个群体行为、群众运动。第三，人肉搜索与传统的信息搜索不同，是一种具有交互性的复杂传播。第四，人肉搜索行为的工具不是传统的机器搜索引擎，而是以人为工具。综上可知，目

---

① “央视新闻会客厅：人肉搜索罪与罚”（2008 年 9 月 19 日），载新浪网 http：//tech. sina. com. cn/i/2008 - 09 - 19/18382467731. shtml。

② 人肉搜索：载维基百科 http：//zh. wikipedia. org/w/index. php？ title = % E4% BA% BA% E8% 82%89% E6%90%9C% E7% B4% A2&variant = zh - cn。

③ 人肉搜索：载百度知道 http：//zhidao. baidu. com/question/85236586. html？ si = 1&wtp = wk。

前对人肉搜索的研究大都集中于其技术问题和法律后果问题；过多的关注它所造成的不良后果，而忽视其产生的缘由，在人肉搜索主体——网民和产生原因方面存在较大的缺失。诚如古代官府在不明侠客群体产生的社会根源的情况下，一味地对其进行压制，最终造成民不聊生、官逼民反的后果。

②人肉搜索的发展进程分析。

一般认为，人肉搜索发端于2001年微软陈自瑶事件，但真正进入公众视野，成为公众日常议程却是在2006年。本书认为，人肉搜索发展至今，可分为三个阶段：第一阶段：2001年微软陈自瑶事件，一场闹剧草草收场。第二阶段：2005年“女大学生陈易卖身救母事件”至2007年死亡博客事件。第三阶段：从死亡博客事件后延续至今。

人肉搜索第一阶段，即2001年陈自瑶事件。有网民在论坛上贴出一张美女照，并声称是自己的女朋友。结果，很快被网民鉴定出此照片属于微软公司女代言人陈自瑶，并贴出了陈的大部分个人资料。该“事件开创了人肉搜索的先例，是第一次真正意义的人肉搜索事件。从此，一个真正意义上的、被人称为‘人肉搜索’的互联网搜索行动诞生了”[①]。将该事件单独列为一阶段，并非时间的断裂性，而是该事件的性质属于中性。它不带有任何褒奖或贬斥、正面或负面的社会效应。正如舞台上魔术师的魔术被观众揭穿一样，纯娱乐性质的陈自瑶事件在网络的喧嚣与嘈杂中收场，并没有引来更多的关注目光或是专家、业界的严肃探讨。

发展到第二阶段，与第一阶段产生了明显的差异，人肉搜索不再仅仅是网民间的恶搞、戏谑与简单娱乐，它更带上了明显的道德正义感。捍卫道德、维护正义是这一时期人肉搜索行为的初衷。然而，“道德捍卫者”的身份并没能得到社会的普遍认可，因为与此同时，网络暴力、违法行为接踵而至，引起社会各界的广泛讨论与关注，“道德捍卫者”被批为“网络暴民”也并非罕见。事实上，这一阶段发生的人肉搜索事件，如虐猫事件、铜须门事件、钱军打人事件、华南虎照事件、死亡博客事件等，皆引起了舆论轰动。本书认为，尤其是华南虎照事件和死亡博客事件，是该阶段的两个值得重点研究、

---

① “2001年：微软陈自瑶事件”（2008年8月27日），载21CN，http：//news.21cn.com/zhuanti/social/renrousousuo/2008/08/27/5120332.shtml。

探讨的案例，人肉搜索进入了两个新的舆论关注领域。首先，华南虎照事件第一次将政府行为纳入人肉搜索的探讨范围。虽然华南虎照事件的“人肉”对象并不直接针对政府部门或官员，但政府行为却因此而遭到公众质疑，诚信度大打折扣，形象严重受损。其次是死亡博客事件，这个被称为“人肉搜索第一案”的案例，将人肉搜索引发的最具争议性的话题带进了公众视野，即人肉搜索是否逾越法律界限问题。从法律的角度来探究人肉搜索存在的利弊与合法性问题炙手可热。

人肉搜索发展到第三阶段，其中有对第二阶段行为模式的升华，也有一些新特征出现。第一，人肉搜索行为对象，从开始的很少涉及政府部门或官员，发展到渐渐渗入政府部门。第二，人肉搜索的目的，从纯娱乐、调侃发展到道德维护，再发展到“草根监督”、网络反腐，并向更高级层次迈进。第三，人肉搜索对政府部门的监督，带来的影响是政府部门对人肉搜索行为的重视和对网络舆论监督的重新权重。保罗国际天价头事件、天价香烟门事件、新余和温州出国考察门事件、林嘉祥猥亵女童案、一夫二妻区委书记董锋案、杭州“欺实马”事件、河北“我爸是李刚”事件皆由“草根监督”将其公之于众，引起了社会和政府的高度重视，最后公众得到了一个满意的答复。除此之外，这一阶段另一值得探讨、研究的问题即“被‘招安’的人肉搜索”。政府相关部门已经开始使用人肉搜索这一新型网络手段开展工作，致使社会各界争议不断、褒贬不一。重庆涪陵区和山东济南警方分别于 2008 年 4 月和 6 月在网络中发出“搜索令”征集线索，呼吁网友协助办案。“据（济南）市中分局宣传科的一位警官介绍，警方之前已在电视、报纸等媒体上发布征集线索的公告，但是在论坛上发布还是第一次。”① 警方借用草根的寻人方式办案，“也是为了尽快抓住嫌疑人”，这足以证明当前人肉搜索行动所拥有的潜在的强大力量，甚至能解决官方所不能解决的事。官方采用民间人肉搜索开展工作，变“禁止”为“征用”，变“镇压”为“招安”，这是否迎来了人肉搜索之新曙光，仍有待观摩与论证。

① 王志彬：“被‘招安’的人肉搜索”，《东北之窗》，2008 年 17 期，第 56～57 页。

2. “网络侠客”的造就——人肉搜索产生的原因

童大焕认为，诚如贪污腐败不是华人政治的特质（新加坡和中国香港就是世界廉洁的榜样），国内“网络红卫兵”在私人领域中的集体语言暴力和道德迷失，也不是中国网民的特性。我更愿意看成是他们对公共领域的话语空间失去信心和耐心后的一种发泄，在一种暂时的、局部的“胜利”狂欢中获得快感，同时也自我麻醉。现实的无力感迫使一些人转而从比自己更弱小的人身上发泄不满、寻求自己力量的“证明”，而集体暴力是最能体现这种力量又无需承担个人责任的渠道。一些人过后会觉得无聊，但过程的快感依然具有持续的吸引力。“公共表达已经习以为常，但他们往往很难得到权力阶层的直接呼应，更难看到积极有效的改进措施。于是，一些人的愤懑得不到释放，反而在这种‘公共表达’中累积了更多的愤懑。这就像一个出气管，越往上，管口越粗（代表着公共事务话题的广泛），但如果上面的管口出气不畅，它就只能不断向下面的细处（代表着越来越狭窄和狭隘的私人生活空间）挤压，管子一旦被挤爆，不理性的情绪就覆水难收。这是不甘成为弱者的弱者自然而然的情绪反映——迁怒。社会生活中缺乏公民之间、公民与政府之间平等的权利表达和利益博弈，将有可能不断催生‘网络暴民’。”① 人肉搜索的产生并不是简单的网络事件所能解释的，它是国家、社会、群体和个人四者共同作用下的产物。它是互联网虚拟社会中的独特产物，是中国人的侠客情结在现代社会的彰显，是现代社会公众情绪释放的依托，更是社会转型这一大背景下的结果。

（1）虚拟与现实的自由

网络虚拟社区赋予网民两种自由：一是穿梭于现实与虚拟的自由，一是在虚拟空间匿名存在、体验的自由。再者，网络的互动性使网民集传、受双重身份于一身，网民的主体性地位得以发挥。现实社会的约束在虚拟空间中得以释放，几千年积淀的“侠客情结”终于在信息社会中找到新型安身之所。虽然是虚拟社区，但网民的侠客情结并没有衰减，反而以新的方式——人肉

---

① 童大焕：“‘迁怒’与网络暴民及其他”，《中国社会导刊》，2006 年 14 期，第 43 页。

搜索——酝酿、萌芽、发展，并逐渐涉足政府这一敏感领域。“在封建社会里，所谓为强为恶者，几乎全部来自社会上层，或为贪官污吏，或为豪强劣绅，因此，侠客的剑锋所向，大抵在统治阶层。”① 近年的人肉搜索案也有此发展趋势，转剑锋为笔锋，口诛笔伐，网络反腐、惩治官员取得了极大的成功。面对人肉搜索，传统媒体反而有被边缘化的趋势。首先，传统媒体受众的客体地位，使其产生被动心理，没有主动发掘真相的敏感意识。其次，以传统媒体为依托，传、受二者尚且缺乏必要的沟通，更何况受众之间。受众之间缺乏交互性，难以做到一呼百应。因此，人肉搜索在中国出现并非偶然：现实的束缚在网际得以释放，中国人的“侠客情结”由梦想变为现实。

（2）一呼百应的网络“群侠”

“网络侠客”与古代社会的“侠士”不同，他们不再是单独的个体，而是以群体的形式散漫于网际之间，其中大多数并非职业“侠客”，而是出于正义的路见不平、锄强扶弱。正是因为人肉搜索行为主体的群体性特征，出现网络侵权、网络暴力等情况时责任追究困难，进一步助长了网络人肉搜索这一“侠义”行为的风靡。不仅如此，参与人肉搜索行为的“网络侠客”群体，其成员除少数“赏金猎人”外，大多为临时成员，并且随波起哄者众，法律归责面临巨大挑战。即网络中的聚散公众群：所谓聚散公众是指因某一事由（如奥运会、世博会、罢工等）聚集在一起又因事由的消失而散去的人群。在聚散型、流散型、周期型、固定型等各类公众类型中，公关研究表明信息在聚散型公众中传播的效果最好、效率最高，而因各种原因在网上聚集的网民则构成了数量最大的聚散型公众群体，网络聚散公众的出现突破了传统聚散型公众形成所必需的物理空间条件，使公众的聚集更加容易，从而一些对企业有利与不利的信息传播也更加方便②。他们既能自由行为、惩恶扬善，将梦想照进现实；又容易在喧嚣中逃避法律审判，其结果就是一呼百应，群起而伐之。

人肉搜索令之所以能一呼百应，另一个主要原因是网络是现代人情绪宣泄的最佳场所。古代文人吟诗作赋，或借古讽今，或借代自嘲，表达忧国忧

---

① 陆草：“中国人的侠客情结”，《寻根》，2003 年第 4 期，第 16 页。
② 李杰、熊英子：“刍议网络环境下的危机公关”，《商业时代》，2004 年第 35 期，第 63 页。

民之心、对时局的不满抑或是怀才不遇的伤怀，这是古人缓释压力的方式。然而，现代社会的复杂程度远非古代社会所及，这造成人性浮躁，根本无暇附庸风雅。反而是快餐式的迅速、廉价、刺激的事物更能引得公众蜂拥而上。令网民发起人肉搜索的事物大多是道德缺失或逾越法律底线，激发了公众的“侠客情结”，加入道德捍卫者的行列，在虚拟空间中体验英雄侠客维护正义的角色，“铲除”破坏社会秩序的个人或群体，使现实中压抑已久的沉重心理终于得到释放，对于心理平衡具有极大的作用。尤其是人肉搜索对象为政府部门官员时，“网络侠客”的弱势群体地位越加凸显；一旦成功其自我认同感和满足度也随之升高。

（3）政府功能性缺失

政府是国家机器的最主要组成部分，具有鲜明的阶级性，它的职能是代表统治阶级实行政治统治和管理社会公共事务。政府直接指挥国家军队、警察、监狱、法庭等暴力机器，维护有利于统治阶级的社会秩序，进行政治统治。同时，政府还必须管理社会公共事务，这是政府进行政治统治的前提和基础。然而，当社会秩序紊乱，需要在民间组织力量督促之下政府才有所行为时，则是政府功能的缺失。人肉搜索行动目前就扮演着这样的角色。政府官员腐败、巨额公费花销、道德品格低下，皆在网民人肉搜索下无所遁形。政府在这一系列的事件中行事被动、表现欠佳。政府部门未能防患于未然或是在第一时间发现自身内部存在的违规违纪、贪污腐败等现象已经使平民百姓深受其害；在网民对政府内部的黑暗角落和问题官员发出批评、质疑之声时，政府反应又具有明显的滞后性。公众未能得到政府部门及时的回应，或是相关部门的解释明显有失偏颇时，网络声讨愈演愈烈，政府形象严重受损。

在周久耕事件中，网友对周久耕的声讨经历着一个逐渐演变的过程：从对周久耕这名官员的一些作为的质疑，逐渐演变到对周久耕腐败的声讨，最后发展到对官员群体的质疑。最后各地官员人人自危，纷纷亮出自己没戴手表的胳膊，以示清廉。在这一例人肉搜索案中，政府部门主要有两重功能性缺失。一方面，处理社会公共事务不合理。周久耕被网友人肉搜索缘起于他“处理降价开发商”的不当言论。面对房价居高不下，远远超出百姓承受的范围，政府部门首先考虑的非但不是如何解决百姓的住房难问题，反而是房地产商的利益均衡问题。另一方面，政府部门危机处理不当。面对突发危机，政府部门沿袭传统的回避、不予回应的方式已经不能适应互联网时代的新形势：第一，网络谣言和人肉搜索挖掘爆炸性新闻加大了危机发生的概率；第二，公众的广泛参与扩大了危机的规模；第三，信息的重复性传播使得危机延续的时间加长，大量的非公众向公众的转化使得危机给政府造成的损害加重①。政府面对公众问责，一味地沉默并不能消解质疑，反而会促使更多的非公众向公众转化。政府必须立即组织危机应对小组，查清事实真相，通过发通告或新闻发布等形式解答公众疑问，消解公众情绪；政府形象的修复远比化解危机的难度更高，必须在危机爆发之前转危为安，否则亡羊补牢，为时晚矣。

（4）社会转型期的必然

“布尔迪厄在分析从传统社会向现代社会的历史转变时，发现了一个十分有趣的现象，那就是在传统社会中，权力是以一种捍卫正统排斥异端的形式运作的，因此，本来属于真—伪的问题，在传统的权力关系中都会转化成友—敌逻辑。”② 古代侠客为官方所不容，触犯法律只是冠冕堂皇的借口，法律也是极权者维护极权统治的工具。侠客在惩奸除恶的过程中破坏了社会上层集团格局，打破权势阶层的利益分配，因此被统治阶层视为对立面。现代社会与古代社会不同，“如果我们把分析的焦点指向改革开放以来的中国社会，那么，以下几个方面的变化是显而易见的，我们正在从一元的社会走向多元的社会，从平均主义的社会走向分化的差别社会，从官本位的社会走向市场化的社会，从身份的社会走向契约的社会，从政治社会逐步转向市民社会等等”③。因此，这是各个“场”逐渐从政治系统中分化出来，完成各领域建立“自律”体系的过程。互联网人肉搜索就是在这种大背景下萌芽并发展起来的。公众希望在网络中建立一套特有的机制，惩治合法而不合理——法律底线之内的道德损毁与缺失，维护国家、法律无暇顾及的弱势群体。

社会转型阶段，国家政策、体制和法律的改革滞后于国家经济发展进程，

---

① 李杰、熊英子：“刍议网络环境下的危机公关”，《商业时代》，2004 年第 35 期，第 63 页。

② 周宪：《文化表征与文化研究》，北京大学出版社 2007 年版，第 14 页。

③ 前引②，周宪书，第 8 页。

这是人肉搜索、“网络侠客”产生的另一原因。经济的发展和全球化的浪潮不断产生新生事物，新问题不断涌现，在现有的法律体系中找不到与之对应的条款或经验性个案进行责任追究，造成了极大的法律缺口与漏洞。人肉搜索的归责问题困难，从根本来说即社会转型期法律改革的步伐远落后于社会发展进程；导致各界对人肉搜索行为争议不休，但明令禁止却又无据可依。

3. 人肉搜索对官方权力的挑战

“作为正统意识形态的代表的史官们对侠客褒贬不一的评价体现了侠客尴尬的地位，韩非子从法家的立场出发，认为‘儒以文乱法，侠以武犯禁’，视侠为祸害国家的五种害虫之一；而司马迁则在道德观念上为侠正名：‘今游侠，其行虽不轨于正义，然其言必信，其行必果’。”① 由此可见，自古以来对侠客的评价存在分歧。“道德与法的纠葛，私力与公力的冲突”是侠客文化在中国发展、传承的最大阻碍。

中国封建社会，官府苛捐杂税、战争与豪强欺凌，无权无势处于社会底层的平民百姓备受摧残；锄强扶弱、劫富济贫的侠客是他们精神的寄托。侠客维护社会道义，站在了统治者的对立面，受到官府的打压，这就是古代侠客的社会处境。这与现代人肉搜索行动不谋而合，同样是捍卫道德正义、除暴安良；然而却游走在法律的边缘备受争议。本书认为，网络人肉搜索不仅是对古代侠客精神的延续，它也是现代社会发展的产物，尤其是当人肉搜索的触角延伸到政府部门时，是它行使公民权利，参与公共事务的开始。

（1）戏谑色彩浓厚

大众文化中的侠客形象充满了戏剧性色彩。侠客在惩恶扶弱的过程中总是险象环生，但又宛如凤凰涅槃般奇迹生还。这就是大众文化给公众传达的侠客的英雄形象。在人肉搜索行动中，分析网友的词藻和行为，不乏故弄玄虚者，人为的为原本看似单纯的人和事增添了趣味性与可读性。尤其是当搜索对象为政府官员时，“官逼民反”的思想油然而生，网友情绪异常高涨。天价香烟门事件中网友编撰的《久耕列传》，以《史记》中列传的格式与文风，

---

① 蔡莉敏、陈晨：“骑士、侠客与法文化”，《法律科学—西北政法学院学报》，2004 年第 4 期，第 3 页。

极具调侃和讽刺色彩的责问政府官员作为。在“出国门”事件中，网友强调公务员出国考察费用清单得来的“无意”性，强调事件引发的偶然性，引起公众好奇与围观。“林嘉祥事件”中，“京官”、“女童”、“猥亵”等敏感字眼激起网友维护弱势群体的侠义情结，最终将这位口出狂言的“与市长级别一样高”的京官撂倒。虽然事后证实这位“京官”并无“猥亵”行为，但他也只能“含冤莫白”；面对强大的网络舆论问责，他无力“申冤吐气”。在“我爸是李刚”事件中，事发短短几天，网友用“我爸是李刚”造句达30余万条，以表达对“官二代”嚣张气焰的不满。北京师范大学传播学教授张洪忠认为，“造句行动”看似幽默搞笑的背后，其实是人们自发形成的对权力阶层的一种声讨。他们的行为表现出对权力阶层的痛恨①。网友无意中为自己的“侠义”行为制造的偶然性、戏剧性，却成为赢得高公众关注度和群体讨伐的必然性。因此，人肉搜索的戏谑性特征除娱乐目的之外，更赢得了公众舆论的支持。

（2）促进官本位向民本位的转化

当公众遇到困难，首先考虑的不是通过合法的、正当的渠道解决问题，而是通过求助于民间“侠客”群体，制造强大的舆论压力，迫使政府部门予以关注，政府对于百姓之信度已经大大降低。发展到第三阶段人肉搜索对象以政府官员为主，即发挥着如此重要的作用。在传统社会，民告官的成功案例寥寥，这与中国几千年传承的官本位思想和政治文化有着直接关系。

所谓官本位，它是相对于民本位而言的，即官权本位、权本位、“拜官”主义。它是“以官权作为基本价值尺度衡量人的自身价值和社会地位，也就是把官权作为社会的中心”，其主要表现在五点：“一是官职至上；二是官权至上；三是官利至上；四是官话至上；五是官好至上”。② 它包含以下四层含义：第一，“公共权力的运行以‘官’的利益和意志为最根本的出发点和落脚点；第二，严格的上下层级制度，下级对上级唯马首是瞻，上级对下级拥有绝对的权力；第三，以是否为官、官职大小、官阶高低为标尺，或参照官阶级别来衡量人们社会地位和人生价值的社会心理；第四，在此基础上形成的

① “2010年：‘我爸是李刚’事件”，载百度百科 http：//baike. baidu. com/view/4534118. htm。

② 赵辉：“‘官本位’的危害及其破除”，《共产党员》，2009年第11期，第31页。

敬官、畏官的社会心理”。[①] 中国社会自古以来形成的官尊民卑的心理格局，是现代社会官员工作作风、生活作风、执行社会公共事务最大的绊脚石。在林嘉祥猥亵女童案中，网友之所以对其进行人肉搜索，原因有二：第一，林嘉祥的“京官”身份。他以“京官”自诩，与市长同级别，更是放出狠话“你们这些人算个屁呀，敢跟我斗，看我怎么收拾你们”，其语言有很强的官本位意识。他以官阶来衡量个人的存在价值，彰显自己的权力优势对老百姓进行呵斥、恐吓；很明显地将官本位意识体现在个人的日常语言和行为当中，这对于现代社会的公众来说尤其是虚拟空间中的网民来说是极为可笑并令人憎恶的。不仅如此，他还以自己的官员身份俯视公众，试图通过权力的威慑力来压制百姓的声音。第二，事件中的“受害者”是11岁的女童，属于社会弱势群体，激发了广大网民对弱势群体的关爱与保护心理，即中国人惩强扶弱、维护社会道义的侠客情结。李启铭在河北大学连撞两人仍然坦然地去宿舍楼去接女朋友，后被学校同学拦下之后却口出狂言“有本事你们告去，我爸是李刚”，而李刚后被网友人人肉后发现是河北保定市某公安局副局长，据网友人肉称李刚名下有2套房产，李启铭名下有3套房产，传李刚拥有5套房产。这一事件从另一个侧面展示了民官之间的矛盾。

在中国官员的思维中，仍保留着根深蒂固的官本位思想，这也是影响政府形象的最大症结之一。面对全球化的冲击，中国政府要树立开放的、民主的、现代的政府形象，必须从作为个体的官员抓起，以民本位思想替代官本位思维。

改革开放前，“政治系统以其总体系统的机能和普泛化运行机制，广泛地深入到经济和文化等各个领域。从特定的意义上看，改革开放以前的各种经济活动和文化活动，都明显地受到政治的强有力控制。或者说，任何非政治性的经济或文化活动都是政治性的。经济和文化变为政治的直接延伸。”[②] 以政治目标为运转中心的社会系统，不存在各自领域的利益均衡问题，一切皆为政治系统服务。因此，政府部门、官员拥有着天然的优越性。而在逐渐多元化、市场化的今天，政府系统的中心地位趋于消解，市民社会逐步建立，

---

① 官本位：载百度百科 http：//baike. baidu. com/view/315100. htm。

② 前引174②，周宪书，第12页。

从"强国家—弱社会"的模式向强国家—强社会的模式演进。人肉搜索就是公众在虚拟空间中对政府中心地位的挑战，虽然它目前尚未成熟，但却在一定程度上引起了政府部门的重视与探讨。

（3）人肉搜索与市民社会

互联网时代，中国传统的"强国家—弱社会"模式已经不能满足社会的发展趋势和公众的生存、生活需求，这一传统模式也正在各因素的驱动下悄然转变。中国要建立强社会，必须以互联网为依托；换言之，网络社会的建构是中国公民社会建立的试金石，中国公民社会的发展从互联网开始。

"传播空间是由象征交换的主体之间的关系所建构的，传播的赌注是力量关系在调节中的权力和反权力。所有的权力同时是权力和反权力，谈判或臣服。"① 草根新闻是互联网时代公众参与社会公共事务权力的体现，在一定程度上对政府行为、官员作风起到了监督、限制的作用。

除博客、播客外，论坛中的人肉搜索是草根媒体演变的一种新形态，是集众网友之力的一种群体性传播行为。它不仅是对事实的公布，更是像"扒粪者"一样挖掘真相背后隐藏的不为人知的秘密。它对政府官员的搜索与揭秘，是对"全能主义政治"体系的解构。人肉搜索是网络虚拟空间中建构市民社会、公共领域的一种形式，虽然这种形式尚不完善，甚至常常引起法律领域的争论。

市民社会"最初的含义是指古希腊的城邦社会，在城邦中，国家与社会是结合在一起的，公民参与城邦的活动，就是他们利益的表现形式，也是他们自由的体现"，而"从 17 世纪、18 世纪开始，市民社会开始有了现代含义，它指在封建社会的政治经济关系之外萌发的资本主义经济生活，与政治、公共的社会领域相对立"，"现代意义上的市民社会是一个与政治国家相对立的概念"。② 市民社会的一个重要特点是"对公共事务进行批评监督，从而形成公众舆论，以影响国家权力机构的决策"。③ 在最近发生的几起直接针对政

① 陈卫星：《传播的观念》，人民出版社 2004 年版，第 322 页。

② 石义彬：《单向度、超真实、内爆——批判视野中的当代西方传播思想研究》，武汉大学出版社 2003 年版，第 93 页。

③ 前引②，石义彬书，第 92 页。

府的人肉搜索事件中，网民表现了对政府官员作为的极度不满，制造强大的舆论压力，迫使政府部门不得不按照广大人民群众的要求对问题官员调查惩处。在林嘉祥事件中，虽然最终证实其并没有实施猥亵行为，但其言语中却透露出官员以权欺人的蛮横霸道之气，是为现代民主社会所不容的。“最牛房产局长”周久耕，因为不为老百姓利益考虑的言语而被网友搜出其天价烟和名表豪车，最终被撤职查办。新余和温州出国门事件中，政府官员假公济私，以出国考察的名义公费出游，原本不透明的政府开支被网友公之于众，立即引起纳税人的强烈质疑，最终政府迫于舆论压力对相关官员和旅游团相关人员进行处分。在杭州“欺实马”事件中，网友对交警认定的“每小时70码”速度立即产生质疑并发出强烈的抗议，最终政府和相关部门全程公开案件处理过程。这是网络虚拟社会中市民社会对抗政府灰暗面和问题官员取得的初步成功。有理由相信，在法制更加健全、社会越加民主的未来社会，网络虚拟空间中的市民社会将更加强大，并取得更好的成绩。

4. 被“收编”的人肉搜索

虽然互联网人肉搜索对政府形象带来诸多不利影响，然而人肉搜索这种集广大群众的力量找人的方式却似乎得到了政府某些部门的肯定与认同。因此才出现了广西、重庆、山东等地警方，先后利用人肉搜索进行案件侦破，有研究者将这种由警方发起的人肉搜索称为“被‘招安’的人肉搜索”。然而，政府有关部门或网友利用人肉搜索侦破案件的行动，却可能是人肉搜索的另一种新的用途。

（1）案例简介

2008年4月3日21时50分，一名为“愚民”的网友在“涪风论坛”的“我爱涪陵”版发了一篇题为“你认出他们是贼吗?”的帖子。帖子内容为：反扒支队在工作中发现两个盗窃团伙，分别在高笋塘地下商场和网吧盗窃他人财物，求助网友帮忙辨认，并提醒网友注意这些行人。最后是两部反扒热线电话号码。文字的下面，是商场、网吧监控录像截图，共26张。图片清晰度都不高，帖子上分别用红圈对其中个别人物进行圈点。其中，前两张图片有文字说明。第一张图片对圈点人物的图说是：1号嫌疑人，30岁左右，女性，白色西服，披肩卷发，脖子上戴装饰物；第二张图的说明是：2 号嫌疑人，男，25 岁左右，170 厘米，平头，黑色长袖 T 恤，右侧有英文字母 MERR。四天后，该贴的点击率达到 1500 次，26 个跟帖，大部分网友跟帖支持“捉、抓到底”。但也有网友质疑该举动的合法性问题。

重庆市涪陵区公安局反扒支队副支队长周涛表示：“没想到效果出奇地好”。发帖后四日内，他们接到 40 多个网友的热线。大部分网友表示赞赏，还建议他们打击盗窃 QQ、游戏装备等虚拟世界财产的行为，其中一条线索让他们连抓两个团伙。发帖次日，有网友打电话称，照片上有个被红笔圈点的男子绰号叫“峰儿”，但没有提供更详细的信息。他们根据这一信息锁定了一个叫彭峰的盗窃嫌疑人，仅花了两天时间就将彭及其同伙抓获。同时，另一团伙也根据网友举报落网。

涪陵区公安局反扒支队副支队长周涛证实，帖子确实是他们发的。发帖目的就是向网民征集数十起盗窃案件的线索。因为该区高笋塘地下商场自 2006 年初安装摄像监控以来，已经接到数十起失窃报案，涉案金额达到 800 元以上立案标准的案件就有 20 多起，保守估计涉案金额近 10 万元。该区有 10 家网吧从 2008 年以来，也连续发生了 21 起盗窃案，涉案金额五六万元。公安局领导将这个打击任务交给了反扒支队，一条线索没有，又不能不抓，怎么办？反扒民警一筹莫展时，想到局领导曾发过话，借助网络来破案。于是，他们决定在网上发帖，向热心网友求助。据周涛称，他们是首次采用这种方式征集破案线索的。此前也未听说过重庆市公安系统使用过这一方式①。

（2）传播主体分析

这是政府部门运用网络办公的一种新的尝试，警民配合“效果出奇地好”。与前文所提到的周久耕事件、林嘉祥事件、出国门事件等不同，它不再是网民群体与政府部门对抗性的消极行为，而是两者互相合作以维护社会秩序的积极行为。因此在此例人肉搜索行动中，传播主体包含两个方面：警方与网民。

对于网民来说，不论人肉搜索令由官方发出抑或是由民间发出，网民的

① “民警抓贼无计可施 26 张扒手照片挂网上”（2008 年 4 月 8 日），载新华网重庆频道 http://www.cq.xinhuanet.com/news/2008-04/08/content_12900345.htm。

出发点都是维护社会正义、捍卫道德等积极目的。因此对于网民来讲，无所谓“收编”或是“招安”，只要能参与社会公共事务，维护社会秩序正常，他们都乐在其中。

对于代表政府权力部门的警方来说，有了对“网络侠客”的合理利用才有在短时间内成功告破案件的成绩。而与此同时，法律界对人肉搜索行为的合法性是存在争议的。对于政府部门来说，要切忌“只许州官放火，不准百姓点灯”的特权行为。即一方面对人肉搜索进行明里暗里的打压与禁止，另一方面却在不停地使用这一手段以解决工作中的难题。这样不仅会遭到公众的质疑，还会导致政府诚信度降低，落下垄断、专横的不良形象。

（3）不同的社会声音

在此次借助网友破案的事件中，大多数网友表现出积极配合警方办案的态度，但仍有少数质疑声存在。网友周先生与网友“哎哟一声”分别提出疑问“此举有侵犯嫌疑人肖像权、隐私权等之嫌”和“视频资料这样放在网上，是不是涉嫌侵犯人家的权利”。不论是民间自发的或是官方出于办案需求进行的人肉搜索行动，都存在法律方面的争论。关于这一点，将集中在下一板块详细分析，这里不再赘述。

5. 人肉搜索的法律规制

2009 年 8 月 13 日，全国各大媒体纷纷报道了“宁夏禁‘人肉搜索’”的消息。此消息一出，立刻引来社会的广泛关注与讨论。这是继 2009 年初江苏省徐州市对人肉搜索立法禁止以来的又一舆论高潮，人肉搜索已经成为网络中的一大“隐患”。

由人肉搜索引发的法律上的争论主要集中于两个层面，一个层面是网络中涉及的隐私权、肖像权问题，另一个层面是由虚拟空间转化到现实社会的暴力问题。

（1）人肉搜索与网络隐私权

“隐私权，是指自然人依法享有的对其个人的、与公共利益无关的私人信息、私人活动和私人空间自主进行支配的具体人格权”；“网络隐私权主要指‘公民在网上享有的私人生活安宁与私人信息依法受到保护，不被他人非法侵犯、知悉、搜集、复制、公开和利用的一种人格权；也指禁止在网上泄露某些与个人有关的敏感信息，包括事实、图像以及损毁的意见等。”① 有学者认为，人肉搜索并不存在侵犯隐私权的问题，原因是既然当事人做出了有违社会伦理道德的事情，就不在隐私保护的范围之内，故不能算作侵犯隐私。而有专家则持相反的意见，认为个人住址、家庭成员被曝光给当事人带来了极大的困扰，应该立法禁止人肉搜索。不过，是否要立法禁止人肉搜索到目前仍无定论。

（2）现实社会中的暴力行为

将网络虚拟空间中的口诛笔伐转化为现实生活中的行为，这一点是法律必须探讨的重要问题。许多人肉搜索对象在现实生活中受到网民的电话、邮件干扰或是直接的“登门造访”，造成严重的生活阻碍与困扰，这可以归属为网民的过激行为。但是，由于网民群体的庞杂性，法律难以进行责任认定，这是人肉搜索给法律带来的另一个难题。目前专家们对此看法不一，所以社会中对人肉搜索立法的呼声也极其高涨。

（3）网络立法与舆论监督

2009 年 1 月 18 日，《徐州市计算机信息系统安全保护条例》获得江苏省十一届人大常委会第七次会议通过。条例规定：未经允许，擅自网上散布他人隐私，或在网上提供或公开他人的信息资料，对发布者、传播者等违法行为人，最多可罚款 5000 元，情节严重的，半年内禁止计算机上网或予以停机。该《条例》经过新闻媒体公布后，立即引起轩然大波，“人民网当天做了一项调查：‘徐州立法禁止人肉搜索你怎么看?’有超过 90% 的网民表示反对，认为‘不利于草根监督’，只有 4% 的网民表示赞同，认为‘人肉搜索弊大于利’。有意思的是，一网站当天也做了一项调查：‘你担心被人肉搜索吗?’超过 80% 的网民表示‘不担心，我没做亏心事’，有近 15% 的网民表示‘担心，但反对禁止它’。在一项‘立法禁止人肉搜索是否会影响舆论监督’的调查中，77.5% 的网友表示‘会影响，立法禁止人肉搜索实际上是对网络监督的封杀’，

① 张少新、孙小囡：“浅议‘人肉搜索’的立法规范”，《法制与经济》，2009 年第 4 期，第 70 ~71 页。

17.9%的网友表示‘不会影响，禁止的只是侵犯个人隐私的行为，检举揭发贪污腐败不会受影响’，4.6%的网友持中立态度，表示‘很难说’。”①

由此可见，大部分网友对立法禁止人肉搜索持反对态度。分别有77.5%和超过90%的网友表示禁止人肉搜是对网络监督的封杀且不利于草根监督，有超过80%的网友表示不担心被人肉搜索。人肉搜索已经被视为网络舆论监督最有利的武器之一，它所指向的不是全体社会成员，而是少数的逾越社会道德底线、违反法律法规的群体或个人。对人肉搜索立法禁止，究竟保护了何人，维护何人的利益，成为目前人肉搜索最热门的话题。在此情况下采取立法的形式禁止人肉搜索并非人心所向。事实上，在2008年8月，英国也出现过人肉搜索行动，国外对人肉搜索行动也采取了一些措施，但仍在探索当中。因此，是否对人肉搜索立法，在多大程度上进行管制才能使网络舆论监督顺利开展等一系列问题仍值得探讨。

总而言之，人肉搜索立法，仍需谨慎。

三、网络恶搞及其应对模型

网络上谁在恶搞政府？为什么政府被恶搞？怎样恶搞？政府又该作何应对？这是本节所要解决的核心问题。近年来，网络恶搞现象层出不穷，研究网络恶搞的文章也有很多。其中，研究对象多锁定在大而笼统的网络恶搞现象，主要是从文化学、传播学、法学等视角去研究、探讨网络恶搞现象的文化阐释、传播机制和法律认定。

然而，在这些研究中，关于网络中对政府的恶搞现象，或者通俗地说以政府为对象的网络恶搞的研究却少有涉及，即便是有也是间接地在研究网络恶搞红色经典的文章中有过一些只言片语的叙述。此外，近年来网络事件层出不穷，一方面网络上质疑政府的声音此起彼伏，另一方面，政府也常常被

① 智敏：“徐州立法禁止‘人肉搜索’受质疑”，《法制与社会》2009年第4期，第73~75页。

网民弄得措手不及，无可奈何。

因此，从网络恶搞政府现象切入，建构一套应用性理论不失为一种有益并且学以致用的尝试。建构理论是社会科学研究的内在要求，也是研究结果的一个必然归宿。这是因为人类任何有意义的行为都隐含了一定的理论，都需要将其明朗化、系统化。基于此种认识，在研究案例的基础上提出政府应对恶搞的对策模型假说，再结合案例类型化后的每一类型的典型个案进行检验。之所以做这样的应用性研究，其应用性不仅仅在于通过科学研究为政府提供一种解决网络恶搞政府问题的理论和思路，更重要的在于提出一套富有可行性和具有操作性的解决方案。

1. 网络恶搞历史梳理及阶段分析

网络恶搞是网络与恶搞文化相互交融的结果，是制作者通过剪辑一些视频片断或电影镜头，将之以一种新的表达方式加以拼接黏合，借助网络进行传播①。与单纯的恶搞相比，网络恶搞因其通过网络传播而具有广泛的影响力，恶搞成本低廉（匿名性）且结果具有不确定性。网络恶搞的形式具有多样性，可以是文字、图片、音频、视频甚至是广告，其表达方式通常采用后现代常用的戏仿、碎片化、拼贴、颠倒、并置、夸张等。

到目前为止，网络恶搞已经历了三个时期。

①萌芽时期（2001～2005年）。

进入新世纪以后，中国社会进入转型期，经济领域进入舒展型消费阶段，而政治与社会领域却进入矛盾凸显期。人们一方面在激烈的社会竞争之下渴望精神世界的放松和娱乐，另一方面面对社会转型期出现的诸多社会问题，人们需要表达。当娱乐与表达相结合时，娱乐化表达的浪潮便席卷中国。作为第四媒体的网络，因其特殊的传播特性，对娱乐化表达的浪潮更是起到了推波助澜的作用，为其提供了迅速生长的土壤。被公认为网络恶搞的开山之作《大史记I》就是在这样的背景下诞生的。《大史记I》由当时在北京电视台工作的卢小宝主创，2001年11月制作完成，2002年初红遍网络。《大史记I》将《东邪西毒》、《不见不散》、《野蛮女友》、《刮痧》、《霸王别姬》、

---

① 崔秋丽："论网络恶搞及其文化狂欢"，《东南传播》，2008年第9期。

《荆轲刺秦王》、《有话好好说》、《董存瑞》、《苦菜花》、《智取威虎山》多部影片剪辑在一起，讲述了2001年中国发生的一系列大事。遗憾的是，早期的网络恶搞作品，限于当时网络带宽和普及程度，像《大史记I》这种视频制作并没有大规模流行，而流行的往往是以Flash和PS图片为主的作品，例如这一时期流行的《大学自习室》、《十年CS版》等Flash作品，当然也包括用PS制作的非常著名的“无敌小胖”系列图片。

②鼎盛时期（2005~2006年）。

2006年被称为网络恶搞年。随着网络带宽的升级和影像制作的不断平民化，2005年末《一个馒头引发的血案》视频出现后就红遍了整个网络，并震动了现实社会，也宣告了网络恶搞进入了视频时代。在2006年的一年里，“恶搞”在虚拟世界和现实世界穿梭，网上网下，交相辉映。更有媒体人士指出，如火如荼的恶搞文化大有营造一种新文化时尚，甚至派生“恶搞学”的趋势。的确，自《一个馒头引发的血案》之后，网络上出现了大量的恶搞视频，《春运帝国》、《恶搞“超级女声”》、《新龙门票贩》迅速成为各大网站点击率最高的视频或帖子，网络媒体和传统媒体也竞相报道，恶搞引发了一场网络狂欢。之后，国内影视作品、歌舞小品、古典名著，好莱坞大片已有不少沦为网络精英们的实验品，从政界名人、影视明星到普通的平头百姓，全国掀起了一场轰轰烈烈的恶搞运动，其持续时间之长，波及范围之广、影响程度之深也几乎超出了中国历次民间运动。

③泛滥时期（2006年至今）。

随着网络恶搞的发展，恶搞者变本加厉。由原本的搞笑意图、解构意图，发展到不顾一切的颠覆。2006年底《雷锋初恋的女友》、《闪闪的红星之潘冬子参赛记》、《铁道游击队之青歌赛总动员》的出现，表明恶搞已经发展到另外一个极端。可以说，网络恶搞几乎涵盖了生活的所有方面：视觉、听觉、感官等等，从平面延伸到立体。各大网站都有一帮“恶搞”分子。他们创作了“恶搞MTV”、制作“恶搞照片”，甚至还创作了专门的“恶搞剧”，建立“恶搞”网站、成立恶搞组合……各网站已到“无恶搞不为网站”，网民也已到“无恶搞不为欢”的地步了①。

---

① 马燕：“试论网络恶搞现象及其规制”，广西大学硕士学位论文，2008年。

2. 文献综述

传播学界对于网络恶搞的研究，主要表现为以下几个子议题：网络恶搞现象的成因、网络恶搞的主客体、网络恶搞的类型、方式及其特征、网络恶搞与传播机制、社会伦理及文化阐释。

（1）网络恶搞现象的成因议题

关于这个议题，学者主要从两个方面展开思考：一方面是网络恶搞现象出现的政治、经济、文化思潮和技术等原因；另一方面是网络恶搞为何在青少年群体中流行。

关于网络恶搞现象出现的政治、经济、文化和技术等原因：学者张延伟（2006）认为恶搞作品之所以发展成为恶搞文化，其成因主要有六个方面：①IT 技术为恶搞文化插上了翅膀，恶搞的成本极其低廉；②年轻人渴望得到关注、宣泄不满、表达思想；③传统媒体把关人作用在网络媒体上的缺失，网站出于自己的商业利益推波助澜；④恶搞文化 PK 正经文化，大众渴望娱乐的心理为网络恶搞文化提供了成长的土壤；⑤恶搞对象本身的知名度成就了恶搞的轰动效应；⑥报纸杂志广播电视等传统媒体的助力[①]。学者王志强（2006）在分析恶搞现象时指出，规范体系的缺乏是网络恶搞滋生的外在条件[②]。学者李蓓（2007）从网络传播的特点、娱乐经济的影响以及大众文化与受众心理等方面分析了网络恶搞现象的成因。她认为：①网络传播的偏差使恶搞娱乐“有机可乘”；②娱乐经济的影响使网络传播舆论导向娱乐化；③大众文化背景下受众的娱乐心理使娱乐化舆论导向膨胀[③]。学者耶丹（2007）认为网络恶搞现象形成原因为虚拟化、互动化、娱乐化、受众的求新求异心理以及虚拟世界的受众需求与满足[④]。马燕（2008）认为网络恶搞成因有：①网络技术的普及——恶搞实现的前提；②网络空间的主体异化——恶搞诞生的可能性；③大众文化的勃兴——恶搞的温和土壤；④娱乐经济与

① 张延伟：“浅析‘网络恶搞’文化的成因——由国产电影大片屡遭‘恶搞’谈起”，《电影评介》，2006 年第 24 期。

② 王志强：“网络‘恶搞’现象分析”，《信息网络安全》，2006 年第 11 期。

③ 李蓓：“从‘网络恶搞’现象看网络传播娱乐化的舆论导向”，《东南传播》，2007 年第 7 期。

④ 耶丹：“论网络恶搞现象及其控制”，《陕西师范大学学报》（哲学社会科学版），2007 年 S2 期。

网络联姻——恶搞蔓延的助推手①。

关于网络恶搞在青少年群体中流行的原因，学者张志华（2006）从网络恶搞受到青少年追捧角度，认为网络恶搞成风的原因有五点：①网络恶搞作品本身对青少年具有一定的吸引力；②青少年追求自由彰显个性的猎奇心理为恶搞提供了可能；③多元文化的共容与开放的环境为恶搞提供了便利条件；④网络传媒方式的变革为恶搞的盛行提供了良好的舞台；⑤经济牟利的动机促使网站对恶搞默许甚至纵容②。学者李萌欣、欧阳一寒（2006）考察网络恶搞对大学生思想道德的影响时认为网络恶搞在大学生中流行的原因有四个方面：①多元文化的影响；②传媒方式的变革；③网络恶搞在一定程度上迎合了青年大学生的性格特点；④传统的思想政治教育方式不能适应大学生的需求③。学者杨春荣（2007）认为青少年追捧网络恶搞其原因有以下五方面。①网络心理学视角：自我表现，网络成名；②大众传播学视角：精神需求，娱乐至上；③哲学视角：颠覆经典，解构传统；④经济学视角：成本低廉，商业诉求；⑤文化社会学视角：社会进步，文化失范④。学者黄蜺、余会芹、甘延源（2009）认为青少年网络恶搞盛行成因包括：社会环境因素、学校环境因素、大众传媒的影响⑤。

由此可见，学者在对网络恶搞的成因分析上看法较为深入而且趋于一致。

（2）网络恶搞的主客体分析议题

首先是恶搞的主体，即"谁在恶搞"以及"为什么恶搞"。傅宏波（2006）认为恶搞一族的话语体系、思维方式与主流文化不同，他们热衷于追求新事物，是所有新鲜生活方式的簇拥者⑥。张延伟（2006）认为大部分年轻人抱着娱乐的心态参与到恶搞创作中来，此外，网络媒体为了提高点击率为

---

① 马燕：《试论网络恶搞现象及其规制》，广西大学硕士学位论文，2008 年。

② 张志华："网络'恶搞'背后的文化隐忧及对策"，《中国青年研究》，2006 年第 12 期。

③ 李萌欣、欧阳一寒："网络恶搞对大学生思想道德的影响及应对策略"，《学校党建与思想教育》，2006 年第 12 期。

④ 杨春荣："网络恶搞：青少年集体狂欢的新主题"，《当代青年研究》，2007 年第 3 期。

⑤ 黄蜺、余会芹、甘延源："青少年网络恶搞之社会学探析"，《电化教育研究》，2009 年第 3 期。

⑥ 傅宏波："网络'恶搞'何时休？"，《观察与思考》，2006 年第 16 期。

恶搞作品提供阵地和不断跟风炒作[①]。张莹（2008）认为“恶搞族”之所以恶搞，一是满足了制作者出名的心理，二是制作者情绪发泄的一条途径，三是部分人跟风心理的体现，四是表达了制作者的逗乐愿望[②]。何爱军（2009）认为伴随着改革开放出生、成长起来的青少年人群接受的是一种相对自由、开放的教育，他们看到和接受的是各种各样的审美理念、多元的思维方式以及在艺术表现形式上异彩纷呈的表达方式。这帮青年人便在网络的虚拟环境中卸下现实中的一切掩饰与伪装，将赤裸裸的灵与肉的情感和个性展示出来，作为对被社会期待所压抑的情绪和欲望肆无忌惮地自我宣泄与自我解脱。网络恶搞的传播者与受众大多是社会的普通一员，他们在现实生活中往往有怨气、有委屈、有不满但却无法解决，于是很多人便借助网络这一公共平台，发泄生活中的各种艰难与困苦，寻求情感寄托与精神上的解脱[③]。

其次是恶搞的客体，即“谁被恶搞”以及“为什么被恶搞”。王天意、张妙龄（2006）认为网络恶搞是指网民以网络为平台，针对有一定影响力的人、事物、事件或作品，应用各种手段炮制出来的，违背常理、让人啼笑皆非的网络恶作剧。网络恶搞的对象主要有以下几种。①以历史名人、文学名著中的主人公等为主要对象；②以名人肖像、名画为主要对象；③以著名影视剧为主要对象；④以经典音乐、流行音乐为主要对象；⑤动画片、游戏本身等等都能成为恶搞的对象[④]。张鹤、徐轩（2008）认为：恶搞创作中一个突出的现象是恶搞作者多把经典作品作为解构对象。经典作品是具有权威性、拥有众多读者且产生过较大社会影响的作品。“恶搞”者解构经典作品，有助于作品产生一种强烈的喜剧效果[⑤]。

（3）网络恶搞的类型、方式及特征议题

关于网络恶搞的类型，不同的学者有着不同的划分角度。有些学者按照恶搞文本类型进行划分。王天意、张妙龄（2006）认为网络恶搞可以划分为：

---

① 张延伟：“浅析网络恶搞文化的成因——由国产电影大片屡遭恶搞谈起”，《电影评介》，2006年第24期。

② 张莹：“对网络恶搞流行的心理学分析”，《安徽文学》，2008年第2期。

③ 何爱军：“网络恶搞的传播学分析”，《传媒观察》，2009年第2期。

④ 王天意、张妙龄：“透视网络恶搞”，《红旗文摘》，2006年第14期。

⑤ 张鹤、徐轩：“网络恶搞的著作权法律问题研究”，《法制视野》，2008年第7期。

文字类网络恶搞、图片类网络恶搞、影视类网络恶搞、音乐类网络恶搞、游戏类网络恶搞。而网络恶搞的基本特征是：移花接木、语境颠倒、角色反串、牵强附会、无中生有[①]。蔡胤（2008）认为从其外在形式上看，网络恶搞主要可以分为四大类型，即文字恶搞、图片恶搞、音频恶搞、视频恶搞。而网络恶搞的手法，他认为大部分恶搞作品的基本结构方式都是：流行的母本（文字作品、图片、影片等）+异化的叙述逻辑。无厘头、搞笑、震撼、反讽是电脑屏幕上的恶搞作品吸引眼球的重要元素。在消费社会里，复制拷贝已经由工业生产方式泛化为人们日常的生活体验和感知方式，视觉化的认知模式与复制拷贝方式交汇融合，形成了当代艺术领域流行表现手法，即戏仿与拼贴[②]。侯雨（2009）从总结各种网络恶搞现象来分析，认为恶搞大致有如下四个特点，第一，恶搞文化具有某些后现代性，它是对精英文化、经典话语和宏大叙事的解构和颠覆。第二，通过采取戏仿拼贴等手段，恶搞一定程度上实现了“再创造”。第三，网络恶搞对互联网具有极强的依赖性。第四，恶搞的根本出发点是娱乐性[③]。

（4）传播学者眼中的网络恶搞

传播学者是怎样看待网络恶搞的呢？这是个让人感兴趣的话题。首先是文化批判学派。王虎（2006）认为网络恶搞的乐趣就是通过“参与其中”所得到的复杂快感。一方面，原创者是构成恶搞事件的主体，他们或是陶醉于自身的“美貌”，或是沉迷于自己的“视音频技术”，或是享受于无数追随者的高声呐喊，恶搞给他们带来无穷的自我发泄与精神满足；而评论、跟帖等网络交流方式更是调动了观众的参与性，人们可以在这场精英与“草根”的对决中尽情表达自己的观点。狂欢式的恶搞只不过是对常规生活的补充，只不过是民众情绪定期的宣泄，它起着情绪“减压阀”的作用，又恰好是文化权威用来维持传统文化秩序最安全、最经济的策略。虚拟的民主越是现实，现实的民主越是无望，这就注定了一部分人所鼓吹的“文化民主”只能是一种乌

① 王天意、张妙龄：“透视网络恶搞”，《红旗文摘》，2006年第14期。
② 蔡胤：“网络恶搞现象分析”，湖南师范大学2008年硕士学位论文。
③ 侯雨：“网络‘恶搞’现象探析”，《大众文艺》，2009年第7期。

托邦的想象，是一种聊以慰藉的“伪民主”①。王楠（2006）指出，对恶搞的拥趸者来说，恶搞仅仅是一种娱乐，一种对现有主流文化的背叛和颠覆。它既满足了恶搞者的创造激情，也能使阅听者会心一笑，起了释放社会情绪，缓解社会压力的作用，用社会学的术语，就是起到了一个“安全阀”的功能，有利于社会稳定②。

传播理论方面比较有代表性的是耶丹（2007），他认为依“使用与满足”理论看，网络恶搞参与者们是为了“满足”心绪转换、“拟态”人际、自我认同、环境控制四方面需求③。

在网络恶搞的传播机制方面，任中峰（2007）在“网络恶搞的传播学分析”一文中指出，网络恶搞与传染性病毒的传播方式十分接近，其最为主要的特点都是“信息的无成本自我复制”，因此网络恶搞作品的传播实际上就是一种病毒的传播。基于此基本论点，他分析了网络恶搞传播的特点，概括了其传播模式④。

总之，学术界关于网络恶搞的论述主要是就网络恶搞论网络恶搞，没有从更为宽广的学术视野去探讨一些更值得探讨的问题，更缺乏对网络恶搞政府现象的涉猎和关照。

3. 类型化框架与政府反应模型假说的提出

（1）类型化框架的提出

本书搜集了有关政府被恶搞的若干个案，其中有些是对政府比较直接的恶搞，有些是通过恶搞与政府相关的人或事（例如红色经典、新闻联播）在间接上也对政府进行了恶搞。此外，有些恶搞仅仅是停留在虚拟的情感表达和发泄，而有些则隐含着某些现实层面的利益诉求。因此，按照恶搞与政府的相关性（直接恶搞/间接恶搞）以及恶搞性质（情感表达/利益诉求）这两个维度将网络上形形色色对政府的恶搞现象进行矩阵分析。

---

① 王虎：“网络恶搞：伪民主外衣下的集体狂欢”，《理论与创作》，2006 年第 6 期。

② 王楠：“网络恶搞风起云涌”，《中国社会导刊》，2006 年 19 期。

③ 耶丹：“论网络恶搞现象及其控制”，《陕西师范大学学报》（哲学社会科学版），2007 年 S2 期。

④ 任中峰：“网络恶搞的传播学分析”，南昌大学 2007 年硕士学位论文。

表 2.2　　恶搞类型

相关性 / 恶搞性质	直接恶搞	间接恶搞
情感表达	A	X
利益诉求	B	C

根据如上矩阵，网络上对政府恶搞现象被划分为四个主导类型。

A：“直接—情感型”，指恶搞者（通常是网民）对与政府有关的具体对象进行的诉诸情感表达和发泄的恶搞现象。例如恶搞公务车晾胸罩、恶搞常州城管网站等。

B：“直接—利益型”，指恶搞者对与政府有关的由具体对象进行的诉诸现实利益的恶搞现象。例如卫生部官员与考生执考版、恶搞温州市政府整治温博（温网博客的简称）的通知、湖南省汉寿县鸭子港乡政府网站被恶搞成少男少女的网站且页面设计极其花哨、江西瓮安俯卧撑事件发生后网民在网络上效仿恶搞“做俯卧撑”，借以讽刺政府的这种荒谬说辞等。

C：“间接—利益型”，指恶搞者对与政府有关的非具体对象进行的诉诸现实利益的恶搞现象。例如地方政府听证会纪实、结婚报告政府恶搞版、恶搞黄健翔解说之中国医疗版等。

X：“间接—情感型”，指恶搞者对与政府有关的非具体对象进行的诉诸情感表达和发泄的恶搞现象。从本书所收集的案例库中，可以很明显地感受到，该类型恶搞政府现象是主流，其内部又可以划分为多种类型，将在后文第三章具体阐述，此处不展开论述。

为了设置类型相同的若干比较项目，从中找出异、同因素，本书根据四种“主导者类型”选择了若干典型个案作横断分析。

表 2.3　　恶搞案例列表

主导类型	个案名称	恶搞主体	恶搞客体	恶搞形式	文本数量与持续时间	媒体关注	政府应对
A	成都公务车晾胸罩事件	疑为网友	地方政府	图片	2，几个月	论坛+传统媒体	失当
A	常州城管网站遭恶搞	网友/黑客	政府网站	网站	1，不到一周	博客+论坛+网络媒体+传统媒体	得当

续表

主导类型	个案名称	恶搞主体	恶搞客体	恶搞形式	文本数量与持续时间	媒体关注	政府应对
B	卫生部官员与考生执考版	网友	卫生部	文字	1，不详	网络媒体	得当
B	市政府整治温博的通知	网友	地方政府	文字	1，几个月	博客+论坛	一般
C	地方政府听证会纪实	网友	地方政府	图片	1，数月	论坛	基本得当
C	政府关于取缔小姐问题	网友	历史、文化	文字	1，不详	论坛	基本得当
X1	恶搞红色经典	网友	历史、文化	视频	1，数月	网络媒体+传统媒体	一般
X1	国歌被恶搞成股歌	股民	政府标志	文字、音频	1，数月	博客+论坛+网络媒体+传统媒体	一般
X2	恶搞新闻联播	网友	历史、文化	视频	N，几年	博客+论坛+网络媒体+传统媒体	一般
X2	游戏恶搞城管	游戏玩家	泛政府员工	游戏	1，几个月	网络媒体+传统媒体	一般
X2	领导外出活动的无奈	疑为网友	泛政府领导	文字	1，较长	博客+论坛	一般
X3	光绪政府工作报告	网友	泛政府	文字	2，几个月	博客+论坛	基本得当
X3	恶搞政府人员名单	网友	泛政府	文字	1，不详	博客+论坛	基本得当
X3	刘备同志简历	网友	历史、文化	文字	1，不详	博客+论坛	基本得当
X3	结婚报告政府恶搞版	网友	泛政府	文字	1，很短	论坛	基本得当

其中，恶搞主体是指恶搞者，从案例列表可以看出，恶搞主体呈现多元化与集中化两种特征，多元化指的是恶搞者不但有网友，而且还有黑客、游戏玩家，甚至商人。而恶搞主体占绝大多数仍然是网友。这并不奇怪，因为作为恶搞者来说，在网络上进行恶搞活动，尽管具有多重身份，不管其现实中身份如何，他们都有着一种共同的身份——网民。

恶搞客体是指被恶搞的对象，它是恶搞的受害者。在恶搞政府的范畴中，恶搞客体呈现多样化的特征。恶搞客体包括地方政府、基层政府、政府网站、泛政府、泛政府领导、泛政府员工、政府产品、国歌、历史文化等。

恶搞形式是指恶搞文本的呈现形式。研究发现在学术界公认的文字、图片、音频和视频四种形式之外，还存在游戏、网站和实体三种补充形式。

文本数量是指恶搞政府文本的个数。研究发现，很多时候恶搞政府的文本在初次出现之后，随后又有大量恶搞者跟进在传播恶搞文本的同时也在进行着新的恶搞文本的创作。

持续时间是指恶搞政府事件持续的时间。研究发现，在恶搞政府的四种主导类型中，并没有呈现出明显的统计特征。但是有一点是值得研究的，即政府应对与持续时间是否存在一种线性相关关系。这将在下文的研究假设中提出。

媒体关注是指恶搞政府事件或恶搞文本被媒体报道和转载的情况，这些媒体按照研究需要被界定为传统媒体、网络媒体、论坛、博客。研究发现：①媒体关注与政府应对存在很大程度的相关性。媒体关注越多政府应对的涉入度越高，或者说政府应对的涉入度越高媒体关注越多，或者两者兼而有之。②直接恶搞媒体关注多，间接恶搞媒体关注少。

政府应对是指政府对恶搞事件的处理情况，界定政府应对行为引用“涉入”概念加以衡量，界定涉入有三个指标：认知程度、处理速度和涉入持久程度。涉入度可以定义为政府对恶搞事件的认知程度（重要/不重要）或处理速度（快/慢）以及涉入持久程度（暂时涉入/持久涉入）。

（2）政府应对模型假说

政府应对是指政府对恶搞事件的处理情况，界定政府应对行为引用“涉入”概念加以衡量，界定涉入有三个指标：认知程度、处理速度和涉入持久程度。涉入度可以定义为政府对恶搞事件的认知程度（重要/不重要）或处理速度（快/慢）以及涉入持久程度（暂时涉入/持久涉入）。政府应对模式是一个极端重要的研究结论，面对不同的恶搞类型，不同的恶搞事件，如何做出正确到位的反应至关重要。

假说（hypothesis）是以已知的科学理论（包括原理和经验通则）和经验知识为根据，对未知现象及其规律性作出假定性说明或解释。假说应该满足以下条件：①为要解决的问题提供答案；②与已有的理论相关；③有明确的界说；④具备原则上的可检验性[①]。

表 2.4　　　　政府应对模型

适用类型	应对模式	认知程度	处理速度	持久程度
直接—情感型	M1	不重要	快	短暂
直接—利益型	M2	重要	快	短暂
间接—利益型	M3	重要	慢	持久
间接—情感型	M4	不重要	慢	持久

根据“直接—情感型”的特点，诉诸情感表达说明问题并没有达到操作层面，但存在转化为现实问题的隐患，政府认知其相对不重要；直接恶搞政府说明对象明确，反应时宜做迅速处理，解决暂时性问题。其应对模式为M1：“低认知、快反应、短暂处理”。

根据“直接—利益型”的特点，利益诉求说明问题已经达到操作层面，有可能也有必要作出处理，政府认知其相对重要；直接恶搞政府说明对象明确，反应时，宜做迅速处理，解决暂时性问题。其应对模式为M2：“高认知、快反应，短暂处理”。

根据“间接—利益型”的特点，利益诉求说明问题已经达到操作层面，有可能也有必要作出处理，政府认知其相对重要；间接恶搞政府说明对象不明确，反应时，可以不反应或做慢反应，持久处理，解决暂时无法解决的问题。其应对模式为M3：“高认知、慢反应、持久处理”。

根据“间接—情感型”的特点，诉诸情感表达说明问题并没有达到操作层面，但存在转化为现实问题的隐患，政府认知其相对不重要；间接恶搞政

① 汪馥郁主编：《社会科学方法论导论》，燕山出版社1993年版，第171～174页。

府说明对象不明确，反应时，可以不反应或做慢反应，持久处理，解决暂时无法解决的问题。其应对模式为 M4："低认知、慢反应、持久处理"。

在下面的案例分析中，本书将以典型个案的形式呈现事件的全貌和类型特征，并重点对政府应对做必要的描述和解释，并根据模型假说提出政府应对模式加以验证。

4. 网络恶搞政府现象的典型个案研究

（1）"直接—情感型"典型个案

表 2.5　　"直接—情感型"典型个案

主导类型	个案名称	恶搞主体	恶搞客体	恶搞形式	文本数量与持续时间	媒体关注	政府应对
A	成都公务车晾胸罩事件	疑为网友	地方政府	图片	2，几个月	论坛＋传统媒体	失当
A	常州城管网站遭恶搞	网友/黑客	政府网站	网站	1，不到一周	博客＋论坛＋网络媒体＋传统媒体	得当

通过上表可以看出，"直接—情感型"个案具有一些共同特征：恶搞对象很明确；媒体关注较多，特别是引起了传统媒体的关注。

下面本书结合"成都公务车晾胸罩事件"这一"直接—情感型"典型个案做具体分析。

①个案概述。

2008 年初，"史上最牛公务车：成都市政府公务车内晾胸罩"的帖子迅速成为网络热点，许多论坛转载，网友热烈讨论。南方都市报 2008 年 4 月 9 日 AA32 网眼版以"政府公车晾着文胸为题"进行了报道，但政府相关部门接受媒体采访时予以否认，并怀疑车牌可能是个假货，或是被网友 PS 恶搞的。此后，网络出现了一些质疑，但最后没有得到政府相关部门的回应，最终不了了之。

②主体—客体研究。

此事件特殊性在于定性为"恶搞"是否恰当，毕竟事件真相并未澄清，官方结论也存在颇多漏洞。为研究需要，我们姑且将事件主体称为恶搞者。

关于恶搞者所系何人，也是众说纷纭。通览网上关于该事件最重要的几篇帖子或文章，大致有三种说法。

第一种说法是网友“花子—异教徒”：

近日，一张在网上被称为“最牛川O车”的照片引起了网友的广泛关注，并被天涯、猫扑等各大论坛转载。搜狐社区论坛上，网友“花子—异教徒”将这张图片改名为“最牛公务车，成都市政府公务车内晾胸罩”，并贴了出来。此帖一出，立刻在网友中引起轩然大波。截至昨日下午6时，该篇帖子的点击率已经达到44987次。

本书通过搜索引擎查找，很容易发现了搜狐社区论坛上的这篇标题为“最牛公务车，成都川O牌号的车内晾胸罩（图）”的帖子：

今天午饭后爷们我独自闲逛，猛见这辆停在街边的汽车后玻璃好象有点不对劲。走近细看，哇噻！里面是些什么东东呀！反正我模糊感觉是女人用品……晕啊！还是川O的牛牌！但我毕竟老眼昏花，于是我就咔嚓一下，让眼尖的网友们帮我瞧瞧，这究竟是个啥玩意呢？

此帖并非转帖，发帖者“花子—异教徒”，发帖时间2008年4月6日。描述中，作者以第一人称的口吻叙事，很显然是想引起别人注意。因此，在标题中加了“最牛”这种突出性、煽动性字眼。而且，最后一句话发问目的引发网友各种各样的猜疑。难怪点击率达到4万多，回复也达到100多条。

另一种说法是网友“无所谓”：

记者开始找寻这张图片的源头。记者发现这张图片在论坛上最早由一位网名叫“无所谓”的网友在3月18日发于“成都吃喝玩乐网车行天下论坛”，当时取名为《最牛川O车 不看后悔》。记者原以为联系到原发网友就能证实照片的真实性，谁知“无所谓”也不知道图片是真是假。

在电话里，“无所谓”回忆道：“这张图片是我QQ里的一个群里发的，具体哪个群我忘了，反正不是我照的，我也不知道是真是假。”他称当时也是看到觉得很搞笑，便发在了网上。但对网友把图片改称为“最牛公务车，成都市政府公务车内晾胸罩”，他笑称那些网友才真的没素质。他说：“图中汽车的车牌是川O－71775，政府的公务车车牌也不是以数字7开头的呀，这些网友完全是在乱改。"①

这段叙述标题是"省车管：'最牛川O车'车内挂胸罩 查无此车（图）"。从这段描述中，我们发现实际上该记者联系的原发网友并不是"始作俑者"，他也仅仅是在QQ群里看到，然后稍加改动（主要是改了更为引人注目的标题）而发到网上的。显然，他是恶搞文本的加工者和传播者，也可以算是恶搞者。

还有一种说法是网友"www 狗娃 com"：

回应一下前几天在各大论坛和报纸炒得沸沸扬扬的政府车挂胸罩事件。

此照片是我朋友在彩虹桥拍的，当时觉得好奇，一路尾随川O－71775，在彩虹桥等信号灯的时候用手机将照片拍下来了。晚上朋友来我家下载手机铃声，我看到这张图片好耍，便将图片复制了下来，并剪切了局部图片发到了很多群里面，当时就引起了很多群友的关注，我记得我最先是发在"成都吃喝玩乐群"的，群头有个小"小屁侠"的美女说这个车牌是政府车，不然我都不晓得是政府的。过了几天 登陆QQ的时候 ，弹出来一个系统信息：《挂政府牌照公务车后座晾文胸引网友热议》，帖子居然说车牌和胸罩都是我们PS的，所以我出来澄清一下 这图片确实是我朋友拍的，不是PS ，只有是不是套牌车 就只有政府去查咯②。

这段叙述是网友"www 狗娃 com"发表在天涯社区成都论坛上的，标题为"回应——《挂政府牌照公务车后座晾文胸引网友热议》图"提交时间2008年4月14日。从这段描写中可以看出，恶搞者并不能称为恶搞者，他之所以将这张朋友手机拍的照片发到网上，仅仅是觉得好玩，正如他说的"好耍"，并不存在故意恶搞政府或者陷害政府的行为或动机。

对比以上三种说法以及其他资料（图片资料）。首先，第二种说法和第三种说法形成呼应；其次，从信息的完整性、全面性和不可捏造性的角度来讲，

① "思想解放：成都市的政府公务车内晾胸罩（转载）"（2009年8月10日），载天涯社区 http：//cache. tianya. cn/publicforum/content/no04/1/692691. shtml。

② "回应——《挂政府牌照公务车后座晾文胸引网友热议》图（转载）"（2009年8月10日），载天涯社区 http：//bbs. city. tianya. cn/new/TianyaCity/Content. asp? idItem＝284&idArticle＝80478。

第三种说法最为全面，信息掌握最为丰富，几乎可以认定为真；再次，第一种说法与第二、三种说法之间存在矛盾之处，假设图片是他原创，那么别人怎么会有比他更丰富的图，而且连事发地点都不差毫厘，假设图片是第三种说法者原创，那么第一种说法则必定为假，而且发帖时间也明显滞后。因此，第一种说法的发帖者实际上就是假借别人的图片发的所谓的“原创”贴，第二三种说法比较可信。

但是，从另一个角度来说，“花子—异教徒”、“无所谓”、“www 狗娃 com”（疑似）三者都是在没有证据，或者没有将事实基本弄清的情况下擅自制作和传播恶搞文本，因此属于恶搞，只是恶搞程度有所区别。

总之，根据三者恶搞情节严重程度不同，我们可以说最恶搞的是“花子—异教徒”，最不恶搞的是“www 狗娃 com”。

③事件进程研究。

从目前本书掌握的材料来看，此事件存在以下几个结点：

诱发阶段：2008 年 3 月某日，成都彩虹桥附近，网友“www 狗娃 com”（疑似）把朋友拍下的一张离奇的照片传到 QQ 群中。

发展阶段：3 月 16 日，照片最早出现在铁血社区，帖子标题是“公车出现这样不堪入目的景象，不由浮想联翩”。两天后成都当地一家论坛也转载了这个帖子，引发讨论，不过热度也很快就过去了。

激化阶段：4 月，有网友再次把照片发出来，换了个标题，“史上最牛公务车：成都市政府公务车内晾胸罩”，迅速成为网络热点，许多论坛社区都有转载，网友热烈讨论。

转折阶段：4 月 9 日，《南方都市报》AA32 网眼版以“政府公车晾着文胸为题”进行了报道，政府出面辟谣，一口认定政府不存在这个车牌。此后，也有网友进行考证，多数意见认为此车牌系省属企事业单位用车车牌。

消解阶段：此后，恶搞事件在网友的质疑和不解声中渐渐消解。

④媒介研究。

由图 2.2 可以看出，在该个案中，可以结合拉斯韦尔的 5W 模式进行分析：

传播者分析：恶搞者和传播者实际上是不同的概念，恶搞者主要指恶搞文本的生产者，而传播者主要指传播恶搞文本的人或机构。但是该个案中，恶搞者既是文本的生产者也是传播者，并且呈现出多恶搞者的特征。

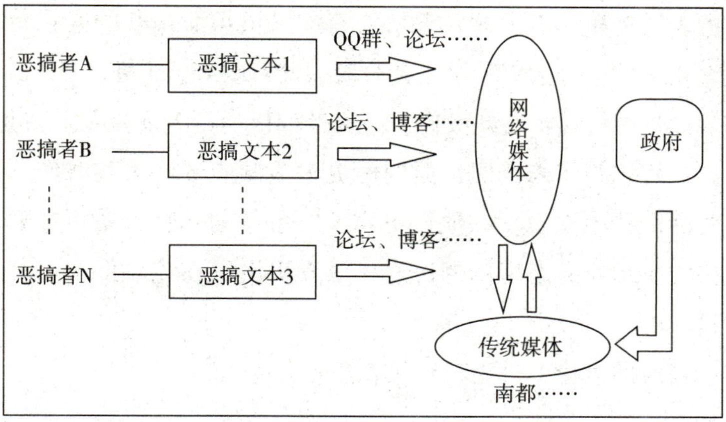

图 2.2　史上最牛公务车个案研究

传播内容分析：传播内容指传播的信息和符号，通俗说，就是传播者传播什么。该个案中，传播内容呈现出多恶搞文本的特征，其中既有文字，也有图片，并被变换出不同的标题。

媒介分析：指的是通过何种渠道传播，借助于何种载体。研究发现，该个案的传播渠道大致如下：QQ 群—论坛、博客—传统媒体—网络媒体—论坛博客。发端于网络小群体传播，继而扩散到网络公共空间领域，并由传统媒体跟进使之扩散到社会公共空间领域，最后又回到网络公共空间领域。

受众分析：所谓受众是指恶搞文本的阅读者、接受者，这里理所应当包括政府。在网络公共空间领域，受众有表达自己意见和见解的权利。

效果分析：主要是政府反馈。在研究中，我们发现政府反馈方式被动而且反馈渠道呈现“单线条”的特征，仅仅是通过传统媒体予以反馈，而问题是传统媒体在该事件中也只是处于非核心地位。

⑤话语分析。

本书以把该事件推向高潮的“史上最牛公务车：成都市政府公务车内晾胸罩（图）”一帖来分析天涯来吧上网民们对该事件的话语①。该帖共有回复 163 条，尽管论坛回复看起来七嘴八舌，纷繁杂芜，有的言语粗俗，有的言语

① “史上最牛公务车：成都市政府公务车内晾胸罩（图）”（2009 年 8 月 10 日），载天涯社区 http：//laiba. tianya. cn/laiba/CommMsgs？ cmm = 27145&tid = 2593855121570184955&ref = commmsgs - paging&na = 1&nst = 1&pno = 1。

文雅，有的表达情感，有的理性思考，有的义愤填膺，有的客观冷静，但是总的来说意见大致可分为三种：支持政府、反对政府、中立。

本书对此进行统计：支持政府16条，反对政府87条，中立态度60条。

可见，尽管真相尚未查明，但网民更多地倾向于认为政府作恶，但是也有相当多的网民持中立态度，他们更愿意等事件的真相查明再发表言论，如果再加上持支持政府的态度的网民，可以看出网民在该事件中态度分化的现象十分明显。

在支持政府的言论中，比较有代表性的有：

拜托你造假也专业点嘛，首先，成都的车牌开头是“川A”这个车是川O，其次，你怎么证明这是公车呢？楼猪是别有用心的往四川人头上扣屎盆子。简直是恶毒。哗众取宠。

明显丑化公务员，楼主跟成都有仇么。成都的车牌是川O？

呵呵，四川的官员我不太喜欢！但地震中还是有一大批真正的人民公仆，值得称赞！顶一下。

为什么总是往坏处想?！难道没有可能是公务员抗震救灾等原因而只能把车辆当成临时宿舍？你们这帮人太龌龊了！骨子里透露出一种对公务员的仇恨！

晕～～，PS痕迹这么明显，竟然还有这么多人顶。

尽管他们也没有拿出绝对的证据来证明照片为假，但是他们凭借对政府的印象和经验判断事件的性质为有人蓄意恶搞政府。

在反对政府的言论中，其言论形式变得五花八门：

——就事论事型。

我们国家就是这样的，都见怪不怪了。

这是我们的政府官员“办事”的真实写照!!!

中国政府的个别败类!!

——借题发挥型。

常事，政府公车其实就是最好的私家车，什么费用都不用个人掏腰包，而且还能从中再捞到很丰厚的外财！顶起来，为咱们国家这么卖力揩油的公务人员顶起来!!!!!!!!!!! 继续努力吧，世界将是你们这些大贪官的!!!!!!!!! 我就不相信全世界的钱就喂不饱你们!!!!!!!!!!!!!

——胡乱猜测型。

这车子可能是女性公务人员专用的，为了省时间提高工作效率就在车上换洗了。

可能是两个同性恋者，否则怎么会有两个胸罩呢？

这个应该是成都某公安局或者警务人员使用的车牌。

——恶意调侃型。

向这车的公务员们说声辛苦了!!!!!! 工作可能太忙了，工作时间太长了，辛苦了公务员!!!!

不要吵，我是张书记，跟你们说嘛：这个车呢！嗯....... 听清楚了哈。还有这个胸罩呢！是这么一回事……好了，我的报告完了。请大家鼓掌。

当然，对此事持中立态度的网友分化也比较明显，主要有两大派，一派是“路过派”，他们的代表性言论是“路过，我就看看”、“晕倒”等简单无倾向表达。而另一派是“实证派”，他们显得比较理性，客观和尊重事实，他们寻求真相，更愿意从证据和事实层面去进行探讨，证实或证伪。

我不是成都的，不过想说句公道话，很多地方O牌照确实曾经是公安的（说曾经，因为我们这里已经不是了好些年了，但不知道是不是全国都改了），而成都改得比我们还早，O牌早就社会通用了，不知道，你要人补充的是不是这个知识？

楼上的，我不知道O牌在成都还通不通用，但我们这里的O牌是全省都不交养路费，不交高速过路费，不交任何路费的，不用交路费的车除了公车（特别是警车），还有什么车呢？

⑥政府应对模式检验。

在“成都公务车晾胸罩事件”中，尽管恶搞者将矛头直接对准了政府，但是政府部门并没有及时做出回应和解释，相关机构也没有介入调查。而是通过记者采访的渠道，政府部门对此事件有所表态：

车管所所长李德华昨天在接受当地媒体采访时表示："根本没有这个车牌，川O－71775可能是个伪造的假车牌。"他说在四川省车管所的系统中，完全查不到关于这个车牌的任何资料，这个车牌没在车管所登记过，因而他怀疑这张图片中车牌可能是个"假货"，或是被网友PS"恶搞"的。

表态之后，未有后续行动。

表2.6 "直接—情感型"应对模型

适用类型	应对模式	认知程度	处理速度	持久程度
直接—情感型	M1	不重要	快	短暂

按照"直接—情感型"政府应对模型假说，该事件政府应该采取"低认知、快反应、短暂处理"的应对策略。对照案例，我们发现政府在没有媒体采访的时候未对该事件作出回应或解释，而是在媒体采访后被动且短暂地作出了并不令人信服的解释，之后，未采取任何行动。结合之后网络民意和网民质疑，我们可以基本得出政府应对失当这一结论。其失当在于处理速度和发挥能动性上，这是因为在类似事件中，网民寄希望于政府查明真相，而政府本应该快速反应和发挥能动性，主动搜集证据、澄清事实真相、正面回应网民质疑，但案例中政府反应并未做到这些，这也正是网民不满和政府应对失当之因。所以，"直接—情感型"采取"低认知、快反应、短暂处理"的应对策略是正确的，而且具有理论联系实际的意义。

（2）"直接—利益型"典型个案

表2.7 "直接—利益型"典型个案

主导类型	个案名称	恶搞主体	恶搞客体	恶搞形式	文本数量与持续时间	媒体关注	政府应对
B	卫生部官员与考生执考版	网友	卫生部	文字	1，不详	论坛	得当
B	市政府整治温博的通知	网友	地方政府	文字	1，几个月	博客+论坛	一般

"直接—利益型"个案的共同特征为：恶搞对象明确，恶搞中涉及利益诉求；恶搞产生的影响较小，媒体关注少。

下面我们通过"卫生部官员与考生执考版"个案来具体分析。

①个案概述。

在“撇捺”医学网站上有一篇标题为“恶搞之卫生部官员与考生执考版”的帖子，作者 huafeiyu，发布时间 2007 年 11 月 16 日。内容如下：

考生：好紧张，等待的时间真是痛苦。

官员：紧张什么，又不是第一次了（淫笑道）。

考生：正因为去年搞的太痛苦，所以今年更紧张啊。

官员：放心，只要我高兴了，肯定会照顾你的。

考生：拜托了！

这些衰老和丑陋的官员蹂躏着年轻考生的身心。

考生：求求你快点出来吧（指分数线，大家别想歪）。

官员：我还没爽够怎么能出来?!

考生：求求你快点吧，太痛苦了。

官员：你越叫我越爽（大笑道），叫，继续叫，哈哈……

经过长时间的蹂躏和等待，终于出来了，结果让考生傻眼了。

考生：怎么会这样?

官员：不这样怎么能财色双收，明年继续啊，嘿嘿……①

从百度搜索仅有此一条，以及点击数 172（截至 2009 年 8 月 15 日），我们可以发现这篇充满低俗内容的恶搞帖并没有在网络上产生多大影响，恶搞对象卫生部也没有做出任何回应。正是因为这些特征，本文认为其对“直接—利益型”个案具有代表性。

②主体—客体研究。

网友 huafeiyu 究竟何人现在无从查证，但是从恶搞文本所反映的核心事件来看，很显然是因为等执考（执业医师考试）分数线万分焦急，在失望、愤怒之余，胡编出这么一出恶搞卫生部官员的文本。那么，我们几乎可以认定恶搞者应该是一位参加执考的考生，即便不是也反映了一部分考生的心理。而在恶搞文本中，卫生部官员的形象被扭曲成色鬼、恶魔，也十足地反映了考生与考官之间紧张的关系。

---

① “恶搞之卫生部官员与考生执考版”（2009 年 8 月 15 日），载医学网 http：//piena. cn/medical-education/20071117/36275. html。

③事件进程。

结点一：2007 年，原定于 9 月 22 日、23 日举行的医师资格考试医学综合笔试中的临床执业医师和口腔执业医师考试因故推迟，卫生部现决定恢复考试，具体时间为 2007 年 11 月 17 日、18 日两天，上午 9：00 ~ 11：30，下午 1：30 ~ 4：00。

结点二：考生在考试被推迟之后，又遭遇分数线迟迟未公布。

结点三：恶搞卫生部官员的文本出现。

结点四：卫生部医师资格考试委员会 12 月 28 日公布 2007 年医师资格考试医学综合笔试合格线。

④媒介研究。

该文本出现在“撇捺”医学网站，其本质上是个学医者的网络论坛，属于群体性质的网络公共空间。除此以外，该文本没有出现在其他地方，即便通过百度搜索也仅仅搜索出此一篇网页。没有网络媒体转载，更没有传统媒体报道。

这可能有两方面原因：一是恶搞者媒介素养，接触、使用、利用媒介的能力不高，二是恶搞文本本身的局限性。

⑤话语分析。

——恶搞文本话语。

从标题“恶搞之卫生部官员与考生执考版”来看，恶搞者的意图很明确，就是以恶搞的方式反映执业考试的情况，恶搞者自身也知道自己在恶搞，因此就让自己站在了一个无须负责任的立场之上。就好比说，“你要知道我在跟你开玩笑，你别当真。”只不过实质是“拿你开涮”而被说成是“开玩笑”。

我们继续看正文：一开始，考生提出自己的利益诉求：“考生：好紧张，等待的时间真是痛苦”，指出分数线公布的时间太迟，等待很痛苦，呼吁分数线早点公布。之后官员的两句对话“紧张什么，又不是第一次了（淫笑道)”、“放心，只要我高兴了，肯定会照顾你的”将官员的丑态和老爷形象刻画出来，更重要的是描写了在官员的淫威之下，考生的弱者地位暴露无遗，“考生：正因为去年搞的太痛苦，所以今年更紧张啊”。

后文，更是用极其低俗的笔法将官员的劣行和考生的悲惨刻画得淋漓尽致，将卫生部官员描写成泯灭人性、贪污腐败的形象。“没爽够”、“财色双收”实际上都是暗语，暗指分数线迟迟不予公布的原因是——卫生部官员留足时间给有门路的考生走后门，给自己捞实惠。

——对话机制。

由于恶搞文本的自身限制和传播限制，在为数不多的网友跟帖中，网友的话语也呈现出一元化的特点，几乎都是对恶搞者持支持态度，例如“太形象了”、“太有才了”、“顶顶”、“高手”、“相信卫生部看到了，你一顶免试通过”。对恶搞文本的这些反馈反映了一些考生共同的心理旨趣，他们（考生）被卫生部考试弄的精神紧张，自身利益受到损害，借助恶搞让更多的人，特别是卫生部感受到考生焦急的心情，有维护自身权益的要求。正所谓“明知不可为而为之”。

⑥政府应对模式检验。

该恶搞事件中政府或者是卫生部没有做出任何回应或者行动，也是在情理之中。仔细思考，其首要原因可能在于恶搞的传播渠道影响力不足，仅仅是一个名不见经传的医学网站。那么，我们可以进行这样一个假设，如果恶搞者将其恶搞文本发布在天涯、猫扑等有全国影响力的论坛上会不会出现较大的影响力呢?

也不尽然。恶搞文本自身的影响力不足，点击数过百、回帖数个位数实在不能算是有任何影响力。其自身影响力不足的原因在于恶搞话题的小众性，凡是有广泛影响的恶搞文本其话题无不涉及整个社会公众熟知和理解力的层面，而本个案中的话题仅局限于医学执考。

表 2.8　　“直接—利益型”应对模型

适用类型	应对模式	认知程度	处理速度	持久程度
直接—利益型	M2	重要	快	短暂

根据“直接—利益型”的特点，该恶搞事件政府的应对模式为 M2：“高认知、快反应，短暂处理”。但事实上政府采取的是“无认知、无应对、无处理”的“三无”应对模式，政府错了吗？按照之后发展的网络民意和情况来看，政府应对基本得当。究其原委，问题并不在于模式的错误，而在于模式之外，仍有一个重要的指标，即社会或舆论影响力，该事件中政府之所以采取“三无”策略，正是因为该恶搞事件无任何影响力可言。但是，反过来思

考，如果该恶搞影响力巨大，又是直接对卫生部表达的利益诉求，若不采取“高认知、快反应，短暂处理”的策略，后果真不堪设想。

（3）“间接—利益型”典型个案

表 2.9 “间接—利益型”典型个案

主导类型	个案名称	恶搞主体	恶搞客体	恶搞形式	文本数量与持续时间	媒体关注	政府应对
C	地方政府听证会纪实	网友	泛地方政府	图片	1，不详	论坛、博客	基本得当
C	政府关于取缔小姐问题	网友	泛地方政府	文字	1，不详	论坛、博客	基本得当

我们可以看出“间接—利益型”个案的共同特征：首先，恶搞对象不明确。尽管是政府，但是并没有指明是哪个政府或哪一级政府。其次，恶搞内容均涉及利益。已经不仅仅局限于情感表达，当然，利益诉求的同时并不能排除情感表达的因素。“地方政府听证会纪实”、“政府关于取缔小姐问题”两个个案中，前者是对政府“禁摩”（禁止摩托车电动车）行为的嘲讽和维护公民合法权益的诉求，后者是对政府取缔色情业的不满和希望维护性工作者合法权益的诉求。第三，媒体关注仅仅表现在论坛，没有取得大规模媒体关注。

下面本书以“地方政府听证会纪实”这一“间接—利益型”典型个案做具体分析。

①个案概述。

“地方政府听证会纪实”恶搞事件就是个别网友为了表达对政府“禁摩”的不满和维护自身合法权益采用恶搞的形式，主要将赵本山的《刘老根》电视剧剧照进行 PS，将地方政府“禁摩”行为的荒谬和欺骗性通过极其夸张的方式表达出来，制作出一个 17 张图片的恶搞文本，并将其上传到网上论坛。实际上该事件在网络上的影响力并不大，甚至可以说很小。但是，由于其涉及的问题具有代表性，并且颇具启迪意义，故选此案例进行剖析。

②主体—客体研究。

通观恶搞文本，很容易让人联想到近年来政府的一项城市治理行动——“禁摩”。禁摩自2000年以来在各大城市推行，指一些城市严禁摩托车在城区以内通行。“禁摩”并非中央政府的统一禁令，而是作为某些地方政府的自主行为，理由有二：一是是摩托车造成大气环境的污染，二是摩托车造成交通事故成倍增加。

通过恶搞戏谑和讽刺政府“禁摩”行动的，应该有三种人。

第一种是摩托车生产者或经营者，政府的“禁摩”行动直接损害了其经济利益；

第二种是以摩托车为交通工具的公众，政府的“禁摩”行动给他们造成了不便，甚至是经济损失；

第三种是通过恶搞获得经济利益的人，当然这种会与前两者有交叉。

经过本书对材料的收集与分析，该恶搞文本最早是由一名叫“ks1tx”的网友于2007年1月14日发表于天涯论坛“贴图专区”，形式是连环图片，标题为“‘地方政府听证会’纪实”[①]。本书注意到在每一幅图片的右下角都会有www. ks1tx. com的标记，按图索骥，找到的是一个叫做“田响”的个人商业网站，因此，基本可以判断此恶搞者属于第三种类型，考虑到其为第一种的可能性太小，为第二种较为合理，故我们基本可以这样描述恶搞者：“一个政府‘禁摩’行动的受害者；一个为了谋求经济利益而恶搞政府者。”

从收集资料可以看出，2006年海南民众已经开始热列探讨“禁摩”问题了，该恶搞在2007年初出现似乎也颇能说得过去。这样一来，恶搞者的利益诉求就显得颇为明显，但是恶搞者并没有直接恶搞海南省政府或是市、县政府，而是选择了“泛地方政府”，这说明“禁摩”事件波及全国，事实也正是如此。

③事件进程。

该恶搞事件并非孤立个案，要全面理解该事件必须放到更为广阔的视野

① 载天涯社区 http：//www. tianya. cn/publicforum/Content/no04/1/603418. shtml，2009年8月15日访问。

中去考察，因此，本书拟从“全国禁摩城市一览表”① 说起。

表 2.10　全国“禁摩”城市一览表

城市	时间	形式
岳阳	1999 年 11 月	全面禁止上牌
张家界	1999 年 11 月	全面禁止上牌
衡阳	1999 年 9 月	暂停整顿
武汉	1999 年 7 月	只限制两冲程车上牌
襄樊	1999 年 7 月	只限制两冲程车上牌
宜昌	1999 年 10 月	限牌，费用高，摩托车不准带人
秦皇岛	1999 年 10 月	全面禁止上牌

我们可以看出，1999 年各地政府“禁摩”行动达到高峰，此后各地“禁摩”城市仍在不断增加。对于政府“禁摩”，所到之处几乎都会引发激烈的争论，有人对“禁摩”持支持态度，有人反对。我们继续来看一则网友“火焰山”在金羊社区上发表的“广州市区限摩、禁摩大事记”②：

1998 年 3 月 16 日，全面停止核发市区（旧 8 区）摩托车号牌；

2001 年 12 月 17 日，发布《广州市摩托车报废管理规定》，登记上牌满 15 年的摩托车一律报废；

2002 年 1 月 6 日，通过《广州市摩托车报废管理暂行规定》，摩托车报废年限缩短为 10 年和 8 年；

2002 年 5 月 1 日，禁止摩托车通行人民路；

2003 年 11 月 19 日，市政府召开广州市区限制摩托车行驶工作座谈会，计划分路段、分区域、分阶段逐步实施限制摩托车行驶；

2004 年 1 月 15 日，市政府召开市区摩托车限行方案听证会，听取市民对摩托车分步骤限行方案的意见和看法；

2007 年广州市区中心城区全面禁行摩托车。

从这里隐藏的民意（民众认为听证会是虚伪的）中我们就不难理解“地

① “全国禁摩城市一览表!”（2009 年 8 月 15 日），载西祠胡同 http://www.xici.net/b584434/d33591609.htm。

② “虚伪的禁摩听证会”（2009 年 8 月 15 日），载金羊社区 http://bbs.ycwb.com/viewthread.php? tid=35244。

方政府听证会纪实”这一恶搞文本的出现。

④媒介研究。

据本书调查，该文本最早于2007年1月14日出现在“天涯”上，1月15日、16日出现多篇转帖，这之后一些网络论坛上出现了零星的转帖，并逐步消解。研究发现，该文本并没有活跃在有着广泛影响力的“一级论坛”（例如天涯、猫扑、强国论坛等有着全国影响力和强大网民集聚效应的网络论坛），而是发端于二、三级论坛（地方论坛、群体论坛、大社区中的小论坛等没有广泛影响和网民集聚效应的网络论坛）并在二、三级论坛和少数博客中转帖。

⑤话语分析。

在该恶搞文本中，恶搞者以系列图片的方式，将影视剧《刘老根》剧照和相关图片进行有目的的组合，采用移花接木、拼贴、图片移植和重组叙事逻辑，用讽刺、夸张、搞笑的手法对地方政府禁摩听证会进行反讽。

——嘲讽听证会的虚伪性。

找几个干部群众代表来参加听证会。范乡长你是刘县长指定的乡镇干部代表，必须去。这只是地方政府的内部听证会，谢绝媒体参加，更何况你们境外媒体。

——讽刺禁摩行为荒谬和无知。

大家好！本县自禁摩禁电动车以后，治安情况开始好转，特别可喜的是驾驶摩托车抢劫的案件下降至零，因摩托车电动车造成的交通事故也下降至零，这说明了本县禁摩禁电的政策是英明的正确的。但是，现在犯罪分子将犯罪活动从摩托车上转移到了地面、社区和宅室，而且不断地发生血案造成人员伤亡，这些犯罪分子行凶作案的工具都是刀具，为了给本市市民一个和谐安定的社会环境，本县拟禁止生产使用各种刀具，以求遏制犯罪活动，现在请各位出谋划策来完善这个方案。

——嘲讽领导荒谬和无知。

我这个人办事就是讲求治本，有人说火车站治安不好，我就禁火车，有人反映说电力引起火灾致使多人伤亡，我就禁电，有人投诉说自来水厂的水不卫生，我就禁自来水，有人上访说有毒米，我就禁米。

怕就怕这些弱势群体反对和不能理解。

弱势群体是低素质人员，我们干脆来个禁止低素质人员生育，岂不是造福千秋万代。

⑥政府应对模式检验。

本案例中政府未作出相关回应和措施，按照网络民意和网民反响来看，政府应对一般，既不失当，也非得当。这是因为倘若政府能妥善解决恶搞中所反映出的利益问题，类似的恶搞事件便不会发生，如果政府在没有解决措施的情况下，主动接招，往往会越抹越黑。

表 2.11　“间接—利益型”应对模型

适用类型	应对模式	认知程度	处理速度	持久程度
间接—利益型	M3	重要	慢	持久

根据“间接—利益型”的特点，政府反应模式应为“高认知、慢反应、持久处理”。在案例中，政府采取的是“无认知、无反应、无处理”的“三无”应对方式，有其合理性。由于社会和舆论影响力不足，不足以引发政府应对模式 M3。这并不是否认“高认知、慢反应、持久处理”的应对模式，而是说明了这样一个道理：政府应对模式的激化有一个临界值，这个临界值与恶搞的社会和舆论影响力有高度相关关系。

（4）“间接—情感型”再类型化分析

表 2.12　“间接—情感型”典型个案

主导类型	个案名称	恶搞主体	恶搞客体	恶搞形式	文本数量与持续时间	媒体关注	政府应对
X1	恶搞红色经典	网友	历史、文化	视频	1，数月	网络媒体＋传统媒体	一般
X1	国歌被恶搞成股歌	股民	政府标志	文字、音频	1，数月	论坛＋博客＋网络媒体＋传统媒体	一般
X2	恶搞新闻联播	网友	历史、文化	视频	N，几年	博客＋论坛	一般

续表

主导类型	个案名称	恶搞主体	恶搞客体	恶搞形式	文本数量与持续时间	媒体关注	政府应对
X2	游戏恶搞城管	游戏玩家	泛政府员工	游戏	1，几个月	网络媒体	一般
X3	领导外出活动的无奈	疑为网友	泛政府领导	文字	1，较长	博客+论坛	一般
X3	光绪政府工作报告	网友	泛政府	文字	2，几个月	博客+论坛	基本得当
X3	完美政府人员名单	网友	泛政府	文字	1，不详	博客+论坛	基本得当
X3	刘备同志简历	网友	历史、文化	文字	1，不详	博客+论坛	基本得当
X3	结婚报告政府恶搞版	网友	泛政府	文字	1，很短	论坛	基本得当

上文提到“间接—情感型”恶搞政府的现象是主流，具有多发性和多种表现形式。具体而言，又可以根据恶搞的目的和对象将此类型进一步细化为三种子类型。

①子类型 X1：恶搞政府禁忌。

该类型恶搞的对象是政府禁忌的内容，例如国歌、国旗、红色经典、中央政府领导人等政府明令禁止恶搞的内容或者是恶搞触及了广大人民群众的感情的对象。恶搞政府禁忌的特点有：第一，并不直接恶搞政府，但恶搞政府禁忌的对象；第二，恶搞通常造成了极大的媒体关注和社会影响力；第三，政府主动应对，并呈现高涉入的特点。

②子类型 X2：娱乐恶搞政府。

娱乐是手段，恶搞是目的。该类型通过戏谑与政府相关的人或物来达到恶搞政府的目的，恶搞中通常隐含对政府或相关对象的不满情绪，通过恶搞予以发泄。娱乐恶搞政府的特点有：第一，恶搞对象并非政府禁忌内容，但与政府有着密切关系，并影响着政府形象；第二，一般媒体关注度较高，并引起传统媒体跟进报道，有一定社会影响力；第三，政府无应对行为。

③子类型 X3：恶搞政府娱乐。

恶搞是手段，娱乐是目的。该类型通过恶搞与政府相关的人或物、历史、文化等达到自娱自乐和娱乐大众的目的。恶搞通常对政府无恶意，政府只是用来娱乐的素材而已。恶搞政府娱乐的特点有：第一，恶搞对象并非政府，但政府与恶搞有联系；第二，媒体关注度不高，社会影响力不大；第三，政府无应对。

根据“间接—情感型”的特点，诉诸情感表达说明问题并没有达到操作层面，但存在转化为现实问题的隐患，政府认知其相对不重要；间接恶搞政府说明对象不明确，反应时，可以不反应或做慢反应，持久处理，解决暂时无法解决的问题。其应对模式为 M4：“低认知、慢反应、持久处理”。如表 2.13所示。

表 2.13 “间接—情感型”应对模型

适用类型	应对模式	认知程度	处理速度	持久程度
间接—情感型	M4	不重要	慢	持久

子类型 X1：恶搞政府禁忌。当红色经典遭遇网络恶搞之后，国家广电总局下发的文件中多处提及“坚决禁止颠覆优秀传统、恶搞英雄人物、亵渎文化经典、调侃崇高精神。”在 2009 年 3 月 31 日广电总局下发的《关于加强互联网视听节目内容管理的通知》中更是明确提出“各互联网视听节目服务单位对有下列情节的视听节目要及时进行剪节、删除：蓄意贬损、恶搞革命领袖、英雄人物、重要历史人物、中外名著及名著中重要人物形象的；以恶搞方式描绘重大自然灾害、意外事故、恐怖事件、战争等灾难场面的；……”这说明政府采取了“高认知、慢反应、持久处理”的应对策略，网民反响一般，有人赞同有人反对。对照假设模型，在政府认知方面出现了明显的偏差，这是因为尽管是情感表达，尽管是间接恶搞政府，但是红色经典、国歌等都是政府禁忌的内容，不容许恶搞。其余一致，说明假设模型基本正确。

子类型 X2：娱乐恶搞政府。当新闻联播遭遇恶搞之后，国家有关部门并没有作出回应或采取惩罚措施，采取了“三无”策略。从网络民意和网民反响来看，政府并未失分，但也并未得分，应对一般。问题是如果采取“低认知、慢反应、持久处理”可能情况会比这个要好，但仍需要在今后的实践中去检验。

子类型 X3：恶搞政府娱乐。该类型与 X2 有类似也有差异，政府都是采取了“三无”策略，但是对影响力小的事件如此应对得当，而对影响力较大的事件，可能采取“低认知、慢反应、持久处理”的策略，情况可能会比这个要好，但仍需要在今后的实践中去检验。

四、网络流言与政府形象

1. 网络流言的认知

(1) 概念与类型

①谣言 = 流言。

提到“流言”，不得不提另外一个近似的词“谣言”。这二者之间是怎样的关系？从日常使用上来讲，二者混用的情形较多。本书使用了一个较为简单的方法对其进行测度。假设“流言”与“谣言”相等，那么在相同的短语或短句中，二者是可以互换的。因此，本书选取了“流言可畏”、“流言四起”、“不要轻信流言”这三个表达，对之进行了百度搜索，然后再用“谣言”替代“流言”进行搜索。结果如下：

第一组

“流言可畏”：使用百度搜索，找到相关网页约 15900 篇，用时 0.004 秒。

“谣言可畏”：使用百度搜索，找到相关网页约 12900 篇，用时 0.033 秒。

第二组

“流言四起”：使用百度搜索，找到相关网页约 178000 篇，用时 0.057 秒。

“谣言四起”：使用百度搜索，找到相关网页约 374000 篇，用时 0.055 秒。

第三组

“不要轻信流言”：使用百度搜索，找到相关网页约 10600 篇，用时 0.001 秒。

“不要轻信谣言”：使用百度搜索，找到相关网页约 38600 篇，用时 0.031 秒。

(搜索时间：2009 年 8 月 3 日 21 点)

由上可知，在相同的表达结构中，“流言”与“谣言”的使用都非常频繁。而总体上“谣言”使用较多，原因可能是“谣言”更为口语化。“‘谣言’的感情色彩过于浓重，而‘流言’则呈中性，更适合作为学术界定词。”[①] 那么，在做学术研究时，这两个词有必要进行区分吗？国内有关此问题的讨论也是存在的，其中上海大学程中兴的博士论文“谣言、流言研究——以话语为中心的社会互动分析”一文从词义、词性和动机三方面做了较为系统的讨论，认为区分开“谣言”和“流言”是有待商榷的。本书试图从以下几个角度进行考察。

——从词源角度。“流言”一词最早见于《尚书·金縢》中“武王既丧，管叔及其群弟乃流言于国。”句中“流言”作动词用，意为散布没有根据的话。又如《礼记·儒行》：“过言不再，流言不极。”郑玄注：“不极，不问所从出也。”“流言”即为“无所从出”的话。又见《诗·大雅·荡》中“流言以对，寇攘式内”。这两句翻译成白话文即为，流言盛行，则国家为贼寇所侵扰。由此可见，“流言”多指背后议论、污蔑或挑拨的话，总体指无根据的话。“谣言”则最早见于《后汉书》。它既有歌谣、颂赞之意，如：“诗守南楚，民作谣言”（《后汉书·杜诗传赞》）；又有诋毁、诽谤之意，如：“在政烦忧，谣言远闻”（《后汉书·刘焉传》）[②]。可见，谣言自古也可指所述事实没有根据，同于流言。

——从外文翻译角度。“流言”与“谣言”的英文对应词均为“rumor”（或“rumour”）。而这个英文单词翻译成中文时，则有时翻译成“谣言”，如奥尔波特和波斯特曼的《谣言心理学》，有时译成“流言”，如罗斯诺和费恩的《流言》。国内学者对于这同一研究对象的翻译莫衷一是，同样在法语中的“rumeur”可译为“流言”和“谣言”两种。由此可见，在不少语言中二者其实是同一个词。

——从语词定义角度。了解了“流言”与“谣言”的“古今”、“中外”，再来分析二者的现代中文含义。《现代汉语词典》中对“流言”的定

---

① 徐锦江：《流言导读》，上海文化出版社2004年版，第162页。

② 程中兴：“谣言、流言研究——以话语为中心的社会互动分析”，上海大学博士学位论文，2007年，第5页。

义为“没有根据的话（多指背后议论、污蔑或挑拨的话）”，对“谣言”的定义为“没有事实根据的消息”。二者都强调信息没有经过确证，是“没有根据的”。在《辞海》中，现代的“谣言”被定义为“没有事实根据的传闻，捏造的消息”，①“流言”被定义为“散布没有根据的话”，② 可见二者的定义基本相同。

——从是否存在有效区分方法角度。由上述可知，“流言”和“谣言”从所指对象上来讲为同一物。但从意义的规定来看，确实存在某种差别。同样是“没有根据”的信息，“流言”意指信息还没有得到确证的过程，而“谣言”是指信息被认为带有了虚假性。本书认为，面对“流言”或“谣言”，其意义的差别是通过“人”这个主体对信息的认知体现出来的。例如，在同一传闻或“小道消息”面前，对于不明就里的人来说，这些信息未得到确证就不能判定其绝对为假，可称之为“流言”；而对于掌握内幕的人来说，这些信息则被确定为假，因而可称之为“谣言”。换句话说，“流言”或“谣言”的常态就是，对于一部分人来说其为假，对于另一部分人来说其可真可假，因而就有了“流言”和“谣言”的区分。

但是，对于本研究来说，既然“流言”和“谣言”所指对象为同一物，那么，为了方便起见，本书统一称这样的同一物为“流言”。而用到“谣言”的地方，一是遵照引文的称法，二是在一些固定表达中使用，如“造谣”、“传谣”、“辟谣”等。

②网络流言定义。

在对网络流言进行定义之前，需要对流言的定义有所了解。传统研究中对流言的定义较多，有学者挑选了有代表性的定义做了分析，如表2.14③。

表2.14　　传统研究中对流言的定义

学者	定义
Allport &Postman (1947)	谣言是藉由人际间口语传播的一种陈述或信念，且是没有公开证据支持的

① 《辞海》第1册，上海辞书出版社1999年版，第1094页。

② 《辞海》第2册，上海辞书出版社1999年版，第2544页。

③ 汪志坚、骆少康：“网络上流传谣言的类型与特性研究”，2002年网络与社会研讨会论文。转引自巢乃鹏、黄娴：“网络传播中的‘谣言’现象研究”，《情报理论与实践》，2004年第6期。

续表

学者	定义
Peterson &Gist（1951）	谣言是在群众间针对各对象、事件或是符合大众兴趣的问题，而流传开来的一种说明或未经证实的解释
Berenson（1952）	谣言是一种具有说服力的信息形态
Schachter &Burdict（1955）	谣言是不可信的，是一种利用蔓延或扩散的作用，暗地在人际互动间快速传递的扭曲沟通
Shibutani（1966）	谣言是一群人议论过程中产生的即兴新闻
Rasnow（1988）	谣言是一种公共的信息交流，反映了个人对于某一社会现象的假说
Kapferer（1990）	我们称之为谣言的，是在社会中出现并流传的未经官方公开证实或者已经被官方所辟谣的信息
张华葆（1994）	谣言是指对社会上已经发生或假想的一件事，经口耳相传，而又缺乏证据的解释或理论
Fisher（1998）	谣言是一种集体行为，为了某一目的而在人际间产生与传播的信息
Pendleton（1998）	谣言是未经有可信来源证实的信息沟通

从以上的总结中，本书认为学者对流言这一研究对象的定义有三个共同点：第一，传播方式是人际传播，“人际间口语传播”、“经口耳相传”；第二，它具有公共性，“符合大众兴趣”、“蔓延或扩散”、“一群人议论”、“公共的信息交流”；第三，它是没有根据的，这一点被表述为“缺乏证据”、“未经证实”等等。前人研究的这三点认识可被认为是对流言基本要素的勾勒。那么，这三点要素是不是已经较为全面，或这三点要素本身是不是就没有局限了呢？学者巢乃鹏认为还必须加上一个“环境因素”，他认为网络就是一种特定的环境①。同样，上海大学程中兴博士在总结前人研究特别是在追溯了中国本土这一领域研究最早的1939年陈雪屏的《谣言的心理》的基础上，认为流言的基本要素还包括“外在情境的激发”②。由此可见，“环境因素”是流言研究中不可忽视的对象。但上面提到的“网络”仅仅被作为一种环境是不够全面的，网络作为一种传播方式也是不能被忽视的。因而，在网络媒体方兴未艾的今天，流言传播早已与网络发生了千丝万缕的关系，仅仅把流言传播的方式理解为

① 巢乃鹏、黄娴：“网络传播中的‘谣言’现象研究”，《情报理论与实践》，2004年第6期。

② 程中兴：“谣言、流言研究——以话语为中心的社会互动分析”，上海大学博士学位论文，2007年，第7页。

人际传播是片面的。网络这一传播方式的介入使得流言传播更为复杂。

而网络流言概念的外延比流言要小，因而也并未脱离流言的基本属性。在对流言概念有了较为全面的认识之后，网络流言就不难理解了。事实上，对“网络流言”这一对象的研究很多并未采取这样的固定表述。如：“社会流言网络传播的危害与消解对策”（冯国森，2002），“网络传播中的‘谣言’现象研究”（巢乃鹏，2004），“网络条件下流言传播的传播机制与特尔——非常态传播的个案研究”（余建清，2008）等等。可见，即使是较近的研究也并未形成使用“网络流言”这一概念的共识。这是因为从概念上来讲，“网络流言”只是在“流言”之前冠之以“网络”，由此给“流言”概念带来的辨析并不多，“网络流言”的基本属性并没有脱离对“流言”的理解。而综观现有的对网络流言概念的表述，也只是强调网络这一环境或方式而已。如田大宪认为“网络流言是指通过 BBS、博客、论坛、电子邮件、手机等新媒体，传播未经证实或无充分根据的信息活动及其内容”①；申艳妮认为网络流言是“网络使用实体运用个人网站、电子邮件、电子公告（包括电子公告牌、电子论坛、网络新闻组、网络聊天室留言板等网络工具）传播使人相信的信息，一般与人们感兴趣的话题相关，在没有确切根据的情况下通过网络流传”②；巢乃鹏认为“网络谣言”是“在网络这一特定的环境下，网络使用实体以特定方式传播的，对网民感兴趣的事物、事件或问题的未经证实的阐述或诠释”③。

由上可知，“网络流言”概念虽没有给“流言”增添太多的辨析色彩，但它扩展了对“流言”的理解，且这样的表述更为简洁和明确。因此这一概念的使用也是有必要的。本书对网络流言的理解如下：网络流言是网络环境下，在传播过程中使用了网络方式的流言。这样的表述有益于区别传统流言。

③网络流言分类。

网络流言的分类方法有很多，如杜骏飞认为：从动机角度，网络流言可以分为善意的、恶意的、无目的的和自利的网络流言，从属性角度可以分为凭空捏造的谣言、部分失真的流言和未被官方承认的事实三种类型④；也有学

---

① 田大宪：“网络流言与危机传播控制模式”，《国际新闻界》，2007 年第 8 期。

② 申艳妮：“网络谣言传播研究”，《东南传播》，2008 年第 12 期。

③ 巢乃鹏、黄娴：“网络传播中的‘谣言’现象研究”，《情报理论与实践》，2004 年第 6 期。

④ 杜骏飞：“网络群体事件类型辨析”，《国际新闻界》，2009 年第 7 期。

者从内容、目的、形态、褒贬色彩、存在时间等方面进行了分类。左纬娜根据网络流言的传播形式将其分为“文字谣言”、“图片谣言”和“音视频谣言”等①。这样的分类契合了网络传播的特点，那么与网络流言较为契合、能体现网络流言特点的分类还有哪些呢？首先从规模上看，网络突破了传统的地域限制，使得网络流言可以无边际地传播，因而网络流言可以分为小规模网络流言、区域性网络流言、全国性网络流言甚至是国际性网络流言。其次，从传播方式上看，网络流言可以区分为不同的传播手段，如网站、博客、论坛、聊天工具等等。第三，网络使得网络流言产生的效果具有较大的不确定性，在各种因素的作用下，网络流言导致的危害可能会特别严重，甚至会危害社会稳定，因而可以分为影响较小和影响较大的网络流言。

（2）研究综述

国外研究对流言的关注始于第二次世界大战中的流言传播，其中最具有代表性的成果是奥尔波特和波斯特曼的《谣言心理学》。其后，社会学和社会心理学对流言这一研究对象予以了高度关注。“美国和法国后来成为谣言研究的重镇。之所以如此，与美国的‘谣言诊所’（以奥尔波特为代表）和法国的‘谣言信息研究基金会’（以卡普费雷为代表）的努力是分不开的。”② 而对于网络流言的研究，肯定要在互联网产生之后。对网络谣言传播，有学者关注其传播过程（Bordia，1996；Bordia & Rosnow，1998；DiFonzo、Bordia & Rosnow，1994；Pendleton，1998）；也有学者关注其效果（DiFonzo & Bordia，2000）。过去学者在研究谣言传递时只能以记录的方式进行，由于操作上的困难经常忽略传播者与接收者的互动。随着网络科技的发展，电脑中介传播（Computer Mediated Communication）方式，例如 E-mail、BBS 等有利于研究者观察并记录这种互动过程，很多学者都着眼于分析这种互动对谣言传播的影响③。

国内对于网络流言传播的研究较早，起于 2003 年的非典，学者对其中的

① 左纬娜：“网络谣言传播研究”，中国社会科学院硕士学位论文，2006 年，第 7 页。

② 程中兴：“谣言、流言研究——以话语为中心的社会互动分析”，上海大学博士学位论文，2007 年，第 6 页。

③ 吴宜蓁、徐纬璇：“初探网络谣言意涵、传散过程与解决之道——从企业网络谣言谈起”，2002 年网络与社会研讨会论文（台湾）。转引自左纬娜：“网络谣言传播研究”，中国社会科学院硕士学位论文，2006 年，第 5 页。

网络流言给予了一定程度的关注。此后，有关于此的研究才逐渐增多起来。为了对前人的研究回顾更为系统和有逻辑性，本文选取了四个方面进行述评。它们都是在网络时代研究流言绕不开的问题。

①真实与虚假。

这是流言研究一开始便要关注的话题。由于研究流言的传播模式非常复杂，奥尔波特和波斯特曼从一开始就使用了试验的方法来研究信息传播的失真过程。奥尔波特提出了著名的流言公式：

$R=i\times a$（R代表流言，i代表重要性，a代表模糊性）

这个公式意指“流行谣言传播广度随其对相关人员的重要性乘以该主题证据的含糊性的变化而变化，重要性与含糊性之间的关系不是加法而是乘法，因为，如果两者之中有一个为0，也就没有谣言了。”[①] 除这两个因素外，其他学者对另外的因素也进行了考察。如社会心理学家苏珊·安索尼在1973年的实验研究证明：心理不安容易引起流言的传播。而后来的研究又分别对这些要素进行了修补。重要性被修正为相关性，有兴趣的主体才会传播流言；模糊性被修正为不确定性，这依赖于对信息来源的确认程度。

传统流言研究实际是研究在传播过程中信息的变异过程，这种研究实际指向了流言的虚假性。但流言并不一定是虚假的。程中兴认为，并非所有谣言都是空穴来风，有时谣言所揭示的是一个被刻意封锁的真实信息；有关未来的谣言很难用真假来判断；人们在意的并不一定是谣言字面意义上信息的真假，也可能是字面背后的影射意义[②]。杜骏飞认为网络流言从属性上来看可以分为，“第一，凭空捏造，这属于典型的谣言；第二，有一部分事实依据，但传播过程中有所损耗、或夸张，属于失真的流言。第三，是事实，来自民间调查或内幕消息，由于受到信息传播的控制不能公开发布，因此展现为网络流言。比如在非典期间的一些关于非典疫情的流言。这种流言属于真实的流言。”[③] 因而，可以这么认为，判断网络流言的依据并不在于其真假性，网络流言可真可假。网络流言和流言一样，它的本质也在于其非证实性。如表2.15。

---

① 奥尔波特著、刘水平等译：《谣言心理学》，辽宁教育出版社2003年版，第17页。

② 程中兴：“谣言、流言研究——以话语为中心的社会互动分析”，上海大学博士学位论文，2007年，第13页。

③ 杜骏飞：“网络群体事件类型辨析”，《国际新闻界》，2009年第7期。

表 2.15 网络流言的本质

真实性＼确证性	被证明的	未被证明的
真实信息	新闻真实	流言
虚假信息	谎言	流言

②人际与网络。

如前文所述，传统研究对流言的认识有一个共同之处：流言的主要传播方式是通过口耳传播，特别是人际传播发挥了巨大的作用，是人与人之间的直接传播。而网络传播时代，网络流言的传播方式是较为混杂的。国内学者对网络流言的关注始于非典事件。“与以往传播的流言相比，此次非典流言传播在手段上出现了变化。据广州社情民意中心抽样调查显示，广东有八成的受访者是通过手机短信和互联网知道板蓝根可以预防非典的。”[①] 学者周晓虹认为“在这次 SARS 传言中，电话尤其是网络和手机短信（尽管广州以外，调查显示手机短信的作用并不像我们想象的那样大）这类自控式媒介在现代传言中的功能第一次被突显出来。”[②] 在 2003 年前后，中国的互联网发展还未到今天的普及程度，因而流言传播的主要渠道仍是人际传播，当然包括利用电话和手机短信进行的传播。尽管如此，学者对网络流言的认识已经逐步深入。杜骏飞认为：“从理论上来说，作为一个‘平权化的媒介平台’，网络在广州‘非典型性肺炎’这样的社会时间里所起到的作用，并不出人意料，它无非是给无权无势、一时缺乏消息来源的大众一种信息传播的基础平台：从开始时期对消息封锁的打破到后来的添油加醋，从描述事实到盲目议论，从透视真相到风传谣言，诸如此类。实际上，这都是由网络的强渗透性所决定的。”[③]

而由于网络在现代社会中发挥了越来越重要的影响，网络信息经常被作为新闻信息的来源而加以报道。这样就为未经证实的信息即流言在大众传播媒介上的传播提供了可能。“有的媒体对一些网络流言不加辨析、求证，一味求快求新，进行转报，让流言从虚拟空间走向现实世界，成了网络流言的放

① 刘芳、张志林：“流言的传播与有效控制”，《北京印刷学院学报》，2004 年第 1 期。

② 周晓虹：“传播的畸变——对‘SARS’传言的一种社会心理学分析”，《社会学研究》，2003 年第 6 期。

③ 杜骏飞：“流言止于传媒的公信——透析‘非典型肺炎事件’中的传媒危机”，《新闻记者》，2003 年第 3 期

大器和演播场。”[1] 媒体传播在这种情况下介入了网络流言。陈默对超女黑幕的传播研究，揭示了网络流言在引领大众媒体报道方面的客观效果，指出媒体放弃了专业职责。[2]

借鉴余建清博士在“网络条件下流言传播的传播机制与特点——非常态传播的个案研究”这篇文章中绘制的有关传统流言和网络流言的表格，本文增加了属性一栏，如表 2.16。

表 2.16　　传统流言和网络流言的区别

	传统流言	网络流言
传播方式	人际传播、群体传播	人际传播、群体传播、大众传播
属性	点对点，对象可数	点对面，对象不可数
传播效果	传播速度、规模、范围都受到限制	更加“专业化”，更容易让人“信服”

③利好与利坏。

程中兴利用了“病态与常态”这一对概念来对流言本身的属性进行描述，他通过文献研究也指出赋予流言永恒的病态形象似有不妥之处[3]。而本书更倾向于从流言效果方面用“利好与利坏”这对概念来统摄。

同黑色的流言一样，网络流言也被大多数人认为有着巨大危害。“受传统阐释的影响，我国的谣言研究基本上对谣言持比较负面的态度。2003 年，大家比较忙的就是谈论如何止谣。”[4] 冯国森认为互联网的特性使得网络流言有着以下特点和危害：流言主体的隐蔽性使得流言制造、传播者无所顾忌；网络的开放性，为流言癖好者的信息汇集打开绿灯；流言制造、传播者的发泄需求和自我扩张，使流言越轨，危害社会[5]等等。

从实际情况看，近年来突发性事件中的流言确实带来了不良后果。前面提到的非典流言影响了社会稳定。在汶川地震期间，“由于网络上出现大量的

---

① 宋双峰：“媒体：网络流言的演播场?”，《今传媒》，2006 年第 10 期。

② 陈默：“大众媒体不是流言传播场——从‘超女黑幕’报道看媒体专业职责”，《新闻记者》，2005 年第 10 期。

③ 程中兴：“谣言、流言研究——以话语为中心的社会互动分析”，上海大学博士学位论文，2007 年，第 8 页。

④ 杨慧琼：“当谣言的翅膀飞向网络——关于‘玉田谣言’的传播学分析”，《东南传播》，2008 年第 12 期。

⑤ 冯国森：“社会流言网络传播的危害与消解对策”，《广东农工商职业技术学院学报》，2002 年第 4 期。

地震谣言，人们的生活受到了严重影响。有些不法之徒攻击当地地震局网络的网络并发布关于地震的谣言，扰乱了人们的正常生产、生活秩序。”[①]在2008年下半年发生的四川“蛆橘”流言使得“人心不稳，流言殃及相关行业，社会经济发展受到影响。流言的迅速扩散扰乱了市场。”[②] 2009年四五月间，随着美国、墨西哥大量民众感染猪流感，甲流成为世界性话题，各种关于甲型H1N1流感的流言充斥网络，极大影响了人民生活和社会正常秩序。

但网络流言并不是一无是处。有人认为网络流言的利好一面也值得关注。金屏在其硕士论文中指出以下几点值得思考：第一，几乎各个学科的研究者都把谣言看做是一种社会现象，然而谣言作为一种社会的内在力量和调节机制的作用却并未引起足够的重视；第二，谣言的舆论属性虽然被揭示出来，但还需要进一步研究；第三，我们需要思考谣言对社会的消极意义和负面影响究竟从何而来[③]。诚如这三点所述，网络流言除了警示的积极作用之外，它所具有的其他利好属性应被进一步关注。

④封锁与公开。

这一对概念与上一对概念其实是一脉相承的。正是因为大多数研究认为网络流言有危害，所以才有了对制止网络流言措施的探讨。而这些措施自然离不开对信息的两种处理方式：封锁与公开。

2003年的非典事件被认为是开启了中国信息公开的进程。而学者也普遍认为正是权威媒体的不报道和党政部门宣传思想落后，使得网络流言大肆传播，并产生了影响社会稳定的严重后果。例如，2010年，连续出现的杀童惨案闹得人心惶惶，各种关于此类案件的流言充斥媒体，也引起了全社会的恐慌。杜骏飞认为：“要想消除这种对社会秩序的潜在威胁，最为根本的举措就是重拾中国主流媒体的公信力。政府管理部门和传统媒体必须在新闻信息的及时、真实和公开上有所进步。”[④] 在危机事件中的信息公开也自此成为学界

---

① 申艳妮：“网络谣言传播研究”，《东南传播》，2008年第12期。

② 唐梦圆：“立体化提升舆论引导——从四川‘蛆橘’看流言的传播与控制”，《新闻爱好者》，2009年第6期。

③ 金屏：“谣言：概念反思及其对现代社会的启示”，吉林大学硕士学位论文，2005年，第20页。

④ 杜骏飞：“流言止于传媒的公信——透析‘非典型肺炎事件’中的传媒危机”，《新闻记者》，2003年第3期。

的基本共识。在信息公开的基础上，田大宪更是提出要建立有效的危机管理模式：一是建立以政务公开为核心的信息传输网络，二是打造以媒介融合为基础的危机信息平台[①]，这两条对于制度化和高效的信息公开都是有帮助的。

但是在辟谣的措施上，除了公开的手段之外，也有很多学者强调需要有一定的信息控制手段。巢乃鹏提出了网络流言的硬控制手段，包括“技术控制”和“法律控制”[②]，这就是在对付网络流言时不能放弃“堵”的手段。也有人认为“网络社区和博客是滋生谣言的沃土，应全面实行管理员实名制，强化责任意识；在非常时期，可以实行更严格的审查制度，要求只有经过网络管理员审核的信息才能发布。”[③] 等等。

由此可见，对于网络流言的处理方法，集合了封锁与公开两种手段。在保证信息公开的同时，学者们认为控制手段也是必不可少的。

2. 网络流言的产生

人文社会科学领域关于个人主义和集体主义之争旷日持久。投射到流言研究里，这两种方法论就会带来截然不同的解释结果。因而，在分析流言产生的心理动因时，个体心理动因和社会群体心理都各有一套解释框架。在本书看来，个体维度和社会维度对流言研究都至关重要，且在网络流言的产生阶段对这两个维度进行考察必不可少。下面本书试图从传播主体和社会情境这两个方面分析网络流言的产生，再结合书稿前一部分的个案进行解读。

（1）传播主体分析

传播主体是网络流言的始作俑者。这里需要做如下理解：传播者不仅仅指造谣者。网络流言之所以称其为网络流言，是指该信息已经在社会和网络中流传，在未达到一定程度流传之前，并不能称其为网络流言。因而，凡是促成某一信息进入“流传”、真正成为网络流言的一切传播主体，无论是个人还是机构、是符号还是实体，都应当被视为传播主体。

---

① 田大宪：“网络流言与危机传播控制模式”，《国际新闻界》，2007 年第 8 期。

② 巢乃鹏、黄娴：“网络传播中的‘谣言’现象研究”，《情报理论与实践》，2004 年第 6 期。

③ 柯贵幸、迟毓凯、王波：“非常时期网络谣言的传播机制和应对策略”，《社会心理科学》，2009 年第 1 期。

①“真”传播主体。

网络流言的真正传播者意指造谣者。有关于此的研究无非有这样几个问题。

其一，造谣者是谁？这是一个本体问题。网络流言的造谣者不易查证才是网络流言盛行的真正原因。这是由网络的匿名性和复制性所决定的。匿名特征使得网络使用实体无所顾虑，在网络上言平常之不敢言。也正因为此，网络被称为“虚拟世界”。包括流言在内的各种话语都在网络平台上予以呈现。从目前来看，网络的匿名性并不是完全的。网络的非匿名性主要受网络实名制和技术手段的限制。据媒体报道，从2009年6月28日起，韩国的35家主要网站将按照韩国信息通信部的规定，陆续实行网络实名制。而在中国，在2009年4月，杭州市通过了中国第一个要求网络实名制的地方性法规《杭州市计算机信息网络安全保护条例》，该条例规定，从2009年5月1日起，发帖、写博、网游等均要提供有效身份证明[①]。而技术手段确认网民身份的做法只有在该公民违反了国家的相关法律规定时才予以实行，因而其对网络匿名性的影响不大。同样，网络的复制性使得相同的网络信息纷繁浩杂，网络流言源头难以寻求。

其二，造谣者的造谣方式是什么？由前文分析可知，从网络手段来看，造谣者可以通过网站、博客、论坛、聊天工具等手段进行造谣。在媒介融合时代，其实一切有用的传播方式都可以成为网络流言的造谣方式。“谣言无所不在、无时不有，谣言传递被扭曲或子虚乌有的信息，报纸和后来的无线电广播的问世以及后来互联网、手机短信的急剧发展都未能使谣言烟消云散，反而在某种程度上刺激了谣言的流传。”[②] 并且，人际传播作为最古老、最普遍的方式，一刻也没有从造谣者的手段中退出。周辉通过研究流言传播的小世界网络特征提出：“人际网络的拓扑结构决定了流言必定能够在此类复杂网络中得到迅速传播，这一点与疾病、笑话、时尚等具有类似特征的元素流行有共同之处。”[③] 由于各种方式混杂，这样的传播被称为复式传播，“在一场

① “中国首部‘网络实名’法律遭遇执行难”（2009年5月23日），载新华网 http://news.xinhuanet.com/local/2009-05/23/content_11421951.htm。

② 陈万怀：“传播学视角下网络谣言的认知与消解”，《新闻界》，2008年第6期。

③ 周辉：“流言传播的小世界网络特性研究”，《武汉科技学院学报》，2005年第1期。

完整的谣言传播过程中，往往既有人际间的口头传播和其他媒体的组合，也有大众媒体与网络之间的交叉。这种媒介的交叉组合容易形成谣言信息的‘漩涡’型传播而积累更大的能量。”①

其三，造谣者的心理是什么？按目的类型分，造谣者可以分为有意型和无意型。无意型造谣研究价值不在造谣者的目的，而在于该流言之所以流行的原因。因而，这里只探讨有意型的网络流言造谣者的心理。此方面的研究较多，此处采用杜骏飞按动机对网络流言的分类：善意、恶意、无目的和自利四种类型②。而由此四种类型，可以延伸出若干种具体的造谣者心理。见表2.17。

表2.17　造谣者心理

善意	娱乐、期望等
恶意	诋毁、制造社会恐慌等
自利	发泄、发布虚假广告、攻击商业竞争对手、吸引眼球谋利等

由上可知，善意动机在网络流言传播中并不占主要地位，各种恶意和自利的网络流言动机花样百出，从而造成一定危害。

②“假”传播主体。

网络的虚拟特征使得个人身份可以被任意隐藏和改变，抛头露面进行网络流言传播的往往是一个被假借的主体。而正是这样的主体常常为学者所忽略。程中兴认为，流言的话语主体可包含“不在场的他者”和“在场的说话者”，而以往的研究如江万秀的主体目的分析，卡普费雷的角色分析，都没有注意到“不在场的他者”；“不在场的他者”的社会身份和社会资本使得他的话语力量更为强大③。这个“不在场的他者”就是网络流言中被假借的主体。普通社会公众的声望、财富等资源有限，只有借助名人和资源强大的人才能使信息得到广泛传播。所以，对于网络流言传播来说，这个“假”传播主体往往才是流言传播的主要动力。程中兴所述“不在场的他者”在网络流言传播中一直是以符号的身份出现的，因而在网络流言被识破之前，“假”传播主

---

① 潘相国：“网络谣言与新闻真实”，华中师范大学硕士学位论文，2002年，第15页。

② 杜骏飞：“网络群体事件类型辨析”，《国际新闻界》，2009年第7期。

③ 程中兴：“谣言、流言研究——以话语为中心的社会互动分析”，上海大学博士学位论文，2008年，第41页。

体是不会被揭穿的，他与网络流言共存亡。

③“客观”传播主体 。

这里的“客观”传播主体意指大众传播媒介。大众传播媒介在什么情况下会传播网络流言呢？其一，在媒体未核实网络信息真伪的情况下，把网络流言误当成新闻线索进行传播；其二，在媒体辟谣时传播，媒体辟谣必然附带该网络流言，无疑扩大了网络流言的传播影响。

综上所述，网络流言的传播主体由“真”传播主体、“假”传播主体和“客观”传播主体三者共同构成。只有深刻认识到网络流言传播源头的属性，才能够更好地防止网络流言产生社会危害。

（2）社会情境分析

谈到网络流言的社会情境，就不能不提到中国的互联网络发展状况。只有在足够发达的网络社会中，网络流言才有可能盛行。图 2.3 是中国互联网络信息中心统计的近年来中国大陆网民数和互联网普及率的增长。

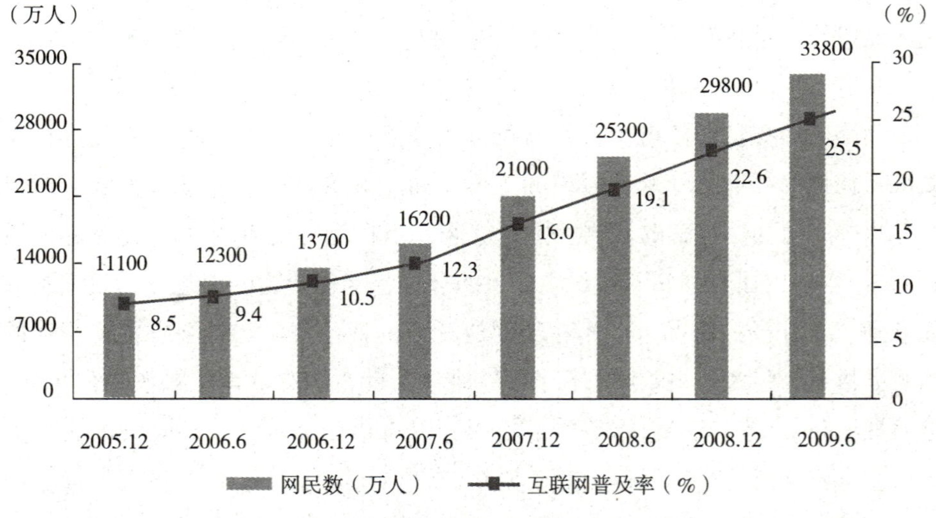

图 2.3 中国内地网民数和互联网普及率

网络普及只是网络流言产生的前提条件。人是社会性的动物，任何社会现象必然有着深厚的社会原因。因而，网络流言的社会情境分析就暗含两个方面：一是网络流言传播者的社会情境分析；一是网络流言所涉事件的社会情境分析。

中国社会发展迅速，社会转型深刻而急剧，在这种情况下，每个公民都受到社会发展所带来的影响。蔡静认为流言研究对转型中的中国有着特殊意义，其一，心态失衡与迷茫；其二，由于变动的加剧，人们对自身在新的社会格局中的位置越来越难以理性化确认；其三，危机意识加强，并和怀旧心态相缠绕；其四，由于社会参与的不足，部分公众心态中有无助感和受挫感。① 在这种压力下，信息的功能就凸现出来，转型社会孕育出了具有强烈信息需求的受众群体。“流言的流传本身就代表了传播者的某种心态和倾向，因此，如果一则流言被广泛传播，就代表着在这个群体中的大多数人都认同这则流言的背后意见倾向。”② 网络流言的温床由此产生。这是中国社会大的背景，而具体到每一起网络流言事件中，造谣者和传谣者所处的社会情境仍需要具体分析。中国人情社会的传统、圈子等对传播者的影响、传谣者的社会身份等等，是网络流言特别需要给予关注的。

而对于网络流言事件的社会情境分析，我国学者给予了较多的关注。根据学者沙莲香和西布塔尼德各自的研究，四种“特殊的社会状况”可能产生流言。这四种危机状况是：第一，社会秩序遭到人为较大破坏，从而出现社会危机；第二，社会表层和社会深层（基层）之间严重脱节，社会基层群体带起社会表层组织的基本功能之时；第三，人们的信息需求大于体制性渠道的消息供给，或者为适应环境所必需的信息无法及时获得；第四，公众所处的较大群体，特别是无组织群体，或一定的社会空间环境内，存在较大的刺激③。

（3）个案统计

据上所述，从本书第一部分所列个案分析中挑出涉及网络流言的个案，民生类有非典，自然灾害类有汶川地震，法制类有杭州飙车案，官员腐败类有白展堂事件，群体性及国际性事件类有江苏省人民医院艾滋事件。对这些个案的传播主体和社会情境分析稍加整理。其中，个别个案如汶川地震，所涉及的网络流言较多，本文择其一二进行分析。如表2.18所示。

---

① 蔡静：“流言：阴影中的社会传播”，复旦大学博士学位论文，2006年，第98~99页

② 前引①，蔡静文，第78页。

③ 陈力丹：《舆论学——舆论导向研究》，中国广播电视出版社1999年版，第103页。

表 2.18　　网络流言的传播主体与社会情境分析

	民生	自然灾害		法制		官员腐败	群体性事件
	非典	汶川地震		杭州飙车案		白展堂事件	江苏医院艾滋事件
流言	①	②	③	④	⑤	⑥	⑦
来源网站	北方时空论坛	无从查证	无从查证	19 楼等论坛	天涯	新华网发展论坛	西祠胡同
“真”传播者	宁某	无从查证	无从查证	50A01 等网友	“要的是公道”	白展堂“123”	Maxneal
“假”传播者	“非典病人”	中国地震局	美国地址勘探局官网	无	新华社记者王定昶	马世平或山东某电业局人员	医院医生
大众传媒	辟谣报道	辟谣报道	辟谣报道	辟谣报道	跟踪报道	跟踪报道	辟谣报道
个人社会情境	不知名网友	不知名网友	不知名网友	不知名网友	不知名网友	不知名网友	不知名网友
事件社会情境	非典蔓延	政府无消息发布；社会恐慌	地震预测有限制；社会恐慌	富家子弟撞大学生；“70”码	照片已被曝光；政府受质疑	政策限制楼堂馆所建设等	艾滋易传染；医院无澄清
处理	无从查证	无从查证	无从查证	原帖被删	网页被删	原帖被删	原帖被删

注：①网帖：“一个‘非典’病人的逃亡经历”；②5 月 12 日，北京局部地区当晚将发生地震；③5 月15 日，未来两周陕西、甘肃可能连续发生 7 级以上强震；④“胡斌”母亲为浙江政协委员陆红青；⑤网帖：“受审的飙车案主犯‘胡斌’竟是替身”；⑥网帖：“看看俺滕州市政府大楼!! 不是吹滴!!!”；⑦网帖：“内部消息：省人民医院最近医生得艾滋病的还真不少啊……”。

案例数量虽然不多，但从以上粗略的统计中仍可得出以下结论。

——从网络流言的来源分析。大致有两种类型：无从查证和网络论坛。无从查证的原因可能有以下几个：首先，造谣者最先并没有通过网络来传播流言，而是通过口头传播、短信传播等其他手段，然后才扩散至网络；其次，网络的复制性使得网络流言传播太广，信息的混杂使得初始传播难以查证；第三，网络流言在被澄清后，特别是知名网站多会采取删除网页或删帖措施。而网络流言之所以在论坛盛行，是因为全国各大论坛包括地方论坛是网友最为集中和活跃的地方，论坛的把关也比门户网站稍显宽松，且论坛的匿名性受到一定程度的保护。

——从起始传播者分析。其一，除通过技术手段追踪到网友真实身份外，网络流言的“真”传播者难以查实。其二，“假”传播者的作用功不可没。要么是权威机构，要么是知情人士，“权威”或“内部”信息大大增强了网络流言的可信度，扩大了网络流言的传播。其三，在网络流言初期，可能存在某些大众媒体对不确切消息进行传播的情况，但在后期往往进行辟谣。

——从社会情境分析。其一，造谣者并不一定与网络流言事件相关。往好处说，不知名网友的“热心行为”一方面反映了网络虚拟世界力量的强大，另一方面也反映了网络促使了公民意识的觉醒；往坏处说，网络催生了“无业游民”或“无聊行为”。其二，无关于网络流言的权威信息的存在。这是因为政府或其他权威机构的信息发布总是处于被动地位，不知何种网络流言会在何时以何种方式进行传播。一旦相关信息澄清速度稍慢，网络流言就会扩散开来。其三，网络流言信息契合了社会心理或社会公众的刻板印象。这种心理多为恐惧（如地震网络流言）、质疑（如杭州飙车案网络流言）、迷茫（如非典流言）等，刻板印象如公众对政府人员贪污腐败的成见（如白展堂事件）等。

——从原帖或原网页的处理分析。对于网络流言的处理是“清一色”的删除，大部分有关网络流言的信息都只能从事后的流言澄清中获取。

3. 网络流言的传播与效果

在本节中，针对网络流言最重要的传播和效果问题，本书采用个案研究的方法。选取2009年6~7月份流传的有关河南开封杞县钴60泄漏事件作为个案，对该事件始末的详细研究，从而使网络流言的传播问题更为具体和可触摸。

河南开封杞县是大蒜种植大县，该县利民辐照厂是利用原子能高科技来辐射存储大蒜的企业。2009年7月10日开始，一则题为“开封杞县钴60泄漏”的帖子在各大网站论坛流传。该帖称，2009年6月12日前后，“因为操作失误，货物倒塌砸坏了放射源存放所用的管道，使放射源使用后无法放进深层地下水冷却水，裸露在空气中，造成钴60泄漏直接辐射”，“有关目击者称，辐射直接导致周围货物失火。”自从网络流言掀起后，至7月17日，杞县大批群众开始往周围县市迁移，直至政府采取了一些措施，公开信息后，民众才开始陆续返回。

（1）网络流言内容与政府形象

本书通过资料收集和整理发现，网上传播的有关该事件的网络流言除了核心信息即钴60已泄漏会造成危害外，有关政府的信息也附带其中，随网络流言的广泛传播而传播。又因为这些有关政府的内容是由网络流言基本信息而推导出来的相关信息，因而这些附带信息是合情合理、顺水推舟似地伴随着网络流言基本内容而得到传播。下面是两则传播较广的、具有代表性的网络流言文本。

面对杞县利民辐照厂发生的钴60泄漏事件，到目前为止杞县人民政府仍未向周边居民说明任何关于此次钴60泄漏事件的情况。是杞县人民政府不知事情的严重性，不知将给子孙后代带来的灭顶之灾，还是另有隐情，故意隐瞒事态，利民辐照厂负责人已经逃逸！政府对周边居民封锁消息，以致于造成县城及辐照厂周边大多数人群的恐慌？政府还这样隐瞒事态，社会一片恐慌，朋友交流的单位说的全是核辐射的话题！！！！已经有不少人将小孩送到远离杞县的亲戚家！希望我们的政府能给我们一个真实的事实情况！（“开封杞县核泄漏 原子弹的替身 杞人忧天！真忧天！（图）”来源：天涯社区7月10日）

我有一个亲戚是在杞县当官的，听他说之后我万分害怕！政府让封锁消息，只有那些官员知道情况；

现在科学家已经没有办法了，许多外国的科学家都过来了，可还只是坐以待毙！都没有招了，有些科学家来到后，看到没有办法弄好，都吓得饭都不敢吃当天来当天坐飞机走！生怕核气传到他们身上！唉！杞人忧天难道真的没有办法了吗？

郑州检察院到杞县检察情况听说杞县出现了核泄漏，当场就窜了，也不检察了，一分钟都不敢在杞县呆！（起先为网友跟贴，后被大量转帖。来源：天涯社区）

就文本本身而言，通过粗略的内容分析，可以用以下三点来概括政府在这两则网络流言中的形象呈现。其一，政府掌握着事件发展的具体情况。“只有那些官员知道情况”，在中国的老百姓的印象中，政府无所不能，政府人员掌握着特殊资源和特殊权利，如钴60这种特殊物质的处理情况，政府明显是知道的。其二，政府有意封锁消息。“到目前为止杞县人民政府仍未向周边居民说明任何关于此次钴 60 泄漏事件的情况”，“政府对周边居民封锁消息”，“政府让封锁消息”，这类表述都充分展现了这一点。其三，政府人员已逃离杞县。“当场就窜了，也不检查了，一分钟都不敢在杞县呆!”。这三点是层层递进的关系，政府形象呈现可概括如下：“政府人员是自利的，且站到了群众的对立面。”这样的形象无疑是非常恶劣的。

从发帖者的角度分析，网络流言内容也有三个基本特征。第一，网络流言充斥着对政府部门的质疑，感情色彩浓厚。感情色彩一定程度上可以从文本使用的标点符号上得到判断。而上述两个文本，标点符号计 37 个，其中问号 2 个，叹号 15 个，其中有一处连用了 4 个叹号。这说明文本是感性的、带有鼓动色彩的。第二，文本显示出对政府信息的依赖。“希望我们的政府能给我们一个真实的事实情况!”质疑政府的同时又不得不依赖政府，文本体现愤怒和质疑的同时，也带着无奈。文本的潜台词是，发帖者在代表着广大群众表达这样一个期待，即迫切希望政府能够发布权威消息。第三，与政府有关系就可以获知一般人不知道的信息。这一点正契合了中国人的社会心理，也增强了文本的说服力。

至于网络流言对网友产生的影响，将在后文进行论述。

（2）“钴 60 泄漏”流言的传播模式

那么，该流言又是在什么样的传播环境下以何种传播方式进行传播的呢?本书先就流言传播做一个线性的、不可逆的时间线索的梳理。

起初，“钴 60 泄漏”流言是在杞县当地民间产生的。俗话说：“世上没有不透风的墙”，在杞县辐照厂发生事故后，知情人通过人际传播使得该信息最初在小范围内传播。但随着时间的拖长，流言传播的人际传播圈子会越来越大，按照前人的研究结论，信息在人际间进行传播的时候，会发生一定的变异和夸大。这是流言爆发的酝酿阶段。

其后，网络陆续出现了有关该流言的帖子。据本书搜集到的最早的且未被删除的有关该流言的帖子是 7 月 8 日的[①]。但据媒体报道，自 7 月 10 日起，

---

① “开封杞县近日发生钴 60 泄漏事件是真是假?”（2009 年 7 月 8 日），载商都社区 http：//bbshtml. shangdu. com/20090708/02001002252/252 - 1. htm。

网上开始流传一篇题为“开封杞县钴60泄漏”的帖子。网络流言开始爆发。

紧接着，便有媒体于7月13日、14日报道该事件。如7月13日《南方都市报》报道“河南杞县否认放射性元素发生泄漏”，7月14日《重庆晨报》报道“河南杞县核泄漏？政府称只是故障”。接着媒体的报道铺天盖地。

最后，7月17日起当地居民开始迁移。政府开始集中发布信息，通过各种方式进行辟谣。

而在这期间，人际传播、网络传播和媒体传播是两两互动的关系。每一个传播方式既是其他传播方式信息的接受者，又是其他传播方式信息的传播者。

①网络方式传播期间，人际方式传播不仅没有停止，反而在双方的互动中更为强烈。

本书从媒体报道中搜集了一些能反映此问题的材料，如下：

来自亲朋好友的消息：“辐照厂要爆炸了！”“下午4点炸！”“辐射范围20公里！必须跑出20公里才安全！”“对小孩发育影响特别大，叫孩子都走！”（“河南开封杞县钴60事件7·17离家‘避难’记”，《南方都市报》，7月22日）

一个在当地颇为流传的说法是，此前部分领导干部早已将子女送到周边县城。在传言中一个局机关人员全部跑光。（“河南开封杞县钴60事件7·17离家‘避难’记”《南方都市报》，7月22日）

可见，这些人际方式传播的流言套上了“媒体”的外衣，合法地在网络上传播，并且比论坛上的“流言文本”更为丰富。

另外，网上流传的帖子不仅在内容上会与人际传播的流言互动，而且帖子被处理的方式也会作用于人际传播的流言。网帖被删被视为判断流言为真的证据。

7月10日，李强上网时无意中发现，网上有帖子称杞县发生了“核泄漏”，“这回政府总该作个回应了吧。”他心想。但事与愿违，11日他再上网时发现，各大贴吧关于杞县“核泄漏”的帖子全被删除了。“难道真的是政府封锁了消息?”抱有这个想法的，不止他一个人。（“河南杞县居民：我们为什么逃离家园”，《中国青年报》，7月21日）

②网络流言促发了媒体报道，使得人际传播的流言得以在媒体和网络呈现。

7月10日开始，一则题为“开封杞县钴60泄漏”的帖子在各大网络论坛流传，称当地一家辐照厂的“放射源使用后无法放进深层地下冷却水，裸露在空气中，造成钴60泄漏直接辐射”，瞬时成为网民关注的焦点。（“河南杞县否认放射性元素发生泄漏”，《南方都市报》7月13日）

这篇报道比当地电视台的报道还要早两天。从以上的报道内容可以看出，流言经网络传播成为媒体的重要新闻线索。

一经媒体报道，人际传播、网络传播和大众传播之间的互动就全面展开了。网贴大量转载媒体报道。

③关键信息、关键网站或论坛促发了网络流言的升级。

网络流言中核心信息的真假从根本上决定了网络流言的传播。

据了解，6月7日凌晨2时，杞县利民辐照厂在完成辐照辣椒粉作业后，进行降源时，因货物落在存放放射盒的铅井口上，导致装有放射源钴60的放射盒无法正常回到铅井内，结果使得放射源一直处于工作状态之中。（“河南杞县‘核泄漏’谣言发难的前前后后”，法制网，2009年7月23日）

李强：亲戚打电话说，前阵子出事的辐照厂要爆炸了，专家带来的排险机器人都被烧化了。（“河南杞县居民：我们为什么逃离家园”，《中国青年报》，7月21日）

第一则新闻的信息与网上流传的网帖内容说法相差不大。第二则新闻所提流言中的“排险机器人”与当地专家确实派出并使用了机器人的新闻信息也很吻合。网络流言中信息的真实成分增加了流言的可信度。

其次，在网站或论坛中存在着意见领袖。这些网站或论坛的高点击率、被转载率以及被媒体关注率扩大了网络流言的传播，放大了网络流言的影响。如天涯论坛题为“开封杞县核泄漏 原子弹的替身 杞人忧天！真忧天！（图）”的帖子点击率达到了185826，回复达879篇。（截至2009年8月8日下午5时）

④政府信息公开后，大大遏制了网络流言的传播。

这体现在两个方面，一是当地群众自7月18日晚陆续返回杞县，一是网上有关于此的信息讨论暂时平息了。

由是可做如下总结：在政府信息真空的情况下，人际传播、网络传播和大众传播的互动促进了网络流言的爆发，而随着信息公开，网络流言便开始减弱。如图 2. 4 所示。

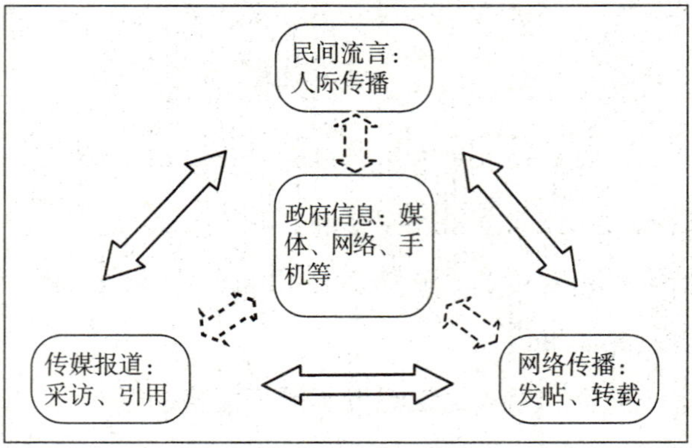

图 2. 4　网络流言传播模式与路径

注：实线箭头代表增强网络流言传播，虚线箭头减弱网络流言传播。

（3）网络流言的效果及其对政府形象的影响

①网络流言的效果。

在梳理了网络流言的传播过程和研究了传播模式之后，下面继续考察网络流言的传播效果，及在此基础上对政府形象造成的影响。

效果一：“雪崩效应”。该效应有两个内涵。其一，加速了流言的传播。从 6 月 7 日事故发生开始传谣，至 7 月 10 日左右流言扩散至网络，经历了大致一个月左右的时间。在此之后迅速引起媒体关注和报道，仅在 7 月 17 日流言便达至最高峰，群众纷纷转移。其二，网络流言一发不可收拾。“当一条消息是为人们所急需的（这一点至关重要）信息时，在始终无法证伪的情况下，网络传播具有对抗控制的巨大的反制力：于是伴随着信息恐慌的流言，便会像雪崩一样愈演愈烈。”① 雪崩效应的原因不仅是互联网转帖的海量和“充分分散”导致删除信息和控制较难，而且传统媒体对网络流言的关注也使得信息无法控制。媒体有合法报道新闻信息的权利。这一点在“钴 60 泄漏”事件

① 杜骏飞：“流言止于传媒的公信——透析‘非典型肺炎事件’中的传媒危机”，《新闻记者》，2003 年第 3 期。

中得到充分体现。在8月初已经搜寻不到被媒体广为报道的“广为转载的”“开封杞县钴60泄漏”原帖。

效果二：“人吓人效应”。俗语说“人吓人，吓死人”，这其实在一定程度上反映了人际传播的巨大作用。人际传播的高信任效果是其他传播方式无可比拟的，网络流言最终仍是作用于人际传播来改变行为。下面是一则报道节选：

> 7月17日下午3时许，李强正在上班，突然有亲戚给他打电话说，前阵子出事的辐照厂要爆炸了，专家带来的排险机器人都被烧化了。他乍一听觉得很不可思议，但转念一想这一个月来关于“核泄漏”的传言，觉得还是宁可信其有，不可信其无。
>
> 等到了大街上一看，李强这才着了急，“我从金城大街走过的时候，看到出县的那几个路口堵车堵得厉害，街上的店铺都关门了。我赶紧给家里打电话，打了五六次都打不通。我就想，坏了，没准是真的。”

从报道中可以看到，杞县群众也多是接到亲朋好友有关核爆的信息、并受紧张环境影响而采取逃离行为的。“大家都在跑”、“电话打不通”，这种紧张气氛促使人不得不采取从众行为。

效果三：辟谣效果受限。收效迟缓，并不彻底。可以细致考察下政府的辟谣行为。

7月12日下午，开封市政府开了记者招待会，表示放射源处于安全状态。这是大规模逃难前唯一一次招待会，并没有阻止流言的传播。这并不是说政府信息公开未取得效果，而是信息未得到充分公开。据媒体所述：“就是这迟到一个多月的消息，还不是直接向广大人民群众发布，而是在县负责干部会议上通报的，其受众范围大大受限，普通群众很难及时了解真相。”①

7月17日下午以后，政府采取了一系列的措施辟谣。18日开始群众已陆续返回，但担忧并未彻底解除。新浪论坛一篇网贴称：“7·17几十万群众大逃亡的场面虽然过去了，然而杞县钴60事件却没有画上句号。政府说钴60

---

① 鲁生：“河南杞县钴泄漏，政府责任是什么？”（2009年7月20日），载南方报网 http://opinion.nfdaily.cn/content/2009-07/20/content_5386408.htm。

卡源故障预计 8 月底才能解决，到底能不能如期解决，让杞县 103 万群众放心生活，不再背井离乡地逃亡，人们都在拭目以待。钴 60 卡源故障现在进展如何，杞县政府仍然没有后续说明，杞县 103 万群众和全国关注此事的人们更无从知晓。"① 确实，在 7 · 17 事件平息后，杞县政府并未对此事的进展进行及时通报。由此可知，信息公开迟缓和信息公开不理想是辟谣效果不理想的原因之一。

群体心理是辟谣受限的主要原因。"宁可信其有，不可信其无"的心态是网络流言引起恐慌的最主要原因。由于政府信息公开不及时，流言传播一月有余却并无权威信息公开，政府公信力受到较大限制。而截至目前，事件仍未得到彻底解决，恐慌心理也保持着生命力。

②网络流言对政府形象的影响。

那么，在该事件中，网络流言对于政府形象到底产生了什么样的影响呢？天涯网贴"开封杞县核泄漏 原子弹的替身 杞人忧天！真忧天！（图）"是"钴 60 泄漏"事件中的一篇重要流言贴。下面对其跟帖内容进行分类统计。

该帖回帖量为 879 条，根据回帖内容，本书发现回帖内容有如下的特征。如图 2. 5 所示：其中涉及主贴的态度的回帖有 411 条，涉及对政府态度的回帖有 230 条。如图 2. 5 是网络回帖对网络流言的态度分布。

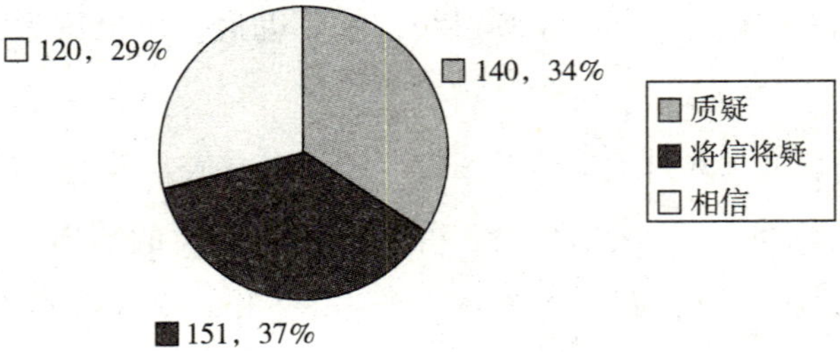

图 2. 5　对网络流言态度的分析

从信任效果来看，"质疑"、"将信将疑"、"相信"这三种态度的分布大致相等。这说明该网贴的效果是相当强大的。这三种态度的跟帖者有如下特征。

---

① "杞县几十万人大逃亡，网民有罪！官员为何无责???"（2009 年 8 月 5），载新浪网 http: // shehui. daqi. com/bbs_ editor/05/538041850. html。

“质疑”跟帖者：主要可分为两类。一类是对相关信息比较了解的。或为当地人、或相信媒体信息和专家意见。

官方消息不是出来了吗？根本不存在辐射源是泄漏，没有对周边环境造成污染。请不要相信谣言。安心生活。——“nn2039”

看到新闻报道，中国原子能科学研究院安全部主任、研究员陈凌向有关媒体作了权威发布，没有危险存在，请群众发心！应该相信他是吧。他是科学家，他还在现场了，是不是。——“1221987”，

另一类是对技术比较了解。

有点专业知识行不行，钴60放射源是封闭式放射源，有别于气体液体粉末等开放式放射源，切尔诺贝利时发生了放射源本身的燃烧而且没有防护壳，再说了如果真的是在现场遭到r射线照射一天之内就会出现强烈反应，而且只要放射源没有扩散出来不可能在大范围内有辐射，请楼主不要用原子弹做类比来造谣，原子弹的主要伤害也轮不上辐射而是冲击波。——“fefthinker”

而媒体信息、专家意见和技术分析的共同点是可信度比较高。本书稍作统计，探讨事件中钴60、核辐射等相关技术的回帖共54篇。反对主贴观点的回帖计26篇，提出相关技术问题的计7篇，转载涉及技术的新闻计6篇，提供相关知识计7篇，赞成主贴观点计8篇。由此可见，从技术角度认识该网络流言而对之产生疑问的比率很高，且论述有理有据，加之一些新闻转载，十分具有说服力。但是为什么技术的解释未能制止后面的跟帖者继续将信将疑呢？一是因为发帖者依凭账号ID，其权威性不够。众说纷纭，网友往往借助于“知情者”、“我搞了一辈子辐射防护”这样的信息来试图增强信息的可信度。二是由于网络跟帖的特性。阅读者并不是一帖不落的连贯式线性阅读，而是对回帖进行跳跃式浏览，网络回帖的传播效果就远远不如主贴效果。

“将信将疑”跟帖者：怀疑不定，不确信为真，但仍担心其可能性。持这种态度的人较多。这是信息不透明情况下的最为显著的结果。“不明真相的人路过”、“真的假的啊？疑虑中”等表述说明帖子内容已引起了广泛关注，真相未定导致人心惶惶。

“相信”跟帖者：一是杞县当地人，这是因为网络流言的事发地就在杞

县，而当地也是流言最盛的地方。通过对当地实际状况的描述，无形中强化了紧张的气氛。二是质疑政府、新闻信息和专家意见。在网络论坛中的网络爆料本就具有小道消息的特性，而且在公众的印象中，政府部门也经常会封锁此类敏感信息。这种不信任源于对政府等权威部门的不信任。

那么，网友对政府的态度又是怎样的分布呢？具体如图 2.6 所示。

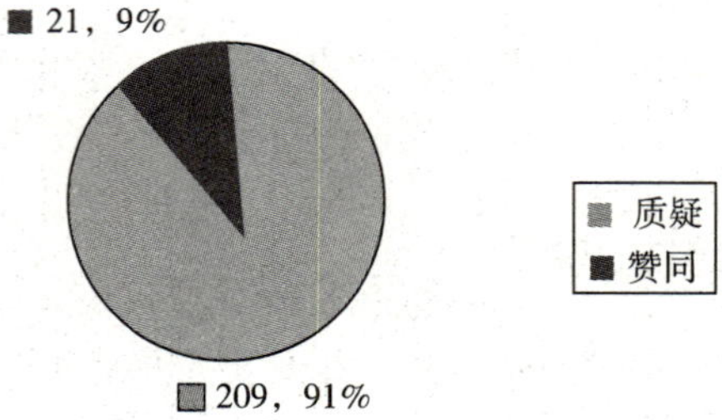

图 2.6　对政府态度的分布

“赞同”意见的回帖相当少，并且多是道义上的支持。“同胞们安心生活吧，没有什么危险了，政府正在行动”、“政府也很难”。该网络流言本身的性质以及政府长久以来信息不公开导致网友在该事件上支持政府者不多。

而质疑政府的回帖内容按质疑缘由可分为四类。

第一类是不公开信息。

当地人民政府竟然没跑过谣言，这显然是杞人忧“钴”、惶惶逃难的重要原因。——“尘土 1234 飞扬”

第二类是对政府信息的质疑。

当信息被屏蔽一个月之后的今天谁又敢相信你们呢？——“荟哭的泪”

第三类是政府人员出逃和不作为。

没有什么危险的话那些杞县的官员干嘛还不回去——“十大神兽之马甲”

为什么要“请群众放心”呢？为什么不请“官员放心”，让他们的老婆孩子先回去住呢？——“xiaoyuking”

第四类是抓捕造谣者。

下面的一篇回帖是其中最有代表性的流言，既包含了对抓捕本身的质疑，也包含了对处罚的质疑。可以看出，质疑的声音是比较理性的。

一 既然查清了谣言源头，为什么不对源头的造谣者采取措施，却对一个传播者加以刑拘??

二 同是传播者，为什么其他四个人只是治安处罚（就是罚钱，比治安拘留还轻），而张某却是刑事拘留？传播到腾讯论坛和传播到天涯论坛有什么不一样吗???

三 张某是被“开封县公安局以涉嫌编造、故意传播虚假恐怖信息罪刑事拘留”，而其他四人是“分别被开封警方根据《治安管理处罚法》给予治安处罚”。疑问一：如果这四人中也有开封县的，为什么只是治安处罚？疑问二：如果这四人都不是开封县的，为什么地区执法差别这么大?? 是开封县不缺这点罚款，别的地方缺这点罚款？还是张某交不起这点罚款，别的四人交得起罚款（当然可以以别的形式，比如私下……）？

四 这起事件应该算是个不小的安全事故了，相关政府部门人员的责任问题为什么只字未提?? 详见南方报网报道 http：//opinion. nfdaily. cn/content/2009 -07/20/content_ 5386408. htm。说句性情中的话，张某把帖子从腾讯转到天涯，应该是想作为一个天涯人，把这个消息告知天涯的兄弟姐妹们，尽管他（她）也不知消息的真假。天涯的人们啊，是不是也要表示点什么??

关于事件处理，希望法律精英指明法律依据。

——“li_ 9999”

这四种类型实际是有关政府在面对网络流言时所采取的行动的四个层面。政府的信息不公开是网友质疑的首要对象，这是网友强烈的信息需求的反映，政府的信息不公开阻止了权威信息的流动。其次，即使政府发布了有关事件的信息，不少网友仍对其采取质疑态度。这一方面是由于公开信息的内容过于空洞，不利于真正解决网友心中的疑问，另一方面也是政府丧失公信力的表现，而丧失公信力是任何一个政府的最可悲之处。第三，政府对危机事件的不作为正是信息不明所导致的民众认识，处理过程不公开，没有通过媒体报道，网友就根本不知道政府有没有采取紧急措施。最后，在因政府未公开信息而导致网友发帖进行猜测、最后导致网络流言的情况下，抓捕发帖者的行为遭到了强烈质疑。舆论认为，政府的信息不公开才是导致事件恶化的罪魁祸首。

由上述分析可知，网络流言的说服效果是相当强大的。在真相不明的情况下，无论是相信网络流言还是对之将信将疑，都会产生社会恐慌情绪。政府往往处于舆论的风口浪尖之上，网民在质疑这一次危机中政府的表现时，也会强调政府不公开信息的一贯作为。除信息公开外，政府的其他问题如不作为、贪污腐败等，一齐在网络回帖中得到了反映。这些无疑加深了政府在民众心中的负面形象。

4. 网络流言的预防和应对

据前文分析，就网络流言所涉事件本身来讲，它给社会带来了一定程度的危害，造成了社会恐慌。“基本上大多数谣言都是包含着负面的情绪，破坏稳定和秩序的，1942 年美国心理学家曾对 1000 则谣言进行分析，发现几乎所有的谣言都在表达敌视、恐惧或者期望。这种负面的情绪不仅是宣泄，而且会在传播过程中不断被激荡引发狂热的群体性事件。”[①] 从这个角度来说，消除网络流言有助于维护社会稳定。从社会管理层面讲，政府无疑应发挥主导作用。那么，阻止网络流言给社会带来危害就包括事前预防和事后控制。

（1）网络流言的事前预防

在钴 60 网络流言事件中，权威信息发布是消除流言的最终力量。在政府采取行动，对网络流言事件采取大密度的辟谣行动后，网络流言才逐渐平息。再结合网络流言的社会情境的分析，我们可知，网络流言都是产生在权威信息缺失或滞后的情况下。那么，在危机事件发生后，保证相关信息透明公开可以消除网络流言产生的温床。换句话说，“谣言产生是因为其社会背景具有一定的模糊性，谣言是对该背景下缺失的信息的一种补充，也是一种对情境的解释，如果这种背景发生变化，谣言也就失去了存在的理由，因此，对于有些谣言的化解可以采取改变谣言产生的社会背景的办法，使谣言不攻自破。”[②] 那么政府如何保证信息公开呢？

①转变危机事件应对理念。

在危机事件发生后，政府部门特别是地方政府往往采取消极公开信息甚

---

① 邓国峰、唐贵伍：“网络谣言传播及其社会影响研究”，《求索》，2005 年第 10 期。

② 丁鹏：“谣言的传播机制及战时消解”，《西安政治学院学报》，2007 年第 1 期。

至封锁消息的做法。一是政府相关部门认为没有必要大张旗鼓，低估事件的严重性。钴60网络流言事件即是一例，政府一月有余未发布权威信息，信息不对称直接导致流言四起，最终酿成全县逃亡的闹剧。二是认为相关信息公布后危害社会稳定。这种落后观点建立在传统媒体时代政府对媒体绝对掌控的基础之上，而在网络时代，绝对的信息控制几乎不可能。这种对立矛盾往往使政府处于被动地位。

而政府的这种信息理念直接通过媒体表现出来，政府通过限制媒体和公众最终限制了自己。“政府已经出台了《国家突发公共事件总体应急预案》、《突发事件应对法》（草案）、《政府信息公开条例》等一系列文件，为危机传播制定了基本的政策依据，发言人制度则是其中重要的一环。正是依托包括政务信息公开在内的手段，多起危机得以化解。因此，信息公开和信息对称，是网络流言控制的基本方略。”① 目前，中央和省级政府在新闻发言人制度方面已卓有成效，而地市和县区级政府仍需要进一步努力。在网络传播时代，信息公开应成为政府执政的基本理念之一。

②建立网络舆情了解机制。

本书认为，“监控”一词表示监视和控制，带有“敌意”和“封锁”的色彩，因而更倾向于使用“了解网络舆情”的表述。网友多聚集于网络论坛中，网络流言也最易在此扩散，因而需要特别加强对网络论坛信息的了解。舆情了解机制应包括建立一套人员系统和技术系统。人员系统的专职是负责搜集有关所辖地方的新闻和信息，将这些信息在第一时间汇报给相关领导和新闻发言人，并及时采取应对措施。在技术方面应建立针对于网络论坛和社区的信息搜索手段。

而了解网络舆情又是一个复杂的系统，不仅要求掌握什么事件是目前公众讨论最为热烈的，而且需要具体了解在该事件中，网友最为关注的信息是什么，这一点至关重要。例如在钴60事件中，就网友讨论最为热烈的钴60的辐射范围、杞县周边当地辐射值为什么低于河南全省等问题，政府部门都应该在第一时间发布相关信息。否则，不了解这些信息，就会答非所问，信息公开也显得苍白无力。

---

① 田大宪：“网络流言与危机传播控制模式”，《国际新闻界》，2007年第8期。

③提高公民的信息素养。

网络流言的生命力依赖于网友对其信息的可靠性判断，公众的批判能力被认为是阻止流言传播的重要变量，而这种可靠性判断是相当主观的。网络媒介只是信息获取工具，利用网络获取信息和判断网络信息真伪的能力直接决定了网络技术对不同人产生的相异影响。在网友热烈的讨论中，我们可以发现网友之间的差异。从内容来看，有的依凭专业知识发表见解，有的利用网络工具如“百度知道”来进行信息判断，有的转载了传统媒体的相关信息，而有的只是凭个人主观发表武断的意见或进行情感表达。因而就有了信任效果的差异，有的是人云亦云，有的是提出独立判断。而网络流言最可怕的力量就在于在传播的过程中不断被人传播并进行放大。提高公民的信息素养既是长期过程，也迫在眉睫。政府在此过程中可以发挥作用之处是加强网络信息使用教育，特别是在主流网站上通过各种方式来提高网民进行信息判别的意识和能力。

（2）网络流言的事后控制

在网络流言产生之后，如何对网络流言进行事后控制也直接考验着政府的危机事件处理能力。目前，政府最为普遍的做法是，在网络流言影响较大，甚至影响社会稳定时，如杞县群众大规模转移，才紧急采取各种手段来应对突发危机。政府的应对措施也是非常密集的，包括通过各种渠道进行信息发布、动用警察维护秩序等等。而政府针对网络流言的措施，一是进行删帖，这是在危机事件前就一直进行的；二是抓捕造谣者。而这两个举措是需要慎之又慎的。

①技术手段必不可少，但并不能滥用。

技术手段主要指封锁相关信息的行为，如成为搜索引擎的敏感词、网络删帖等。“网络技术是一把双刃剑，它在为社会提供便利和服务的同时，也会带来一些消极的负面效应。但一味地强调技术的作用是荒谬和不现实的，因为网络的运行并不是单单由技术推动的，而是加入了人的参与，包含了人们之间的配合、默契和协调一致。这就要求我们的技术研究者在网络决策的过程中让伦理学家和社会学家多参与倾听他们的意见，使技术的发展更符合人类的道德发展方向。”①

这种应用的初衷是隐瞒信息，制造信息真空，以防止社会动乱，但结果适得其反。网络删帖等行为会直接成为网民判断政府封锁消息、证明相关事件有猫腻的凭据。网友有能力鉴别虚假信息，从而制止网络流言的继续传播。对无实在内容的网络信息噪音、涉关风化、违反法律等信息才需要进行屏蔽处理。

②有意识地扩大信息发布的影响力。

除召开新闻发布会外，发布权威消息还可通过建立新闻专题、设立专题网站等措施进行。与人际传播中意见领袖的影响较大的原理相同，在网络世界中，权威和主流网站的信息影响比其他网站突出。网络论坛中的佼佼者更是如此。在国内，天涯、西祠以及猫扑等社区的影响力不可低估。在权威信息发布的过程中，需要在这些主流社区，通过发帖或其他形式进行网络流言的澄清。在网络公关手段方面，杜骏飞提出了几大措施：“在第一时间向各社区网站管理人员发布强调权威信源的消息；此后，在主流门户网站和新闻网站发布成系列的新闻专题；设置有关事件的专题网站，并且加大发布信息的背景纵深、保持信息的高频度更新；举行网上记者招待会或组织专家主题聊天；充分利用新闻组、OICQ 和虚拟社区内的在线通告；在重要的或流言极其泛滥的 BBS 站点首页，设置指向权威消息和权威网站的链接。”②

分析网络流言的预防和应对实际是承认了网络流言的危害性，但是从另外一个角度讲，网络流言的传播正是反映了某些社会问题，特别是政府执政行为的偏差。网络流言凸显了政府信息公开能力的不足，而如能以制止网络流言为契机提高政府的信息管理能力，则从长远来看，网络流言的发生也不失为一件好事。毕竟，信息公开带来的深刻变化并不仅仅是网络流言的消失所能完全体现的。

---

① 巢乃鹏、黄娴：“网络传播中的‘谣言’现象研究”，《情报理论与实践》，2004 年第 6 期。

② “网络流言止于新闻公开”（2005 年 4 月 7 日），载艾瑞网 http：//news. iresearch. cn/0200/20050407/14629. shtml。

附：案例大事记

6月7日凌晨2时，杞县利民辐照厂在完成辐照辣椒粉作业后，进行降源时，因货物落在存放放射盒的铅井口上，导致装有放射源钴60的放射盒无法正常回到铅井内，结果使得放射源一直处于工作状态之中。

6月14日15时许，辐照室内接受辐照加工的辣椒粉由于放射源的长时间照射，温度过高自燃。在消防及环保部门采取灌注水等措施后，引燃物于当晚24时得到控制。

6月15日，环保部核安全司放射源处及北方核与辐射安全监督站派出专家组赶到现场指导，此后西南科技大学编制出“机器人降源处置方案”，待专家评审论证并报经环保部审批后，即可开始处置。

7月10日开始，一则题为“开封杞县钴60泄漏”的帖子在各大网络论坛流传。

7月12日下午，开封市政府召开新闻发布会，通报了杞县利民辐照厂放射源故障出现以来的处置情况，环保部专家认为河南省有关部门措施得力，放射源没有发生任何泄漏，没有对周边环境造成放射性污染，也没有任何人受到辐射伤害，确保了放射源处于安全状态。

7月15日，河南电视台播放《杞县钴60泄漏事件调查》。

7月16日，环保部发出通告，确认当地环境未发现辐射污染。

7月17日上午，环保部专家组开始遥控机器人进入辐照室探查情况。

7月17日下午1时左右，许多群众逃离家乡，前往附近县市“避难”。

7月17日下午3时左右，当地政府开会紧张研究。

17日下午，杞县政府通过手机短信的形式，向大家通报情况。

下午5时许，开封市环保局联合县人民政府发布辟谣信息：“杞县钴60辐射源处在控制状态，没有危险，请大家不要相信谣言，要保持安定。”

5时30分，新华网等网站相继转发《开封市政府公告》。

晚8时后，开封电视台播报“故障现场探视活动。”

9时，开封市政府再次就“卡源”故障召开新闻发布会，环保专家陈凌重申放射源处于安全状态。

7月17日晚，河南省委书记徐光春对此事提出明确要求，副省长、省公安厅厅长秦玉海连夜赴杞县指挥处置。

7月18日，外出“避难”的杞县人知道事实真相后，开始返乡。

7月18日，5名造谣传谣者被拘留。(据新闻报道整理)

五、网络集群对政府形象的影响及对策

如今，人类已经进入数字时代，网络化生存成为人类生活的主流之一。于是我们可以发现：在网络空间，也存在着形形色色的未被准确定义的集群行为。其较为极端的例子，如网络审判集群、网络战争集群和网络民族主义集群等。网络集群并非只是在线的话语汇集而已，有一定强度的、大规模的网络集群已被证明有可能产生各种深刻的现实影响。

我国政府职能正处于转型阶段，政府的角色定位和公共管理能力与发达国家相比还有很大差距，政府在管理过程中存在的一些传统思维模式和行为方式，使其在应对和处理网络集群时经常显得捉襟见肘，常常导致形成政府危机，结果往往是造成负面的社会效应，严重影响了政府形象。

关于网络集群与政府形象的关系研究，目前学术界的积累为数尚少，多是仅对网络集群或政府形象进行研究，少有关于二者关系的研究。相关的研究主要有网络舆情对政府形象的影响及应对策略研究。秦微琼运用公共管理学及网络传播学基本原理和方法，分析了网络舆情对政府形象的正负面影响，探讨了政府处理网络舆情方面存在的问题及原因，提出应树立现代公共管理理念、加强政府自身建设、建立完善应对机制、加强政府自我形象经营，以提升政府形象①。

还有部分研究者着眼于信息时代的政府形象研究，如彭伟步所著的《信息时代政府形象传播》，考察了政府形象传播的机理以及全球化、信息化、技术化、WTO对政府形象的挑战，提出了实现政府行政民主和构建政府形象媒介传

---

① 秦微琼：“网络舆情对政府形象的影响及应对策略研究”，上海交通大学硕士学位论文，2008年。

播策略以实现政府形象的传播与塑造[①]。吕连合则提出从充分利用网络建立电子政府形象、创意是政府形象传播策划的灵魂、政府形象传播的媒体运用、危机事件中的政府信息发布与舆论控制等方面构建信息社会的政府形象[②]。

本节主要采用个案研究方法，尝试探究网络集群对政府形象的影响规律，剖析政府在应对网络集群中存在的问题，探讨政府防范和正确应对网络集群的策略和措施。

1. 网络集群的本质与成因

(1) 网络集群的本质

人是社会动物，集群行为是其社会化本质的一部分。18 世纪末，佛里（A. Fouillie）与雷班（G. le Bon）观察法国大革命发现，各种人一起行动的行为有着不同于单个人时的特征和结果，由此，这种行为开始被称之为“Crowd behavior”（群众行为），后经麦孤独修改为“ Group behavior”（团体行为）。1920 年，罗伯特·帕克在《社会学导论》一书中提出“ Collective mind”（集体心理）的概念。此后，将这种现象称为“Collective behavior”（集群行为、集合行为或集聚行为），并被学术界约定俗成地沿袭了下来。

帕克认为，“集群行为是在公共和集体冲动的影响下发生的个人行为，换句话说，那是社会互动的结果。”[③] N·J. 斯梅塞尔认为，集群行为是“在重新规定社会行为的信念的基础上产生的社会动员”。[④] 戴维· 波普诺则指出，集群行为“是在相对自发、不可预料、无组织的以及不稳定的情况下，对某一共同影响或刺激产生反应而发生的行为。”[⑤] 伊恩·罗伯逊认为，集体行为是指许多人表现出来的带有自发性的和无一定结构的思考、感觉和行动的方式[⑥]。

---

① 彭伟步：《信息时代政府形象传播》，社会科学文献出版社 2005 年版，第 237 ~ 375 页。

② 吕连合：“信息网络社会政府形象传播研究”，大连理工大学硕士学位论文，2006 年。

③ Park, R. E. &Burgess, E. W. *Introduction to the Science of Sociology*. 865. Chicago Ⅲ. : University of Chicago Press, 1921.

④ Smelser, N. J. *Theory of Collective Behavior*. 8. New York: Free Press. 1963.

⑤ 戴维·波谱诺著，李强译：《社会学》，中国人民大学出版社 2007 年版，第 647 页。

⑥ 伊恩·罗伯逊著，黄育馥译：《社会学》（下册），商务印书馆 1991 年版，第 747 页。

为方便叙述，我们借鉴社会学对于集群行为的评述，将网络集群定义为：一定规模的网络群体，围绕特定的现实主题，在一定诱发因素的刺激下产生的，以意见的强化与汇聚为特征的，具有现实影响力的网民聚集①。

何白指出，网络集群与现实集群的相同点在于，个人在集群中都具有匿名性、过激性、情绪化、被暗示性、无批判性等特质。不同点在于：网络集群比现实集群更充分地表现出偶发性、匿名性、情绪性等特质，更容易形成集群的冲动②。周湘艳认为，网络群体行为的特点是：网络传播匿名性特点造成的个体心理变化，网络群体的情境化行为，网络群体行为的规模效应③。王建平认为，信息时代使集群行为有了新的基础和特点，即风险的泛化与不确定性；亲密关系与信任关系的变革；信息冲击下的有限理性；信息的双面性与信息传递的反控制性④。

彭博则认为网络群体事件具有以下特征：网上突发性强、扩散迅速；网上网下互动，网络相关法律、法规滞后；参与主体主要为青年网民；网络不安定因素呈上升趋势；网民参与的人数增加；敌对势力更加积极利用网络影响国内群体性事件发生、激化；部分事件出现组织严密性、隐蔽性、"合法化"等新趋势⑤。

显然，从群体心理学的角度来看，网络群体与现实群体有同质的心理，但匿名的"虚拟世界"更为网络群体带来了不同于现实群体的心理特征。美国法哲学家桑斯坦（Cass Sunstein）在其《网络共和国》一书中指出了网络中的群体极化现象："团体成员一开始即有某些偏向，在商议后，人们朝偏向的方向继续移动，最后形成极端的观点。"⑥ 一些网络群体暴力事件就是源于群体极化的心理基础。

---

① 杜骏飞："网络群体事件的类型辨析"，《国际新闻界》，2009 年第 7 期。

② 何白："网络集群：非理性行为的温床——浅析'网民围攻'事件中的集群及影响"，《东南传播》，2007 年第 7 期。

③ 周湘艳："从传播学视角反思网络群体行为"，《东南传播》，2007 年第 8 期。

④ 王建平："从'广州事件'看信息时代的集群行为"，《江淮论坛》，2003 年第 4 期。

⑤ 彭博："网络群体性事件的规律分析和防范策略研究，"上海交通大学硕士学位论文，2008 年。

⑥ 凯斯·桑斯坦著，黄维明译：《网络共和国：网络社会中的民主问题》，上海世纪出版集团 2003 年版，第 47 页。

基于网络群体的心理特征、行为特征，可以断言，网络集群导致的形形色色的网络群体事件的本质，大多是网民群体围绕某一主题、基于不同目的，以网络聚集的方式制造社会舆论、促发社会行动的传播过程。它可以是自发的，也可以是受组织的；可能是有序的、健康的，也可能是无序、不健康的甚至是非法的。

我们以为，网络集群的本质是中性的，亦即：网络集群是数字化时代人类社会生活的自然状态之一，不存在先验的好与坏，更不必对此谈虎色变。从积极的一面来理解，合理的网络集群可以经由媒体议程而达到公共议程，从而促进社会民主的进步。

（2）网络集群的成因

从社会学的角度看，在集群行为中，异质的成员常常会遵循一套新的、共同的集体规范。那么，为何会出现这种现象？个体行为又是如何转化为集体行为的？对这些问题的回答，在现代社会心理学理论的架构中，主要有勒庞德感染论、麦孤独的本能论、奥尔波特社会促进论、布鲁默、K·兰和C·兰的循环反应论、特纳的紧急规范作用论、斯梅塞尔的价值累加理论等。“这些理论尽管存在这样那样的差异，但立足点均是参与集群行为的个人不过是某种感情的载体，他们是没有任何理性可言的。”①

在上述理论中，斯梅塞尔的价值累加理论比较有特色，在集群行为研究史上具有里程碑意义。他假定集群行为的产生都有一个确定的模式，可以把集群行为在发展的每一阶段理解为“追加价值”，最后才有最终产品，即集群行为的出现。描述了导致集群行为发生的六个必要且充分的条件：结构性助长、结构性压力、普遍的信条、催化因素、行动动员、社会控制机制②。

詹姆斯·科尔曼提出的控制转让论，则试图将集群行为理解为个人在集群状态下的一种理性行为（其中涉及行为的代价和报酬的比较），他认为集群行为的产生原因是其成员经过理性的权衡将自己行动的部分控制权转让给了他人。当人们认为保持自主地位所付出的代价超过所获利益时，他们就可能将控制权转让给他人，以最大限度地获取效益。转让行动的控制权并不必然

---

① 周晓虹：“集群行为：理性与非理性之辩”，《社会科学研究》，1994年第5期。

② Smelser, N. J. *Theory of Collective Behavior.* 3, 168–169, New York: Free Press. 1963.

导致混乱，但如果转让者控制不了形势，就可能会发生集群行为①。

现阶段，我国正处于网络集群的多发时期。这是由多种因素共同形成的。第一，由处于社会转型时期的国情所决定。我国正处于改革攻坚和社会转型时期，是各种矛盾和利益冲突多发的阶段，这个时期必然要面对许多复杂的问题，如民生事件、自然灾害事件、法治事件、文化事件、国际性事件带来的诸多问题，这为集群行为的产生埋下了隐患。第二，人民民主意识提升。随着社会的发展，人们的民主意识以及参与政治的热情日益提升，其表达愿望也更为强烈，而网络的自由性、开放性、平等性、匿名性等特点提供了一个多元的话语表达平台。其三，利益诉求表达机制不完善。美国学者亨廷顿曾提出一个重要的理论假设：挫折导致动乱。他认为社会挫折感是“需求的形成”与“需求的满足”之间的差距所形成的②。当人们利益得不到满足时，现实的诉求机制又不完善，则往往造成集群事件发生。其四，网络控制机制相对较弱。就我国目前的情况而言，对现实集群的控制仍比较严格。《中华人民共和国集会游行示威法》第七条规定：“举行集会、游行、示威，必须依照本法规定向主管机关提出申请并获得许可。”但是，法律对于网络集群事件并无明确的规定，技术部门亦无有效举措。无疑，网络环境下，控制机制相对失效，这使集群的发生更具可能性，而对政府的公共管理无疑产生了深刻影响。

2. 网络集群对政府形象的影响

网络媒体不仅是民情民意表达的场所，更是沟通政府与公众的一种方式③。若网民能以理性态度进行有正当诉求的网络集群表达，政府保持信息沟通渠道畅通、倾听网民意见，则会促进社会公正的产生、使网民受到必备的公民素养训练，促进公共空间的建设，从而形成良好的互动关系，促进中国民主政治的发展。反之，民意无法表达或被刻意曲解，沟通渠道被堵，政府对民众呼声置若罔闻，那么网络媒体就会成为社会矛盾的放大器，成为滋生

---

① 周甜：“集群行为研究综述”，《甘肃警察职业学院学报》，2009 年第 1 期。

② 彭博：“网络群体性事件的规律分析和防范策略研究”，上海交通大学硕士学位论文，2008 年。

③ 王俊银：“浅议政府及其领导者的形象塑造”，《赤峰学院学报》，2007 年第 4 期。

危害社会稳定的各类因素的温床，甚至可能被别有用心的势力利用成为传播敌对、有害信息的工具，影响和妨碍政府履行正常的公共管理职能①。所以，讨论网络集群与政府形象的关系，需从网络集群的目的类型、网络集群的发展过程以及政府的应对情况分析。

（1）网络集群的目的类型及对政府形象的影响

网民作为网络集群的主体，由于年龄、职业、价值观、社会地位、群体认同等多种因素，进行网络表达的心理与目的复杂多样；网络的开放性、自由性、平等性、匿名性等特征，更使得个人参与集群的目的无从考核。但从总体来看，网络集群事件往往具有一种精神的内核，即网民集群所要达到的目的。本书认为，主要包括以下几种类型。

①情感表达型。

这类集群主要用来提供感情表达和情感释放。在日常情况下，人们没有表达的渠道、表达不能引起注意，或者会被认为有可能导致混乱而被加以约束，而网络则为网民提供了一种日常生活中不能获得的情感释放。此类集群事件可能会直接针对政府进行赞扬或批判，从而影响政府形象；亦可能是间接的情感表达，对政府形象形成影响。

网络集群直接针对政府的情感表达有如下三例。

其一，2008 年汶川地震发生后，温总理第一时间飞赴灾区一线。在各大论坛、贴吧中，网民对温总理的行为予以了高度赞扬。在百度贴吧中，一则标题为“总理说，我就一句话，是人民在养你们，你们自己看着办。”的帖子，点击次数达 888252，回帖数达 17115 条。另一则标题为“温总理，你没有个总理样”的帖子，点击次数达 194497 次，回帖数达 10042 条②。领导人形象是政府形象的人格化，良好的领导人形象有助于形成良好的政府形象。

其二，2008 年山东拟投入 300 亿建设中华文化标志城事件引发网络集群议论。新浪网进行的“您是否同意花费逾 300 亿元建中华文化标志城?”调查，有 12488 人参与，其中 60.7%（7585 人）表示反对，认为弘扬民族精神

---

① 秦微琼：“网络舆情对政府形象的影响及应对策略研究”，上海交通大学硕士学位论文，2008 年。

② 数据来自百度贴吧 http://tieba.baidu.com/f?kw=%E3%EB%B4%A8。

不等于大兴土木，民心所向才是推动民族复兴的根本力量；38.2%（4765人）表示赞同，认为中华民族伟大复兴需要精神推动，民族精神需要物质体现；还有1.1%（138人）则表示不清楚。网民集群对于此项目的否定与反对，无疑会对政府形象造成负面影响。

其三，2010年，人民网主办的中国共产党新闻网开辟了新的留言板块——“直通中南海”。在这个“中央领导人和中央机构留言板”上，在显著位置刊有胡锦涛、吴邦国、温家宝等党和国家领导人的照片及近期活动报道。网民点击“留言”按钮后，就能给他们留言。网民给国家最高领导人留言，或许“近日落下一笔，日后就能影响到国家的大政方针”。这样的期盼，令该板块一经推出就广受关注。据坊间媒体报道，截至9月12日，给胡锦涛总书记的留言有16457条，给温家宝总理的留言也有11794条，而且数量仍在迅速攀升。与其他政府网站留言往往需要实名注册有所不同，“直通中南海”留言板无须注册。“想对中央领导人和中央机构说什么，尽可在上面直抒胸臆。”参与者既可以用个人身份，也可以党组织（单位）名义提交。同时，留言板还有讨论和点评功能。“直通中南海”板块的开通，这是一种广纳民意的积极尝试，也符合高层领导一贯的亲民作风①。

对于直接指向政府的情绪表达类的网络集群，政府的引导方式对政府形象如何起着至关重要的作用。一方面，褒奖政府的集群本来就会对政府形象形成正面影响，若加以引导则有可能转化为现实的动力，有助于进一步扩大民众对政府形象的认同。对于批评政府的情绪表达，若是置之不理，则会造成负面影响；若及时进行疏导和引导则有可能修复政府形象。

值得注意的是，国际性事件常常会引发此类集群，从而间接地对政府形象造成影响。比如2005年松花江水污染事件、2008年日本毒饺子事件、2008年网友抵制家乐福事件、2009年中菲南沙群岛的主权问题争端、2010年菲律宾枪杀案、2010年中日钓鱼岛争端等。国际性事件往往会给政府带来麻烦，但同时也是一个契机，网民通过网络集群共同对抗各种势力的过程，增强了民族凝聚力、加强了对政府的认同感，亦将这种信息传达给世界，有助于提

① 参见杜骏飞：“民意怎样‘直通中南海’?”，载财新网 http：//economy. caing. com/2010 -09 -14/100180380. html。

升政府形象。但是，需要警惕民粹主义倾向，情绪的过度发泄可能会造成现实的一些过激行为，反而会影响政府的国际形象。

②维护正义型。

信息时代，网络成为民众行使社会监督权、批评权的重要途径。当通过法律途径无法解决或者法律解决出现困难时，网络集群成为批判违背道德、违反社会规范乃至违犯法律行为的方式。维护正义型的网络集群一方面形成舆论压力、有助于伸展正义，起到社会监督和批判的作用；另一方面，部分网民滥用网络空间和自由，行为具有随意性和偏激性，乃至进行一些现实的过激行为，造成了负面的影响。法治事件、官员腐败事件引发的网络集群多属此类。

法治事件引发的网络集群，如2003年孙志刚事件、2003年黄静案、2004年罗彩霞案、2006年许霆案、2008年谭静案、2009年“躲猫猫”事件、2009年杭州飙车案、2010年德云社打人事件、2010年“我爸是李刚”事件等。法律是社会上人与人之间关系的规范，以公平和正义为基础，并以国家强制力作为实施手段。一方面，不合理的法律法规造成恶劣的结果并引发网络集群，无疑会对政府形象造成负面的影响。如2003年大学生孙志刚被广州警方错误收容并被收容所被收治人员殴打致死，引发媒体及网民对《城市流浪乞讨人员收容遣送办法》的批判。同年8月，该法规废止。另一方面，不公正的执法过程是法治事件中影响政府形象的另一因素。以“躲猫猫”为例，关于“李荞明死因之谜”所引发的公众对司法部门执法公信力的质疑，对政府形象造成损害。在新浪网针对网民所做的一项调查中，认为“躲猫猫”致死不可信的网民比例高达86.4%①。

官员腐败事件引发的网络集群近年来呈多发趋势。如2004年黄金高事件、2006年白展堂事件、2008年“出国门”事件、2008年景德镇“别墅门”事件、2008年周久耕事件、2009年邓玉娇事件、2010年“我爸是李刚”事件中李刚拥有豪宅问题等。此类事件从两个维度上对政府形象形成负面影响：其一，政府官员是政府形象的生动载体；在一般公众的心目中，政府官员是

---

① “云南官方邀请网友调查躲猫猫事件”专题（2009年6月1日），载新浪网 http://news.sina.com.cn/z/ynduomaomao/index.shtml。

政府形象的缩影，他们的言行不仅代表他个人，而且代表政府[①]。政府官员的腐败行为直接对政府形象造成损害。其二，网民惩奸除恶，对政府职能部门的功能起到了替代性的作用，从另一侧面说明政府的失职。

③利益诉求型。

网络集群常常是对现实的映射。我国正处于社会转型时期，社会的整体结构、资源结构、区域结构、组织结构、身份结构等方面都在发生着重大转变。阶层的分化、群体的分化、组织的分化，势必引起利益的分化，从而引发各种复杂的矛盾。当某些群体的利益受到损害，而又不能通过现实社会的诉求得以解决时，可能会通过网络渠道予以表达、寻求关注与支持、商量对策等，以促进事件的解决。由利益诉求引发的网络集群，往往不是个人的问题，而牵涉到某些群体的利益。民生类事件多属此类，如2003年SARS事件、2003年《深圳，你被谁抛弃》网文事件、2007年重庆钉子户事件、2008年娄烦矿难事件、2008年三鹿奶粉致肾结石事件、2009年“北京站出票视频”事件、2010年圣元奶粉致婴儿性早熟事件、2010年“360与QQ之争”、2010年杀童案、2010年11月上海静安区教师居民楼失火事件等引发的网络集群。

以是否涉及人民的生命安全为标准可将民生问题分为两类：一是关乎生命安全的“生存”类民生；另一个则是建立在生命安全得到保证基础上的其他“生活”类民生。生存类事件因为直接危害到人的生命安全而显得更加迫切，引发的集群无疑对政府形象产生的影响也更大。从政府应对民生类危机的行为来看，可将政府对危机的处理分为“治标”和“治本”两种类型：“治标”是指就事论事，只消除表面危机，并未从根本上解决问题；“治本”则是形成了制度性的解决方法，可以有效防止类似危机的重演。政府治标的做法只是暂时使网络集群消解，对政府形象的修复程度不大，并且还可能再因类似事件对政府形象造成负面影响；治本的行为则对政府形象有不同程度的弥补。

④别有用心型。

一些别有用心者颠倒黑白、造谣生事，利用网络集群以为自己开脱罪名或谋求个人利益。2004年，时任福建省福州市连江县县委书记黄金高的题为

---

① 廖为建：“论政府形象的构成与传播”，《中国行政管理》，2001年第3期。

“为何防弹衣随我6年”的来信，自述其反腐败的艰难经历。在人民网发表后，引起网民的强烈关注，人民网留言近2000条，新浪网和搜狐网的留言更是超过了一万条，几乎所有网民都对黄金高的举动表示支持。一时间，黄金高成为“反腐英雄”、“防弹衣书记”。事情后来发生转折，经查证，黄金高实为腐败分子，并被指证包养4个情妇，受到法律的惩处。无论事情转折前后，此事件均损害了政府形象：作为“反腐斗士”的黄金高，从一个侧面反映了社会治安的恶劣；作为“腐败分子”的黄金高，作为政府官员的腐败行为亦是对政府形象形成了负面影响。

还有一些不法分子，利用互联网平台，对一些司法领域的事件、损害弱势群体利益的事件、涉及少数民族的事件以及其他敏感事件进行恶意炒作或颠倒是非，调唆不明真相的网民反对政府，甚至鼓动网民进行现实的集群行动，以达到破坏、分裂乃至颠覆的目的。其对政府形象的损害是非常大的。

（2）网络集群的过程与政府应对分析

大体上，我们可以把与政府关系比较密切的网络集群的产生、发展、高潮、消解的过程作以下归纳。首先，由于现实中的现象、事件、热点等的刺激，使得网民因“相对剥夺感”或群体认同等因素产生共鸣，通过网络传播的放大效用，逐渐形成网络集群并不断发展。与此同时，网络集群具有一定的现实影响力，引发现实社会的进一步关注和讨论，形成网络空间和现实社会的互动，促进网络集群高潮阶段的到来。随后，网络集群随着网民关注点的转移而消解，或者继续发展转化为现实的社会行动。

从目前情况来看，与政府关系比较密切的网络集群行为，政府一般都会予以回应或做出相应决策，从而促进集群行为的消解。需要提出的是，政府若是应对及时，则可避免网络集群行为发展和延伸为现实集群行为。下面我们以流程图予以说明（见图2.7）。

本书以2002~2003年的《深圳，你被谁抛弃》网文事件、2006~2008年的厦门PX事件为例讨论。选择这两个事件首先是因其典型性；此外二者同属民生类事件但政府应对所引发的评价是不同的，由此对政府形象的影响也是不同的，具有比较性。

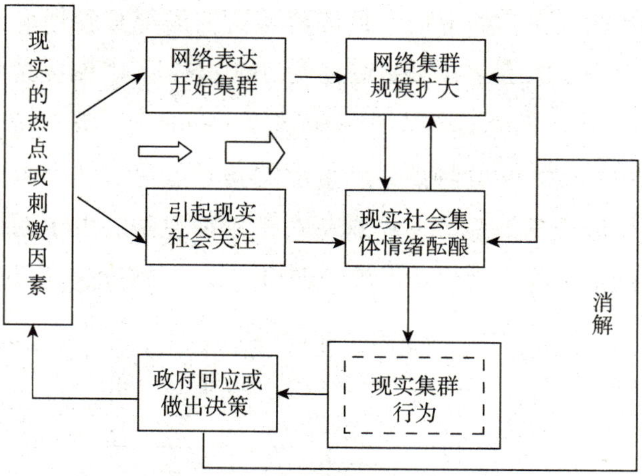

图 2.7 网络集群过程

注：虚线标注表示随着集体情绪的释放或是政府及时应对，可避免网络集群发展为现实集群。

《深圳，你被谁抛弃》网文事件简介：2002 年 11 月，自称“我为伊狂”的网民在人民网“强国论坛”和新华网发展论坛发表题为“深圳，你被谁抛弃”的文章。该文上网之后的短短数日，点击率就过千上万。经《南方都市报》的撮合，广东省委常委、深圳市长于幼军与网文作者“我为伊狂”对话，“开创了中共省市级高官与网上批评者当面交流的先河”。2003 年 7 月，“温家宝就任国务院总理后首次来到深圳视察，便注意到了由网文引发的深圳人对于未来发展前景的忧虑情绪”，发表讲话肯定了深圳的地位。随后，温家宝总理派出了一个调研小组来深调研，调研小组来深后，专门约请了“我为伊狂”参与座谈①。之后，“我为伊狂”对网文进一步阐释及添加新内容，写成 20 万字的专著正式出版，其部分内容被写成内参送交北京高层。

有关厦门 PX 事件的介绍，参见前文“政府危机中公众行为分析”。

通过对目前引发网络集群的案例观察以及对以上两个案例中网络集群发展规律的分析，我们可以发现以下几个特点。

①网络集群对政府形象的影响具有迅速性和显著性。

当某些重大或显著的事件发生后，网民会第一时间予以关注，并通过论坛、聊天工具、博客、新闻跟帖等多种方式发表意见。这些意见迅速汇聚成

① “八年致敬之公共事件：《深圳，你被谁抛弃》世纪大讨论”，载奥一网 http：//www. oeeee. com/a/20080328/531617. html。

一种或几种强化的意见，即形成网络集群。这些集群有多种情形，包括“以群体舆论来抗争个人”、“一个群体抗争另一个群体”、“网民对政策或制度的抗争”、“网络文化阵营对现有文化权力体系的抗争”① 等。而由于互联网的开放性、便捷性、交互性等特点，网络上的信息迅速从一个城市达到另一个城市，产生多米诺骨牌效应，使得这些对抗更加显著。由于网络集群产生的突发性和扩展的迅速性，对政府形象的影响往往也具有迅速性和显著性。

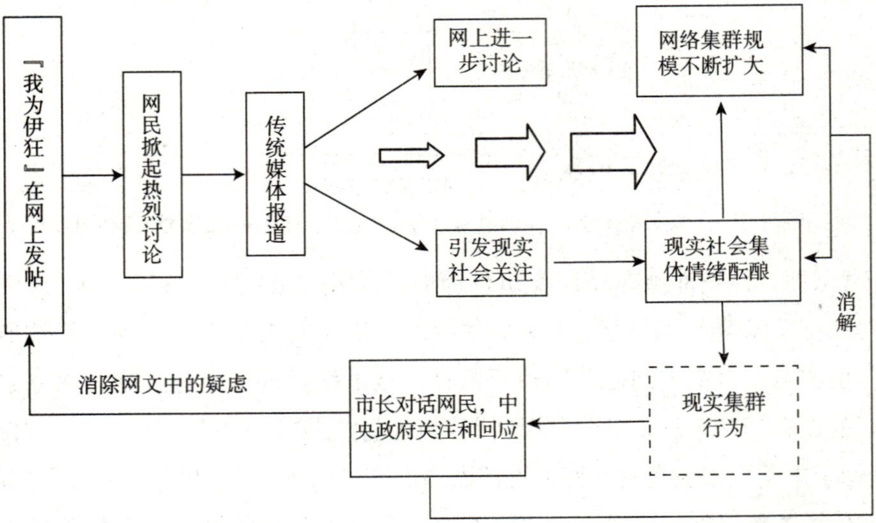

图 2.8 《深圳，你被谁抛弃》事件网络集群过程

网络集群通常有三种结果：第一，随着群体情绪的激发、释放，集群随之解体；第二，集群者与其抗争对象协商，通过改变现状或达成共识获得妥协；第三，集群未能解决现实境况，进而转化为有组织、有明确目的、有一定结构的社会运动。而政府对集群的应对方式不同，集群的发展态势是不同的，对政府形象形成的影响亦是相去甚远。在以上两案例中，“深圳，你被谁抛弃”的文章在网上发表后，短短数日点击率成千上万，网民在各大社区、论坛进行讨论。而无论是深圳市政府的迅速积极回应，还是中央的高度重视，都体现了政府对民意的重视，不仅扭转了政府在事件中的不利地位，某种程度上还为政府形象加了分。相反，在厦门 PX 事件中，政协委员的提案被媒体

① 杜骏飞：“网络群体事件类型辨析”，《国际新闻界》，2009 年第 7 期。

报道后，就迅速引起了社会的关注及网民的集群，对该项目进行批判，但厦门市政府却迟迟未对专家和公众的质疑予以回应，使政府形象受到严重损害。

②网络集群与现实行动互动，对政府形象影响增大。

现实社会是虚拟社会的基础，虚拟社会不可能完全脱离开现实社会而存在。网络社会既不等同于、也不完全脱离开现实生活，它兼具真实和虚拟的双重属性。虚拟和现实的交错、交融，正是网络社会的一个本质特性①。

从目前情况看，网络集群事件已不局限在网络中发展，而是延伸为现实行动，对现实生活产生影响。在厦门PX事件中，网民不局限于在网上集群，手机也成为获取和传递信息的渠道。据新华网报道，在厦门市民之间转发同一条有关反对该项目的短信已经达到数百万人，其内容如下：

> 翔鹭集团合资已在海沧区动工投资（苯）项目，这种剧毒化工品一旦生产，意味着厦门全岛放了一颗原子弹，厦门人民以后的生活将在白血病、畸形儿中度过。我们要生活、我们要健康！国际组织规定这类项目要在距离城市一百公里以外开发，我们厦门距此项目才十六公里啊……②

一些短信结尾还涉及敏感内容：

> 为了我们的子孙后代，行动吧！参加万人游行，时间6月1日上午8点起，由所在地向市政府进发！手绑黄丝带！见短信群发给厦门所有朋友！”③

相关信息在博客、BBS、MSN、QQ、手机上大规模传播。直到2007年5月28日，厦门市环保局才以答记者问的形式介绍海沧PX项目；5月30日，厦门市政府召开了非常简短的新闻发布会，正式宣布缓建PX项目。然而，这却并不能说服老百姓，“散步”如期举行。6月1日，厦门市政府办公楼附近的街道上聚集了上万人，要求PX迁离。次日，向政府陈情的人群流转到了厦门国际会展中心。政府迟迟未采取行动与公众沟通，最终导致市民采取现实行动抗议，使政府形象进一步遭受损害，这无疑是厦门市政府的失败。

---

① 茅亚萍：“浅析网络的匿名传播”，《当代传播》，2003年第6期。

② 朱红军：“厦门百亿项目引发剧毒传闻 政府叫停应对危机”，《南方周末》，2007年5月31日。

③ 短信原文内容已无法向当事人获取。此处转引自：张晓娟：“厦门PX危机中的新媒体力量”，《国际公关》，2007年第5期。

③传统媒体与网络群体互动，对政府形象产生影响。

一方面，传统媒体的报道是网络集群所讨论的事件的重要来源；另一方面，随着互联网的普及，网络热点越来越成为传统媒体的新闻来源。而在网络集群的发展过程中，传统媒体往往会予以关注和跟进报道，与网络上的集群形成互动之势。比如在厦门PX事件中，正是报纸对于105位政协委员两会提案的报道引发了社会的关注，并形成网络集群；而网民对该项目的讨论和对抗，则引发了传统媒体的跟进报道，进一步推动网络集群及现实社会的关注，使得网络集群对政府形象的影响增大。

此外，在网络集群的发展过程中，传统媒体的导向和作为对政府形象有重要影响。在《深圳，你被谁抛弃》网文事件中，《南方都市报》作为第一家传统媒体首先予以报道，进而进行连篇累牍的专题策划报道，并最终促成广东省委常委、深圳市市长于幼军与网文作者“我为伊狂”的对话，从而起到沟通网民与政府的作用，消除了公众疑虑，使网络集群得以消解，塑造了良好的政府形象。而在厦门PX事件中，厦门市政府对当地媒体进行压制，厦门当地媒体在涉及政府负面信息的题材上往往选择与当地政府保持步调一致，与异地媒体的报道存在着明显的话语差异。这种两极分化的报道，无疑加重了公众对政府的质疑。在此事件的诱发、发展和激化阶段，媒体并未起到有效沟通政府与公众的作用。

④政府官员的作为对网络集群发展及政府形象有重要影响。

各级政府官员代表党和国家参与政治、经济、文化等各项事务的决策，其对社会事件的态度和作为能够让公众了解政府方针政策的走向以及施政的过程。政府官员作为政府形象的人格化体现，其通过作为在公众心中留下的印象，也直接影响着政府形象。领导者出色的媒介形象，可同属下和公众产生直接的沟通作用、强大的动员力量和显著的示范效应①。在《深圳，你被谁抛弃》网文事件中，原广东省委常委、深圳市长于幼军与网文作者“我为伊狂”面对面的对话，受到了广泛关注和好评，将事件推向了高潮。人民网强国论坛的相关专题就名为“市长与网民直接对话 凸显网络作用”，并配了于幼军与“我为伊狂”见面的照片；人民网论坛称“我为伊狂现象是开创政治

---

① 龙永枢：“领导者媒介形象”，《人民论坛》，1998年第9期。

新纪元的分水岭”；《南方都市报》在对话次日刊发了“一场注定要写入深圳历史的对话”的社论；香港《明报》称，“于幼军此举开创了中共省市级高官与网上批评者当面交流的先河。”而正是深圳市政府在此次事件中的正面回应，缓解了民众的情绪，使事件发展渐趋平缓；同时，也促进网络成为表达民意、参政议政的重要平台，树立了良好的政府形象。而在厦门 PX 事件中，当地政府领导人长时间的沉默，无疑给网民留下无限猜疑的空间，使得事态进一步激化。这无论是对当地政府领导者的形象，还是当地政府的形象，都造成了一定程度的负面影响。

3. 网络集群的应对与防范策略

现代公共政策民主制观念非常强调公众的作用，而协商民主机制在我国尚未形成。协商民主强调的是通过平等、公开、理性、负责的民主协商过程，达到决策的合法性和公共利益的实现。从这个意义上说，我们认为，网络公共领域提供了一个充分讨论和协商的公共空间，有益于充分和平等讨论，实现信息共享，增进公共决策理性。正因为如此，强化网络公共空间特征的网络集群行为，在林林总总的“负面新闻价值”之外，依然葆有其合理性和积极价值。

信息时代的到来，使得本来就极为复杂的集群行为在网络环境下更为复杂多变、不可预测。而网络的虚拟环境与现实不免产生交集、发生互动。对于政府来说，这无疑既是机遇，又是挑战。从政府管理的行为来看，对网络集会，采用行政不作为、任其发展的态度，抑或运用技术、行政、新闻控制手段进行盲目打压，均有可能使其发展为现实的集群及过激行为。政府只有正确对待网络集群，从宏观和微观两方面加强建设，才能克服集群事件的非理性、情绪性、无序性等负面特征，以及避免被居心叵测者所利用，使之真正成为民意表达和社会和谐的有效途径，从而形成良好的政府形象。

（1）宏观措施

①加强政府执政能力建设。

政府形象力的背后是执政能力，解决网络集群问题的核心是网络舆论，而任何舆论事件，究其最终的意义所指，都是对政府执政能力的臧否。因而，从根本上解决网络集群事件，政府需树立现代管理观念，建立现代公共服务型政府，实现管理的民本化、高效化、民主化。首先，应树立以民为本的思想，牢记权力来自人民，切实做到为民谋福祉。在政治上，保障人民权益和社会公平正义；在经济上，提高人民群众的物质生活水平；在文化上丰富民众的社会文化生活。其次，要提升政府的执政效能。具体来说，要打造一支高效清廉的公务员队伍，切实推进政府职能的转变和机构的改革，以公共利益最大化以及成本最小化为各项决策的前提。再次，要推动行政的民主化。行政民主，就是要“坚持为人民行政、靠人民行政，通过一系列的制度和机制，支持和保证人民行使当家做主的权利。建立深入了解民情、充分反映民意、广泛集中民智、切实珍惜民力的决策机制，推进决策的民主化。”① 具体来说，政府要建立日常的访问和反馈机制，以保障民情的畅达；在推出各项政策或重大举措之前，则应当通过发布会、听证会、民意调查等方式，征集民众、专家、社会团体、网络群体等的意见，充分倾听和了解民意。

②提高政府官员的媒介素养和政治社会学素养。

不懂得网络媒介属性、不理解社会本质的官员，注定不可能正确捕捉网络集群的焦点，也不可能恰当地化解社会矛盾。因而，政府官员应当提升自身的媒介素养。所谓媒介素养，即掌握传媒知识、把握传媒规律、与传媒沟通、运用传媒的能力。在当今这个传媒高度发达的时代，政治家越来越多地选择通过新闻舆论去深刻而巧妙地影响人们的想法和意见，改变人们的口头舆论，从而获取更大的支持，有没有足够高的舆论水平意识已经成为领导能力的重要标尺。无论从塑造良好政府形象的现实要求还是从传媒政治的时代要求来看，媒介素养已成为现代领导者不可或缺的素质和才能。政府官员的行为是否能引起广泛的社会关注，得到公众的认同，从而形成有利的舆论，是能否得到众多支持以及影响政府形象的重要因素。提升政治社会学素养。社会与政治之间存在着错综复杂的关系。一方面，社会决定和影响着政治作为；另一方面，政治行为以社会作为载体和实施对象，又改变着社会。政府官员只有从政治社会学的层面，了解网络集群的成因、规律及影响，才能把握网络集群的关键，才能在第一时间做出反应，并针对不同类型的网络集群

---

① 徐荣凯：“努力提高行政能力全面履行职能”，《人民日报》，2005年3月2日。

事件采取不同的措施。

③健全网络管理的相关法律法规。

法律具有明示、预防、校正的作用，是人们进行社会活动的基准。网络立法，为网络集群提供法律标准，从而起到规范网民行为的作用。美国参议院于1995年6月通过了《传播净化法案》。韩国是第一个有专门的网络审查法规的国家，早在1995年就出台了《电子传播商务法》，由韩国信息传播伦理办公室对“引起国家主权丧失”或“有害信息”等网络舆论内容进行审查，而信息部可以根据需要命令信息提供者删除或限制某些网络舆论内容”① 新加坡则于1996年制定了《互联网立法综合计划》，要求任何希望在新加坡经营互联网服务的实体必须领取许可证，如新加坡广播局认定任何网站载有不适当的内容，持证人必须将其列入黑名单。此外还要求ISP尽一切努力确保它们的服务不被用于违背公众利益公共秩序或国家和谐的任何目的。这些条例是通过政府开设的服务器技术，术语称“代理服务器”来实施的，它们要求ISP利用政府服务器安排用户的路径，即凡被列入黑名单的网站均不准上网。不遵守规定的ISP将被吊销执照或罚款，访问被禁网站的用户将受处罚，包括监禁。国外的一些做法为我国提供了借鉴。目前，我国已先后颁布了《关于维护互联网安全的决定》、《互联网信息服务管理办法》、《互联网站从事登载新闻业务管理暂行规定》、《互联网电子公告服务管理规定》等一系列法律、法规；同时，2003年中国互联网新闻信息服务工作委员会正式成立，新华网、人民网、新浪网、搜狐网等30多家互联网新闻信息服务单位共同签署了《互联网新闻信息服务自律公约》，承诺自觉接受管理和公众监督，坚决抵制“有害信息”。然而，现有的法律法规对于网络集群的规定、对于网络言论内容的认定、对于违规行为的处罚等依然比较单薄，还需根据实际情况，进一步加强研究，制定一系列可操作性强的法律法规。

④加强媒介素养教育，提升网民媒介素质。

媒介素养教育（Media Education，也称为媒介教育），简要地说，就是在大众传媒时代，针对多种媒介对人的影响而提出的一种教育思想和方法。

---

① “网络舆论管理：网络技术出的一个棘手难题”（2005年6月15日），载新华网 http://news.xinhuanet.com/newmedia/2005-06/15/content_3089043_1.htm。

它以培养人的媒介素养为核心，使人们具备正确使用媒介和有效地利用媒介的能力，并形成对媒介所传递的信息能够理解其意义以及独立判断其价值的认知结构[①]。

网络为民众提供了一条新的参与政治的途径，社会多元的利益主体，可通过民主协商方式对公共事件或公共政策的公正性、正义性、公共利益性等价值进行评判，有效地开拓了“公共领域”。然而，网络具有开放性、多元性等特点，网民无疑会根据自己的情感、价值观、利益取向等多方面因素传播信息，因而导致网络信息良莠不齐；同时，基于网络的自由性与匿名性，一些网民在表达个人观点时过于冲动、只凭意气用事，甚至会煽动或被煽动进行网络攻击等过激行为，造成不良的社会影响。

通过媒介素养教育，使得网民能够辨别鱼龙混杂的网络信息，具备参与信息传播必备的法律知识，从而自觉抵制网络有害信息，以理性的态度、合法的方式，表达利益诉求、维护自己的权利，促进公共决策的合理性与合法性，推动中国社会的民主化。

（2）微观措施

①建立网络舆情监测、预警和应对系统。

党的十六届四中全会明确提出：“建立社会舆情汇集和分析机制，畅通社情民意反映渠道，使人民群众的意见能够充分表达出来，以便能够依法及时合理地解决群众关注的问题。”这就需要相关部门树立网络舆情监测和预警意识，增强对信息的搜集、整理、分析，以及时发现网络舆情中存在的问题，进行科学决策，防患于未然，避免事态恶化。具体来说：首先要提升互网络监测技术，建立和完善网络监测系统。成立领导小组，建立网络舆情信息工作联席会议制度。各职能部门属于网络舆情信息工作联席会议的成员单位，由专职或兼职人员承担起本部门内的舆情监测任务，24 小时不间断地对重点网站的舆情、重点论坛进行日常监测[②]；此外，联席会议可每周召开一次会议，由领导小组成员介绍上周网络舆情状况，提出下周网络舆情信息的监测和搜索重点、进行网络舆情的搜索技巧交流和培训等。对网络舆情较集中的

---

① 许浩：“信息时代加强媒介素养教育的紧迫性”，《中州大学学报》，2004 年第 4 期。

② 姚敏：“网络舆情引导与管理初探”，《电子政务》，2009 年第 4 期。

场所，如各高校的BBS，通过诸如聘用学生作为兼职的“网络调研助管”等方式，密切关注学校BBS和校外主要网站动态①。第二，建立网络舆情预警机制：网络舆情往往是对现实的投射，因而要加强对现实社会的调研。由政府部门或委托社会专业调查机构进行社会调查并撰写调查报告，了解社会最新动态以及各方反响，及时发现社会问题，将矛盾处置在萌芽阶段。要对网络舆论监测的情况进行科学分析，预测网络舆情的走向，为政府决策提供客观翔实的依据，以防患于未然，避免事态恶化。第三，针对网络集群事件，建立快速应对机制。要建立风险评估体系，对网络集群事件进行综合评估，分析可能存在的风险，并通过相应措施予以规避。对多发型网络集群事件进行总结，做好预案，在危机发生后，第一时间做出反应，抢占舆论高地，引导舆论走向，降低网络集群事件带来的负面影响。

②区别对待不同类型的网络集群事件。

网民进行网络集群的核心目的不同，在应对时亦需区别对待：第一，对于情感表达型的集群：对政府持直接褒扬态度的集群要予以引导，为政府管理营造良好的舆论环境，乃至转化为现实的动力；对政府持直接批评态度的则要允许甚至鼓励网民按照法律允许的框架行使自己的权利；在国际性事件中，则要将网络集群转化为维护正当权益、增强民族凝聚力、提升政府形象的契机，但也要提防民粹主义倾向以及民众过激行为。第二，对于因法治事件和官员腐败行为等引发的维护正义型的网络集群：一方面，要针对此事件进行彻查，严格按照法律程序办事，依法处置不法行为，将事件结果公之于众；另一方面，对于法律法规中不合理的成分，要广泛征求群众意见，予以修改和完善，以从根本上避免此类事件的发生。第三，对于利益诉求型的集群，则要倾听民情和征集民意，对于事件的解决要以保障人民群众的切身利益为出发点，并在政策上或法律上形成规定以保障人民的生存权和发展权；对于暂时不能从根本上解决问题的事件，则要予以解释和说明，并以一些暂时性的或替代性的措施，最大限度保障人民群众的权益。第四，对一些秘密的、别有用心的、不敢见诸阳光的阴谋破坏型的网络集群，要慎重、严格地对待，进行必要的审查和监督；对于具有社会危害性的违法集群，则可以严厉禁止。

---

① 唐喜亮：“我国突发公共事件的网络舆情研究”，电子科技大学硕士学位论文，2008年。

③通过“意见领袖”引导网络集群。

拉扎斯菲尔德等人提出的“两级传播”理论认为，大众传播并不是直接到达一般受众，而是要经过意见领袖这个中间环节，即“大众传播→意见领袖→一般受众”。“意见领袖”是指，在人际互动和信息传递过程中，经常为他人提供信息、观点或建议并对他人施加影响的人物。就目前我国一些较有影响力的论坛的情况看，一些大型论坛的普遍做法是培养论坛的“意见领袖”，利用这些“意见领袖”来引导网上舆论。定期或不定期地邀请专家、学者和政府官员就某些热点问题进行讨论，并和网友进行互动，由网友来提问，嘉宾作解答，把更多的人吸引到关注更高层次的、关系国计民生的重要话题上来，使大家能够比较理性地对待一些问题，起到很好的引导作用①。在网络集群事件的处理过程中，如果能够赢得“意见领袖”的支持，就能够赢得他们所在群体的更多人的认同。因而，政府要重视意见领袖对互联网的影响，平时要注意培养、引导和规范网络“意见领袖”；在网络集群事件发生后，更要及时将“意见领袖”的有见地、有代表性的发言，以醒目的字号和色彩，放在显眼的位置上，吸引网民注意。

① 唐喜亮：“我国突发公共事件的网络舆情研究”，电子科技大学硕士学位论文，2008年。

第三章
网络群体性事件的目的类型研究

一、网络群体性事件：权利型冲突

科塞在《社会冲突的功能》中提到，“可以权将冲突看作是有关价值、对稀有地位的要求、权利和资源的斗争”。[①] 因此本节作为目的类型分析的一个部分，将把权利作为探究网络群体性事件发生的一个重要因素来研究。

随着近年来“民间维权”这个词越来越频繁地进入我们的视野，学界开始关注中国普通民众日益成长起来的权利意识以及与之相关的诸多命题，如底层的集体行动、社会冲突中公民社会或公共领域的发展以及相伴随的国家与社会关系在新时期的转折等，一系列的维权行动成为传媒和大众关注的焦点。

由于我国民主程度处于比较低的水平，作为获取利益手段的权力易被统治阶级垄断，而被排除在权力之外的被统治阶级也极易丧失代表着获取利益的资格和身份的权利，因此正处于转型期的中国社会成了培养社会冲突和集体行动的暖床。

于建嵘认为“目前中国的社会冲突主要是以底层民众的抗争方式表现出来的”[②]，并引入了“抗争性政治”这个概念来分析目前集体行动具有的性质，力图摆脱只有精英才能谈政治的旧思想，展开了一个全新的研究视角，作为被统治者的民众也开始意识到政治权利的重要性，而在现实的中国，民众的反抗对于精英政治的约束已是不可忽视的存在，因此这也是本节将着重探讨的一个维度。

---

① A·科塞著，孙立平等译：《社会冲突的功能》，华夏出版社1989年版，第34页。

② 于建嵘：“利益博弈与抗争性政治——当代中国社会冲突的政治社会学理解”，《中国农业大学学报》（社会科学版），2009年第1期，第16页。

站在行动主体——民众的角度，发动或参与集体行动的原因大致可以概括为两个方面：首先是社会矛盾的加剧，统治者与被统治者（管理者与被管理者）在利益占有方面的不平等超出了一个可接受的度；其次是包含权利意识在内的民主思想的传播与渗透激发出了他们积极抗争的主体能动性。两方面因素的融合引领抗争者走出了单纯的对经济利益的诉求，诉求的重点从生存和自身经济发展衍生到现在的政治参与和权利维护，确实体现出了抗争性政治的特点。

“稳定压倒一切”这面政策的大旗仍然高高飘扬，在中国开展体制外的集体行动依旧面临着巨大的风险，不受法律保护，还必须面对严格的监管和控制。正如学者萧功秦指出的：当前中国的政治模式是“后全能主义型的技术专家治国的权威政治模式”（Post totalitarian Technocratic Neo-authoritarian Regime），是一种具有刚性调控能力的“低参与高投入”的发展模式。这一权威体制对于改革开放前期的政治稳定有过重要贡献；但随着中国改革进入中期以后，权威政治下的官僚利益已经出现凝固性与内封闭性；“后全能体制”的刚性，又起到有效扼制自主性民间声音的惯性作用[①]。

而网络的适时出现好恰好为中国社会维权意识的释放打开了一扇窗。在娱乐功能之外，人们开始利用网络相对开放、脱离社会管制和跨区域互动等特性，将其作为政治参与的工具。而有关权利所展开的网络群体性事件正是此处要研究的重点。

1. 围绕权利抗争展开的网络群体性事件

（1）网络群体性事件：以权利为目的展开的抗争性政治

著名政治学家加塔诺·莫斯卡就曾明确指出：在所有的社会中，都会出现两个阶级，一个是统治阶级，一个是被统治阶级。“前一个阶级总是人数较少，行使所有社会职能，垄断权力并且享受权力带来的利益。”[②] 在这样一个不平衡的社会结构中，既得利益集团必然要面对来自弱势群体的抗争，社会冲突性事件的爆发也不足为奇。

---

① 萧功秦：“中国后全能型的权威政治”，《战略与管理》，2002 年第 6 期，第 82 页。

② 加塔诺·莫斯卡著，贾鹏鹤译：《统治阶级》，南京译林出版社 2002 年版，第 97 页。

无论是马克思在阶级革命论里提出的“随着被统治阶级的被剥夺感不断增强，其针对统治阶级的反抗将集体性地组织起来”①，抑或布劳在交换冲突论中阐释的“越是集体性地经历不平等的关系，其被剥夺的意识越强烈，也就越有可能在意识形态上达成一致，意识形态越是统一，团结感就越强烈，消解不平等的冲突性集体行动越有可能发生”②，都蕴含着“被剥夺”这个关键词，在冲突中，行为主体往往追求的是自己应该拥有却被剥夺或侵蚀的权利。

结构主义、功利主义、建构主义都从不同的侧面建构了集体行动的动力机制，然而不可否认的是维护或获得权利始终是集体行动和冲突事件意欲达成的目的之一。

根据百度百科，权利可以定义为道德、法律或习俗所认定为正当的利益、主张、资格、力量或自由。没有了权利，即丧失了生存的保障，在社会上生活的人时时刻刻都需要行使各项权利。

网络群体性事件作为现实中集体行动的一个分身，以论坛 BBS、博客等为根据地，通过网络集会、网络恶搞等方式引起关注并制造话题和舆论，寄托的是民众对现实生活中权利的渴望。

正如前文提到的，仅仅是为了生存或经济利益抗争的阶段已经悄然过去。90 年代的集体行动多为农民为了生存吃饭、工人为了工资福利而展开的反抗，将生存和发展完全寄托于国家政府的合法执政之上，当代的网络集群事件则体现出了对于政治权利的重视，以权利为目的展开的抗争也带有了政治色彩。

抗争性政治研究是政治社会学的重要组成部分，20 世纪 90 年代中期，塔罗、蒂利和麦克亚这三位学者在斯坦福大学的行为科学高等研究所组织了一个他们称之为“抗争性政治的无形学院”（invisible college of contentious politics）的新项目，作为研究社会运动的新途径③。

如今网民们比以前更乐于参与到政治生活中去。政治参与指的是平民或多或少以影响政府人员的选择及（或）他们采取的行动为直接目的而进行的合法活动。政治参与的一个动机就是旨在影响政府决策的行为，或者说是影

---

① 曾鹏、罗观翠：“集体行动何以可能——关于集体行动动力机制的文献综述”，《开放时代》，2006 年第 1 期，第 112 页。

② 萧功秦：“中国后全能型的权威政治”，《战略与管理》，2002 年第 6 期，第 113 页。

③ 裴宜理：“底层社会与抗争性政治”，《东南学术》，2008 年第 3 期。

响“社会价值的权威性分配”。[①]越来越多的抗争性活动开始以追求政治权利为目的，民众渐渐不甘心只是国家政府操纵下的被动者。不难发现，官员腐败问题以及公共部门和公职人员“涉腐”、“涉富”、“涉权”等三类事件在网络上总是引起特别关注，这正反映出众多网民在现有的体制下对于自己权利受到侵犯的焦虑和愤怒，不惜一切找出事情真相，不遗余力对公权力展开监督正是政治权利意识高涨的一个表现。

从周久耕事件中隐藏的个人徇私型腐败，到导致彭水短信案发生的集体因公型腐败，这些“政府机构或人员（代理人）通过违反相关法律以公共权力为依托，以侵害委托人（广大公民）的公共资源（权利）为代价获得私利的行为”[②] 通过网络被暴露在不同地域、阶层的社会公众面前，招致了猛烈的批判与抗议。

江苏省南京市江宁区房产局局长周久耕发表了“开发商低成本销售将被处罚”的言论，引起争议并遭到网民人肉搜索，“抽天价烟、戴名表、开名车”被网民一一曝光，甚至被指与房地产商官商间有权钱关系。事件初期，面对周久耕“对老百姓负责”的说法，公众并不买账，过去“政府说什么人民信什么”的时代已经过去，如今人们已习惯于从批判的视角看待官员的行为与公权力的使用。网上针对周久耕事件的讨论涉及政府官员的权力与权限（管还是服务）、政府官员的立场及其利益（与人民利益一致或存在冲突）、政府官员作为与不作为等问题，这些正是现代社会对政府进行舆论监督的几大热门话题，也是民众维护政治权利必须要关注的因素。

2008 年 12 月 28 日，江宁区委经研究对周久耕作出免职处分决定。2009 年 3 月 20 日，周久耕因严重违纪被开除党籍、开除公职。在整个过程中，人肉搜索、网络恶搞等多种手段轮番上场，作为抗争者的网民们发挥了网络的优势与特长，采取了与现实常规手段相异的群体行为，弥补自身在资源、权力的不足，制造了令政府必须正视的全国性网络问责。

而彭水短信案则更是直白地反映出，民众正以前所未有的热情追求着参

---

① 阮思宇：“越级上访的合法性分析”（2006 年 2 月 11 日），载中国选举与治理网 http://www.chinaele-ctions.org/NewsInfo.asp? NewsID = 44934。

② 仉建涛、王文剑：“政府官员腐败行为的决定机制——对寻租腐败与代理腐败的数理分析”，《河南社会科学》，2004 年第 4 期。

与政治的权利。彭水县普通职员秦中飞写了一条名为“沁园春·彭水”讽刺彭水县政府官员和政府作为的短信并用手机和QQ向多位朋友发送，结果被以诽谤罪拘留，这一事件被网民冠以“现代文字狱”。一方面，秦忠飞被关押定罪的过程，存在着法律程序的不公正，出现了地方政府滥用职权，权大于法的现象；另一方面，这个“诽谤罪”的认定是对公民监督权和表达权的践踏。从古至今，批评政府在我国都是一个敏感的话题，然而从彭水案中可以读出，网络舆论在为公民的政治权利呐喊，网民们呼唤一个自由表达意见的空间。又一次说明政府、官员采取封锁、回避消息的策略“躲避”外界质疑的做法，在面对网络群体性事件时是行不通的。

尽管目的都是权利抗争参与政治，网络群体性事件的行为主体仍然呈现出不同的类别：一部分是权利已经受到直接侵害的个体；有些是与侵权事件无直接关系但是坚决维护公民权利不可侵犯的个体（这也是对潜在的威胁的反应）。后者的大量存在正体现出了我国民众权利意识的升华，已不是停留在过去“你打我一下我反抗一下”的初级阶段，他们的参与源于自己政治性公民的身份认定，关注的是与整个社会有关的政治抉择和公益性分配。

非典事件中网民捍卫着知情权，关于“最牛钉子户”的网络议程中民众开始对《物权法》进行解读，这一系列事件都将权利抗争性活动推向了一个新的方向：自觉维护公民合理正当的权利，而非等待政府的赐予或肯定，广大行为主体的角色也由社会公民逐渐向政治公民转化。

2003年“非典”的突然来袭，波及全球30多个国家和地区，尤以中国内地、港台地区为重灾区。中国社会由上至下经历了前所未有的考验，最终战胜了非典。在SARS面前，受到挑战的不仅仅是医疗水平，还包括政府的信息公开制度，国家—社会应该维持何种关系也再一次被拷问。事件初期由于官方对信息的封锁，各大传统媒体以及主要网站都因政府的舆论禁止而集体失语，这种旧官僚式的一手遮天的执政方式视中国普通老百姓的生命为儿戏，引起了极大的恐慌，对社会稳定与经济发展都带来不利的影响。

于是网上的信息传播和民意表达变得异常活跃，论坛与电子邮箱都有所参与，国外媒体有关中国“非典”状况的报道、评论，亦通过互联网传播到国内，其中包括世界卫生组织（WHO）官方网站每天发布的各国各地区发病人数统计，第一封发给WHO的匿名信件以及蒋彦永的公开信同样也是以电子邮件的形式通过互联网进行传递的。网民意识到了知情权的重要性，用自己隐蔽的手段与政府的强权控制进行着斗争，加上 WHO 和外媒的施压，中国政府由非典开始建立信息公开机制，于是 2007 年颁布了《政府信息公开条例》，信息公开成为制度化的规定。

一幅名为“孤岛中的小楼”的照片在网上出现，吴苹和杨武夫妇变身“最牛钉子户”站在了风口浪尖，普通公民、专业人士、新闻媒体一时间都加入了讨论的行列。与重庆的这户钉子户夫妻一同参与到“史上最牛钉子户”网络事件中的是无数对公民权利和公共利益感兴趣的普通民众。网上的言论有支持吴苹夫妇的，有对他们的行为提出质疑的，关键是态度的背后出现了理性的观点与分析，有从公共利益角度来审视钉子户的，有从维权的伦理角度来分析吴苹夫妇的维权行为的，其中不乏对物权法的理性解读。从非理性到用法律说话，从道德立言到从权利出发，网络群体性事件中的抗争越来越契合政治的语境，越来越符合公民社会的立意。最终此次网络事件引起了政府部门的职能运作和传统媒体的关注，也为全中国的公民上了一堂最好的物权法普及课。个人利益也是神圣不可侵犯的，即使打着集体利益的旗号，也不能任意地以牺牲个人权利为代价。

在网络群体性事件一步步走向围绕权利而展开的抗争性政治道路的过程中，不可忽视的是网络空间中意见领袖的作用，越来越多的公众人物、学者和记者等社会精英纷纷以开博客等方式参与网络舆论表达，他们有关权利、公民意识、公共领域的一些观点与见地有机会通过网络传递到世界的各个角落，对于网民来说既是一种思想的普及，同时也为他们进行集体行动提供了支持。

专家的意见对于舆论走向有很大影响，然而如今的网民已经不单单是盲“听”专家的看法，他们对于权利有自己的判断，专家如果不能给出令人信服的说法，只会遭到鄙视和嘲讽，不仅不能减少质疑，而且会把自己推向舆论的风口浪尖。

（2）网络资源：对现实中权力分配的突破

权利的获得和行使离不开权力的维护，然而当权力（尤其是公权力）缺失或者说不再为人民权利而服务时，冲突就会产生。尽管法律限制规范权力，然而统治阶级掌握的权力资源仍然比抗争者丰富得多。许多网络群体性事件的爆发源于社会的公权力无法保证甚至阻碍民众权利的实现，民主的制度性参与要求得不到满足，人们开始诉诸非制度性的抗争性参与。

源于权利与权力密不可分的关系，将维权作为目的的集体运动在发生的过程中就必定无法绕开权力这一关，否则对权利的追求只是空想。

“在资源动员理论看来，‘不满’仅仅是一种个体的心理状态，她要转化为行动状态和集体状态的社会行动，必须经过一个‘资源动员’的过程。”① 剥夺感、挫折感经常都会存在，但是只有当社会运动组织在一个社会中所能利用的资源总量达到一个程度，社会运动才会产生，而网络恰好提供了这样一种资源，也可以理解为是一种权力。

“互联网对于中国政治的重大改变之一就在于广开言路，从来没有任何一种媒介可以容纳这么多的声音，也从来没有一种载体可以让这么多人同时参与表达。”②

在中国现实社会组织体制外的抗议活动几乎无法成功，很大一部分会牺牲在国家政府的强制性力量之下。而网络在这样的社会背景下有了用武之地，它从两个方面打破了现实生活中的权力分配对抗争性群体事件设下的桎梏：第一，它在物质和意识形态上都在一定程度上游离于社会控制之外，尤其是匿名性和自由流动的特性，为意见的自由表达奠定了基础；第二，它本身拥有独特的话语权资源，为网络群体事件维护权利保驾护航。

尽管采取了删帖、屏蔽甚至关闭特定的网站等措施，中国政府对于网络的全面监管仍是力不从心，除了论坛、博客，网民还可以使用 QQ、MSN 等若干种私人性交流工具，除了官方网站以外，政府对许多拥有民间资本甚至外资的网站更是无法加以全面控制。

如何理解网络这种技术带来的话语权呢？相对于传统媒介来说，网络传播的开放性和低门槛带来了话语权的解放，在现实中拥有极少资源的大众在网络上却可以自由地表达意见，而且借助于链接和交互，有机会被许多人看到并得到关注。另一方面，即使是社会精英群体如知识分子、公众人物，在

① 冯建华、周林刚：“西方集体行动理论的四种取向”，《国外社会科学》，2008 年第 4 期，第 49 页。

② 邹军：“虚拟世界的舆论表达——中国网络舆论研究”，复旦大学博士学位论文，2009 年，第 102 页。

网上也只能以普通网民的身份出现，并未享受在现实世界中的话语霸权和立言优势，当然不可避免地他们的现实地位会为他们的意见、观点增添一些权威的色彩，然而网民有选择接受或忽略甚至反驳的自由，网络为他们提供了相对平等的利益表达平台。

这份话语权如何转化为现实生活中的权力，或者说如何影响公权力的实际操作，对于网络群体事件最终通过抗争实现维权的目的，这才是最关键的。

“福柯首先将权力认定为多重力量关系，这些关系是它们（指这些关系）借以在其中起作用并构成它们自己组织的那个领域所固有的，权力成为各种力量关系最终运用的战术。”① 在关系的网络中，各个主体在改变着自己的立场、指向，微妙的互动在不同程度上改变着力量对比的状况。个人、组织、国家政府都“困囿”于自己所属的关系网中。

网络减少了人们之间因为地理位置和社会地位不同带来的阻隔，在一个事件或者说议题的传播中形成了对传统媒体（官方）霸权的挑战，令世界各地的网民几乎能同等容易地接收信心并参与讨论，甚至形成一个组织团体。当网络群体通过各种手段参与到某一个事件中去时，就参与了将局部事件公众化的进程，而这种公众化会使得被抗争的个体、组织或政府处于不利的环境，处于舆论的下风。无论如何我国作为人民民主专政国家，人民的利益应高于一切，为人民舆论所批判、反对的个人或组织都失去了合法性，而其所拥有的权力也就只是一纸空谈。

网络空间赋予普通民众话语权之外，也扩大了普通民众对国家事务的参与，提升了普通民众在与权力博弈中的位置，让市民社会的力量得以成长，而这也利于催生更多理性的维权主体，参与到与自己密切相关的政治生活中去，为了自己的权利而不断抗争。

2. 网络群体事件的权利抗争对政府形象的影响

（1）挑战：对政府合法性的质疑

每个群体都想获得政府的支持，利用公权力维护自己的权益，一旦权益

---

① 刘斌：“大众媒介——权力的眼睛”（2005 年 11 月 28 日），载传媒学术网 http：//academic. mediachina. net/article. php？ id = 2268。

受到损害，政治理所当然成为被指责的对象。普通民众与统治阶级之间一直存在着权力和资源分配上的巨大不平等性，利用公权力侵犯公民利益的行为比比皆是，城乡二元对立和贫富差距等社会问题的加剧催生了被管理阶层的不满。

一方面，中国人的“政治参与”意识在觉醒之中；另一方面，“政治参与”被挤压在非常窄小的空间和极为低下的层次中。“社会生活中缺乏公民之间、公民与政府之间平等的权利表达和利益博弈，将有可能不断催生‘网络暴民’。”①

然而现实生活中，无论是体制内抑或体制外的抗议活动都难以进行，利益的表达和怨恨的消减都无法借助常规渠道来达成，对于类似上访、静坐、游行等手段，政府多进行压制，而大众媒体一般也无法公开报道，无法得到解决的冲突转化为民众的心理压力，使他们对现有的政治体制产生不满和敌意。政府对“政治参与”的保护理应是政府合法性的需要和体现，当前中国政府的对公民参政议政的多方阻挠或是敷衍了事，成为其被民间挑战者批判、炮轰的软肋。

当网络，这一带有部分“公共领域”特征的自由空间来到人们面前，这种心理压力就以异常强烈的方式释放出来了。网络为网民提供了广泛的选择空间，从理论上说各种意见都具备平等表达的机会，然而事实上情绪性的舆论却在网上不断弥漫，美国法哲学家桑斯坦在其《网络共和国》一书中指出了网络中的群体极化现象：“团体成员一开始即有某些偏向，在商议后，人们朝偏向的方向继续移动，最后形成极端的观点。”对现实（尤其是政治制度）的现实性批判成为网上的主流②。

如第一部分提及的，关于政府及其相关人员的负面新闻总是能成为热门的网络议题，而讨论中也有许多纯粹的情感表达，甚至跳出就事论事的范畴，冲突的真正对象让位于网民对政府业已形成的敌对情绪，某个政府官员的腐败案件破坏的是整个政府体系的形象。

---

① 童大焕：“‘迁怒’与网络暴民及其他”，《中国社会导刊》，2006年14期。

② （美）凯斯·桑斯坦著，黄维明译：《网络共和国：网络社会中的民主问题》，上海世纪出版集团2003年版，第47页。

“我们在审视革命时发现，总是在反抗旧秩序的行为出现之前，内在的顺从和忠诚就已经瓦解了。”① 从网络群体性事件的个案中可以明显地感受到，针对国家—社会关系的问题，民众已经开始质疑我国政府对于社会的高介入性，相对于成为政治里的集体成员，他们开始意识到应该追求属于个人的不可让渡的权利。

通过观察不难发现，网络舆论与官方和传统媒介的议题和立场经常存在很大的差异，更强调平民化、大众化是政治制度合法性的最终来源，而现有的政府在许多冲突事件中呈现的形象却似乎总是站在大众的对立面，对其合法性的质疑也就不难理解。

有一些个案甚至体现出了非理性的情绪（并不是主流），对政府以及现有意识形态采取了为反对而反对的态度，走向了另一条极端的道路，网民似乎也已经对国家政府形成了“刻板印象”。正像学者唐小兵所指出的那样，在互联网上，“人民成了不能被批评的敏感词汇，因为人民是改革进程的利益受损者和道德沦丧的社会里唯一美德保存者，每当发生贫富阶层或个体之间的社会冲突，不管谁是道理者，互联网的民意总是自然地倾向于弱势一方。”②

曾一度被称为“中国网络第一案”的“黄静案”，在网上引起如此大的关注，除了黄静母亲积极地借助网络、媒体和民间专家的力量与官方斗争以外，官民冲突这个议题就足以令网民热血沸腾。在这股网络舆论浪潮中，公众的意见几乎一边倒地支持黄静一方，指责司法部门销毁关键证据、发布错误的尸检报告、徇私枉法，而黄静一家的平民身份与其男友一家的公务员身份在这场博弈中似乎也验证了官民地位的不平等，而普通公民就是待宰的羔羊。网民对于政府和司法的批判也带有着狂热的情绪宣泄的色彩。尽管最终法庭宣判黄静男友无罪，民间的声音却没有因此消弭，每当司法公正出现危机，“黄静案”作为网民心中一个里程碑式的伤疤就会被再次提及。最后的判决已经变得不重要，不论真相如何，当这场官民博弈的结果不符合广大抗争者期望的时候（当然这个期望多少带有情绪化的因素），司法的合法性是被无

① 彼得·伯格著，何道宽译：《与社会学同游：人文主义的视角》，北京大学出版社 2008 年版，第 144 页。

② 唐小兵：“底层与知识分子的民粹主义”，《南风窗》，2008 年第 3 期。

条件地怀疑的。

而胡斌撞车案是又一起与贫富矛盾、权钱勾结联系在一起的事件，在各大网络论坛引发了一轮舆论热议。公众作为事件发展的外部推动者，不仅在网上发帖，甚至设立了独立的网站，类似“欺实马”和“钱能解决一切”等网络话语也凸显了网民对政府做法的不满与质疑。值得关注的是，撞车案一审判决之后发生了一件令人始料未及的事，“在法庭上受审的胡斌是替身”的说法，一夜之间兴起于各大论坛，引发了更大的网络关注和讨论。更有消息透露胡斌已经北上准备去韩国整容，听起来可信度很低，但是网民整理出的一张张胡斌前后对照图还是不禁使人有所动摇，网民开始要向法院讨个说法。直到胡斌通过媒体哭诉自己不是顶替者，并亮出一道伤疤做证据，这场风波才平息下来。从开始有人怀疑替罪羊的存在，到网民针对此事开始热议，并且将前后照片放大拆解，从眉毛、手掌、耳朵等多方面对比，这一系列的行为都说明了民众对我国的司法公正是何等不信任，他们已经认定了政府代表的公权力在金钱面前是无法真的做到人人平等。

（2）机遇：提升政府形象的契机

机遇总是与挑战并存，面对网络群体性事件气势汹汹地袭来，政府并不是只有被动接受一种选择，尽管在个人权利（尤其是政治权利）被高高举起的背景下，国家政府的合法性开始被质疑，然而这种质疑仍未动摇到它的统治地位。

目前的民众大多没有反体制的要求，抗争的目的不在于推翻或挑战统治结构，更普遍的情况下是期待一个廉洁、公平的政府。

民众从完全依赖政府的执政能力来实现自己在经济上的生存和发展，到如今开始关注自己作为一个公民应有的政治权利并意识到要参与到政治生活中去，完成了在权利意识和公民意识上的大跨越，然而抗争也是渐进的，非一步到位。从目前的现实来看（包括社会环境控制、矛盾激化程度、抗争主体自身的利益诉求和公民意识水平等因素的多向制约），网民的维权语境大多仍处于国家政策范围之内，理性的网民会争取在现有的制度框架内达成自己的愿望，使用官方的话语达到理想的结果，避免激化的矛盾，这也是一种智慧的体现。

中国与西方相比，并不存在明显的国家与社会的二元对立，对于民众来说，政府对于社会的高介入性已经是意识中一个习以为常的存在，“孟子时代开始，中国的治国之术（statecraft）期望政府扮演更主动角色——即政府应积极推进经济福利和保障。”[①] 无论是古代起义推翻暴君，还是近代共产党的革命，民众的抗争都是对于政府没有完成其社会责任的合法回应，潜台词是仍然认可并渴望政府发挥自己主导社会发展的功能。

由于体制内的民意沟通渠道常常失灵，甚至被刻意堵塞，民众不得不采取体制外的表达方式。然而无论是现实生活中的上访、联名举报，还是利用互联网进行的网络集群行为，其基本目的或者说达到目的的最终手段都需要引起外界尤其是高层的注意，进而形成政府改革的动力，以达到维护权利的目的。在众多的网络群体事件中，网民往往寻求的是情绪性的发泄，或是渴望自己的利益得到关注，他们渴望被聆听被重视，从这个角度来说政府拥有很大的可为空间来重新塑造或至少改善自己的形象。

在实践的层面上，作为国家的一部分，地方政府、特殊利益集团在某些时候与部分民众的利益形成对立，大部分民众认同中央政府的基本方针、政策，说明普通民众与国家之间拥有共同的意识形态霸权。

在很多起网络群体性事件中，民众只针对地方局部权力，不但不对抗制度，相反总是力求在体制内充分征得国家资源的支持。尤其我国民众对于国家政府抱有信任和依赖，因此尽管有许多危机事件破坏了政府的形象，但是只要面对危机冲突时政府的作为合理合情，对形象是有提升作用的。在许多起针对官员腐败或公器私用的网络群体性事件发生时，政府的形象暂时遭遇了危机，然而通过立即撤销个别官员、惩罚不法分子，政府就能平息冲突并且抚慰一部分激动的民众。

通过汶川地震，可以发现网络群体事件制造的舆论也可以是向着有利于政府的方向。在此次救灾工作中，中国中央政府一直扮演主导角色[②]，多位最高层领导先后到达灾区指挥，当地震发生 1 小时 27 分钟后，总理温家宝赶赴

① 裴宜理：“中国式的权利观念与社会稳定”（2009 年 1 月 22 日），载诗性正义法律博客网站 http：//justice. fyfz. cn/blog/justice/index. aspx？ blogid = 355514。

② 根据《国家地震应急预案》，发生特别重大地震灾害，经国务院批准，由平时领导和指挥调度防震减灾工作的国务院防震减灾工作联席会议，转为国务院抗震救灾指挥部统一领导、指挥和协调地震应急与救灾工作。国务院抗震救灾指挥部办公室设在中国地震局。

灾区，亲切地慰问灾民并在一线组织救灾工作，2008 年 5 月 16 日，中国国家主席、总书记胡锦涛亦飞抵四川视察。与以往的唐山地震、非典不同，汶川地震中政府除了开展强有力的抗震救灾工作，也前所未有地加大信息公开力度，保障通信网络的顺畅，充分运用了授权发布、散发新闻稿、组织报道、接受记者采访、举行新闻发布会等多种信息发布形式，将灾区的情况及时传达到世界各地。

通过此次对地震的应对，本届政府“亲民”的形象又得到了强化，网络上一度十分盛行的“什锦八宝饭”就验证了最高一级政府在民众的心中还是“为人民服务”的值得信赖的存在，没有与腐败、不公正必然地扯上联系。

在每一次的网络群体性事件发生时，政府面对危机的行为都显得至关重要。每当政府表态或作为时，网民都会密切关注，因此政府要慎言慎行，并且必须在第一时间对冲突表态才能取得主动权，拖拉和漠视只会引起更激烈的政治性抗争。

在躲猫猫案件中，云南省政府不再与公众保持距离，而是与公众建立了直接的互动关系，甚至组建了“网民调查团”参与到案件中去，然而因为现有司法与行政体制的限制，这一举动并未使李荞明之死真相大白。公众舆论一致指向政府“作秀”，这一“利用民众”的行为让政府形象陷入了更大的危机。政府积极主动的回应必须建立在一个根本的前提下，即对公民权利的尊重和承认，牢记自己是代替公民行使权力。

3. 结语——延伸命题的讨论

通过网络展开以维权为目的抗争性政治，对于这类网络群体性事件，无论是评估其现状抑或预测其未来的发展，权利意识、公民意识都是不可忽略的关键词。为了维护权利，为了参与到政治生活中掌握自己的命运，人们选择了网络作为发动抗争的阵地，在一起起的网络群体性事件被催生后，尽管结果有好有坏，却无形中一步步将权利意识、公民意识推向更为成熟的阶段，国家—社会两者的关系也在逐步改变。

“底层无政治”曾在过去的一段时间成为许多学者的共识，然而众多的案例可以证明在众多的社会冲突事件中折射出了抗争者们对于政治意义的追寻。中国人民的权利和政治开始了亲密接触，这是来源于权利意识、公民意识的启蒙。

我们已经很难计算出有多少为现实社会和传统媒体所关注的热点议题最初是来自互联网的披露与讨论，来自官方、各个领域的专家和普通网民的声音在网上形成了交汇，持续回应、辩论、协商的过程。

网络群体性事件，互联网技术协助下形成的社会抗争的新手段，尽管是从虚拟世界走出，却为权利抗争走向现实世界开启了希望的门，尤其是民众参与政治生活（这也是我国当前国家控制力度最大的领域）的权利。从提供了一个自由表达平台开始，网络在围绕权利展开的政治性抗争中绝对不是一个单纯的工具性的存在，它改变了我们的思维进而可能是认识这个世界的框架，权利意识、公民意识和对政府社会关系变革的期望在互联网上蔓延，为越来越多的网民所认知和接受，并且通过群体的交流讨论而日益成熟。

综上可以看出，围绕权利抗争展开的网络群体性事件的繁荣以及成熟与我国公民社会的发展和权利意识的深入是螺旋上升式的关系。抗争最终能否从网络走向现实，一个独立于政府的公共领域是否能形成，需要经历一个广大民众付出艰苦努力的漫长过程。然而我们不能怀抱着盲目的乐观情绪，网络并不等同于自由的公共空间，在目前的政治形势下仍需受到官方一定的控制；面对不同性质的事件，网络集群事件中也暴露出了时而理性时而情绪化的特点，甚至出现了阻碍民主进程的网络暴力，在周久耕事件中，“人肉搜索”“撂倒”一位局长，免职程序的不合法性从另一个角度体现出的是“政府”的为所欲为，最后的胜利者是大众舆论吗？理性的声音被淹没在网民“网络审判”成功的喜悦中。

从以上的例子可以看出网民的素质之所以参差不齐，根本还在于在当前的中国社会，民主思想、公民社会才是刚刚起步，是脆弱而不稳定的。

与“整风”、“文革”等曾产生过巨大影响的社会运动不同，现在爆发的众多网络群体事件不再是国家主导而是由民众自行发起，利用网络来自觉动员和组织抗争，体现了政治生活中公共力量的壮大，而且意味着国家—社会关系开始发生转变，但这种转变是渐进性的。面对现实，当前网络群体性事件在为政治权利抗争时，主要依靠引起政府的注意并对其施压，来达成运动的目的，如果政府采取强硬的态度或者只做表面功夫，网民并不具备平等的对抗力量。以改革为目的而非革命，行动是理性地持有异议，并且不跨越中央政府所推行的意识形态这条底线，具备这些条件的群体运动更易取得成功。

尽管促成的国家—社会关系的转变是渐进的，但却是不能否定的存在。强国家弱社会的现状在被学者批判质疑的同时也开始为民众关注。从网络群体性事件中愈来愈明显的政治诉求中可以窥见，政府的强制管理与公民的言说权利进行着日益艰难的博弈，无论是网络跨越地域范围的“中央动员”，还是民众思想的解放，都成为政府必须重视网络群体性事件围绕权利展开的抗争性政治的理由。

从科塞社会冲突功能论的角度看，冲突是必然产物，忽视和野蛮压制，只能使其暂时处于潜伏状态，酝酿着随时可能的爆发。网络群体性事件对于缓解社会矛盾是有积极意义的，甚至可以成为现代社会的“减压阀和发泄口”，这也客观上维持了政府的稳定统治。从政府的角度，将集群行为视为敏感话题避而不谈或暴力打压，已经无法在这个信息社会堵住悠悠众口，明确承认冲突的客观存在并为民众提供表达与协商的各种有效途径，反而会减弱冲突的强度和烈度。

政府占有组织、资源、地位的优势，因而拥有更为强大的政治权力，然而它并不能实现对政治环境的全面控制，这就为抗争者提供了介入政治过程和公共事务的机会，这也正是网络群体事件存在的意义。

“抗争的核心场景类似于可以变换成几种构造的现代体育设施，每一个设计都对应不同的事件，有时这样的场景被用于很铺张的场面，在这样的场面中，官员们展示了他们最华丽的服饰和武器，在另外一些时期，挑战者和政府为残酷的战争拉开了架势。除此之外的一些时候，它变成了圆形剧场，上演着受压迫者的苦境和呼唤社会变迁的有悲剧意味的道德剧。”① 而来自经济、政治、文化各方面的因素决定着场景的变换，似乎很难预测下一步将发生什么。前路漫漫，但值得期待的是最终这幅场景背后的幕布将变为市民社会，抗争主体与政府将站在一个相对平等的立场上，拥有公民的权利特别是参与政治的权利对于民众来说将变为一件如呼吸般自然的事。

---

① （澳）科特主编，李兆平、石琳译：《新闻、公共关系与权力》，复旦大学出版社 2007 年版，第 115 页。

二、网络群体性事件：地位型冲突

1. 网络社会阶层

社会学家科塞在《社会冲突的功能》一书中提出，社会冲突的原因有物质性与非物质性两类，其中物质性原因指的是权力、地位、资源分配方面的不均，最终可归结为“社会合法性的撤销”。在网络社会当中，由于社会地位的差异而引起的冲突，或者说社会成员为了争夺作为稀有资源的社会地位而引发的冲突，已成为主要的网络社会冲突之一。

社会地位指的是社会成员在社会系统中所处的相对社会位置，是一种在垂直方向上的社会分层。它可分为先赋性地位和获致性地位两种，指涉了随之而来的权利、义务以及社会生活方式。在社会地位中，自致性地位比先赋性地位能带来更频繁的社会流动[①]。社会地位的形成是社会分层的结果。

马克思·韦伯认为，社会分层是财富（property）、声望（prestige）与权力（power）三者互动的结果。不同于西方社会成熟的阶层模型，学者李强认为，阶层应该“是指利益分化已经完成、物质利益已经相对稳定的集团”，但当下的中国还没有形成比较稳定的社会阶层。因而，他建议采用利益群体范式来说明这些不稳定群体之间的利益关系。因为社会转型时期是利益关系调整最剧烈的时期，现实社会中的许多冲突，大多与利益关系调整有直接或间接的关系[②]。有学者更直接指出，现代社会冲突“总是提出要求的群体和得到

---

① 参考维基百科（wikipedia）词条“social status”，载维基百科 http：//en. wikipedia. org/wiki/Social_ status。

② 参考李强：“中国社会分层结构的新变化”，收入李培林等著《中国社会分层》，社会科学文献出版社 2004 年版。转引自孙立平：“中国社会结构的变迁及其分析模式的转换”，《南京社会科学》，2009 年第 5 期。

了满足的群体之间的一种冲突”。[①] 其思想基础在于社会群体对于自身利益要求的充分体认。

而在由社会地位引发的网络冲突当中，网络主体的阶层属性则更为模糊，更为不稳定。因而本书所指涉的网络社会阶层只是一个宽泛意义上的意见同盟，一个临时聚合起来的、整合度和认同感相对较低的、非稳定性的行动群体。值得注意的是，社会网络阶层的形成有着结构性的社会背景，但与社会学意义上的社会分层并非严格对应的；其行动大多受共同利益诉求的影响，但成员内部的分化仍十分明显；共同的意见主张，而非严格的社会身份，往往成为反对者联盟一方得以迅速聚合的主要因素；其冲突的焦点亦常常体现为社会群体之间的二元对立（或者说，是社会位置较低的阶层与社会位置较高的阶层之间的冲突），而非民众与抽象的国家权威、制度之间的冲突。

2. 网络阶层冲突的社会语境

（1）社会转型期的社会阶层

对于中国社会阶层的划分，学术界一般以改革开放为界，把中国社会的社会结构分为改革前与改革后两个时期。学者李强认为，改革前的社会分层是一种政治身份分层，即个人的阶层身份是由国家根据意识形态需求或政治控制需求来规定的。“国家以一系列政治制度、经济制度、劳动人事制度、分配制度等，从多个维度设定全部社会成员的身份”。[②] 身份成为各阶层人们社会地位最重要的外在特征。所谓身份，“是指生而有之的东西可以成为获得财富和地位的依据”。[③] 在这一时期，个人对于其阶层属性缺乏自主决定权，阶层之间的流动按照政治诱致性机制进行。

改革开放后，在社会分层上，过去那些以政治和制度性身份来处理关系的制度规范趋向弱化，许多身份性的因素受到了不同程度的削弱。尽管政治

---

① （英）拉尔夫·达仁道夫著，林荣远译：《现代社会冲突》，中国社会科学出版社 2003 年版。转引自孙正、赵颖：“网络背景下社会冲突与控制的几点思考”，《国家行政学院学报》，2005 年第 6 期。

② 李强：《转型时期中国社会分层》，辽宁教育出版社 2004 年版，第 52 页。转引自刘军：“阶层文化的冲突与整合”，复旦大学博士学位论文，2008 年。

③ 朱光磊：“从身份到契约——当代中国社会阶层分化的特征与性质”，《当代世界与社会主义》，1998 年第 1 期。转引自刘军：“阶层文化的冲突与整合”，复旦大学博士学位论文，2008 年。

身份仍然在社会分层中有着重要影响，但中国正加快向“契约社会”过渡，越来越多的人认同应当运用契约的方式进行社会交往，并据此保卫自己的合法权益。可以说，当代中国是身份型与契约型的分层系统同时并存的社会：社会人口中的一部分所占据的（社会）地位，其权力、特权和声望建立在身份系统的基础之上，而另外一部分所居之地位，其价值则由契约型分层系统所决定①。由于每个社会阶层均希望努力保护及增进自己的阶层利益，结果便是社会内部的冲突时有发生，典型的冲突便是以“社会契约论”为基础的公民权利对因“政治身份决定论”获益的官场特权阶层合法性的挑战，具体表现为近年来频繁出现的、社会公众对官员群体行为的质疑与激烈反应。

事实上，改革开放以后的中国社会阶层也经历了一次明显的转折。以20世纪90年代中期为分野，在此前后中国社会的阶层流动状况有着显著区别。社会学者孙立平指出，在20世纪80年代，经济增长一般会带来社会状况的自然改善，在社会分层上便表现为阶层之间流动的加剧；但到了90年代中期，尽管每年的GDP增长速度一直保持在7%以上，但在如此高速的经济增长之下，很多人在现实社会生活中感受不到明显的繁荣。可以说，经济的增长在很大程度上已经不能导致社会状况的自然改善，社会阶层之间的流动减少。以2000年为例，2000年是中国经济初步复苏的一年，经济增长的速度达到8%。但在这一年里，贫富差距大、就业难以及各种社会问题都没有得到明显的改善。在80年代及至90年代初期，只要很小的资本就可以进入一个经营领域。现在的大房地产开发商，有的当初借几万元钱就能进入房地产领域，而在今天已经完全没有这种可能。社会流动的门槛在急剧加高②。

在社会流动渐渐减少的今天，贫富分化严重的现实所导致的便是一种社会结构性紧张（structural strain）。李强认为，当下中国是“丁字型”的社会结构（准确而言应是“倒丁字型”结构），即底层民众数量异常庞大，上层和中层规模较小，底层与上层之间缺乏可作为缓冲的中间阶层。它使得社会各阶层的关系处于一种结构性的张力之中，使得阶层冲突有了重要的基础③。

① 刘军：“阶层文化的冲突与整合”，复旦大学博士学位论文，2008年。
② 孙立平：“中国社会演变的新趋势”，《廉政瞭望》，2007年第4期。
③ 李强：“‘丁字型’社会结构与“结构紧张”，《社会学研究》，2005年第2期。

（2）阶层冲突意识的形成

结构性紧张的现实并不必然导致社会阶层之间的冲突。不少研究均指出，社会公正感和社会冲突之间存在紧密的联系。人们的利益差别并不一定直接导致社会冲突的发生，更为重要的影响因素是人们对社会公正的认知。只有当贫富分化与“不公正”、“不合理”、“不公平”相关联的时候，才真正会激化社会矛盾。李强曾指出，在结构紧张的客观环境下，如果很多人或社会公众将贫富差别归因为“社会不公”而非合理的竞争结果，即“公正失衡”的民众心态盛行时，社会冲突将会频繁发生①。

这其中涉及的一个重要概念即“社会冲突意识”。社会冲突意识是指人们对社会冲突的感知程度。它和相对剥夺感、社会不公正感密切相连。研究表明，社会成员若认为各阶级阶层之间冲突比较激烈，则选择非理性化行为可能性亦较大②。

李培林主持的“当代中国人民内部矛盾研究”对客观阶层、主观阶层和行动阶层作出了区分③。

表 3.1　客观阶层、主观阶层和行动阶层之间的区别

阶级分类	简明定义	概念建构的目的
客观阶层	社会科学家通过研究，根据某些标准划分的阶级	分析社会阶级结构
主观阶层	社会行动者自己认同的阶级	分析阶级认同和阶级意识
行动阶层	个体通过群体行为表现出来的阶级	分析阶级成员一致行动能力

概括而言，结构性的社会紧张形塑了客观的社会阶层，客观社会分层又成为影响主观社会阶层形成的最主要因素。但实际上主观阶层意识并不一定与客观社会分层相一致，一位在客观分层上处于社会中上层的大学教授有可能认为自己处于社会中下层。不少研究都表明，当下中国民众对自身社会位置的自我评估，总体上低于其实际社会位置。譬如认为自己属于社会下层的民众比例要高于社会科学家根据调查数据所作出的评估比例。“在现代社会，

① 李强：“改革开放 30 年来中国社会分层结构的变迁”，《北京社会科学》，2008 年第 5 期。

② 李培林：《社会冲突和阶级意识》，社会科学文献出版社 2005 年版，第 107 页。转引自花勇：“转型期社会冲突的政治学分析”，安徽师范大学硕士学位论文，2007 年。

③ 李培林：《社会冲突和阶级意识》，社会科学文献出版社 2005 年版，第 45 页，略有修改。转引自花勇：《转型期社会冲突的政治学分析》，安徽师范大学硕士学位论文，2007 年。

人们不是因为实际上处于社会的底层而产生阶级阶层冲突意识，而是自己认为自己仍然处于社会的底层，其才滋生出了较强的阶级阶层冲突意识”。[①]

此外，预期与现实之间的鸿沟也加速了阶层冲突意识的形成：

不断增加的经济增长数字、频繁更新的经济发展目标，促使他们为未来生活勾画出一幅美好的图景。然而，一旦与现实体验相对照，他们发现许多颇为沉重的生活成本都在自己预料之外，高昂的房价、沉重的医疗压力、微薄的社会保障、痛苦的失业等等，这种梦想与现实的巨大落差，使许多人将自己归入了社会中下层。参照物决定了比较的结果，当多数城市公众将自己归为社会中下层的时候，他们内心的“相对剥夺感”正在迅速发酵[②]。

出于社会激励或是社会控制的需要，一直以来，政府都致力于灌输“社会在不断进步”、“当下的问题在未来必将得到解决”、“未来是中国的时代”等神话。它使得人们把目光从当下的“问题”转移到对未来“憧憬”上。这一方面暂时缓解了人们的某些不满，在某一时期内的确降低了社会冲突的可能性，然而当人们对于生活水平、社会状况的期望总是得不到满足时，结构紧张就会发生。而预期与现实之间的这种鸿沟势必导致心理上的挫折感。而近代社会心理学的研究已经证明，挫折感与相对剥夺感都是导致冲突发生的重要诱因。

（3）转型期的网络社会环境

尽管我国宪法规定，中华人民共和国的公民依法享有言论自由，享有结社、示威等等权利。但事实上，在物理空间中这些权利受到了相当严格的控制，意见的表达，如游行、静坐、请愿等表达冲突群体意愿和诉求的传统方式，往往需付出相当高昂的代价。而当下“和谐社会”的政治口号也把政治目标的重点放在“过程的和谐”，即消除或屏蔽冲突上，而非“结果的和谐”上，尤其是当物理空间的“和谐与否”由于地缘关系与政治管辖责任相关联之时。因此，在当下物理空间中，以群体冲突形式呈现于公众视野中的社会

---

① 李培林：《社会冲突和阶级意识》，社会科学文献出版社 2005 年版，第 118 页。转引自花勇：“转型期社会冲突的政治学分析”，安徽师范大学硕士学位论文，2007 年。

② 孙正：“当代中国社会冲突与政治调控问题研究”，东北师范大学博士学位论文，2007 年。

冲突并不多见。

学者李永刚曾指出，对于前互联网时代的普通公民而言，信息来源途径单一，政治参与渠道稀少，自由言说空间有限，个体的政治行为基本处于被压制的状态。但网络社会的群体表达却相对宽容得多，网络社会冲突可视为当下社会冲突新的主要的途径。以网络为传播媒介和公共平台的公民政治表达、虚拟社群的集结甚至有组织的政治抗议在迅速增加，成为一个将民众参与和事件放大的"虚拟广场"。"在互联网监管体系尚未完备的一段时期，中国网民在网络世界里已经部分实现了言论、结社、示威和新闻自由"。他将其总结为准言论自由、准结社自由、准新闻自由以及准示威自由①：

准言论自由：虽然整个系统和大多数网站都有自我过滤和自我监控的功能，但是由于互联网广袤无边，发言机会如水银泻地、无孔不入，监管体系防不胜防。而且由于监管的滞后反应，在某些信息被删除之前，言论可能已经通过各种渠道迅速复制传播，成为有影响力的公共话语。

准结社自由：实际上，从功能和组织形态来看，每个论坛和虚拟社区都可以视为规模不等、议题不同的网络社团，他们有自己的游戏规则、活动目标。这种社团组织的运行成本极其低廉，甚至在聊天软件上就可以集结，给传统监管方法带来了很大难度。

准示威自由：从2001年开始兴起的网络签名运动愈演愈烈。起初是民间异议人士针对特定事件指向政府的微弱抗争，后来成为大众表达民族情绪的重要渠道。无论其意图如何，形式上它已类似示威和抗议行动。

准新闻自由：网络的传播能量对部分商业化的媒体产生竞争压力。一旦传统媒体没有跟上网络热点，就可能遗漏重大新闻话题，影响营销业绩。这种局面的直接后果是，传统媒体中诞生了专门跟踪网络的编辑记者，"新闻把关人"偶尔也会扮演"添油加醋者"，不时"踩线犯规"。……而新闻网站为了提高点击率，一般允许在经过审查的新闻内容后面跟帖。可能一起不经意的地方事件，都会引发潮水般的发言。一旦民意放大，监管层将其控制在小范围内解决的如意算盘往往就会落空。

---

① 李永刚："'国家防火墙'——中国互联网内容监管的政治学分析"，南京大学博士学位论文。

尽管近年来我国的互联网监管有进一步收紧的趋势，“国家防火墙”、关键词过滤、论坛实名制、网评员制度、网络警察以及阶段性整治的网络“和谐运动”都表明，政府正在对互联网这个曾经被技术乌托邦者期盼为自由民主救赎之道的领域不断进行渗透性控制。但由于互联网相对低廉的表达成本，政府短期内不可能建立如同线下社会完善的监管体系，以及由于中国历史舆论环境所造成的对互联网舆论表达的特别倚重，都使得互联网必然成为中国民众意见表达最主要的窗口，同时也是各种社会阶层意见最频繁的接触之地，成为社会群体冲突最显著的承载场所。

3. 网络阶层冲突个案分析

近年来在网络上出现了许多由于社会地位冲突而引发的网络事件。

2006 年的“雅阁女事件”，是自称“高贵、有品位的白领”、“上等人”雅阁女，与被称为“下等人”的一般网民之间的冲突，其实质却是在贫富分化严重的社会背景之下，处于社会中上经济位置的阶层与社会中下甚至是下层民众之间的冲突，包括身份界定（月收入多少以下是下等人）、生活方式（上等人的生活品位如何）、群体地位排序（农民工等群体的社会位置如何）等方面的争论。

2008 年的“出国考察门”事件，以“魑魅魍魉 2009”为代表的相关网友是举报公务员出国团腐败行径的一方，而被举报的一方则是江西新余和浙江温州、台州等地相关出国考察团的公务员。“魑魅魍魉 2009”自称为一名普通的 IT 技术人员，被网友赋予了“草根英雄”的符号意义，而被批判的一方则基本上为正县级以上的地方领导。而由于考察团“地方高官”的社会身份上所沉淀的阶层冲突的色彩，大众对该事件作出了异常激烈的反应，使得该事件成为“草根阶层对抗官场腐败”的又一象征性事件。

2008 年的“周久耕事件”中，南京市江宁区房产局局长周久耕因发表了“开发商低成本销售将被处罚”的言论，在网络上引发了激烈的争议并遭到人肉搜索。但争议的焦点并不在于“房地产开发商能否低成本销售”这一话题本身，网民们纷纷把目光集中于局长周久耕“抽天价烟、戴名表、开名车”等高档消费的行为上，使之一时成为“奢侈官员”的典型形象，更有甚者，直指周久耕与房地产商官商间的权钱关系。可见，这一网络冲突已从最初的经济议题（事件最初所体现的冲突乃饱受高房价之苦的社会中下层与控制房地产市场一方的社会上层之间的矛盾），转移至无权的一般民众（the powerless）与同时掌握政治与经济特权的社会上层（“奢侈官员”）之间的冲突。在这场冲突当中，身份的差异扮演了主要的角色。

2009年的“罗彩霞事件”，表面上是公安局政委女儿王佳俊与被冒名顶替者罗彩霞之间的冲突，但该事件之所以会引起广泛的社会关注，关键却在于冒名顶替者“公安局政委女儿”的身份与受害人普通公民之间的身份矛盾张力。其背后所隐藏的意义，在于“特权阶层”与一般公众之间的利益冲突，是被符号化了的、处于社会阶梯上不同位置的两个阶层之间的冲突。

2009年的“邓玉娇事件”，案件本身冲突的双方乃宾馆女服务员邓玉娇以及巴东县野三关政府3名工作人员，但案件一经报道即刻引起了社会公众尤其是网民们的热烈关注，这起普通的刑事案件也成为下层民众（宾馆服务员）与社会特权阶级[1]（地方政府工作人员）之间的象征性事件，也正是事件本身被赋予的象征色彩才使得其意义超出了事件本身，受到如此广泛的关注与讨论。

2010年的“郭德纲弟子打记者”事件中，明显有过错的德云社，却因为有关部门的过度处置，反而赢得了民意的高度同情和片面力挺。十多年来，以互联网为代表的新兴话语体系，引发了草根阶层声张自我的欲求，也赋予了他们怀疑传统新闻的秉性。杜骏飞认为，网民的民意沸腾，是大众文化反抗精英文化、草根势力反抗庙堂势力的象征事件；最后，新闻界的舆论一律和权力部门的过度管制，呈现出来的是一个不完善的社会治理的典型案例[2]。

2010年的“我爸是李刚”事件，本是一件普通的校园车祸事件，但由于肇事者李启铭的一句“我爸是李刚”立刻引起了广大网民的高度关注，网民纷纷声讨傲慢无礼的“官二代”，网络上甚至还出现了以“我爸是李刚”为“模板”的造句大赛，类似“窗前明月光，我爸是李刚”等版本瞬间被数万网友转发。网民们费尽心思的口诛笔伐，其背后折射的是普通公众和“官二

---

① 事实上，县政府工作人员只是相对的特权阶级，在整个社会系统当中，他们并非真正的上层阶级，而只能算是社会中上层。

② 杜骏飞：“德云疑案谈话录”，载杜骏飞博客 http：//blog. sina. com. cn/s/blog_ 475b3b600100lbua. html。

代”为代表的权力阶层之间的冲突。

此外，以“宝马撞人案”为代表名车车主撞倒普通民众的一系列事件，各种网络事件不时地成为网民议论的中心议题（其背后的逻辑是：名车作为特殊利益群体的身份符号，影射的正是经济精英阶层，而鉴于中国权钱纠缠的一般社会惯例，名车影射的实际上还有政治精英阶层，即当下中国社会主要的特权阶层，而一般民众由于与特权阶层相对，均被呈现为下层民众受害者的形象）。在大量的此类型的网络冲突当中，身份总是作为最显著的一种因素成为网民立场重要的影响因素，譬如在某些事件冲突尚未明朗之际，网民们总是倾向于猜测被指控的一方来自社会权势阶层，另一方来自社会底层（很多时候会被刻意刻画为值得同情的社会受剥夺者的典型形象），并且身份这一元素在冲突中总是处于显著的位置——在各大新闻网站的新闻标题或论坛讨论帖的标题中被标注出来，如“杭州保时捷在爱心斑马线旁撞死 17 岁打工妹”、“官员女儿冒名上学”、“网帖曝干部亲属 13 岁入职 24 岁退休”，等等。互联网正在形成一套独立于官方之外的“在野的话语体系与行为方式”。[①] 主流政治话语往往退缩为纸媒体上的自说自话，而在互联网中，民众对宣传机器的说辞置若罔闻，甚至倾向于以抵抗式的解读方式理解官方话语所建构的“事实”。

“特别是我国弱势群体问题的严重之处在于：弱势群体的形成主要是通过制度性歧视（农民及农民工）、整体性淘汰（城市下岗职工）等一些集体排斥的方式，即落入弱势群体地位并非个人原因，主要是社会原因。”[②] 弱势群体普遍存在被剥夺感和社会不满情绪，极易导致冲突和对抗的发生。而当下中国问题的严重性更在于，不仅实际弱势阶层存在着这种不满和相对剥夺感，客观上并不处于属于弱势群体的许多社会成员均有处于社会底层的心理感受，使得事实上有着这种社会底层意识的群体数量十分庞大，这种强大的底层认同使得任何一个社会地位差异所标注的冲突事件都具备了成为“社会寓言”的可能，成为全民性的社会不满的爆发点，潜藏着极其巨大的能量。

---

① 李永刚：“‘国家防火墙’——中国互联网内容监管的政治学分析”，南京大学博士学位论文。

② 郑杭生：《社会学概论新修》，中国人民大学出版社 1994 年版，第 241 页。转引自孙正：“当代中国社会冲突与政治调控问题研究”，东北师范大学博士学位论文。

4. 网络阶层冲突的特征

(1) 冲突参与者的高流动性与不确定性

冲突主体是冲突研究的重心。冲突的主体作为社会群体，一般有着共同的境遇、比较紧密的经济联系，因而也具有共同的意识和归属感。因此，冲突主体与冲突的一般参加者是不同范畴的概念：冲突的参加者不一定在冲突对立的目的和任务上有清楚的概念，甚至可能是一些旁观者，他们偶然陷入冲突，冲突的解决与否，并不影响自身的根本利益[①]。孙立平在区分阶级与阶层时曾指出，阶级是某种程度的共同利益的承载者。而“层”很少有与结构性位置相联系的共同利益；阶级的内部是相对同质性的，即分化不能太大，且其内部要存在一定程度的整合和自我认同，即阶级意识。而“层”不必然涉及整合和认同的问题[②]。按照这个划分，则网络社会冲突的参与者可视作松散的社会阶层（或某些社会阶层的联合）。他们由于在某些问题上的相同态度，从而结成了松散的意见联盟，但与冲突主体不同，由于利益的直接相关性不高，他们一般并不会成为冲突的现实行动者。

传统的冲突理论关注的是冲突主体，认为对冲突主体的准确把握是确定冲突起因、寻求解决办法的先决条件。但在网络社会冲突中，冲突的参与者更值得关注。尤其当冲突涉及社会地位的差异时，冲突主体往往被符号化，甚至许多事后被证实为谣言的负面消息迅速在网上流传并成为网络热点话题，参与者们在冲突主体身上书写自己在线下生活中无法纾解的社会情绪，使得冲突呈现极端化趋向，冲突的能量也主要来自这些卷入程度不高然而数量却十分庞大的外围参与者们。事实上，也正是这些数量庞大的冲突参与者们所显示并被社会所感知的冲突事件背后的社会支持，才使得大量的网络冲突得以成为进入公共议程的“事件”。而形成这股社会性力量的参与者，由于数量巨大，卷入度低，每个人承担的风险和成本都很低，这也是在当下的社会语境之下社会支持得以凝聚的重要模式。

网络能够实现包括一对一、一对多以及多对多等多种模式的互动交流，

---

① 孙正：“当代中国社会冲突与政治调控问题研究”，东北师范大学博士学位论文，2007 年。

② 孙立平：“中国社会演变的新趋势”，《廉政瞭望》，2007 年第 4 期。

从而实现个体之间、个体与群体之间以及群体与群体之间的信息互动交流，而交流能够提高个体感受到的参与感与群体感，从而使得群体成员在分散的情况下也能保持一个共同目标。通过间接交往的形式，社会成员突破了物理时空的限制，从而实现冲突参与者在网络社会的聚合，为冲突主体提供社会支持。尤其是冲突的动员过程，一般是在网络世界中进行的。李永刚曾指出，“随着网络的普及，互联网聚合人群的能力在进一步提升。它可以按照不同的主题把人群细化，并通过多种多样的电子方式把某些‘志同道合’的公民链接在一起，然后又给他们提供相互之间情绪感染的快捷方式。借助论坛、聊天室、即时聊天工具、电子邮件以及后来才有的手机短信，任何一个引发关注的事件都能将散布在各地的家伙聚拢为‘意见同盟’。在既不上街也不碰面的孤单状态下，通过连线的沟通，构筑为‘想象的共同体’。”①这种“想象的共同体”，在网络冲突中具有明显的不稳定性。当某一网络冲突事件发生时，与事件无直接关系的网民作为外围参与者，以此为结点聚合起来，形成一个异质性较高的、松散的意见联盟。与相对稳定的现实社会阶级或阶层相比，他们身份的内部分化较明显，聚合或解散均十分迅速，具有高流动性以及不确定性。但由于人数众多，这些临时聚合起来的群体在网络事件当中起到了十分关键的作用。

（2）冲突事件的符号化

社会学家科塞把社会冲突分为现实性冲突和非现实性冲突。现实性冲突是指由于在相互关系中的某种要求得不到满足，在对其他参与者之所得作出估价后产生心理失衡而发生的冲突，或目的在于追求未实现之目标的冲突；而非现实性冲突是指基于冲突中的一方释放紧张情绪的需要而引发的冲突。现实冲突与非现实冲突在取向与发展趋势上有所不同：在现实性冲突中，冲突方有着特定的目标，冲突行动本身只是达到目的的手段而非目的。而在非现实性冲突中，冲突一方没有特定的目标和利益要求，他们在冲突中追求情绪的释放，因而其所选择的冲突对象具有偶然性及多变性；此外，在现实性冲突中，冲突方达到或部分达到特定目标和利益要求，冲突就会停止。而在

---

① 李永刚：“国家防火墙——中国互联网内容监管的政治学分析”，南京大学博士学位论文。

非现实性冲突中，情绪宣泄具有不确定性①。

因阶层差异引发的网络冲突体现了明显的非现实冲突的特点。前文已经提到，当网络冲突指涉社会地位的差异时，冲突主体往往被符号化。在这种类型的网络冲突当中，冲突主体所处的社会位置往往作为最显著的一种因素，成为网民立场重要的影响因素；在某些事件冲突尚未明朗之际，网民们总是倾向于猜测被指控的一方来自社会权势阶层，另一方来自社会底层（很多时候被刻意刻画为值得同情的社会受剥夺者的典型形象，附会属性大于固有属性）；而许多事后被证实为谣言的消息，往往能够在网上迅速流传并成为网络热点话题，参与者们在冲突主体身上书写自己在线下生活中无法纾解的社会情绪，从而使得冲突呈现极端化趋向。换言之，对于事件本身，冲突参与者们其实并没有十分明确的解决目标和利益要求，释放紧张情绪成为其卷入冲突的主要原因，参与冲突的过程甚至比冲突事件的结果本身对其更有意义，或者说参与冲突本身就是这些外围参与者的目的。而由于其冲突对象具有偶然性和多变性，哪些事件会被选择而成为新的冲突焦点并不确定。冲突参与者集体的情绪，而非冲突事件本身的性质，成为决定事态发展的更重要的因素。在此过程中，冲突主体以及冲突事件往往被符号化，被赋予了许多的象征意味，表达的意义大于实践意义；参与者们更关注的是事件的类型而非事件的特殊属性，是代表性的现象而非具有丰富细节的事件成为冲突的中心。事件本身只是载体而非真正的矛盾焦点，在不同的载体之上，网民们书写着相似的社会情绪，典型的如社会底层对抗权势阶层的表达性冲突。

（3）体现两种价值逻辑的冲突——契约论 vs 身份论

前文已指出，在当下中国社会，过去那些以政治和制度性身份来处理关系的制度规范趋向弱化，中国正加快向“契约社会”过渡，越来越多的人认同应当运用契约的方式进行社会交往，并据此保卫自己的合法权益。可以说，当代中国是身份型与契约型的分层系统同时并存的社会。以“社会契约论”为基础的公民权利对因“政治身份决定论”获益的官场特权阶层合法性的挑战，成为网络群体冲突的典型模式，具体表现为近年来频繁出现的、社会公

---

① 毛洪昆：“浅析科塞的社会冲突理论”，《天水行政学院学报》，2008 年第 4 期。

众对官员群体行为的质疑与激烈反应。如网易论坛上一篇关于"史上最牛云梯用法"的帖子受到了广泛的关注，短短1天时间便有超过5万网友浏览。发帖人称，在浙江省台州高档小区拍到一辆消防云梯在给一户人家搞装修。消防云梯应当用作公共消防事务，用作私人装修乃僭越职权滥用公共资源之举，这是与"社会契约论"的价值逻辑相一致的。而能调用云梯为自家房屋装修的必定是占有相当权力资源的权势阶层，在"政治身份决定论"的价值体系之下，按照政治至上的"官本位"逻辑，资源并没有私人与公共之分，只有是否为强势政治阶层所需之别，权力身份成为其合法化的理由。在身份型与契约型的分层系统同时并存的环境之下，两者价值逻辑之间的差异，使得社会冲突频繁发生。

社会分化意味着利益调整中"抢滩"性冲突。分化过程中地位空间（争取新的社会地位的可能性）呈扩展态势，也会引起地位压力增强、地位归属一致等连锁现象，从而激化了社会竞争的程度①。

在当代中国社会阶层分化的过程中，许多身份性的因素受到了不同程度的削弱。现在，产业工人、官员、知识分子等原先占有较大既得利益的阶层，对身份的依赖已大大减少，农民则是突破了身份的束缚迈向了广阔的市场，个体劳动者、私营企业主及从业人员等更是在既没有身份优势、又没有身份束缚的起点上开始了其发展历程。中国正加快向"契约社会"过渡，越来越多的人认识到，以才华和成就为基础，通过社会选择去缔造服务社会和发展自我的机会，才是牢靠的和光彩的；越来越多的人在学习运用契约的方式与外界打交道，并据此保卫自己的合法权益②。

社会人口中的一部分所占据的（社会）地位，其权力、特权和声望建立在身份系统的基础之上，而另外一部分所居之地位，其价值则由契约型分层系统所决定③。由于每个社会阶层均希望努力保护及增进自己的阶层利益，社

---

① 李琼："冲突的构成及其边界——以湖南省S县某事件研究为中心"，上海大学博士学位论文，2005年。

② 朱光磊："从身份到契约——当代中国社会阶层分化的特征与性质"，《当代世界与社会主义》，1998年第1期。转引自刘军："阶层文化的冲突与整合"，复旦大学博士学位论文，2008年。

③ 刘军："阶层文化的冲突与整合"，复旦大学博士学位论文，2008年。

会内部的冲突时有发生，特别是处于社会转型期充满变动的时刻，阶层冲突将更为频繁。而在社会阶层冲突的过程中，不同的价值逻辑赋予了不同阶层的群体以行为的合法性。在当下中国社会，主要体现为以“社会契约论”对“政治身份决定论”合法性的挑战。

（4）扁平化的组织与权力结构

在网络社会中，传统的自上至下的等级化的组织模式让位于自下至上的网络化组织模式。其特点是：第一，由通过分散的网络链接起来的活动中心组成。各个活动中心结点在规模上可大可小，可以是严密的也可以是松散的。第二，组织结构扁平化。一般没有固定的中心领导人，成员以网络的方式交流协调和进行活动，决策也往往是分散作出的，并依靠磋商模式达成一致①。与现实社会垂直型的社会网络相比，网络社会这种相对扁平的网络结构缩短了各社会阶层之间的权力距离，使得在现实社会因社会地位悬殊鲜少接触的各社会阶层得以实现一种“越界式”的接触。

学者李强曾指出，目前中国社会丁字型结构造成社会群体之间需求差异太大，社会交换难以进行，中产阶级体面生活所需要的基本设施，在丁字型结构的下层群体看来都是奢侈的和可以利用来谋生的途径②。学者周晓虹也认为，当下中国贫富分化的现实使得中产阶级成为社会不公或社会失范的“替罪羊”③。

中产阶级，是一个直接和社会底层接触的群体，比如说律师、医生、公务员等等职业的人，底层的人要打官司、要看病、要进衙门办事，他们接触了这些人，如果一个律师打官司获益5万，或者一个医生收了3000块钱的红包，那么在草根阶层看来，这些都是直接造成他们对中产阶层不满、抱怨的原因，这些显然要比富豪一个商业行为赚几百万几千万更加容易被草根所觉察，而真正的精英寡头化的现象，草根未必能够迅速了解，从这个意义上讲，中产阶层是仇富心理的替罪羔羊。……从早几年就出现的对机关公务人员的不满，到近

---

① 孙正，赵颖：“网络背景下社会冲突与控制的几点思考”，《国家行政学院学报》，2005年第6期。

② 李强：“‘丁字型’社会结构与‘结构紧张’”，《社会学研究》，2005年第2期。

③ 彭晓芸：“南大教授：贫富分化伤害中国中产阶级”（2007年1月12日），载网易新闻中心 http：//news.163.com/07/0112/12/34KTT54Q00011SM9.html。

年来包括对医生、法官、律师甚至教师在内的专业人士或标准的中产阶级的诟病来看，社会结构失衡、群体对立等这些担忧不是一种凭空的臆想。

然而，在网络社会中，社会阶层之间的层际隔阂有明显的削弱趋势。网络社会突破了物理空间的限制，而社会下层与社会上层精英寡头之间的冲突因其冲突的显著性，更容易成为关注焦点，从而使得因为现实层际隔阂而被遮蔽的层际冲突被迅速放大，其结果是暴露于公众视野中的社会下层与社会上层的冲突频率远大于线下社会，现实中对中产阶级的怨恨，在网络上更容易转移至社会上层阶级。而从各网络冲突事件中，“高官”、“富商”等阶层频繁成为冲突对象（或者是假想冲突对象）可以看出，网络冲突已不再集中于底层民众对中产阶级的不满，而是渐渐地转变为包括社会下层与中层在内的松散联盟对社会精英寡头的冲突与前者并行的状态。

（5）公众议题的单一指向 ——全能的政府

网络冲突事件大多最终指向政府，或指向体制责任，即使政府并不实际卷入具体的冲突事件当中。不难想见，除了因为冲突事件所固有的政治属性以外，这种把冲突引向政府的取向同时也具有行动策略上的意义：“各阶层为实现或维护自己的利益需求，尽其所能地把自己面临的问题转变为政府关注的问题，这样，才可以获得比其他方式更有影响力、更有效果的‘力量’。”①此外，在政治仍扮演着极其重要角色的当下中国社会，把社会议题变成政治公共议题，显然也是最能迅速引发广泛关注，以获得社会支持的有效手段。

而抛却策略层面的考量不计，网络冲突事件的政府导向有着深厚的社会历史背景②。

自古以来，中国社会运行的一直是中央集权权力体制，这使得解决社会问题的权力主体一般为政府。可以说，政府被历史性地赋予了冲突解决者的角色，而不是西方政治传统中的公共管理者角色。在中国的政治发展史中，政府一直凌驾于其他群体、个人之上，完全控制着任何群体和个人，并严格限制社团性团体的建立，减少了社会调节机构的数量，弱化了社会调节功能。这一方面导致政府主动承担本应由社会来解决的任务；另一方面，社会成员

①② 花勇：“转型期社会冲突的政治学分析”，安徽师范大学硕士学位论文，2007年。

因为可以表达的机构数量极少，能拥有的“力量”更少，于是被迫向政府表达。此外，中国传统的政治文化——王权主义高扬政府权力的绝对至上性，压抑了公民个体的自主性和独立性，致使公民在面临问题时，不是取向自身或自身所属的团体，而是转向外在的力量、外在的权力来解决，这种权力一般由政府提供。而长期的意识形态宣传，也一直在充分宣扬国家的能力和效力——在政治宣传工作中，总是将政府包装成全能的职业者，职能遍及人们社会生活的各个层次和各个领域。国家的超级巨无霸形象，也使人们对国家的能量产生信仰和崇拜心理。于是在冲突出现的时候，自然的心理暗示使社会成员极力想借助神圣全能的国家力量来解决。

在全能政府的历史传统之下，政府承受着相当大的缓解社会冲突的压力。甚至在许多政府并非作为冲突主体的事件当中，责任的承担仍是指向政府，指向体制。在结构性紧张的社会环境之下，全能的政府被卷入了大多数的社会阶层冲突当中，义不容辞地承担起冲突主要调解者的角色。而一旦冲突不能得到圆满解决，冲突阶层往往将责任归咎于政府的解决不力，尤其是当下相当多的社会冲突均根源于社会性问题的时候。

5. 结语：地位型网络冲突与政府危机应对

目前我国网络社会中的地位型冲突多是低度冲突。事实上，社会冲突并不总是会对社会系统造成伤害：社会冲突有可能使矛盾激化，但也有可能使矛盾得到解决或缓解。齐美尔就认为，在冲突过程中，人们之间的敌对情绪得到宣泄，反面的观点得以表达出来，这使敌对情绪者得到心理上的安慰，不至于使冲突上升到无法化解或尖锐程度，这就是科塞所说的“安全阀”机制①。尤其在低度冲突这种不伤害社会根本秩序的情况下，社会冲突的“安全阀”功能更为显著。因而，对于目前我国网络社会存在的大多数冲突而言，大可视作民意表达的一种特殊的方式，视作舆情监测的风向标，并且是一种低成本的舆情监测手段，因为在冲突过程中，冲突双方之间必定存在某些信息交换的渠道，即“反馈”机制，而这种“反馈”对于政府的社会管理职能而言，是

---

① 齐美尔著，林荣远译：《社会学关于社会化形式的研究》，华夏出版社，第 178 ~ 243 页。转引自李琼：“冲突的构成及其边界——以湖南省 S 县某事件研究为中心”，上海大学博士学位论文，2005 年。

非常重要的信息。

按照对政策模型的分类，中国现行的政策制定过程属于较典型的内在提出模型，国内有学者称之为“内输入”机制。内输入模型的突出特点表现为社会阶层的利益表达和利益综合主要是由政治系统内的政治领袖、政府官员等政治结构来执行，而不是由社会结构力量来担当。政治系统若想保持平衡，运行良好，必须要能适应外在环境提出的要求和支持。这些要求和支持被输入进政治系统。系统制造出政治输出，生产出政治产品，作用于外部环境，形成下一轮的政治输入，即政治要求和支持。如此循环往复，系统维持着动态平衡，保有着生命力①。目前我国的情况是，输入的要求直接来自政治角色本身，即使是大众传媒的表达也大多是体制内表达，且这些要求并非产生于在社会非政治领域中担任角色的人们的经验，而来自政治系统内部。这样的政策制定显然不利于整个社会系统的健康发展。而大量的低度社会冲突的“反馈”功能，正好可以部分地充当政治系统外部输入的角色。目前我国社会的利益表达渠道少、制度化程度低、表达效果差、表达成本高，在缺少维护本阶层利益的有效手段的情况下，在长期政治生活中形成的不满情绪、相对剥夺感、不公正感等社会冲突意识倘若没有适当的宣泄渠道，民众基于“自力救济”的意识，很容易引发高烈度的社会冲突。

冲突学派就认为，在一个社会系统中，社会冲突越频繁，其激烈程度越低，其越有可能增强系统各单位的革新精神，从而缓解各单位之间彼此的敌意。对社会整体来说，冲突可以促进社会的整合水平和适应外部环境的能力提高②。

冲突在一定的社会规范下进行并重塑这种规范。……也就是说，冲突还扮演着激发器的角色，它激发了新规范、规则和制度的建立，从而充当了促使敌对双方社会化的代理人。

冲突建立并保持一种平衡机制，促进社会结构的整合和完善。一方面，平衡要建立在双方力量的对比并对其对比的认可之上，对力量对比的估计是

---

① 戴维·伊斯顿著，王浦劬译：《政治生活的系统分析》，华夏出版社1999年版，第59页。转引自花勇：“转型期社会冲突的政治学分析”，安徽师范大学硕士学位论文，2007年。

② 孙正：“当代中国社会冲突与政治调控问题研究”，东北师范大学博士学位论文，2007年。

比较困难的，而冲突恰恰为双方力量的展示和相互估价提供了一个良好的平台。在冲突中，双方互相确认自己的位置并维持这种位置的动态平衡。另一方面，科塞认为，通过社会冲突可以把冲突各方面所具有的对立情绪宣泄出去，从而进一步维护已经形成的交往关系。……他认为，一个富有弹性、允许社会冲突存在并将其制度化的社会结构，就会将冲突（对立、分歧和敌意等情绪）分布到社会结构的各个方面，这种冲突就会对社会结构产生积极的作用，即促进社会的整合和社会结构的完善。

在大量低度冲突存在的时期，政府可根据这些冲突的性质、规模、范围、内容等更有针对性地提出战略、目标和任务，公众亦可在这种低度冲突中遵循并重塑一定的公共规范，从而有利于改善社会结构，促进社会公平，保障社会正常、有序、健康发展。在经常和不断的低度冲突中，冲突方的敌对情绪能够缓慢但持续地得到释放；倘若利益诉求得到表达和重视，就不会积累起来在某个时候突然爆发剧烈的冲突，以致危及整个社会系统的总体结构和稳定，因而从根本上有利于社会和谐①。从长远来看，“将加速初级民主（粗糙民主、无序民主）向高级民主（温和民主、程序民主）的转变；将加速各级政府职能的到位化、高效化，提高各级政府人员的责任意识、危机意识和使命意识。”② 它能够暴露各级政府职能的薄弱环节，这就使政府职能的改革有了较强的针对性和较高的有效性。

网络社会冲突有其正效应，但这并不代表政府在此过程中可以听之任之，无所作为。前文已经指出，大多数的网络社会冲突议题最后都指向政府，政府承受着相当大的缓解社会冲突的压力。而一旦冲突不能得到圆满解决，冲突阶层往往将责任归咎于政府的解决不力，尤其是当下相当多的社会冲突均根源于社会性问题的时候。

一般认为，沟通、意见表达的渠道不畅是网络阶层冲突频发的根本原因。在这方面，国外偏重于疏导内部机制，在现行体制下扩大民意表达的渠道，将阶层冲突置于法制框架之内，如此可起到社会减压阀的作用。这点与社会

---

① 毛洪昆：“浅析科塞的社会冲突理论”，《天水行政学院学报》，2008 年第 4 期。

② 李永宠等：“关于群体性事件的理性思考”，《晋阳学刊》，2004 年第 1 期。转引自李琼：“冲突的构成及其边界——以湖南省 S 县某事件研究为中心”，上海大学博士学位论文，2005 年。

阶层冲突的正功能并不矛盾：疏导并不拒绝冲突意见的表达，它强调的是在冲突已经发生的情况下，政府的处理方式。此外，在社会转型期阶层利益冲突频繁的背景之下，为缓解数量庞大的利益需求同时挤入政治系统所造成的压力，发展非官方背景的社会组织也是非常有必要的。这也正是“多元化纠纷解决机制”① 所主张的：多元化纠纷解决机制认为，应为社会及其成员的自治、自律和传统保留更多的空间，避免以统一的国家权力过多地限制和削弱其他社会规范和自治的使用。它不仅正面支持非正式的或传统的冲突解决方式有其存在的合理性和价值，而且主张扩大现代社会自治和自律的空间，以克服法治的局限性，同时也肯定法以外的社会规范应成为多元化社会中社会调整的主要依据。换言之，政府应当着力培育一种富有弹性的社会结构，一种有助于社会冲突整合的社会结构：它的社会分化程度高，中间组织、民间组织发育也比较成熟；它有利于社会冲突在一个较大的空间迂回，不至于伤害社会的内核。

在我国漫长的社会历史发展过程中，政治系统一直都占据着压倒性地位。其结果是公民宁信权而不信法，宁愿选择法律之外的非制度手段去参与政治。于是现代中国社会阶层之间关系的主要协调力量，依然来源于国家的政策配置。而国家解决阶层之间冲突的主要手段，就是通过社会政策和制度变革以及有效配置，使那些在生存竞争中处于不利地位的阶层能够求得自己的存在与发展空间。因此，政府应该时刻洞察各个阶层的政策诉求，以便能妥善处理不同阶层之间的关系，实现和谐发展②。

最后，在网络阶层冲突的过程当中，政府还要注意政府形象的建构。学者刘小燕认为，“政府形象的概念既包含政府的本体状态和客观实在，又包含社会公众对政府的认知和评价。也就是说，政府本体状态与公众的认知、评价是一个问题（政府形象）的两个方面。”在该问题上，研究者认为关键在于政府形象的传播过程，认为政府形象的传播往往由三个部分构成：一是政府行为，认为政府行政过程本身就是一个政府形象传播的过程（行为），这是政

---

① 李琼：“冲突的构成及其边界——以湖南省S县某事件研究为中心”，上海大学博士学位论文，2005年。

② 刘军：“阶层文化的冲突与整合”，复旦大学博士学位论文，2008年。

府形象传播本质的第一种表现形态（方式）；二是传播媒介对政府行为的解释和扩散，这既包括了人际传播、大众传播对政府行为的解释，也包括了政府智囊团、公关部门对政府机构的形象设计与形象塑造，并将这种设计结果通过传播媒介展示给公众；三是政府行为和对政府解释的同时并举①。据此可认为，要塑造良好的政府形象首先须有相应的良好的政府行为。而如何达成良好的政府行为，前文已提出，此处不多赘言。另一方面，应当力图达成对政府行为的良好解释与传播。尤其在社会公众对政府行为信任度较低、甚至是趋向于对政府行为作抵抗性解读的情况下，政府更要主动营造良善政府的形象，为社会公众提供可正面理解政府行为的信息与线索，以期达成积极的认知和评价。事实上，政府形象传播的指向虽然是社会公众，但其本质仍然是处理民意，亦即了解民意的实质，判断、预测民意的走向和后果，为政府施政创造有利的民意环境，扭转不利的民意环境。

三、网络群体性事件：公共资源分配之争

1. 引论："分配正义"

三千年前，希腊的勇士们为了夺回他们最美丽的皇后，潜藏在木马之中，被敬畏神明的特洛伊市民们拉进了城内。夜幕降临，一场血腥的屠杀悄然发生，特洛伊遭到了毁灭性的洗劫。虽然勇士们的风采在战争的杀戮中愈加耀眼，但这场战争仍然是人类历史上灾难性的一页。

每一个哲学家在讲述这个古老传说的时候，总会问这样一个问题，作为特洛伊战争的源起，金苹果应该给谁？

故事应当回溯到珀琉斯与海洋女神忒提斯的婚礼。婚礼在众神居住的奥林匹斯山上举行，幸福的新人本该得到最真挚与美好的祝福。不料，不

① 刘小燕："政府形象传播的本质内涵"，《国际新闻界》，2003 年第 6 期。转引自张宁："中国转型时期政府形象的媒介再现"，复旦大学博士学位论文，2007 年。

和女神厄里斯的到来打破了宴会上欢乐的气氛。厄里斯是唯一未得到邀请的女神，她强忍下心头的怒火，面对尴尬的众神，拿出了自己的礼物，“这个金苹果，送给最美丽的女神”。然后，她冷笑着离开，心里早有盘算，即使是众神，也免不了为这个金苹果展开争夺。果然，经过一番激烈的争论之后，还是没有达成一致，只是将金苹果的归属锁定在三位女神身上，她们分别是权力和正义之神赫拉、智慧女神雅典娜、美与爱之神阿佛洛狄忒。众神之王宙斯决定将此交由牧羊人帕里斯来裁决，因为他一向诚实公正。为了从帕里斯手中取得金苹果，三位女神纷纷对他作出承诺。赫拉许之以世界上最大的权力，统治世界上最富有的国家；雅典娜可以使他成为人类中最有智慧的人；阿佛洛狄忒则要将世界上最美丽的女人送给他做新娘。最后，帕里斯将手中的金苹果交给了阿弗洛狄忒，并接受了她的祝福，但同时也受到了赫拉和雅典娜的诅咒。几年之后，帕里斯恢复了特洛伊王子的地位。在希腊，他如愿遇到了美丽的海伦，并把她偷偷地带回到特洛伊。于是，特洛伊之战由此引发。

人类自脱离自然状态开始就从未停止对“金苹果应该给谁”的思考，它隐含着资源分配的正义性问题。谁应该持有或享用某种资源？这在现实生活中是再平常不过的选择，每个人都会从自己的经验体系中获得固有的裁决方式，人们对这种经验性的资源分配非常熟悉，以至于经常将其简单化甚至忽略它的存在。若我们将这个问题置于宏观和中观的社会层面，资源的分配正义将直接关系到国家的存在、政权的合法性以及民众的行为。

围绕着金苹果之争，可以尝试着问这样几个问题：为什么帕里斯会被选为裁决者（资源分配的主体）？一个金苹果意味着什么（资源分配的客体）？帕里斯为什么选择阿弗洛狄忒（资源分配的标准）？赫拉、雅典娜和阿弗洛狄忒三女神为什么会为了金苹果展开争夺（资源分配的受体）？西方自古希腊哲学开始对“分配正义”进行探讨，思想的累积逐渐衍生出枝蔓绵长的几大传统：自由主义、契约论、道义论、建构主义、理性主义、实用主义和分析哲学。在中国的学术界，“资源的分配正义”似乎仅仅是一个刚起步的论题，然而现实却显得极为紧迫，众多的社会矛盾和冲突都与“资源分配的不正义”相关。资源的占有产生权力，资源的运用产生利益，各方群体对权力和利益的争夺是人类发展的永恒命题。

2. 公共资源：关于正义的诉求

（1）何为公共资源

至今，在理论和立法上对公共资源的概念界定都显得含混不清，一方面是缺乏对公共资源内涵的经典概括，另一方面是对其外延和属性的分类不统一。很多论著或法律法规在对公共资源及其属性进行论述时，总会绕过概念性的分析，这有种在潜意识里视“公共资源”为约定俗成的概念倾向，容易忽视其中的复杂性。

①公共资源与自然资源。

人类社会的发展离不开对自然资源的开发和利用，自然资源的存在状态需要一种主观上的所属权认定，从西方哲学发展而来的平等与自由观，赋予了自然资源以公共性，由此开展了政治实践并逐步为东方国家所接受。中国的宪法第九条亦规定，矿藏、水流、森林、山岭、草原、荒地、滩涂等自然资源的所有权皆属全体人民。因此，将自然资源列入公共资源的概念范畴毫无争议。有学者提出“公共资源即自然资源”的观点。

> 公共资源是指自然生成或自然存在的资源，它能为人类提供生存、发展、享受的自然物质与自然条件，这些资源的所有权由全体社会成员共同享有，是人类社会经济发展共同所有的基础条件。……在国内，公共资源一般是指具有公共产品性质的自然资源①。

这种观点认为公共资源的外延主要包括空气资源、水资源、土地资源、环境资源等。其立论主要依据E·奥斯特罗姆对公共资源属性的归纳做排除法②，将具有非竞争性的公共设施以及排他性的公共权力等这类资源排除在公共资源的范畴之外，而划入公共物品的概念中。这样的划分多有理论取巧之嫌。

---

① 韩方彦：“公共资源的经济属性分析”，《理论月刊》，2009年第3期。

② E·奥斯特罗姆认为，公共事物既具有使用或消费上的公用性，又具有占有意义上的非排他性，同时又具有使用上的竞争性，为任一群体成员所使用就会妨碍其他用户来使用一定量的该项物品。E·奥斯特罗姆：《公共事物的治理之道》，上海三联书店2000年版。

②公共资源与公共物品。

公共物品是一个有着清晰概念的经济学名词，它是指与私人物品相对的，不具备消费的竞争性的商品。它既包括不具备排他性，即无法排除一些人“不支付便消费”的纯公共物品，如国防、法制、环境保护、警察；又包括与之相反的非纯公共物品，如道路和广播电视①。从目前有关公共资源的类型化分析看，公共资源与公共物品的范畴亦有重叠。

在所列举的公共资源中，既包括作为物的人工资源如市政设施、航线航道，也包括对物进行利用的机会资源如出租车营运许可，两类资源混在一起……公共资源包括自然资源和人文资源，前者如空气、土地、山脉、河流、森林、草原、矿藏等，后者如铁路、道路、港口、机场、车站、仓库、水库等②。

上述观点是现有行政许可的诸多论著中的总体呈现，这实际上是从我国公权力介入领域的现状出发所做出的理论再解释，而未考虑是否公权力介入分配的资源领域就能等同于公共资源领域这一问题，也就是说，这种分类法将本应作为公权力约束机制的法理界定倒置为公权力行使对法理界定的约束。借助于公共物品的经济属性分析，可以对公共资源作进一步细分，二者会出现一定程度的重叠，但要避免全盘接受或概念泛化。

③何为公共资源。

基于以上的简单分析，可以尝试作出如下定义：公共资源是指自然生成或自然存在的既有资源，也指由绝大多数社会成员共同创造的社会资源。这些资源为人类的生存和发展提供物质、文化条件，其所有权归全体社会成员所有，能够产生社会公共效益。在外延上，公共资源包括自然资源和具有公共性质的社会资源，如公共设施（教科文卫）、公共资本（财产）、公共政策、公共服务、公共无形资产。公共资源的属性包括：共有性、稀缺性、非

① 高鸿业主编：《西方经济学》第二版，中国人民大学出版社2001年版，第430页。
② 赵娟：“出租车经营权的法学思考”，广西大学硕士学位论文，2008年。

排他性和外部性①。

（2）公共资源之痛

中国有公共资源吗？有学者撰文发出这样的慨叹，“在传统体制下的中国，由于众所周知的原因，可以说几乎没有公共资源和私人资源的界分，除了很小一块私人资源外，都是国家资源、行政资源。与此相适应，也就没有明确的公共物品和私人物品之分。这是中国不同于其他许多现代国家的特殊之处。因此，就像作为转型经济的中国，新体制要从传统体制内部或旁边长出来一样，公共资源也要从大一统的国家资源、行政资源中分离和生长出来。”②

事实上，这样的问题本身就具有一定的理想性，在提问有无公共资源之前，还有几个很重要的问题要问：其一，强调公共资源社会共有的前提是个体私权利的充分存在，中国的个体私权利状况如何；其二，作为一种从西方舶来的词汇，公共资源的存在需要的是一个“为所有公民提供生存、稳定以及经济和社会的福利”③ 的西方式民主国家及政府，这在中国是否存在。若将这两个问题组合起来，即需要探讨中国的公权力与私权利两者的关系。

首先，中国传统文化中个体私权利和公权力的缺位。一方面不存在个体自由主义之上的私权利，另一方面也不存在社会契约授权产生的公权力。在传统意义上，国家这一概念是完全不同于西方意义上维护和实现社会公共利益的国家概念，梁启超先生曾经指出，与西洋建立于阶级社会基础上的国家相比，中国实在不像是一个国家。历代政治皆以“不扰民”为其最大的信条，以“政简刑清”为其最高理想，中国人的国家观念亦部分由这些事实产生④。然而，这种“清静无为”的国家也完全不同于西方无政府主义者所提倡的“国家的最小化”，因为后者主张最小化国家的对立面是公民社会化，可传统

① 外部性一词也称“外部经济”、“外部效应”。指的是个人从其生活或消费活动中得到的私人利益小于该活动所带来的社会利益；而外部不经济指的是个人的生活或消费活动会给社会上其他成员带来危害，但他自己并不为此支付足够抵偿这种危害的成本。我国公共资源的现状存在着大量的外部不经济现象。见高鸿业主编：《西方经济学》第二版，中国人民大学出版社 2001 年版，第 423 页。

② 陈宪：“中国有公共资源吗”，《探索与争鸣》，2007 年第 10 期。

③ （美）迈克尔·罗斯金等著，林震等译：《政治科学》第六版，华夏出版社 2001 年版，第 39 页。

④ 梁漱溟：《中国文化要义》，上海学林出版社 1987 年版，第 162～188 页。

中国却一直是一个国家与社会相浑融的。在传统的政治逻辑里，有一个逐渐上升的层次，即个人—家—国—天下，正所谓“修身齐家治国平天下”。其一，在这个同心圆的逻辑层次里，个人是一个被消解的存在，如英国法学家梅因所说，在以前，“人”的一切关系都是被概括在“家族”关系中的。其二，相较而言，家国观念却被混合在了一起，在家国不分的传统里，孝道便成了治国的最高原则，教化则是地方官的基本职责①。这在当代的政治中仍能从政府的“父爱主义”中得到体现。其三，“国家”与“天下”的不同构，对此，梁启超先生总结到：“中国人自有文化以来，从未以国家为人类最高团体，其政治言论常言天下，而国家不过与家族同为组成天下之一阶段，故其向外对抗之观念甚为薄弱，向内团结亦不大感觉必要。这种‘反国家主义’或‘超国家主义’的政治论深入人心，于政治实况影响深远。”②

其次，中国现当代公权力与私权利的力量失衡。从计划经济到市场经济转型，实际上正是国家权力一步步让利于私权利的过程。在计划经济时代，国家权力在城市与国有产权同构，在农村与集体产权同构，从而完全架空了社会公共利益，并覆盖了个体私权利。20 世纪 80 年代初，安徽小岗村几个普通农民分田到户之举正是国家权力过度入侵所引发的个体私权利的反抗，改革从农村开始，在城市迅速推进，国家权力对国有企业放权让利，将私营经济的管制放开，将土地的经营权长久性地交与农民个体。这种渐进式改革使得国家从过去那种垄断性的权力结构中逐步退出，尽管如此，相较于强大的公权力，私权利的力量仍然显得极为薄弱。上述改革在本质上是政府推动型的改革，这使得公权力与私权利的关系趋于紧张。“在法治国家的语境下，公权力对私权利的限制或者剥夺的依据是十分有限的（所谓‘风能进、雨能进，国王不能进’就是对这种境况的一种描述），公共利益作为一种具有道义的正当性和法律上的正义性的利益约束，其模糊性往往易为公权力者所利用。”③政府借“公共资源”之名与民争利的现象时有发生，河南省人大常委会一位

① 参见肖顺武：“公共利益研究——一种分析范式及其在土地征收中的运用”，西南政法大学博士学位论文，2008 年。

② 梁启超：《梁启超哲学思想论文选》，北京大学出版社 1984 年版，第 400 页。

③ 肖顺武：“公共利益研究——一种分析范式及其在土地征收中的运用”，西南政法大学博士学位论文，2008 年。

法学专家曾经这样说，“把市场资源作为‘公共资源’，以计划的方式控制，再以市场的手段抛售、拍卖，这种做法是一些地方政府的惯用手法，还美其名曰‘公平竞争’，实质上却是与民争利甚至直接剥夺低层民众的工作和生活权利。法律没有明令授予政府相关的权力，政府就没有这个权力将公共资源占为己有；即使法律授权其支配公共权力，也只是准其行使代管的职责。有关部门岂能利用所谓‘公共资源’变相向被管理者收取巨额费用?”①

（3）公共资源合理分配的正义诉求

就资源本身来说，它应该只是一个中性的存在，一般无正当性、合法性与否之说。但是，当资源带上了“公共”的前缀，其感情色彩就发生了变化。如前文所说，公共资源的重要属性之一就是外部性，特别是外部不经济，指个人在使用公共资源时所消耗的成本会转嫁到其他社会成员身上，而所获得的收益并不会与他人分享，如环境污染。此类外部不经济，很明显地违背了公共资源分配的正当性。因此，有人提出，“公共”的含义与正义是相勾连的②。如有学者认为，“正义、公正、福利的概念，既是公共性本身，又是公共性的实体内容，也是公共的理念在具体的情况下得以展开的核心问题。通过这些概念的相互关系及其组合，可以使公共的理念逐步呈现出立体性构造，这样得出的公共性理念即使不是完美无缺的，起码在一定程度上可以说是妥当的。政府进行公共性的解释，也应该由这样的理念来引导、修正。”③

在转型期的中国社会，公共资源的分配正义已经成为了政府与公众的共同话语。一方面，“断裂”的社会结构极大地削弱了不同阶层和群体之间的整合机制，公共资源及其效益向社会中的少数人手中转移，这极大地增强了庞大的社会底层和边缘群体的“相对剥夺感”，他们因为生存性需要对分配正义的诉求极其强烈；另一方面，公权力的行为失范极大地降低了政府在公众心中的权威感和信任度，韦伯在分析社会冲突时就指出，作为政府的一方，执政合法性的丧失是引起社会冲突的根本原因。在此基础上，中国政府已经注

---

① “出租车经营权为谁拍卖?”，《南方都市报》，2007 年 4 月 11 日。

② 肖顺武：“公共利益研究——一种分析范式及其在土地征收中的运用”，西南政法大学博士学位论文，2008 年。

③ 杨建顺：《日本行政法通论》，中国法制出版社 1998 年版，第 424 ~ 425 页。

意到了因公共资源的分配不正义所引发的社会危机，从而加大了住房、医疗、公共设施等公共资源向弱势群体倾斜的力度。可见，公共资源的分配正义已经成为了一种现实诉求。尽管作为公众的一方较为积极与主动，但也可以看到国家—社会关系正在向良好的方向推进。

3. 网络群体性事件的两种分析

在中国的政治语境中，对群体性事件的描述总带有贬义与负面的色彩。有论者根据不同时期政治环境和经济、社会因素的影响，将司法界和理论界对群体性事件的认识划分为五个阶段①。

20 世纪 50 年代 ~ 70 年代末，称“群众闹事”、“聚众闹事”；

80 年代初 ~ 80 年代中后期称“治安事件”、“群众性治安事件”；

80 年代末 ~ 90 年代初期称“突发事件”、“治安突发事件”、“治安紧急事件”、“突发性事件”；

90 年代中期 ~ 90 年代末期称“紧急事件”；

到 2000 年后，公安机关文件中开始正式使用“群体性事件”这一概念。此后，中央社会治安综合治理委员会、中组部、交通部、建设部等多个部委分别在不同场合公开使用过这一概念，新华社、人民日报、人民公安报等媒体也在报道中先后引进了这一概念。

与这类概念相似，近期在官方媒体和政府条文中，对“网络群体性事件”的关注明显增多，称“群体性事件不仅发生在现实世界中，在网络上同样发生。而其中的一些负面“网上群体性事件”，可以在很短时间内损害百万群众心中的党政机关形象。”②

网络群体性事件从政府“万事以稳定为要”的逻辑来讲，的确具有明显的负面效应。但本书倾向于从西方学界对群体性事件的描述方式来分析网络群体性事件。西方社会学著作一般没有直接提及群体性事件，而将其定义为“集群行为”、“集合行为”等。一般是指具有共同挫折经验、动机、目标或理想的多数人，通过集会、游行、请愿、静坐或示威等方式展现集体力量，

① 孙正：“当代中国社会冲突与政治控制问题研究”，东北师范大学博士学位论文，2007 年。

② 代群、郭奔胜、季明、黄豁：“应对‘网上群体性事件’”，《瞭望新闻周刊》，2009 年第 22 期。

促成政府重视、社会关注、舆论同情或支持，冀以改变、维持现行（存）法令、政策、社会规范、制度、结构或现象，获取或救济权利，争取国家、民族平等或尊严等，契合个人期望或满足个人需要的集合行动[①]。从这个定义中，可以看出网络群体性事件是在web2.0时代新出现的一种集群行为，相较于一般群体性事件，它的核心形成机制并未发生实质性的改变。事实上，作为群体性事件的类型之一，网络群体性事件也遵循普遍性的形成机制，网络则作为重要的变量在机制发生的各个环节发挥新的作用，这正是网络群体性事件的研究价值所在，透过这类研究，我们可以更加深入地看到网络给社会带来了怎样的变化。

（1）为何总是网络：群体性事件的“网络最优选择策略”

斯米尔塞的“价值累加理论”是分析集群行为发生机制的经典论述。他认为，集群行为实质上是人们在受到威胁、紧张等压力的情况下，为改变自身的处境而进行的努力。他描述了导致集群行为发生的六个“必要且充分的条件”：[②]

——环境条件。即有利于产生集群行为的周围环境。没有一定的空间场地，群众就无法聚集，集群行为就不能产生。

——结构性压力。任何使人感到压抑的社会状态，如经济萧条、自然灾害、贫困、种族歧视、冲突、不公平的待遇、难以捉摸的前途等，都刺激人们通过集群行为来解决问题。

——诱发因素。集群行为的出现往往需要一个“导火索”。这种因素通常是一个戏剧性的事件，其作用在于肯定人们中间已经存在的怀疑与不安，助长普遍性的社会情绪，加速集群行为的发生。

——行动动员。群体内的领袖人物或鼓动者的鼓励和口号，标志着集群行为的开始。它可以使许多最初仅仅旁观的人，经过鼓动而成为实际的参加者，可以使原本松散的无组织群体产生一致行动的倾向。

——普遍情绪的产生或共同信念的形成。要出现集群行为，人们还必须对他们的处境形成某种共同感受，对某些问题产生共同的看法，出现相似的

① 孙正：“当代中国社会冲突与政治控制问题研究”，东北师范大学博士学位论文，2007年。

② 郑杭生：《社会学概论新修》，中国人民大学出版社1994年版，第183页。

普遍情绪。

——社会控制机制。集群行为最后是否产生还取决于社会控制的成败。一旦控制失败，集群行为便在所难免。

我们可以细数一下基于公共资源分配之争而发生的网络群体性事件：与环境资源有关的厦门 PX 项目，与公共教育资源有关的高考加分俱乐部事件和罗彩霞案，与公共服务资源有关的北京站出票视频事件、出租车罢运事件、娄烦矿难和举国震惊的三鹿奶粉事件，与公共资本相关的白展堂事件、景德镇别墅、出国门事件，与公共文化资源相关的端午节申遗之争，与医疗卫生资源相关的江苏省人民医院艾滋事件，以及公共网络资源相关的绿坝事件、腾讯 QQ 与 360 之争事件。虽然没有做精确统计，但可以直观感觉到，网络群体性事件正呈现出逐年增多的趋势。网民似乎已经把握出这样一种解决社会冲突的非制度形式：冲突发生—网络舆论—媒体介入—舆论升级—政府关注—冲突解决。腾讯和 360 争霸事件可谓是这类非制度形式的典型案例。2010 年 11 月 3 日晚，腾讯陆续对装有 360 软件的用户电脑上强制停止运行 QQ 软件，此举第一时间就引起了网络舆论的强烈反弹。各大论坛、微博等的网民纷纷讨论对腾讯和 360 之争的看法，网民立场主要指向二者之争苦了网民、让其他软件商得利以及相关部门监管不到位这几个方面，加之以各路媒体纷纷发表对此事件的评论，短短一天内，网络舆论不断升级激化，最后，工信部和公安部介入事件进行调查，截至目前，大部分电脑上的腾讯已经可以与 360 软件兼容，腾讯与 360 争霸赛才可谓告一段落。在这种非制度形式的冲突解决方式的不断实践中，网络群体性事件产生了“示范效应”，参与者体现出“网络最优选择策略”。此种“网络最优选择策略”的形成可以通过斯米尔塞的“价值累加理论”进行分析。

本书认为，“网络最优选择策略”是指在某种结构性压力之下，因网上或网下突发性事件所促发的直接利益相关者或间接利益相关者，倾向于选择网络作为唤起公共舆论同情、媒体支持直至政府关注的最优方式。其结果会表现为网络群体性事件的多发性。

首先，网络能够为集群行为的发生提供相对自由的互动空间。网络技术的发展促进了网络功能的多元化，电子邮件、即时通讯、论坛/社区、个人博客/播客、SNS 网站等，都可以提高人们网络交流的便捷性。“丰富交流的方式，使得更多的信息能够更加顺畅地进行交互。从另一个侧面，可以说，网络技术的发展其实都是为了人们之间能够更加自如地进行结群行为，更加有效地进行群体互动。”① 相较于一般的集群方式，诸如集会、游行、静坐、示威等都需要现实的公共空间，而这种公共空间在中国则是处于政府的强力控制之下。网络接近的便利，以及交流方式的迅捷都降低了参与者的心理和社会成本。而网络与手机的功能融合，使得参与者的交流更加脱离了现实空间与虚拟空间的限制。

其次，网络的“放大镜”功能。根据 CNNIC 的最新调查，中国网民的数量已经达到了 3. 38 亿人，占总人口的 25. 5%，而手机网民规模也达到了 1. 55 亿人。也就是说，每四个人当中就有一个人上网，属于网络传播的一个结点，按照网络的技术逻辑，每个结点都能与其他结点发生传播关系。因此，一个有争议的事件一旦经过有序地“网络舆论操盘”，获得上百万级点击量的可能性极大。除了这种量化的放大效应，网络传播还能呈现出质化的矛盾加深和放大。随着集群参与者的增加，其多元化的文化与社会背景将会丰富群体对冲突和矛盾的解析，网络就是这样聚合着各种社会力量全方位的参与社会冲突，使得冲突结构和焦点由表及里，直至触及制度性的反思。“绿坝”事件就是极好的一个例子。

再次，网民的社会结构具有先天的同质化情感倾向，而公共舆论的螺旋效应会加深这种同质化情感的形成。职业是现行划分阶层的重要标准，也是能体现出群体情感的主要因素。综合 CNNIC 和“全球互联网项目”的调查结果，可以发现，学生和中低收入的白领阶层是上网的主要群体，以学生为最多，占比 31. 7%，而无业下岗失业人员网民占比有所上升，说明网上信息正在传递到底层人群。排除占比 10. 5% 的党政机关事业单位工作者不论，中低收入的白领阶层和无业下岗失业人员均不是社会转型期的最大既得利益者。以政府为不满对象，在某种程度上，他们有着类似的“怨恨结构”。而学生群体作为成长中“社会精英”，具有先天的对弱势群体的同情心以及社会正义的理想。三者的特质碰撞在一起，容易产生同质化的群体情感。而后，在“沉默的螺旋”作用之下，网络舆论会出现一边倒的情形，从而加深这种同质化

① 郑志勇：“网络社会群体研究”，2006 年中国传播学论坛论文。

情感的“化学反应”。

第四，社会控制力度的分散，降低了惩罚的有效性。在现实生活中，群体性事件往往是一种压迫性的爆发，参与者是在制度内的冲突解决机制失效的情况下才选择以群体性事件的形式向政府求解。在现实社会中，政府对群体性事件的控制程度非常高，这种控制多是通过法律、行政等手段实施惩罚。但是网络则降低了这种惩罚的有效性，一方面是网络监管的法律法规并不完善，存在着很多的法律漏洞，另一方面网络群体性事件参与规模往往是一般群体性事件的数百万倍，从而使得惩罚对象分散，分化了社会控制力度。

最后，网络群体性事件的烈度较低，政府对网络舆论的接受和重视。相较于一般的群体性事件，网络群体性事件一般表现为网络审判、人肉搜索、网络恶搞、网络留言、网络集会五种形式，多停留在“言说”的层面，对政府部门的实体冲击并不多，其烈度往往比较低，所以政府在一定程度上能够接受网络舆论的监督。但是，“虚拟社会”与现实社会密不可分，网络群体性事件具有网下发展的潜在倾向，因此，政府越来越重视网上的民意表达，网络听证、网上官民互动等都是政府主动运用网络资源以及对网络舆论重视的表现。政府的此种姿态会加强网民“网络使用有效性高”的心理暗示。

需要指出的是，本书提出的“网络最优策略”是在逻辑推理的框架下得出的理论假设，是否具有实证性，则有待进一步的研究。

（2）网络群体欲何为：网络群体性事件的失范倾向

在提出“网络最优策略”的同时，本书不自觉地建立了一种理想化的前设，即网络群体性事件的参与者在行动时具有高度的理性以及网络政治参与的有效性。在这种理想化的前设之下，对网络群体性事件“网络最优策略”的探讨是否具有意义？本书对此可以作何解释？韦伯在分析社会行动时指出，当一个人根据一个情境的事实，选择合适的方式，来努力实现某些特定目的的时候，就产生了理性行动。而当行动最具理性的时候，给予一个既定行动的意义是社会学家最容易理解的，并且他们的解释也是最为确定的。而对于非理性行动或情感性行动，社会学家在解释的时候将会遇到困难。因此，韦伯建议建构一种假设的理性行动过程，可以赋予假设类型的行动者的类型化意义①。很明显的，网络群体性事件中参与者的高度理性以及网络政治参与的有效性都能得到一定程度的体现，它们或许只是其中一个因子，但同样可以通过类型化分析把握其意义。

在群体性事件的诸多分类中，有一种代表的分类方式是以群体性事件的手段和目标为分类标准，将群体性事件分为：制度化群体性事件（目的是实现利益诉求，手段符合制度和程序）、非制度化群体性事件（目的是实现利益诉求，手段不符合制度和程序）、叛乱和革命（目的是反对基本制度，手段不符合制度）②。这种以目的和手段为标准的方式能够揭示群体性事件之间的根本差异。但这三类群体性事件具体到网络群体性事件则很难完全适应。对此，有专家对近几年发生的十多起网内外“群体性事件”进行分析后，将其划分为三种类型，并呈现出网上、网下群体性事件联动的特点：一是“现实与虚拟并存性网上群体性事件”，如出租车司机罢运风波；二是“现实诱发型网上群体性事件”，如周久耕事件；三是“现实诱发网内外变异型群体性事件”。③这种分类方式具有相当大的局限性，只能针对网内外联动的群体性事件，并不能推及网络群体性事件的一般化适用。考虑到本书的研究旨在分析以公共资源分配为目的的网络群体性事件，本书根据公共资源的特性，以参与者主体为主要考察对象，作出如下分类。

表 3.2　　网络群体性事件

	直接利益相关者	间接利益相关者
对公共资源分配的直接利益诉求	个体—情感类	社会—情感类
对公共资源的制度性批判	个体—理性类	社会—理性类

作为一种现实关照，网络群体性事件的制度化或者规范化与否显得格外重要，这与目的、手段相关，而目的与手段最终都将通过参与者主体的行为体现出来。这便是上述分类框架的出发点。本书认为，不论是规范型网络群体性事件还是失范型网络群体性事件，其参与者最多包括以上四类，而导致

① （澳）马尔科姆·沃特斯著，杨善华译：《现代社会学理论》第二版，华夏出版社2000年版，第21页。

② 其中，以反对基本制度为目的，手段符合制度和程序的群体性事件并不存在。参见麻宝斌、马振清：“新时期中国社会的群体性政治参与”，《政治学研究》，2005年第2期。

③ 代群、郭奔胜、季明、黄豁：“应对‘网上群体性事件’”，《瞭望新闻周刊》，2009年第22期。

其规范化与否的关键在于间接利益相关者。作为一种公共性的存在，因公共资源分配发生的冲突或矛盾在其实质上都是普遍性和结构化的累积反映，突发性的事件往往只是一个导火索，直接利益相关者的事实陈述可以唤起大量与之有着相似情感经验的间接利益者的舆论同情。如2009年初的北京站出票视频事件，一个网友拍下的十分钟视频竟可以引起轩然大波，这正是由公共资源的公共性和外部性所决定的。

在所有参与者中，当"社会—情感"类占主体时，网络群体性事件将朝失范型发展；反之，当"社会—理性"类占主体时，网络群体性事件将朝规范型发展。事实上，在已有的网络群体性事件中，第一种情形更为普遍。网络审判、人肉搜索、网络恶搞、网络流言、网络集会，此五者是最为常见的网络群体性事件的行为方式。网络审判成为语言暴力，人肉搜索入侵个人的私域，网络流言导致人心惶惶，网络集会则多诉诸极端的民族主义。网络群体性事件的失范似乎都在向人们发出暗示，网络群体性事件在本质上就是负面的和破坏性的，进一步讲，似乎还存留着一丝正面意义，即充当社会的"减压阀"。这一切好像都是源于聚众的非理性化，勒庞的理论告诉我们，人类社会的工业化进程加剧了人们对群体的需求和渴望，因此在群体行为时，人的理智水平和理性能力处于最低状态。有学者将聚众条件下非理性心态的特征概括为场景性、潜在性、从众性、情绪性、随意性、互动性、无序性、爆发性等等①。类似这样的观点，都趋向于将聚众条件下人的理性降至零点，在群体有意或无意为之的压力之下，人的行为会产生盲目性和狂热性。对此，通常会就网络的虚拟社会发出诘问，网络的匿名性难道不会降低这种群体压力，从而使人回归理性吗？这类问题很容易被反驳，虚拟的网络其实也是现实社会人类交往的延伸，只要存在群体互动，群体压力就不可能消失；反之，网络的匿名性会弱化群体的约束力，使得个体的行动更趋于非理性。当我们在这种群体心理的批判框架里讨论网络群体性事件时，就很容易陷入上述的悲观境地，并最终指向人的本体存在，这将是一个永无答案的哲学命题。

事实上，我们可以避免去进行上述"玄思"类的分析，而是从网络群体

① 黄建钢：《政治民主与群体心态》，中信出版社2003年版。

性事件本身去寻找网络群体失范性倾向之源。在一个网络群体性事件中，不论是直接利益相关者还是间接利益相关者，在遇到因公共资源分配之争而向政府/公权力一方发难时，如前文所分析的，会倾向于采取“网络最优策略”，其结果体现为近几年网络群体性事件的多发。在采取这个策略之前，可能有以下三种现实考虑：第一，通过其他规范型的途径，即体制内的公共参与，如举报、选举、罢免、参政议政等手段，难以解决冲突实现其“分配正义”之诉求；其二，通过其他群体性事件的途径，即体制外的个人或集体抗争，如上访、集会、游行、示威等手段，存在很高的法律和道德风险，同样难以实现其目的；其三，通过网络，有可能唤起网络舆论的关注与支持，最终可以“将事情闹大”，使得政府/公权力不得不采取行动，以促成该事件的解决。这三种现实考虑可以说明网络群体性事件多向失范型发展的两种主要原因：

一方面，体制内的公共参与和体制外的个人或集体抗争（一般意义上的）具有现实的低效性。出现此种低效的原因主要在于政府/公权力的作为不当，包括其不作为和过度作为。本书所分析的政府/公权力的不作为主要是指，面对公民通过体制内公共参与的方式寻求冲突解决时，政府/公权力通常以怠慢、漠视，甚至是不公正处理的态度对待，使得宪法所赋予公民的基本知情权、监督权等都得不到实现，即政府/公权力的不作为。此外，政府/公权力的过度作为则是指，在面对公民通过体制外个人或集体抗争的方式寻求冲突解决时，政府/公权力为了维护其形象，以“稳定”为要，采取激烈的方式对参与者实施法律或行政力的惩罚，这种惩罚往往已经超越了应有的限度，即政府/公权力的过度作为。从现实的层面来讲，政府/公权力的作为不当危害甚深，不仅损害了公权力的权威，降低了公民对政府的信任感，还激化了社会矛盾，为群体性事件的形成以及激化埋下隐患。

另一方面，网络群体性事件参与者具有一种诉诸“社会中多数人的正义感”的行为动机。哈贝马斯认为，公民违抗这一行为同时诉诸两种对象。一是诉诸政府官员和议会议员，要求他们重新召开已正式结束了的政治协商，以便必要时根据对持续公共批评的权衡而修正他们的决议；一是诉诸“社会中多数人的正义感”，如罗尔斯所说，也就是诉诸一个要用非同寻常手段加以动员的公民公众集体的批判性判断①。此类公民违抗行为与我们所分析的网络群体性事件有着诉求上的相似性，即诉诸“社会中多数人的正义感”。但要注意的是，哈贝马斯的概念里都有西方理性和正义感的市民社会这一基础，在此基础上，“诉诸社会中多数人的正义感”的公民违抗是受到自身理性的约束，从而体现出一种非暴力的违抗。但是在如今的中国，这样的约束机制是缺位的，或者说是不成熟的。在相当长的一段历史时期内，中国社会所谓的“社会正义感”多是一种国家利益主导下的政治性的正义感，那种基于个人利益和公共利益基础上的市民的正义感都是一种依附和变异的存在。直到20世纪80年代后才逐渐开始发展，可由于以前过于压抑，使得这种“社会正义感”的聚合多呈现出“触底反弹”的现象。因此，诉诸“社会中多数人的正义感”很容易就会演变为多数人以“正义”的名义发起的网络舆论“风暴”，这种“风暴”遵循其他群体性事件的一般逻辑，即“将事情闹大”，其手段多趋于激烈化，让政府不得不关注，从而促成事件的解决。

4. 指向公共性的利剑

在这样一个反思与建构的时代，公共性话语逐渐凸显于人文社会科学的各个领域。“频繁使用公共性语式，竞相采用与公共性有关的叙事言路。如全球化与公共性、公共行政的公共精神、公共理性与普世伦理、科技伦理与公共理性、财政公共性、现代城市公共空间的公共性研究、公共需求与大众传媒作为公共空间、大众传播与新公共性建构……可以说，对公共性的追寻和公共知识与智慧的渐次生长，成了我们时代的一种突出的文化（精神）现象，集中地表明了我们这个时代人文学术思想的显著而深刻的特征。”② 公共性话语在中国语境同样备受重视，一方面是现实的“公共性缺失”，另一方面公共性是建构公民社会进程中不可忽视的关键问题。

（1）网络所介入的“公共性”话语：公共领域与个人主义的悖论

公共性作为学术话语重新进入当代思想家和研究者的重要概念体系，应

---

① 哈贝马斯著，童世骏译：《在事实与规范之间——关于法律和民主法治国的商谈理论》，生活·读书·新知三联书店2003年版，第489页。

② 袁祖社：“‘公共性’的价值信念及其文化理想”，《中国人民大学学报》，2007年第1期。

该要得益于哈贝马斯对“公共领域”的分析。《公共领域的结构转型》是哈贝马斯的第一部主要著作，主要是从批判理论传统出发指出国家权力的膨胀压制了公共领域，从而导致了自由的衰落。哈贝马斯将公共领域描述为“一个社会生活的领域，在那里人们可以讨论有关公共利益的事情，可以对上述事情进行讨论和争议而不必求助于传统、教条及强力，可以通过合理的争论来解决观点的分歧。”① 它是一个介于私人领域和公共权力领域之间的中间地带，与私人领域有所重叠，亦可作进一步细分。正如前文所述，哈贝马斯对公共领域之“公共性”的关注，是出于对过度膨胀的国家权力的批判，通过对公共领域产生的回溯，他重新确立了市民社会的地位，发展出“市民优先于国家”的论调，这与社会契约论似有一脉相承之势。

当公共性话语在中国的现实社会中只是停留在理想型的表述中时，网络正在发展出某种类似“公共领域”的存在。哈贝马斯指出，公共领域的特征在于一种交往结构——“既不是日常交往的功能，也不是日常交往的内容，而是在交往行动中产生的社会空间。”② 退一步说，网络正在逐步具备“公共领域”的这种特征。一方面，公民自觉运用网络进行自上而下的公民行动，使得网络作为“公共领域”的可为性得到彰显；另一方面，网络本身的技术提高和功能拓展，为公民的政治参与提供了新的渠道。“这种渠道，尤其在我国这样制度化参与渠道不够畅通、网民庞大而又积极的情况下，就显得更有意义。”③

然而，与网络公共表达、公共参与相对的是网络使用者的个性化。在公共性话语的历史脉络中，公共性与个性化是一对矛盾的存在。“对‘公共哲学’观念的历史性考察表明，现代文明人类所面临的危机……实质上触及了西方近代以来以启蒙精神为核心的‘现代性文化’——个体本位的抽象理性文化与价值观念的危机。”④ 齐格蒙·鲍曼对此分析到，“生活总体上的私人

---

① （美）乔特森·特纳著，邱泽奇等译：《社会学理论的结构》第六版下册，华夏出版社 2001 年版，第 242 页。

② 哈贝马斯著，童世骏译：《在事实与规范之间——关于法律和民主法治国的商谈理论》，生活·读书·新知三联书店 2003 年版，第 446 页。

③ 齐杏发：“意义与限度——华南虎照片事件的公民社会视角”，《社会科学家》，2008 年第 7 期。

④ 袁祖社：“公共哲学与当代中国的公共性社会实践”，《中国社会科学》，2007 年第 3 期。

化”已经延伸到人类生活的每一个地方，这会导致不满的异质化，从而削弱了公共事业的可行性①。由此可见，对公共性话语的呼唤是基于对个体本位危机化的文化反思。在当下的中国，个体本位的危机也隐约可见，市场经济改革的浪潮裹挟着丧失了国家权威信仰和传统价值信仰的中国人投身于金钱的洪流当中，对个人经济利益的追逐发展出一种不健康的个人主义。在逃脱国家控制之后，个人对国家和社会的疏离已经使其忽略了公共责任和社会公共利益。这在网络中则会体现为，在个人眼中，互联网首先是一种娱乐性的工具，用以满足自身的需求与欲望；其次，在使用网络的新闻功能时，往往扮演着“看客”的角色。

由此可见，网络能否发展出某种公共领域的社会存在，需要面对这种公共领域与个人主义的悖论。实质上，“公共哲学”对“个体本位文化危机”的反拨，“其背后所真正诉求的是以‘正确理解了的个人利益’为新话语前提，基于对广义社会‘公共理性’、社会‘公共价值’以及‘公共精神’生成、实现的条件及其可能性问题的深彻思考。”②

（2）规范型网络群体性事件：一种公共性实践

在前文对网络群体性事件参与者的类型分析里，本文归纳了一种社会—情感型的网络群体性事件参与者，他们为间接利益相关者，针对网络舆论的某一焦点事件，通过微内容提供，与其他网络参与者进行互动交流，以对公共资源分配的制度性批判为目的，发表自己的独立观点和看法。一个网络群体性事件若以这种社会—情感型的参与者为主体，将朝规范化发展，通过符合制度或道德规范的途径，产生冲突的双方呈现出平等、宽容、对话的互动状态，最终平息冲突、解决问题。当代英国社会政治哲学家詹姆斯·布赖斯所描述的“公共生活的风气”，一直是当代公共性话语的理想所在。

良好的风气，是开诚布公的，以爱护真理为归宿，而不受成见及度量浅狭之拘束，是想象的，情感的，觉得本国的国家生活之伟大，欣然以服务国家为自己的责任及特权。而且是爱国的，此处所谓爱国，其意义就是全国国民不但以求富强为目的，且以求得正义为目的。风气足以拒制那野心家，使

---

①② 袁祖社：“公共哲学与当代中国的公共性社会实践”，《中国社会科学》，2007 年第 3 期。

之不做纯粹自私自利的事①。

在这种理想的“公共生活”之风气难以企及的时代，提倡并尊重“公共真实”显得更为实际。公共真实强调的是一种让普通人起到公民作用的真实，它要求的不仅仅只是赋予公民一个简单的“公民”身份，更重要的是公民自身公共意识的觉醒以及建立一整套合乎规范的公共利益表达机制，在这样的机制中，公民迈出私人领域通过公共领域与国家/政府意志产生互动。从这一层面来看，网络群体性事件中的规范性因子也可以被视为一种“公共性”的实践。以“《深圳，你被谁抛弃》网文事件”为例，不仅事件的直接利益相关者——网文作者“我为伊狂”具有一定的公民意识，事件的间接利益相关者——大量网民也表现出了自觉性和自主性。在长达两个多月时间里，这篇网文高居各网站点击量排行榜的前列，参与网民达数百万之众，讨论主题深入到自身权利、民主政治等层面。在此意义上，网络才真正具有“公共领域”的社会空间特征。此外，这一事件的公共性实践意义更重要之处在于由网络所构建出来的公民与国家/政府意志对话的互动平台以及双方在这一过程中体现出来的宽容态度。事件最终的完满解决，深圳的有序发展，都表明了网络对于公共性的发展是大有可为的。需要再次强调的是，这种基于网络的公共性实践有两个很重要的因素：一是网民对于自身公民身份的意识觉醒。这在当前体现得越来越明显，2007 年世界互联网项目的调查结果显示，75.1% 的网民认为通过互联网可以更好地了解政治，还有接近一半的网友认为自己可以通过网络对政府行为有更多的发言权。这些数据除了是一种态度的表达，还是一种行为倾向，即用网络了解政治和参与政治的行为倾向。这不仅仅是要以“正确理解了的个人利益”为新话语前提，还要以“正确理解了的国家利益”为新话语前提，即要避免因个人利益和公共利益的强烈诉求出现对“国家利益”认识的“触底反弹”；二是国家/政府意志对公民意志的宽容和尊重，此二者并非是一种对立式的存在，正是在这个基础上，国家/政府的权力才具有其社会正义性，为公民所理解和遵从。

（3）理想型的正义之剑

相较于以往的其他途径，网络似乎可以成为成长中的中国公民寻求公共

① 詹姆斯·布赖斯著，张慰慈等译：《现代民治政体》（上），吉林人民出版社 2001 年版，第 305 页。

资源分配制度变革和利益结构重新调整的重要方式。不论是失范型网络群体性事件输入的“舆论风暴”，还是规范型网络群体性事件采取的公共性实践，都能引起政府/公权力的重视，引发制度性的触动。但现实仍然不容乐观，很多事件的最终结果显示：拥有公共资源分配主导权的公权力一方，有可能将分配正义的诉求暂时性纳入其行为范畴，但根本性的制度改革方案依然迟迟未见推出。如北京站出票视频事件的草草收场，绿坝事件的尴尬落幕，罗彩霞事件的常规化处理，它们所象征的公共设施资源、信息资源、教育资源等等，都没有因为大量网民的推动和参与而促使资源分配制度发生根本性的变化，反而加深了政府一方对“网络暴民”和“网络群体性事件”的负面认识。由此可见，依托网络的公共性所铸造的“正义之剑”在很长一段时期内都将只是一个理想。

科恩和阿拉托提出公共性自有其结构性的限制，它们为各种非建制政治运动形式和政治表达形式所提供的是有限的行动空间，这种有限性体现在公共领域中，行动者能获得的只能是影响，而不能是政治权力。帕森斯把“影响”作为交往过程的一种普遍符号形式而引入，其作用是用信念或说服来促进互动。哈贝马斯认为，公共意见代表的是这样的政治影响潜力，它可以被用来影响公民的选举行为或者议会团体、政府或法院的意志形成过程。这种影响或多或少都是一种可以起举足轻重作用的经验变量。但只有当这种舆论政治影响通过民主的意见形成和意志形成过程的建制化过滤、转化成交往权力，并进入合法的立法过程之后，才会从事实上普遍化的公共意见中产生出一种从利益普遍化的角度出发得到了检验、赋予政治决策以合法性的信念①。公共性的有限行动空间表明，一方面公民这种公共性的诉求和表达确实能够对国家/政府意志发挥作用，另一方面这种作用是以“影响”的方式存在的，因为公民对国家拥有权利，但国家对公民拥有权力，权力的行使直接关系到一个社会中公共资源的分配是否正义。若公民以“权利”的方式向公权力意志提出正义的诉求，关键仍然要看公权力本身是否具有足够的正义。此外，即使公民的正义诉求最后在政治决策中得到了体现，政治权力也是一种有限

---

① 哈贝马斯著，童世骏译：《在事实与规范之间——关于法律和民主法治国的商谈理论》，生活·读书·新知三联书店2003年版。

的权力，它不能解决在一个分化如此之大的现代社会中所存在的所有社会问题。政治工具有时候也会被军事、经济、文化等权力所俘获，无法按照其应有的逻辑行事。因此，完全将自由或者正义之类的诉求寄托于政治权力也具有局限性。

在上述这种公共性的结构性限制的语境中，中国的网络要发展为一种成熟的“公共领域”并成为社会公共正义的有效实现途径，存在很多现实性的难题：网络的“公共领域”和“个人主义”悖论能否求解？中国的公民如何才能从狭隘的个人主义和极端的反政治权威中跳脱出来，唤醒其应具备的正确的公民意识？政府如何才能正确对待所谓的“网络暴民”和“网络群体性事件”，正当地行使其公权力……

面对着公共资源这样的“金苹果”，国家或政府无法像帕里斯一样简单直接地依其所好选择阿弗洛狄忒，公民也无法像赫拉、雅典娜或阿弗洛狄忒一样用自身的其他资源作竞争和力量博弈，分配标准也无法简化为海伦式的利益交换。而网络，若要在这几者之外建构出正义的分配机制，还有很长的路要走。

参考文献

一、中文文献

[1] 马克思恩格斯选集．北京：人民出版社，1972

[2] 埃莉诺·奥斯特罗姆著，余逊达译．公共事务的治理之道．上海：上海三联书店，2000 年

[3] 艾尔·巴比著，邱泽奇译．社会研究方法．北京：华夏出版社，2008

[4] 爱德华·W. 萨义德著，单德兴译，陆建德校．知识分子论．北京：生活·读书·新知三联书店，2007

[5] 安东尼奥·葛兰西著，葆煦译．狱中札记．北京：人民出版社，1983

[6] 奥尔波特著，刘水平等译．谣言心理学．沈阳：辽宁教育出版社，2003

[7] 彼得·伯格著，何道宽译．与社会学同游：人文主义的视角．北京：北京大学出版社，2008

[8] 边沁著，沈叔平等译．政府片论．北京：商务印书馆，1995

[9] 博登海默著，邓正来译．法理学——法律哲学与法律方法．北京：中国政法大学出版社，2004

[10] 蔡英文．政治实践与公共空间—阿伦特的政治思想．北京：新星出版社，2006

[11] 陈力丹．舆论学——舆论导向研究．北京：中国广播电视出版社，1999

[12] 陈卫星．传播的观念．北京：人民出版社，2004

[13] 陈文江、黄少华主编．互联网与社会学．兰州：兰州大学出版社，2001

[14] 戴维·波谱诺著，李强译．社会学．北京：中国人民大学出版社，2007

[15] 戴维·伊斯顿，王浦劬等译．政治生活的系统分析．北京：华夏出版社，1999

[16] 丹尼尔·贝尔著，高铦等译．后工业社会的来临．北京：商务印书馆，1984

[17] 杜骏飞．弥漫的传播．北京：中国社会科学出版社，2002

[18] 杜骏飞主编．沸腾的冰点：2009 中国网络舆情报告．杭州：浙江大学出版社，2010

[19] 科特编，李兆丰、石琳译．新闻、公共关系与权力．上海：复旦大学出版社，2007

[20] 费斯克等著，李彬译．关键概念：传播与文化研究辞典．北京：新华出版社，2004

[21] 高鸿业主编．西方经济学（第二版）．北京：中国人民大学出版社，2001

[22] 管文虎主编．国家形象论．成都：电子科技大学出版社，2000

[23] 哈贝马斯著，童世骏译．在事实与规范之间—关于法律和民主法治国的商谈理论．北京：生活·读书·新知三联书店，2003

[24] 胡百精．中国危机管理报告 2006. 北京：中国人民大学出版社，2007

[25] 黄建钢．政治民主与群体心态．北京：中信出版社，2003

[26] 黄少华．网络空间的社会行动——青少年网络行为研究．北京：人民出版社，2008

[27] 黄宗良、林勋健主编．政治学原理．北京：中共中央党校出版社，1994

[28] 吉尔摩、巴龙、西蒙著，梁宁译．美国大众传播法：判例评析（上册）．北京：清华大学出版社，2002

[29] 加塔诺·莫斯卡著，贾鹏鹤译．统治阶级．南京：译林出版社，2002

[30] 卡尔·曼海姆著，艾彦译．意识形态与乌托邦．北京：华夏出版社，2001

[31] 凯恩斯著，高鸿业译．就业利息和货币通论．北京：商务印书馆，1996

[32] 凯斯·桑斯坦著，黄维明译．网络共和国：网络社会中的民主问题．上海：上海世纪出版集团，2003

[33] 科塞著，孙立平等译．社会冲突的功能．北京：华夏出版社，1989

[34] 拉尔夫·达仁道夫著，林荣远译．现代社会冲突．北京：中国社会科学出版社，2003

[35] 拉塞尔·雅各比著，洪洁译．最后的知识分子．南京：江苏人民出版社，2006

[36] 弗兰西斯·培根著，何新译．培根随笔选．上海：上海人民出版社，1985

[37] 雷蒙·威廉姆斯著，刘建基译．关键词：文化与社会的词汇．北京：生活·读书·新知三联书店，2005

[38] 李培林．社会冲突与阶级意识．北京：社会科学文献出版社，2005

[39] 丽莎·乔丹著，彼得·范·图埃尔主编，康晓光等译．非政府组织问责：政治、原则与创新．北京：中国人民大学出版社，2008

[40] 梁启超．梁启超哲学思想论文选．北京：北京大学出版社，1984

[41] 梁漱溟．中国文化要义．上海：学林出版社，1987

[42] 刘丹鹤．赛博空间与网际互动——从网络技术到人的生活世界．长沙：湖南人民出版社，2007

[43] 刘刚．危机管理．北京：中国经济出版社，2004

[44] 刘贞晔．国际政治领域中的非政府组织：一种互动关系的分析．天津：天津人民出版社，2005

[45] 罗伯特·K. 殷著，周海涛主译．案例研究：设计与方法（第三版）．重庆：重庆大学出版社，2004

[46] 罗伯特·希斯著，王成等译．危机管理．北京：中信出版社，2004

[47] 马尔科姆·沃特斯著，杨善华译．现代社会学理论（第二版）．北京：华夏出版社，2000

[48] 迈克尔·罗斯金等著，林震等译．政治科学（第六版）．北京：华夏出版社，2001

[49] 尼尔· 波斯曼著，何道宽译．技术垄断——文化向技术投降．北京：北京大学出版社，2007

[50] 诺斯著，陈郁、罗华平等译．经济史中的结构与变迁．上海：上海人民出版社，1994

[51] 彭伟步著．信息时代政府形象传播．北京：社会科学文献出版社，2005

[55] 齐格蒙·鲍曼著，洪涛译．立法者与阐释者——论现代性、后现代性与知识分子．上海：上海人民出版社，2000

[53] 乔特森·特纳著，邱泽奇等译．社会学理论的结构（第六版、下）．北京：华夏出版社，2001

[54] 秦州．网络新闻编辑学．上海：复旦大学出版社，2007
[55] 萨托利，冯克利等译．民主新论．北京：东方出版社，1993
[56] 石义彬．单向度、超真实、内爆——批判视野中的当代西方传播思想研究．武汉：武汉大学出版社，2003
[57] 斯亚平．公共危机管理体系研究．北京：知识产权出版社，2007
[58] 孙立平．现代化与社会转型．北京：北京大学出版社，2005
[59] 汪馥郁主编．社会科学方法论导论．北京：燕山出版社，1993
[60] 王强华，魏永征．舆论监督与新闻纠纷．上海：复旦大学出版社，2000
[61] 贾西津．第三次改革——中国非营利部门战略研究．北京：清华大学出版社，2005
[62] 王世刚．中国社团史．合肥：安徽人民出版社，1994
[63] 魏永征．新闻传播学教程．北京：人民大学出版社，2002
[64] 乌尔里希·贝克著，何博闻译．风险社会．南京：译林出版社，2004
[65] 徐锦江．流言导读．上海：上海文化出版社，2004
[66] 徐莹．当代国际政治中的非政府组织．北京：当代世界出版社，2006
[67] 许纪霖．思考的反观：二十年学术研究得失谈——〈中国知识分子十讲〉序．长春：吉林人民出版社，2004
[68] 薛澜、张强、钟开斌．危机管理．北京：清华大学出版社，2003
[69] 杨建顺．日本行政法通论．北京：中国法制出版社，1998
[70] 伊恩·罗伯逊著，黄育馥译．社会学（下册）．北京：商务印书馆，1991
[71] 袁军．新闻媒介通论．北京：北京广播学院出版社，2000
[72] 詹姆斯·布赖斯著，张慰慈等译．现代民治政体（上）．长春：吉林人民出版社，2001
[73] 展江主编．舆论监督紫皮书．广州：南方日报出版社，2004
[74] 张秀章、解灵芝选编．卢梭忏悔录．长春：吉林人民出版社，2003
[75] 赵鼎新．社会与政治运动讲义．北京：社会科学文献出版社，2006
[76] 郑杭生．社会学概论新修．北京：中国人民大学出版社，1994
[77] 周宪．文化表征与文化研究．北京：北京大学出版社，2007
[78] 柏维春、芦刚．从管理行政走向服务行政——新一轮开放背景下中国政府行为模式变革的应取路向．东北师大学报（哲学社会科学版），2003（6）
[79] 蔡莉敏、陈晨．骑士、侠客与法文化．法律科学—西北政法学院学报，2004（4）
[80] 曹飞．专家言论与媒体的社会责任．山东视听，2005（9）
[81] 曹现强、赵宁．危机管理中多元参与主体的权责机制分析．中国行政管理，2004（7）
[82] 巢乃鹏、黄娴．网络传播中的“谣言”现象研究．情报理论与实践，2004（6）
[83] 陈明、杨国炜、陈樵哥．中国网络舆论现状及舆论引导．瞭望新闻周刊，2004（35）
[84] 陈默．大众媒体不是流言传播场——从“超女黑幕”报道看媒体专业职责．新闻记者，2005（10）

[85] 陈泉生．论政府在市场经济中的角色．云南大学学报（法学版），1995（3）
[86] 陈万怀．传播学视角下网络谣言的认知与消解．新闻界，2008（6）
[87] 陈先红：论新媒介即关系．现代传播，2006（3）
[88] 陈宪．中国有公共资源吗．探索与争鸣，2007（10）
[89] 陈振明、卢霞、张娜．我国政府社会管理的现状及问题分析——“政府社会管理”课题的研究报告之三．东南学术，2005（4）
[90] 程曼丽．国家形象危机中的传播策略分析．国际新闻界，2006（3）
[91] 褚松燕．公民有序参与——政府治理危机的化解之道．河南社会科学，2004（6）
[92] 崔秋丽．论网络恶搞及其文化狂欢．东南传播，2008（9）
[93] 崔玉霞．古代侠客文化与现代网络游戏．江西社会科学，2005（1）
[94] 代群，郭奔胜，季明，黄豁．应对“网上群体性事件”．瞭望新闻周刊，2009（22）
[95] 戴元光，尤游．媒介角色研究的社会学分析．上海大学学报（社会科学版），2007（6）
[96] 邓国峰、唐贵伍．网络谣言传播及其社会影响研究．求索，2005（10）
[97] 丁鹏．谣言的传播机制及战时消解．西安政治学院学报，2007（1）
[98] 杜骏飞，巢乃鹏，认同之舞：虚拟杜区里的人际交流．新闻大学，2003
[99] 杜骏飞，陈友华，巢乃鹏，苗国，梁靖雯．网络新闻中的政治与民生（上）．当代传播，2010（1）
[100] 杜骏飞，陈友华，巢乃鹏，苗国，梁靖雯．网络新闻中的政治与民生（下）．当代传播，2010（2）
[101] 杜骏飞，陈友华，巢乃鹏，苗国，梁靖雯等．我们如何使用网络？——国网络社会调查报告之一．当代传播，2009（5）
[102] 杜骏飞，陈友华，巢乃鹏，苗国，梁靖雯等．我们需要什么样的新闻？——中国网络社会调查报告之二．当代传播，2009（6）
[103] 杜骏飞，魏娟．网络集群的政治社会学．本质、类型与效用．东南大学学报（哲社版）．2009（4）
[104] 杜骏飞．必须保卫社会——腾讯—360 争霸案分析．新闻记者，2010（12）
[105] 杜骏飞．存在于虚无：虚拟社区的社会实在性辨析．现代传播，2004（1）
[106] 杜骏飞．理解贾君鹏事件的三重视角．新闻记者，2009（4）
[107] 杜骏飞．流言止于传媒的公信——透析“非典型肺炎事件”中的传媒危机．新闻记者，2003（3）
[108] 杜骏飞．通往公开之路：汶川地震的传播学遗产．国际新闻界，2008（6）
[109] 杜骏飞．突发性灾难事件与中国公民社会形态的演进——汶川地震的传播社会学分析．新闻与传播评论，2009 年卷
[110] 杜骏飞．网络群体事件类型辨析．国际新闻界，2009（7）
[111] 杜骏飞．无法沉默的螺旋——纪念诺埃勒—纽曼（Elisabeth Noelle - Neumann）．新闻记者，2010（5）
[112] 杜骏飞．新闻的傲慢与谦卑——对戮童惨案报道基于《哈钦斯报告》的反思．新闻记者，2010（7）
[113] 杜骏飞．政治、社会与新型网络应用——2008 年中国网络传播研究的关键主题．中国地质大学

学报（社科版），2009（4）
[114] 杜骏飞．中国中产阶级的传播学分析．新闻与传播研究，2009（3）
[115] 冯国森．社会流言网络传播的危害与消解对策．广东农工商职业技术学院学报，2002（4）
[116] 冯建华，周林刚．西方集体行动理论的四种取向．国外社会科学，2008（4）
[117] 傅宏波．网络“恶搞”何时休？．观察与思考，2006（16）
[118] 葛玮．公众崛起：社会治理的新环境．理论学刊，2009（6）
[119] 宫承波，齐立稳．试析网络社区中的角色扮演．新闻界，2008（4）
[120] 韩方彦．公共资源的经济属性分析．理论与实践（理论月刊），2009（3）
[121] 郝雨，安鑫．再论“媒介的延伸”与“媒介功能的延伸”．当代传播，2009（2）
[122] 何爱军．网络恶搞的传播学分析．传媒观察，2009（2）
[123] 何白．网络集群：非理性行为的温床．东南传播，2007（7）
[124] 何增科．中国转型期腐败和反腐败问题研究（上篇）．经济社会体制比较（双月刊），2003（1）
[125] 侯雨．网络“恶搞”现象探析．大众文艺，2009（7）
[126] 胡烨，杨媛．“公民记者”与民众的安全感．青年记者，2009（5）
[127] 胡翼青．流言传播背后的结构性因素——以“叫魂”和“非典”为例．新闻与传播研究，2008（3）
[128] 郇建立．从立法者到阐释者．读书，2001（9）
[129] 黄蜆，余会芹，甘延源．青少年网络恶搞之社会学探析．电化教育研究，2009（3）
[130] 黄少华．青少年网民的网络交往结构．兰州大学学报，2009（1）
[131] 黄少华．虚拟社区中的互动网络——以“广穆社区”为例．淮阴师范学院学报（哲学社会科学版），2010（3）
[132] 金安平．也谈政治冷漠．读书，1996（1）
[133] 金兼斌．网络舆论的演变机制．传媒，2008（4）
[134] 康晓光．权力的转移——1978～1998年中国社会结构的变迁．中国社会科学季刊（香港），2000年夏季号
[135] 柯贵幸，迟毓凯，王波．非常时期网络谣言的传播机制和应对策略．社会心理科学，2009（1）
[136] 孔祥武．新闻报道中的专家图像——对《中国青年报》专家意见报道的内容分析．新闻与传播研究，2006（4）
[137] 李蓓．从“网络恶搞”现象看网络传播娱乐化的舆论导向．东南传播，2007（7）
[138] 李杰，熊英子．刍议网络环境下的危机公关．商业时代，2004（35）
[139] 李萌欣，欧阳一寒．网络恶搞对大学生思想道德的影响及应对策略．学校党建与思想教育，2006（12）
[140] 李培广．服务型政府视野下的政府行为模式选择．中国市场，2004（48）
[141] 李强．“丁字型”社会结构与结构紧张．社会学研究，2005（2）
[142] 李强．改革开放30年来中国社会分层结构的变迁．北京社会科学，2008（5）

[143] 李新实，付锐．对大学生正式群体内聚力弱化与非正式群体内聚力强化趋势的研究．学校党建与思想教育，1989（2）
[144] 李学举．加强社会建设和管理 促进社会和谐与发展．求是，2005（7）
[145] 李燕凌，陈冬林，周长青．农村公共危机的经济学研究及管理机制建设．江西农业大学学报（社会科学版），2004（1）
[146] 李永宠等．关于群体性事件的理性思考．晋阳学刊，2004（1）
[147] 李元书，刘昌雄．政治参与：涵义、特征和功能．学术交流，1995（6）
[148] 李云宏，吕洪兵．浅析危机管理．冶金经济与管理，2000（5）
[149] 李泽洲．建构危机时期的政府治理机制——谈政府如何应对突发性公共事件及其危机．中国行政管理，2003（6）
[150] 李志宏，何济乐，吴鹏飞．突发性公共危机信息传播模式的时段性特征及管理对策．图书情报工作，2007（10）
[151] 廖为建．论政府形象的构成与传播．中国行政管理，2001（3）
[152] 林龙．政府、公众、媒体关系与新时期政府危机管理——由非典型性肺炎事件引发的思考．政治学研究，2003（3）
[153] 刘芳，张志林．流言的传播与有效控制．北京印刷学院学报，2004（1）
[154] 刘魁．真理、文化权威与知识生产的时代性——兼评福柯对真理话语的微观权力分析．南京政治学院学报，2005（3）
[155] 刘丽群，宋咏梅．虚拟社区中知识交流的行为动机及影响因素研究．新闻与传播研究，2007 第14 卷第 1 期
[156] 刘琍．论信息化时代的公共危机管理．四川大学学报（哲学社会科学版），2004（4）
[157] 刘霞，向良云．公共危机治理：一种不同的概念框架．新视野，2007（5）
[158] 刘霞，向良云．我国公共危机治理网络结构：双重整合机制的构建．东南学术，2006（3）
[159] 刘小燕．政府形象传播的本质内涵．国际新闻界，2003（6）
[160] 刘小燕．政府形象传播系统结构解析．新闻大学，2005 春季刊
[161] 龙永枢．领导者媒介形象．人民论坛，1998（9）
[162] 陆草．中国人的侠客情结．寻根，2003（4）
[163] 麻宝斌，马振清．新时期中国社会的群体性政治参与．政治学研究，2005（2）
[164] 毛洪昆．浅析科塞的社会冲突理论．天水行政学院学报，2008（4）
[165] 茅亚萍．浅析网络的匿名传播．当代传播，2003（6）
[166] 梅祖蓉．中国政治信任水平测度指标及现状．云南社会科学，2009（2）
[167] 孟迎晖．转型期政府行为模式探讨．理论界，1995（4）
[168] 裴宜理．底层社会与抗争性政治．东南学术，2008（3）
[169] 彭兰．网络社区对网民的影响及其作用机制研究．湘潭大学学报，2009（7）

[170] 齐杏发．意义与限度—华南虎照片事件的公民社会视角．社会科学家，2008（7）
[171] 屈勇．网络人际交往对中国人际关系模式的影响．社会心理科学，2008（5）
[172] 商文斌．对政府行为规范化问题的几点思考．咸宁师专学报，1994（3）
[173] 申艳妮．网络谣言传播研究．东南传播，2008（12）
[174] 宋双峰．媒体：网络流言的演播场？．今传媒，2006（10）
[175] 孙立平．中国社会结构的变迁及其分析模式的转换．南京社会科学，2009（5）
[176] 孙立平．中国社会演变的新趋势．廉政瞭望，2007（4）
[177] 孙正，赵颖．网络背景下社会冲突与控制的几点思考．国家行政学院学报，2005（6）
[178] 谭世贵．网络反腐的机理与规制．党政干部文摘，2009（7）
[179] 唐梦圆．立体化提升舆论引导——从四川“蛆橘”看流言的传播与控制．新闻爱好者，2009（6）
[180] 陶学荣，朱旺力．当代中国政府危机管理的困境与构建．江西社会科学，2005（1）
[181] 田大宪．网络流言与危机传播控制模式．国际新闻界，2007（8）
[182] 田凯．组织外形化：非协调约束下的组织运作——一个研究中国慈善组织与政府关系的理论框架．社会学研究，2004（4）
[183] 童大焕．“迁怒”与网络暴民及其他．中国社会导刊，2006（14）
[184] 涂晓芳．政府利益对政府行为的影响．中国行政管理，2002（10）
[185] 汪寅，黄翠瑶．哈贝马斯的交往理论与网络交往．广西社会科学，2003（8）
[186] 汪志坚，骆少康．网络上流传谣言的类型与特性研究．2002 年网络与社会研讨会论文（台湾）
[187] 王虎．网络恶搞：伪民主外衣下的集体狂欢．理论与创作，2006（6）
[188] 王欢，郭玉锦．网络社区及其交往特点．北京邮电大学学报（社会科学版），2003（10）
[189] 王建平．从“广州事件”看信息时代的集群行为．江淮论坛，2003（4）
[190] 王俊银．浅议政府及其领导者的形象塑造．赤峰学院学报，2007（4）
[191] 王名．中国的非政府公共部门（上）．中国行政管理，2001（5）
[192] 王楠．网络恶搞风起云涌．中国社会导刊，2006（19）
[193] 王天意，张妙龄．透视网络恶搞．红旗文摘，2006（14）
[194] 王晓霞．“虚拟社会”的人际交往及其调适．南开学报，2002（4）
[195] 王益富，申可君．网络社会角色心理现象与分析．淮阴师范学院学报，2009（3）
[196] 王志强．网络“恶搞”现象分析．信息网络安全，2006（11）
[197] 魏晨．论网络社区的社会角色与行动．徐州师范大学学报（哲学社会科学版），2001（6）
[198] 文建，黄顺铭．庭审采访与司法独立．当代传播，2004（1）
[199] 吴宜蓁，徐纬璇．初探网络谣言意涵、传散过程与解决之道——从企业网络谣言谈起．2002 年网络与社会研讨会论文（台湾）
[200] 夏文蓉．突发公共事件中媒体舆论引导力的影响因素解析．广播电视大学学报（哲学社会科学版），2009（2）

[201] 萧功秦．中国后全能型的权威政治．战略与管理，2002（6）
[202] 徐剑梅．英国政府与媒体在突发事件中的协作．中国记者，2004（10）
[203] 徐俊．知识、权力与当代知识分子的定位——简析米歇尔·福柯微观视野下的后现代科学知识观．南京理工大学学报（社会科学版），2007（4）
[204] 徐迅．媒体报道案件的自律规则．新闻记者，2004（1）
[205] 阎光才．中国学术制度建构的历史与现实境遇．北京师范大学学报（社会科学版），2008（6）
[206] 杨安华．近年来我国公共危机管理研究综述．江海学刊，2005（1）
[207] 杨春荣．网络恶搞：青少年集体狂欢的新主题．当代青年研究，2007（3）
[208] 杨光斌．政治冷漠论．中国人民大学学报，1995（3）
[209] 杨慧琼．当谣言的翅膀飞向网络——关于“玉田谣言”的传播学分析．东南传播，2008（12）
[210] 杨涛．网络反腐：开辟反腐新战场．西部论丛，2009（5）
[211] 姚敏．网络舆情引导与管理初探．电子政务，2009（4）
[212] 耶丹．论网络恶搞现象及其控制．陕西师范大学学报（哲学社会科学版），2007（S2）
[213] 叶慧钰．新闻点评的异化——大众传媒和专家学者的相互介入及其方式．2006 中国传播学论坛论文
[214] 叶蕾．媒体竞相追逐专家资源的背后．传媒观察，2005（10）
[215] 易彬樘，贺顺喜，刘国平，龚家荣，杨国平，桂国平．汶川地震灾后心理重建应把握的几个问题．沈阳部队医药，2009（1）
[216] 于建嵘．利益博弈与抗争性政治——当代中国社会冲突的政治社会学理解．中国农业大学学报，2009（1）
[217] 喻国明，李彪．舆情热点中政府危机干预的特点及借鉴意义．新闻与写作，2009（6）
[218] 喻国明，张洪忠，靳一．媒介公信力：判断维度量表之研究——基于中国首次媒介公信力全国性调查的建模．新闻记者，2007（6）
[219] 袁祖社．“公共性”的价值信念及其文化理想．中国人民大学学报，2007（1）
[220] 袁祖社．公共哲学与当代中国的公共性社会实践．中国社会科学，2007（3）
[221] 曾鹏，罗观翠．集体行动何以可能——关于集体行动动力机制的文献综述．开放时代，2006（1）
[222] 张成福．公共危机管理：全面整合的模式与中国的战略选择．中国行政管理，2003（7）
[223] 张国清．他者的权利问题——知识—权力理论的哲学批判．南京社会科学，2001（10）
[224] 张鹤，徐轩．网络恶搞的著作权法律问题研究．金卡工程：经济与法，2008（7）
[225] 张立荣，明英文．“公共性”语境下的政府危机公关创新探讨．中国行政管理学会 2008 年哲学年会论文集，2008
[226] 张灵．公共政策制定过程中公民网络参与问题研究．魅力中国，2009（11）
[227] 张龙平．政治冷漠的深层透析与政治参与形式优化．理论与改革，1999（3）
[228] 张楠．我看媒体中的专家热现象．新闻记者，2005（8）

[229] 张锐．论当代中国民众的政治参与．江苏社会科学，1996（1）

[230] 张少新，孙小囡．浅议“人肉搜索”的立法规范．法制与经济（中旬刊），2009（4）

[231] 张小明．从 SARS 事件看公共部门危机管理机制设计．北京科技大学学报（社会科学版），2003（3）

[232] 张晓娟．厦门 PX 危机中的新媒体力量．国际公关，2007（5）

[233] 张晓溪．公共领域的异化：哈贝马斯视域中的“公共性”危机．学术交流，2006（12）

[234] 张延伟．浅析“网络恶搞”文化的成因——由国产电影大片屡遭恶搞谈起．电影评介，2006（24）

[235] 张莹．对网络恶搞流行的心理学分析．安徽文学，2008（2）

[236] 张咏华．传播基础结构、社区归属感与和谐社会构建——论美国南加州大学大型研究项目《传媒转型》及其对我们的启示．新闻与传播研究，2005（2）

[237] 张咏梅．“网络社区”的社会学初探．科学·经济·社会，2003（3）

[238] 张志华．网络“恶搞”背后的文化隐忧及对策．中国青年研究，2006（12）

[239] 仉建涛，王文剑．政府官员腐败行为的决定机制——对寻租腐败与代理腐败的数理分析．河南社会科学，2004（4）

[240] 赵辉．“官本位”的危害及其破除．共产党员，2009（11）

[241] 郑志勇．网络社会群体研究．2006 年中国传播学论坛论文

[242] 智敏．徐州立法禁止“人肉搜索”受质疑．法制与社会，2009（4）

[243] 周葆华，陆晔．受众的媒介信息处理能力——中国公众媒介素养状况调查报告之一．新闻记者，2008（4）

[244] 周辉．流言传播的小世界网络特性研究．武汉科技学院学报，2005（1）

[245] 周甜．集群行为研究综述．甘肃警察职业学院学报，2009（1）

[246] 周宪．知识分子如何想象自己的身份．思想文综，第 7 辑

[247] 周湘艳．从传播学视角反思网络群体行为．东南传播，2007（8）

[248] 周晓虹．传播的畸变——对“SARS”传言的一种社会心理学分析．社会学研究，2003（6）

[249] 周晓虹．集群行为：理性与非理性之辩．社会科学研究，1994（5）

[250] 朱光磊．从身份到契约—当代中国社会阶层分化的特征与性质．当代世界与社会主义，1998（1）

[251] 朱国华．知识分子场：布迪厄对知识分子的祛魅．江西社会科学，2004（1）

[252] 朱国玮，黄瑢，汪浩．“SARS”与“禽流感”期间媒体传播比较研究——基于上海地区实证分析．改革与发展，2004（5）

[253] 朱力．失范范畴的理论演化．南京大学学报，2007（4）

[254] 朱琳．浅谈影响媒体公信力的因素．中国广播报，2008－6－27

[255] 朱云生．良性互动：青年网络政治参与的发展新趋势—基于“躲猫猫”等典型网络事件的分析研究．中国青年研究，2010（1）

[256] 祝灵君，聂进．公共性与自立性：一种政府分析视角的再思考．社会科学研究，2002（2）

[257] 邹军．试论网络舆论的概念澄清和研究取向．新闻大学，2008（5）

[258] 蔡静．流言：阴影中的社会传播．复旦大学博士学位论文，2006
[258] 蔡胤．网络恶搞现象分析．湖南师范大学硕士学位论文，2008
[259] 程中兴．谣言、流言研究——以话语为中心的社会互动分析．上海大学博士学位论文，2008
[260] 杜骏飞．媒介素养、角色呈现与行动模式—当代中国知识阶层的传播学分析．南京大学博士学位论文，2007
[261] 高恩新．过程、行动者与危机管理——当代中国农村重大群体性事件的发生机制研究．复旦大学博士学位论文，2008
[262] 花勇．转型期社会冲突的政治学分析．安徽师范大学马克思主义理论与思想政治教育学硕士学位论文，2007
[263] 金屏．谣言：概念反思及其对现代社会的启示．吉林大学硕士学位论文，2005
[264] 李琼．冲突的构成及其边界——以湖南省S县某事件研究为中心．上海大学社会学专业博士毕业论文，2005
[265] 李永刚．“国家防火墙”——中国互联网内容监管的政治学分析．南京大学政治学理论博士研究生毕业论文，2006
[266] 梁海慧．中国煤矿企业安全管理问题研究．辽宁大学博士学位论文，2006
[267] 刘军．阶层文化的冲突与整合．复旦大学马克思主义理论与思想政治教育学博士学位论文，2008
[268] 刘丽丽．影响网络社区用户使用情况的因素的实证研究——以SNS网站为例．西安电子科技大学硕士学位论文，2010
[269] 吕连合．信息网络社会政府形象传播研究．大连理工大学公共管理系硕士学位论文，2006
[270] 马燕．试论网络恶搞现象及其规制．广西大学硕士学位论文，2008
[271] 潘相国．网络谣言与新闻真实．华中师范大学硕士学位论文，2002
[272] 彭博．网络群体性事件的规律分析和防范策略研究．上海交通大学公共管理系硕士学位论文，2008
[273] 秦微琼．网络舆情对政府形象的影响及应对策略研究．上海交通大学公共管理系硕士学位论文，2008
[274] 任中峰．网络恶搞的传播学分析．南昌大学硕士学位论文，2007
[275] 孙正．当代中国社会冲突与政治调控问题研究．东北师范大学中共党史专业博士学位论文，2007
[276] 唐喜亮．我国突发公共事件的网络舆情研究．电子科技大学传播学系硕士学位论文，2008
[277] 王敬颖．我国政府危机管理中的公民参与研究．中国海洋大学硕士学位论文，2007
[278] 王玥．现代传媒监督政治权力的法理探讨．武汉大学硕士学位论文，2005
[279] 肖顺武．公共利益研究——一种分析范式及其在土地征收中的运用．西南政法大学博士学位论文，2008

[280] 张健．“媒介审判”的个案分析——以心理学解析为视角．复旦大学硕士学位论文，2008

[281] 张宁．中国转型时期政府形象的媒介再现．复旦大学传播学博士学位论文，2007

[282] 张晓婷．我国当前新闻舆论监督与司法公正冲突的现状分析．兰州大学硕士学位论文，2008

[283] 赵娟．出租车经营权的法学思考．广西大学硕士学位论文，2008

[284] 赵宇峰．政府行为失效及其治理研究．吉林大学博士学位论文，2006

[285] 邹军．虚拟世界的民间表达——中国网络舆论研究．复旦大学新闻学专业博士学位论文，2008

[286] 左纬娜．网络谣言传播研究．中国社会科学院硕士学位论文，2006。

[287] 艾晓明．约会强奸与黄静之死，http：//www. hn. xinhuanet. com/misc/2004 - 12/07/content_3349511. htm，2004 - 14 - 7

[288] 曹旭刚．躲猫猫调查中网民的力量只在网络，http：//news. sina. com. cn/pl/2009 - 02 - 22/082717263913. shtml，2009 - 2 - 22

[289] 长江网．标签化的“富二代”，http：//news. cjn. cn/cjsp/fb/200905/t938602. htm，2009 - 5 - 30

[290] 陈静思，朱楠．上海专家：社科院建议上海购房落户不现实，http：//news. 163. com/09/0424/10/57LIDLUR0001124J. html，2009 - 4 - 24

[291] 陈力丹．从“违规擅自发布”受罚到信息公开——关于《突发事件应对法草案》两条款的删改引发的思考，http：//academic. mediachina. net /article. php？ id = 5362，2007 - 7 - 12

[292] 东楚晚报．网络问责周久耕事件调查 一包烟撂倒房产局长，http：//www. hsdcw. com/html/2009 - 2 - 12/171456. htm，2009 - 2 - 12

[293] 都市快报．市领导要求对肇事者依法严处 并要求痛下决心彻底解决违法超速行驶问题，http://shanghai. 19lou. com/forum - 909 - thread - 17538992 - 1 - 3. html，2009 - 5 - 10

[294] 杜维明．人文学科与公众知识分子，http：//www. china001. com/show_ hdr. php？ xname = PPD-DMV0&dname = 931VK21&xpos = 24，2004 - 3 - 22

[295] 高一飞．邓玉娇案的定性符合法理和情理，http：//news. sina. com. cn/pl/2009 - 06 - 03/152817943554. shtml，2009 - 6 - 3

[296] 高一飞．邓玉娇案律师违反职业道德和执业纪律，http：//bbs. tiexue. net/post_ 3592837_1. html，2009 - 5 - 29

[297] 高颖，杨亮．三鹿奶粉事件中我国报纸的媒介角色研究，http：//www. studa. net/xinwen/090728/1016003. html，2009 - 7 - 28

[298] 环球时报．2001 年：微软陈自瑶事件，http：//news. 21cn. com/zhuanti /social/renrousousuo/2008/08/27/5120332. shtml，2008 - 8 - 27

[299] 贾西津．伙伴关系——英国政府与社会关系的启示，http：//www. chinareform. org. cn/cirdbbs/dispbbs. asp？ boardID = 4&ID = 68035，2005 - 9 - 25

[300] 姜伯静．别让谭静案成又一轮网络怒骂的火种，http：//ent. zjol. com. cn/05ent/system/2008/04/15/009421111. shtml，2008 - 4 - 15

[301] 李静雅．转型期的公民社会与政治参与，http：//www. politics. fudan. edu. cn/view. php? id = 1580，2008 - 6 - 8

[302] 刘斌．大众媒介——权力的眼睛，http：//academic. mediachina. net/article. php? id = 2268，2005 - 11 - 28

[303] 南方都市报．ATM 出错恶意取款获无期 专家指银行滥用公众权力，http：//gd. news. 163. com：80/07/1224/08/40FCCG4E0036000Q_ 2. html，2007 - 12 - 24

[304] 南方都市报．八年致敬之公共事件．深圳，你被谁抛弃》世纪大讨论，http：//epaper. oeeee. com/H/html/2008 - 03/28/content_ 424499. htm，2008 - 3 - 28

[305] 南方日报．网友搜到胡斌“替身”审判长称无稽之谈，http：//news. 163. com/09/0728/16/5FAQR97L000120GR. html，2009 - 7 - 28

[306] 裴宜理．中国式的权利观念与社会稳定，http：//justice. fyfz. cn/blog/justice/index. aspx? blogid = 355514，2008 - 6 - 15

[307] 彭晓芸．南大教授：贫富分化伤害中国中产阶级，http：//news. 163. com/07/0112/12/34KTT54Q00011SM9. html，2007 - 1 - 12

[308] 阮思宇．越级上访的合法性分析，http：//www. chinaelections. org/NewsInfo. asp? NewsID = 44934，2006 - 2 - 11

[309] 生活新报．云南官方称躲猫猫调查团选拔没有猫腻，http：//news. sina. com. cn/c/2009 - 02 - 23/010217266119. shtml，2009 - 2 - 23

[310] 十年砍柴．在看守所玩躲猫猫而死的的结论太荒唐，http：//news. sina. com. cn/pl/2009 - 02 - 17/082217230349. shtml，2009 - 2 - 17

[311] 四川在线．水利权威称四川大旱与三峡大坝无关，http：//news. enorth. com. cn/system/2007/05/22/001673589. shtml，2007 - 5 - 22

[312] 孙雅勤．在京购房落户论遭反对 易宪容认为将抬高房价，http：//house. focus. cn/news/2009 - 02 - 10/616578. html，2009 - 2 - 10

[313] 王石川，李军．躲猫猫事件缺了谁的身影，http：//news. sina. com. cn/pl/2009 - 02 - 23/023417266620. shtml，2009 - 2 - 23

[314] 网易新闻专题．唐山大地震三十周年祭：http：//news. 163. com/special/000120B7/tangshan30. html，2006 - 7 - 28

[315] 萧翰．“邓玉娇事件”评论十九则，萧翰新浪博客，http：//blog. sina. com. cn/u/1247423510

[316] 羊城晚报．2008 中国互联网事件大盘点，http：//www. chinaz. com/News/IT/122KK362008. html，2008 - 12 - 27

[317] 杨击．理解霍尔——从媒介功能和新闻真实性的角度看，现代传播，2001（3）

[318] 俞江．躲猫猫事件与公权力的盗用，http：//news. sina. com. cn/pl/2009 - 03 - 02/071417315729. shtml，2009 - 3 - 2

[319] 喻彬，向明凯．“黄静裸死案”昨日宣判“网络罪人”一审判无罪，http：//news. sina. com. cn/o/2006 - 07 - 11/14279431579s. shtml，2006 - 7 - 11

[320] 袁亚平，翁迪凯．杭州市委书记王国平说依法从严从快查处飙车案件，http：//society. people. com. cn/GB/41158/9307873. html，2009 - 5 - 15

[321] 中国新闻网．评论：买房落户，救市还是救开发商，http：//www. soufun. com/news/2009 - 02 - 09/2385565. htm，2009 - 2 - 9

[322] 杜骏飞．流言止于公开（谈话录），柴子文整理．南方周末，2003 - 2 - 15

[323] 高猛，赵平安．政府与NGO合作关系的逻辑与生成——建构主义的视角，河南省哲学社会科学规划项目《河南省非政府公共组织状况及其管理研究》（2007FZZ002）与河南省社科联调研课题《民间组织在社会转型和社会发展中的作用研究》的阶段性研究成果（SKL - 2008 - 279），2009 - 5

[324] 高一飞．评黄静案中的媒体与司法．中国社会导刊，2006（17）

[325] 葛洪义．法庭必须被尊重．广州日报，2006 - 7 - 16

[326] 黄瀚．百名政协委员难阻厦门百亿化工项目．瞭望东方周刊，2007

[327] 罗文辉等．新闻媒介可信度之研究．中国台北“行政院”国家科学委员会专题研究报告，1993 - 2

[328] 马杰伟．四川地震与媒介事件．（香港）明报，2008 - 5 - 19

[329] 南京大学社会学系与南京市舆情调查分析中心．全国五大城市非典舆情权威调查．周末，2003 - 6 - 2

[330] 唐小兵．底层与知识分子的民粹主义．南风窗，2008（3）

[331] 唐亚林．网络政治空间与公民政治参与．（香港）文汇报，2009 - 3 - 17

[332] 王志彬．被“招安”的人肉搜索．东北之窗，2008（17）

[333] 徐荣凯．努力提高行政能力全面履行政府职能．人民日报，2005 - 3 - 2

[334] 叶檀．出租车经营权为谁拍卖？．南方都市报，2007 - 4 - 11

[335] 张庆长．重庆遭灾怪三峡．大科技（科学之谜），2007（12）

[336] 中国互联网络信息中心．中国互联网络发展状况统计报告，2010 - 1

[337] 朱红军．厦门百亿项目引发剧毒传闻 政府叫停应对危机．南方周末，2007 - 5 - 31

二、英文文献

[1] Albert. C. Gunter. Biased Press or Biased Public? . *Public Opinion Quarterly*, 1992, (2) .

[2] Anderson, Erin & Barton Weitz. The Use of Pledges to Build and Sustain Commitment in Distribution Channels. *Journal of Marketing Research*, 1992 (01) .

[3] Andrew, Simon. Computer - Mediated? Communication: Task? Performance? and? Satisfaction. *The Journal of Social Psychology*, 2006 (6) .

[4] Bimber, Bruce & Richard Davis. The Internet in Campaign 2000: How political web sites reinforce Partisan Engagement. Santa Barbara, CA: University of California, Scholarship Repository, 2002.

[5] Bimber, Bruce. Information and political engagement in American: The search for effects of information technology at the individual level. *Political Research Quarterly*, 2001 (54).

[6] Bo, Xie. Civic engagement among older Chinese internet users. *Journal of Applied Gerontology*, 2008 (27).

[7] Bukatman, S. Terminal penetration, D. Bell & B. M. Kennedy eds. *The Cybercultures Reader*. London: Routledge, 2000.

[8] C. F. Hermann: *International Crises: Insights From Behavioral Research*. New York: Free Press, 1972.

[9] Caroline, Haythornthwaite & Lori Kendall. Internet and Community. *American Behavioral Scientist*, 2010, originally published online 19 February.

[10] Corinna, Di Gennaro & William Dutton. The Internet and the Public: Online and Offline Political Participation in the United Kingdom. *Parliamentary affairs*, 2006.

[11] D. A. Schuefele & Matt Nisbet. Being a citizen online: New opportunities and deased ends. *The Harvard international journal of press/politics*, 2007 (7).

[12] Dan, Jerker & B. Svantesson. The? Characteristics? Making? Internet? Communication? Challenge Tradition. *International Journal of Law and Information Technology*, 2005.

[13] Dhavan Shan, Michael Schmierbach, Joshua Hawkins, Rodolfo Espino & Janei Donavan. Nonrecursive models use and community engagement: questioning whether time spent online erodes social capital. *Journalism and mass communication quarterly*, 2002 (79).

[14] Dietram. A. Scheufele & Matthew. C. Nisbet. Being a citizen online: New Opportunities and Dead Ends. *The Harvard international journal of press/politics*, 2002 (7).

[15] Ganesan, Shankar. Determinants of Long – Term Orientation in Buyer – Seller RelationShips. 1994 (2).

[16] Homero Gil De Zuniga, Eulalia Pulig – l – Abril & Hernado Rojas. Weblogs, traditional source online and political participation: an assessment of how the internet is changing the political environment. *New Media Society*, 2009 (11).

[17] Jefferey M. Ayres. From the streets to the internet: The cyber – diffusion of contention. *Annals of the American academy of political and social science*, 1999 (566).

[18] Kimberly D. Martin & Hans E. Schmeisser. The effects of social networking websites and youth voter participation. Paper prepared for the Ametrican political science association conference and social networking and the future of politics and administration panel, 2008.

[19] Kiousis, Spiro. Public trust or mistrust? Perceptions of Media Credibility in the Information Age. *Mass Communication & Society*, 2001 (4).

[20] Kobayashi, Ikeda & Miyata. Social capital online: Collective use of the Internet and reciprocity as lubri-

cants of democracy. *Information, communication and society*, 2006 (9) .

[21] McLeod J. M. , et al. Community integration, Local media use and democratic processes. *Communication Research*, 1996 (23) .

[22] Meyer P. Defining and Measuring Credibility of Newspaper: Developing and Index. *Journalism Quarterly*, 1988 (1) .

[23] Michael R. Ogden. Politics in a parallel universe: Is there a future for cyberdemocracy? . *Futures*, 26, issue 1994 (7) .

[24] Michael, Xenos & Patricia, Moy. Direct and differential effect of the internet on political and civic engagement. *Journal of Communication*, 2007 (57) .

[25] Park R. E. & Burgess E. W. *Introduction to the Science of Sociology.* Chicago Ⅲ. : University of Chicago Press, 1921.

[26] Peter, Willetts. *Pressure Group in the Global System: The Transnational Relation of Issue – Oriented Non – Governmental Organizations.* London: Frances Printer, 1982.

[27] Quintelier, Ellen & Vissers, Sare. The effect of internet use on political participation: An analysis of survey results for 16 – year – olds in Belgium. *Social Science Computer Review*, 2008 (26) .

[28] Rabia Karakaya Polat. The internet and political Participation: Exploring the Explanatory Links. *European Journal of Communication*, 2005 (20) .

[29] Rachel K. Gibson, Philip E. N. Howard & Stephen Ward. Social capital, internet connectedness and political participation: A four – country study, Paper prepared for the 2000 international political science association, Canada, 2000.

[30] Rachel K. Gibson, Wainer Lusoli & Stephen Ward. Online participation in the UK: Testing a "contextualized' model of internet effects. *British Journal of Politics and International Relations*, 2005 (7) .

[31] Reinalda, Bob. Private in Form, Public in Purpose: NGOs in international Relations Theory, in Bas Arts. Noortmann, Math & Reinalda, Bob eds, *Non – State Actors in International Relations.* Burlington (England): Ashgate Publishing Company, 2001.

[32] Rosenthal, Uriel & Charles, Michael T. eds, *Coping With Crises : the Management of Disasters, Riots and Terrorism.* Springfield: Charles C. Thomas, 1989.

[33] Shen Fei, Wang Ning, Guo Zhongshi & Guo Liang. Online network size, efficacy, and opinion expression: Assessing the impacts of internet use in China. *International journal of public opinion research*, 2009 (21) .

[34] Smelser N. J. *Theory of Collective Behavior.* New York: Free Press, 1963.

[35] Sonia Livingstone & Tim Markham. The contribution of media consumption to civic participation. *The British Journal of Sociology*, 2008 (59) .

[36] Sorin, Matei & Sandra, Ball – Rokeach. Real and Virtual Social Ties: Connections in the Everyday Lives

of Seven Ethnic Neighborhoods. *American Behavioral Scientist*, 2001 (45).

[37] Stephen J. Farnstworth & Diana Owen. Internet use and the 2000 presidential election. *Electoral Studies*, 2004 (23).

[38] Teo H. -H., Chana, H. -C., Wei, K. -K., & Zhang, Z. Evaluating Information Accessibility and Community Adaptivity Features for Sustaining Virtual Learning Communities. Int. J. *Human - Computer Studies*, 2003 (59).

[39] Union of International Associations. *Year Book of International Organizations1992/1992, 28th edition.* K G Saur Verlag Gmbh & Co.

[40] Wang, Hua & Barry, Wellman. Social Connectivity in America: Changes in Adult Friendship Network Size? From 2002 to 2007. SAGE Publications: *American Behavioral Scientist*, 2010 (53).

[41] Wan - Ying Lin & William H. Dutton. The "net' effect in politics: The "stop the overlay campaign in Los Angeles. *Party Politics* , 2003 (9).

[42] Wellman, Barry, Salaff, Janet, Dimitrova, Dimitrina, Garton, Laura, et al. Computer networks as social networks: Collaborative work, telework, and virtual community. *Annual Review of Sociology.* Palo Alto: 1996 (22)

后　记

本书是我与研究生共同讨论和实践的成果。

自2007年起，我在讲授传播研究方法的课程中，引入了对当下重大媒介案例的研究，并逐渐成为研究生思想训练的一项传统。在师生们的努力之下，研究内容不断充实，研究方法不断完善，研究成果也更加扎实。

如果说，2008年出版的《公开时刻：汶川地震的传播学遗产》是南京大学“重大媒介案例研究”的一次起步；那么今天，这项历时两年的“政府网络危机”研究，则是在已有经验和知识积累的基础上，全面、系统地分析了十余年来出现的网络危机事件。

“政府网络危机”课题的重要性，在全书中有全面的阐释，在此不再赘述。要言之，身处网络时代，这一议题已是国家治理的难中之难，政治文明演进的重中之重。

网络云诡波谲，政治千头万绪，学理错综复杂。面对这项艰巨的工程，课题组以非同寻常的求真精神和科学态度，经历了漫长而难忘的学术攻关之旅。可以说，是巨大的学术责任心和持之以恒的努力，换来了面前这份沉甸甸的答卷。

本书的写作过程如下。

第一阶段，由杜骏飞确定研究主旨、厘定全书结构、规划研究设计。第二阶段，课题组全体成员收集案例，通过多次小组讨论及头脑风暴会议作案例研究，讨论案例内在的思想脉络，直至形成完整的追踪案例库、追因案例库、课题写作大纲。第三阶段，研究生成员在既定的思想框架下，分头执笔写作初稿。第四阶段，由杜骏飞带领课题组部分成员，通过焦点小组、深度访谈、专家访谈，分两次对现有成果补充经验性研究材料并作思想深化。第五阶段，由杜骏飞、梁靖雯在初稿基础上，经反复修改，形成第三稿、第四稿。第六阶段，由杜骏飞、王惠、李亚妤、曾姝、张晓雪、沈杨、徐波、田毗、王凤栖、王宇静、卢娜娜、刘亚倩等对第四稿作学术审校，改善全书章目结构，编定参考文献，并补充2010年度案例。第七阶段，由杜骏飞对全书作最终修改、把关及润色，形成定稿。

本书的初稿写作分工如下：绪论部分，梁靖雯、杜骏飞执笔。第一章政府网络危机的主体行为中："政府危机中的政府行为"，陈璞执笔；"政府危机中的媒介行为"，刘丹执笔；"政府危机中的公众行为"，吴芳执笔；"政府危机中的NGO行为"，郭元执笔；"政府危机中的专家行为"，黄榕执笔；"危机事件中的主体互动规律"，梁靖雯执笔。第二章网络事件的性质及影响中："网络审判与政府形象危机"，虞旸执笔；"人肉搜索与社会治理"，张威执笔；"网络恶搞及其应对模型"，吴洪执笔；"网络流言与政府形象"，袁仲伟、李亚妤执笔；"网络集群对政府形象的影响及对策"，魏娟、崔元磊执笔。第三章网络群体性事件的目的类型中："网络群体性事件：权利型冲突"，戴佳妮执笔；"网络群体性事件：地位型冲突"，黄淑贞执笔；"网络群体性事件：公共资源分配之争"，李亚妤执笔。

此外，按照研究计划，本书设有"政府网络危机的主体行为研究"、"政府网络危机应对策略研究"两个部分。前者由来自不同领域、不同地区的年轻学者共同笔谈组成："网络、风险感知与公共危机——政治学视野下的危机事件剖析"，张海波、李永刚参与；"结构、矛盾与变迁——社会学视野下的政府危机事件剖析"，樊佩佩、张义烈、钱力成参与；"媒体、新技术与社会变革——传播学视野下的危机事件剖析"，南海芬、周玉黍参与；"允许与禁止：规训的秩序——法学视野中的政府危机事件"，陈恩才参与。后者的内容组成如下："网络、风险感知与公共危机"，吴洪执笔；"网络群体性事件中的舆情掌握"，戴佳妮执笔；"网络时代的媒介角色转变"，张威执笔；"公民参与：信息公开之后的进路"，袁仲伟执笔。由于条件限制，这两部分内容在全书结构调整后未能完全展示，但各位参与者的贡献是不可磨灭的。

作为一次艰难的学术探索，本成果尚有颇多不足之处，期待各位读者不吝匡正，课题组及我本人不胜感激。

我还要在此郑重邀请各地方政府、相关行业主管部门、相关网络媒体与我们联系，期待通过卓有成效的政、企、研合作，集合各方面的力量，对中国的网络治理难题作更为深入、更有针对性、更有实效的科学研究。

来信请寄：南京大学新闻传播学院（江苏，南京，汉口路22号，210093）；或发送邮件至我的信箱：dujunfei@ vip. sina. com。

最后，我要感谢支持课题研究的南京市委宣传部，特别是要感谢叶皓、曹劲松两位先生的信任。感谢为本书出版付出很多心血的中国发展出版社社长包月阳先生，感谢所有为这项研究做出贡献的课题组成员，特别是我在南京大学网络传播研究中心的优秀学术助理梁靖雯，她的勤勉、干练、负责，是本书得以完成漫长的学术征程的重要原因。

杜骏飞

2010年11月于桃园雅集